广西抗战

广西抗战研究丛书

抗战时期桂林文化供应社研究（1939—1945）

宋泉 著

广西人民出版社

图书在版编目（CIP）数据

抗战时期桂林文化供应社研究：1939—1945 / 宋泉著 . — 南宁：广西人民出版社，2023.6
（广西抗战研究丛书）
ISBN 978-7-219-11534-3

Ⅰ. ①抗… Ⅱ. ①宋… Ⅲ. ①抗日战争—文化史—研究—桂林 Ⅳ. ① K265.03

中国国家版本馆 CIP 数据核字（2023）第 033959 号

策划编辑　严　颖
责任编辑　周娜娜　徐蓉晖
责任校对　寇晓旸
美术编辑　陈晓蕾

出版发行	广西人民出版社
社　　址	广西南宁市桂春路 6 号
邮　　编	530021
印　　刷	广西雅图盛印务有限公司
开　　本	787mm × 1092mm　1 / 16
印　　张	20
字　　数	392 千字
版　　次	2023 年 6 月　第 1 版
印　　次	2023 年 6 月　第 1 次印刷
书　　号	ISBN 978-7-219-11534-3
定　　价	69. 00 元

序　一

宋泉博士的著作《抗战时期桂林文化供应社研究（1939—1945）》即将由广西人民出版社刊行，在表示衷心祝贺的同时，也由衷地为她感到高兴。老辈学人唐长孺先生曾说，做历史研究从人物入手是不错的办法。在我看来，做出版史研究，出版文化机构是一个很好的切入点。有很长一段时间，治出版史者往往“只见树木不见森林”，把目光总是盯着晚清民国时期商务印书馆、中华书局等极少数几家大书局，其他出版机构很少有专门的研究，近些年来这一状况才有些改观。这个变化的出现，主要得益于包括宋泉在内的一批青年学人。

宋泉这本书是国内第一部全面、系统、深入地回顾和探讨抗战时期文化供应社的专著，为桂林“文化城”的研究增添了新的光彩，也为中国出版机构史的研究增添了新的华章。难能可贵的是，宋泉不仅仅是爬梳史料，翻检故实，钩沉往事，而是将作为当时“三大进步团体”（另两个为国际新闻社和救亡日报社）之一的文化供应社置于那个特殊历史时期的社会生态系统之中，既从大处着眼，宏观审视，又返回“现场”，深入细部，考镜源流。作者就出版机构组织的架构与管理，出版人的追求与贡献，出版物的内容、类型、品质与数量，书籍传播中的市场与读者，以及在抗战文化传播中取得的业绩与影响等，展开了较为充分细致的讨论，不仅材料上有新的发掘，方法和观点上也不乏创新。历史研究既要入乎其内，又能出乎其外。宋泉在这方面做出了积极的努力，成效也是明显的。当然，可进一步完善与深化的地方也还不少。

在此书的后记中，宋泉回顾了她当时写作的缘起。这本书是宋泉在博士论文基础上修改完善而成，由此我想到博士生培养的两个既紧密联系又有所区别的问题。一是博士生要不要把主要精力放到参与导师的课题研究中，二是博士学位论文如何把握选题的原则。上述问题，可能文科与理工科不同，即便文科内的社会科学与人文学也很不一样。笔者所在文化传播学博士学位点是设置在文学院，培养研究生主要是走人文学的路子。

自然科学、工程技术方面的研究，社会科学中需要进行大规模社会调查、资料搜集整理的研究工作，那种新型智库类的“顶天立地”研究，设立相应项目，尤其是采取重大项目集体攻关无疑是非常必要的。而且有些学者既做项目，也做学问，二者有机结合，达到了很高的境界。这样的学科、这样的项目，博士生参与其中是必要的，也能得到很好的锻炼。而人文学，还有其他学科的基础理论研究，则并不适合搞“大兵团作战”的项目制。北大陈平原教授谈及科研项目与学科水平的关系时，有段话说得很到位：“我不觉得项目经费与学科水平有直接关系。我常说，人文学如此拼项目是不对的。因为，给钱不一定就能做出好学问。经费和学问是两回事，在很多人那里，甚至是没有任何关系的。”“作为人文学者，我更喜欢‘独行侠’，千里走单骑。学科不一样，一个好的哲学家、文学家、史学家，不需要很多帮手，也不需要很多课题费的。关键是心境、时间及空间。”如今是“课题为王”，“项目化生存”，人文学受到的冲击很大。好在上级主管部门已经注意到科学研究中过度量化考核、极端项目化的危害，开始着手学术评价和教育评价的改进。

陈平原老师的看法我是非常认同的。基于此，在博士生培养中一直注意发挥学生的自主性和创造性，主张学生做研究，尤其是写作博士论文，要将专业规范、个人兴趣和优势以及客观条件结合起来，选择最适合自己的具体方向和论文题目。宋泉生于广西，长于广西，研究生毕业后又曾留在著名的广西师范大学出版社工作数年，然后转入高校任教。故乡情结深厚，得山水之灵气，聪慧而又勤奋的宋泉选择了抗战时期的文化供应社为研究对象，可谓天时地利人和。2014 年考取博士，2017 年如期毕业。南湖秋月，桂子花香，三载春秋后宋泉不仅收获了学术的硕果，还收获了甜蜜的爱情，实在可喜可贺。

在宋泉博士这部新著即将出版之际，我谨祝愿她在未来岁月里百尺竿头更进一步，以她的灵气、踏实和功力，取得更多更大的成就，以不负自己的抱负和国家的期望。

是为序。

华中师范大学文学院 范 军

2022年12月9日于武昌桂子山

序　二

认识宋泉是2017年她给《抗战文化研究》投稿开始的。那时她在武汉华中师范大学读博士，做博士论文，将其中部分章节写成论文《非常态社会环境下的媒介研究——基于抗战时期桂林文化供应社特殊历史现象的思考》发给我。这篇文章后来发表于2019年出版的《抗战文化研究》第十二辑。2020年，她又投来一篇《大众话语与舆论动员——论〈新道理〉杂志的抗战歌谣》，质量亦佳，我安排刊发于2022年出版的《抗战文化研究》第十四辑。获得博士学位后，她回到广西艺术学院任教，多次参加我们举办的抗战文化研讨会，渐渐熟悉起来。我知道她是一个年轻、有才学的研究者，我为抗战文化研究队伍里增加了这样的新生力量而欣喜。

前不久，宋泉说请我为她的专著《抗战时期桂林文化供应社研究（1939—1945）》（以下简称《文化供应社研究》）写篇序言。我说，你应该请你导师写序言呀。她说，我已请范军老师写了，因为书稿涉及桂林抗战“文化城”内容，我还想请一位熟悉桂林抗战文化研究的学者再写一篇序言。基于她的信任，基于她对桂林抗战文化研究的热情和专注，我没有理由拒绝年轻人的请求，于是，我开始仔细阅读她的书稿，着手写作这篇序文了。

《文化供应社研究》是一部史识公允周正、史料丰隆扎实、颇具学术思想力的出版机构专史。它基于传播学理论，运用大量的抗战文化史实和现代传史料，对非常态社会环境（主要指战争环境）下中国抗战大后方的一个重要出版机构——桂林文化供应社做深入系统的研究，将其建立的动因、过程和十几年的经营历史条分缕析，在传播学理念观照下论述这一重要出版机构的独特生成机制、生长形态、文化贡献和传播学价值，形成一个在出版史和抗战文化史领域里的独特学术系统，一个填补学术空白的新成果。这是十分难能可贵的。

的确，以桂林抗战"文化城"为突破口的广西（桂林）抗战文化研究自党的十一届三中全会以后兴起，至今已 40 多年了。众多学人推出的几十部专著，除了一本专著对民国时期的《广西日报》广告作研究之外，尚没有出现桂林抗战"文化城"出版研究的成果。宋泉选择当时桂林三大传播媒介之一的桂林文化供应社展开研究，实在是有识见，有魄力，有能量，而且写成了，写好了！这真是值得夸赞推崇的。这是国内第一本对桂林文化供应社做全面、系统研究的专著，是桂林抗战文化研究的重要成果，是对中国近代出版史和广西地方文化史的一大学术贡献。

《文化供应社研究》的成功之处，一是史料丰隆，资料功夫扎实。无论是对非常态社会环境的宏观把握，还是对桂林文化供应社的组织机构、运营模式以及经营方式等组织细胞似的微观层面的历史细节与数据，宋泉都做了充分的资料收集、综合分类、价值辨析等工作。不少论述层面的史料依据，使我感到是难以想象的丰沛和准确。如根据多份资料整理的"文化供应社组织人事表（1939—1942 年）"，根据多处来源多份资料"统计、核对、整理而成"的"文化供应社出版图书种数分类统计表（1940—1952 年）"，等等，都是极琐碎极精细的数据，经宋泉的整理，形成了科学性、系统性的资料，大大增强了研究的实证性和立论的可靠性。二是史观正确，史事把握恰当。这尤其体现在对桂林文化供应社的机构性质与内部运营机制的巧妙构成的论述方面。该著准确分析了桂林文化供应社在战争环境里抗日民族统一战线复杂形势下所生成的"半官方"性质，而内部组织却又是由共产党领导下的进步文化人担任编辑工作，开展实际的文化产品的制作工作，因而形成了高效且高质量的文化传播形态，成为非常态社会环境下的一个特殊的传播媒介，一个战争年代出现的"从 1939 年建社起至 1941 年两年间文化供应社总计出版'大小书稿近五百种，九百余万字’”，“单‘文化室图书’全套就销售1175000册”的文化奇观。三是史论出新，论点剀切精准。该著第五章“文化供应社的出版传播成效、历史贡献及思考”总结了文化供应社的历史经验，评价了其价值贡献，很有宏观理论的指导性和启迪当代的现实意义。该处所总结的四点历史贡献：“团结和保护大量进步文化人，维系进步文化事业的开展；在文化运动低潮时期繁荣了抗战文化与地方文化；对抗战文化研究特别是抗战文学研究保存了丰富的史料；为中国现代出版精神的建设提供历史参考”，注意到了对时代（时局）的影响、对正义和进步事业的推进、对民族文化建设的辅助、对人文精神（突出在出版精神上）的累积等各个方面的总结，思考很全面，也颇有理论分量。该章第四节“对文化供应社出版传播活动的思考”，也对文化体制与传播媒介的关系、传播主体的自主性作为等论题做了一定的传播学意义上的探讨，是丰富传播学学科发展极具学术价值的论说。

《文化供应社研究》的史实丰赡和论说深刻，使我对宋泉强悍的学术力有了深刻领会，也对她的未来寄予殷切期望。愿她在现有研究的基础上，继续深掘桂林抗战文化史料，深化研究，由桂林抗战出版业入手，做出新的研究成果，再经过五六年、七八年的学术历练，成为广西（桂林）抗战文化研究的勇猛战将和领军人。桂林抗战文化研究已是广西社科研究领域的特色优长学科（专题），在全国抗战文化研究领域也有较大影响，保持其良好的研究势头和学科优势地位，需要年轻人接班，需要一代代人接力。愿宋泉强势接力创出新篇。

是为序。

李建平

2023年1月10日

作者为广西社会科学院二级研究员，广西抗战文化研究会名誉会长。

前　言

在出版史研究的长河中，地方出版史——尤其是历史上影响全局的出版中心——是重要组成部分。抗日战争时期，桂林“文化城”作为大后方的出版重镇，文化人云集、出版机构林立、战时读物洋洋大观，形成了“独特的历史现象”。著名出版家赵家璧在《忆桂林——战时的“出版城”》一文中专门提到“假如以中国出版业的发展而言，桂林这一阶段是值得大书特书的”。在桂林“文化城”中，有一家独特的出版机构——文化供应社股份有限公司（以下简称“文化供应社”），其诞生于抗日战争最为艰苦的1939年，在短短两年间，逆势而生，迅速成长为桂林“文化城”最大的出版企业，与国际新闻社和救亡日报社并称为“三大进步团体”。在战火纷飞的年月，桂林文化供应社何以在非常态社会环境下逆势发展？在皖南事变后，文化供应社又是如何突破封锁传播抗战文化？这些疑问在近代出版史及桂林“文化城”的研究中并未得到详述，是以成为研究的动因。

对于这一段值得大书特书的抗战出版史的研究，是从文化供应社的出版物以及战时的报刊史料开始的。在一张张薄透灰黄的故纸堆中，有前方紧张的战事、有团结后方民众的呼告、有生动的图文歌谣，还有文化人的精神坚守与无畏。出版业与生俱来的特质是传承与传播精神文化，作为传播媒介组织的文化供应社，在抗战出版史上有着“地方性”、“政治性”和“进步性”的特征。基于文化供应社出版活动的特殊性，从大文化的视野来考察非常态环境下的出版个案，其出版事业形成和发展的历史条件和具体过程，出版机构的组织管理，出版同人的思想贡献，出版物的内容、类型、品质和数量，以及在抗战文化传播中取得的业绩成果等，成为本研究的基本内容。

一定媒介组织的诞生和发展是与社会系统的变化紧密相连的。对桂林文化供应社的研究首先从抗战的社会背景以及桂林“文化城”的特殊环境入手，洞察其诞生的社会生态系统。在战争年代，民族矛盾激化、政治局势动荡、意识形态斗争激烈、出版机构大规模西迁，相对稳定的传播生态系统被打破。而这一时期的桂林，凭借独特的地缘优势、新桂系开明的政治姿态，以及中国共产党统一战线的实施，成为出版事业的再生之地。文化供应社便是在统一战线指导之下，由新桂系民主人士与进步文化人共同建立的具有广西地方“官办”性质的特殊出版机构。

在企业组织制度和人事构成上，文化供应社做到了中央与地方、政府与市场、新桂系与中共之间的战略性平衡。文化供应社以“股份制”为企业组织制度，在股东构成上体现了新桂系力量与进步文化人之间的融合，以新桂系官方的资本支持和进步文化人的智力支持，共同支撑了文化供应社在地方文化事业上的迅速发展。股份公司的管理制度甚至成为文化供应社拒绝国民党中央恶意“收编”的重要托词。在人事构成上，文化供应社的管理层李任仁、陈劭先、万仲文等是国民党民主人士，编辑出版部门的核心成员胡愈之、邵荃麟、宋云彬等是中国共产党领导下的进步文化人。他们联合了广大知名的作家，求同存异、互相合作，体现了文化供应社在统一战线指导下的包容性与进步性。

抗战时期的文化生产构建了特殊的文化场，文化供应社的出版物体现了抗战时期文化传播“大众化”的特点。“大众化”不仅是战争年代社会大众对抗战文化普及的迫切需求，也是媒介组织在面临巨大民族矛盾之时的自觉意识。文化供应社的编辑出版活动在胡愈之的主持之下，大规模地开展了通俗读物的生产与传播。其中最具代表性的是“文化室图书”，该丛书不仅通过建立村街文化室实现了大众文化在空间上的布局，还通过连续出版物《新道理》实现了时间上的延展与信息更新。青少年文艺、社科类图书也是文化供应社出版物重要的组成部分，其中“少年文库”“青年文库”“文学创作丛刊”等丛书，以及《新水浒》《鲁迅语录》等书籍的畅销与普及，促进了进步文学作品在青少年群体中的传播。由邵荃麟负责创办的《文化杂志》，倡导自由、批判的学术思想，树立严谨、理性的文化品格，引导了桂林“文化城”的文化建设。此外，文化供应社还与广西地方文教组织进行合作，出版了《干部政策》、“国民教育丛书”等图书，服务于地方文化和教育事业，成为桂林“文化城”出版业的生力军。

在书籍传播的工作上，文化供应社不仅积极拓展和建立渠道，还通过门市、批发、邮购和流动发行等方式将图书输送到读者手中。即使是物资匮乏、经济萧条的抗战年代，文化供应社也没有忽视对企业品牌的塑造和对出版物的营销，从《大公报》（桂林版）的“文化供应社书报联合广告”中就可窥视桂林“文化城”活跃的出版生态和文化供应社强大的营销能力。为了将进步的抗战文化更广泛地传播到受众之中，文化供应社开展了多种宣传方式，还加入“新出版业联合总处”为进步出版业争夺“话语权”。

在文化供应社出版同人的共同努力下，其出版活动取得了显著成效，不断再版的出版物体现了文化供应社在出版传播上“量”的积累，受众信件的反馈也体现了文化供应社出版物“质”的保证。此外，文化供应社对进步文化人的保护与转移，在抗战文化低潮时期的坚守与创造，助力和推动了桂林“文化城”文化运动的开展，对国统区抗战文化的传播做出了重要贡献。在地方出版史中，文化供应社承担了文化抗战的历史使命，但因政治场的影响也存在一定的时代局限，研究文化供应社的出版历程，从文化史和社会史的视角对其进行总结与反思，也是为改革路上的出版机构提供历史的镜鉴。

抗战文化的构成不是单一性的，抗战文化的传播也非简单通达的，只有在宏观的历史视野下洞察个案，才能找出文化传播的内在动力和历史逻辑。文化供应社作为抗战时期地方性的出版机构，是特定的历史时期的产物，也是抗战出版文化的一个横切面，为我们展示了非常态社会环境下一种成功的出版模式。尽管文化供应社在战争的硝烟中仅走过了13年的艰难历程，但其轰轰烈烈的文化传播活动在历史的天空中也留下了光照的痕迹。

目　录

CONTENTS

绪论

非常态社会环境下的媒介研究

——基于抗战时期桂林文化供应社特殊历史现象的思考

舆论宣传是战争文化重要的组成部分，早在20世纪初，传播学奠基人之一的哈罗德·D. 拉斯韦尔（Harold D. Lasswell）在他的第一部专著《世界大战中的宣传技巧》（1927年）中就认为："现代战争必须在三个战线展开：军事战线、经济战线和宣传战线。经济封锁扼制敌人，宣传迷惑敌人，军事力量给予敌人最后一击。"① 这一论述强调了舆论宣传在现代战争中的重要位置。"抗日战争是一场非常伟大的战争，不仅对反法西斯战争具有世界意义，而且对于整个人类的进步，整个中国社会的变迁都有非常重要的意义"②。在抗战时期，中国的媒介组织和文化人在遭受重创之时，依然以笔为戎，以多样的形式构筑"抗战建国"的舆论防线，使文化随着战事的推进日益凝聚、高涨、扩散、渗透。这一部抗战文化史卷不仅值得我们世代祭奠，还时刻触发我们的研究与思考。

一、"抗战文化"与"非常态环境"下的出版业研究

文化是人类社会活动创造的产物，是人们为推动社会发展而形成的历史积淀。在浩浩荡荡的中国文化历史中，抗战文化是抗日战争时期特定的历史产物，是以民族大义为前提，在复杂多元的政治环境下，以多种表现形式服务于抗日战争的文化活动及其成果。"这种文化，主要的是指所谓意识的'上层建筑'（Ideological Super-structure）而言。政治觉悟、思想、学术、文艺、戏剧、教育、新闻、出版等等方面。因此，所谓文化抗战，就是这种种方面动员起来以加强和推进全民抗战的阵势，它须跟军事、政治、经济、外交各方面的抗战紧密地配合起来，以促成真正的最后胜利"③。

社会学研究中的"非常态"，是指发生了危及社会正常生活秩序的突发性、灾难性、紧急性事件后社会系统的失控、失范、混乱、无序的反常状态，造成社会整体生活的"突然停摆"及共同利益的"局部紧张"④。抗日战争影响下的中国社会，原

① 拉斯韦尔．世界大战中的宣传技巧［M］．张洁，田青，译．展江，校．北京：中国人民大学出版社，2003：173.

② 章开沅．序一［M］//涂文学，邓正兵．抗战时期的中国文化．北京：人民出版社，2006：5.

③ 沈志远．文化的抗战与抗战的文化［M］//吴大琨．抗战中的文化问题：卷1．汉口：黎明书局，1938：50－51.

④ 高波．政府传播论：社会核心信息体系与改革开放新路径［M］．北京：中国传媒大学出版社，2008：33－34.

有的发展进程被中止，人民正常的生产生活秩序被破坏，社会的运转偏离了正常轨道，文化的生产与传播也陷入了“非常态”的社会语境中，学界亦称之为“非常时期”。在抗日战争这一“非常态社会环境”下形成的“抗战文化”是中国文化史上特定的时代产物，它随着战事的推进和文化人的迁徙而变化、发展。

1938年广州、武汉相继失守，抗日战争进入相持阶段，文化机构和文化名人分为两支内迁：一支迁往延安，另一支迁往重庆、桂林等地。在空间上逐渐形成了以延安为中心的根据地文化，以重庆、桂林为中心的国统区文化，以及以北平、上海为中心的沦陷区文化的多元格局[①]。从传播学的意义上来说，文化人的大规模迁徙本身就是一场盛大的文化传播活动，战争不仅加速了文化在空间上的传播，同时催化了主流文化内容的变迁与发展。在抗日战争的非常态社会环境下，形成了以拯救民族危难，抵御外敌侵略，促进大众群体精神认同的抗战文化运动。从学理上讲，“抗战文化”的概念既具有鲜明的民族主义政治文化内涵，同时也具有大众传播意义上的工具理性内涵。这一时期的文化运动不仅受激化的民族矛盾所影响，还交织着国共两党之间的文化博弈，构成了非常时期复杂的文化生态。

在电子媒介尚未发达的二十世纪三四十年代，作为印刷媒介的出版业承担了抗战文化传播的重要任务。在全民抗战的特殊社会语境之下，以书籍、期刊、报纸为主流的大众传播媒介担负着“文化抗战”中受众所瞩望的“舆论领袖”的重任。它们通过各种形式的出版物将“抗战建国”的观念、情绪、认识以及相关的精神因素传播给大众，使大众了解抗战的政略与战略，从而产生抵御外敌的战斗力。“非常时期”的出版传播活动并未因战火而消减，而是随战事的推进而日益高涨，成为抗战文化研究重要的历史印记。

历史的记忆是可以从遗物的价值中去探寻的，战时出版物的生命与当时政治的、文化的、情感的社会有密切关联，通过传播学的跨学科视角，思考战争中的媒介文化与社会、政治、经济之间的关系，由此管窥历史中复杂的意识形态斗争与战争对传播发展的影响，这便是出版史研究的意义所在。在关注战争与传播关系的研究上，拉斯韦尔认为：“国际战争宣传在上一次战争中扩大到了如此令人震惊的范围，是因为战争蔓延到了如此广阔的地区，它使得动员人民成为必要。没有哪个政府奢望赢得战争，除非有团结一致的国家作后盾；没有哪个政府能够享有一个团结一致的后盾，除非它能控制国民的头脑。”[②] 在他看来，和平是人们心目中的社会常态，但在战争时期，意识形态的传播（其实就是思想对思想的战争）更为值得让人关注。在

---

① 朱猷武，王俊芳．国统区的文化与文化人［M］．天津：天津人民出版社，2009：24.

② 拉斯韦尔．世界大战中的宣传技巧［M］．张洁，田青，译．展江，校．北京：中国人民大学出版社，2003：22.

此基础上，另一位传播学奠基人施拉姆关注到大众传播媒介与社会发展之间的关系，他提出："大众传播媒介是社会变革的代言者。它们所能帮助完成的是这一类社会变革：即向新的风俗行为、有时是向新的社会关系的过渡。在这一类行为变革的背后，必定存在着观念、信仰、技术及社会规范的实质性变化。"① 大众媒介在"非常时期"社会背景中承担呈现与记录历史的作用，从这一意义上说，研究抗战时期的媒介文化，无论在历史学还是在传播学领域都具有一定的学术价值。

二、桂林"文化城"独特历史现象中的文化供应社

由于"抗战文化"发展在空间上的不均衡性，历年来从不同的地域研究"抗战文化"的文章都比较多，在我国的抗战文化史研究上，有"北有延安，南有桂林"一说，即研究国统区的抗战文化，首先要研究桂林，"桂林有着很强的典型性"②。桂林"文化城"为什么能够成为抗战文化研究中众所关注的对象，其抗战文化上的"典型性"又在哪里？研究学者许觉民在1994年2月为《桂林抗战文学史》撰写的序言中提出了桂林"文化城"是"一个独特的历史现象"的问题；2001年，桂林抗战文化研究学者魏华龄老先生发表的《试析"一个独特的历史现象：桂林文化城"》一文中对桂林这一"独特的历史现象"从三个方面进行了探讨和分析：其一，当第一次反共高潮的时候，新桂系并没有积极响应，而以开放的姿态和开明的政策为桂林抗战文化运动的推进和高涨提供了良好的政治环境和文化环境，这个环境是桂林独有的；其二，在1941年皖南事变发生，第二次反共高潮掀起之时，国统区的文化运动陷入低潮，而桂林是在低潮中继续发展和延续着；其三，在国统区的抗战文化中，桂林的抗战文化主要是中国共产党所领导的、以革命和进步文化为主导的、并占领了桂林的主要思想阵地的抗战文化③。这一论述从宏观上概括了桂林"文化城"在抗战文化研究上的典型性特征，但时隔20年，对于这一"独特历史现象"的深入、系统、全面的个案挖掘却还寥若晨星。

在抗战时期的桂林"文化城"中曾出现过一家最大的地方出版发行企业——文化供应社股份有限公司（以下简称"文化供应社"④），它与国际新闻社、救亡日报社并称为"桂林三大进步团体"。与国际新闻社、救亡日报社不同的是，文化供应社

① 施拉姆．大众传播媒介与社会发展［M］．金燕宁，译．北京：华夏出版社，1990：121.

② 林焕平．桂林文化城大全总序［M］//雷锐．桂林文化城大全：文学卷小说分卷　第一集．桂林：广西师范大学出版社，1991：1.

③ 魏华龄．试析"一个独特的历史现象：桂林文化城"［J］．桂林师范高等专科学校学报，2001（3）：4.

④ 因抗战时期山东省文登县成立过"抗战文化供应社"，台湾成立过"中国文化供应社"，上海有"伊斯兰文化供应社"，福建有"战时文化供应社"等，本书所指的"文化供应社"特指在桂林成立的文化供应社股份有限公司。

是这三大团体中唯一的书刊出版机构。根据对史料的收集和梳理，文化供应社在抗战时期体现出以下几个显著的特征：

第一，文化供应社始于抗战乱世，终于和平年代。与商务印书馆、中华书局等老牌出版机构不同，文化供应社诞生于 1939 年，即抗战最为艰苦的时期，随着上海、武汉的相继沦陷，很多大型的出版机构损失惨重被迫西迁，一些小型的出版公司更是不复存在。文化供应社在广西桂林逆势而生，且在一两年的时间内迅速成长为广西最大的出版企业，在当时颠沛流离的战争环境下，虽历经撤退迁徙和战后重建，但出版活动从未歇止。新中国成立之后，出版活动又从香港转至北京，直至 1953 年文化供应社"光荣地完成了历史任务"，其出版生命并入了国有新闻出版机构中。文化供应社从产生至结束虽只有短短 13 年，却在抗战文化的传播上立下赫赫战功，其诞生的特殊历史环境和政治背景引人深究。

第二，文化供应社在抗战时期有顽强的生命力和丰硕的生产成果。文化供应社的生命力是在一种"非常态社会环境"下的生命力。文化供应社诞生的 1939 年正是抗日战争如火如荼的时候，紧接着 1941 年国共关系恶化、皖南事变发生，很多进步出版机构（包括读书出版社、生活书店、新知书店等）相继被查封、停业整顿。这一时期，文化供应社不仅能够坚持进步出版，还保护和转移了被查封出版机构的大批出版人和图书纸型。1944 年，桂林沦陷，文化供应社迁移到桂南，在昭平支持了《广西日报》（昭平版）的生产，并组织了敌后抗日武装；1945 年抗战胜利后恢复生产，图书发行网点覆盖香港、武汉、上海等地，进步出版工作马不停蹄；在 1949 年新中国成立后，文化供应社也以新姿态出版过不少的书籍。时任社长陈劭先在 1941 年写的《文化供应社自我介绍》中提到从 1939 年建社起至 1941 年两年间文化供应社总计出版"大小书稿近五百种，九百余万字"[①]，单"文化室图书"全套就销售了 1175000 册，这在抗战时期的文化史中创造了逆势而生的出版奇迹。是什么力量在支撑文化供应社的生存？有哪些出版同人始终坚守这块抗战文化传播的阵地？在非常态的社会环境下，出版机构如何进行适应性的调整才能应对极端的生存环境？这些问题都有待从文化供应社强大的战时生命力里寻找答案。

第三，文化供应社身上有明显的"政治性""进步性""地方性"的标签。其"政治性"是文化供应社突出的标签，文化供应社的诞生与新桂系政府和八路军驻桂林办事处有着密切的联系，其管理团队中董事长李任仁是白崇禧的老师，社长陈劭先是新桂系从国民党中央请来的客卿，设计者是我国著名出版家胡愈之，编辑团队近一半是中国共产党当时的地下党员。这一机构的创立内部关系极其微妙，可以说

① 陈劭先. 文化供应社自我介绍［J］. 文化杂志，1942，1（1）：64－66.

是在“非常态社会环境”下对社会资源的巧妙整合和利用，也可以说文化供应社就是“非常时期”的政治产物。其“进步性”一方面表现在出版同人及作者群体的进步性，总策划胡愈之成为文化供应社先进性的领路人，著名文化人杨东莼、沈钧儒、雷沛鸿、万仲文、千家驹、张志让、张锡昌、傅彬然、宋云彬等在文化供应社里既是发起人、股东又是作者或编辑，这为文化供应社出版物的进步性奠定了生产基础；另一方面，不管时局如何动荡，文化供应社始终着眼大局、不被利诱，坚持进步文化的宣传，维系进步文化传播的阵地。其“地方性”是文化供应社区别于商务、中华、开明、正中以及读书、生活、新知等出版机构的主要标签，主要体现在：由地方政府支持；出版物中有不少为地方服务的书籍；立足广西，辐射至全国乃至海外的出版发行事业，使桂林“文化城”形成了极大的地方影响力。“政治性”“进步性”“地方性”这些标签使我们将目光聚焦在这个“非常态社会环境”下“任性”的出版机构，在出版史的常态研究下另辟蹊径。

近代以降的出版史研究，主要集中在大型的出版企业，对于地方性的出版机构缺乏关注，对文化供应社的研究更是鲜见，仅在部分的史料中存有关于文化供应社的简介和回忆录。出版史学家吴永贵提出，在出版史的研究上“我们需要寻找新的角度与侧面，新的思路与方法，在新的选题切入和新的薄弱环节中，把研究带向新的征途和新的深度。另外，我们关注的面是否可以更开阔些，某些曾经不那么知名的机构和人物，某些曾经影响一时的图书和期刊，某些曾经制约出版活动的制度和组织，某些曾经推动生产力发展的技术和手段，某些曾经带来效益的经营和管理，某些曾经让人眼亮的装帧和设计，某些曾经印证潮流的现象和趋势。诸如这些，都可以成为个案研究的对象，值得我们投入热情和精力”[①]。从目前对整个抗战出版史的研究成果来看，以史料整理的居多，缺乏对出版文化现象更进一步的学理思考，在抗战时期桂林“文化城”的出版机构、同人群体等个案研究，发行、印刷等出版业活动研究，以及不同党派、团体组织的合作互动，出版活动与社会的互动关系等研究都还有较大的深入和拓展的空间。从历史层面来说，出版是保存历史记录的重大功臣；从文化层面来说，出版给人类社会带来不可计量的力量[②]。地方出版史，尤其是影响全局性的出版中心（如战前的上海，战时的重庆、桂林）是整个出版史的重要组成部分。以抗战时期的文化供应社作为个案研究的对象，有助于深入洞察桂林“文化城”的典型性，力求在抗战时期的地方出版史研究的路径上能够有所开拓和创新。

---

① 吴永贵．2000—2005年中国出版史研究综述［J］．出版科学，2006（6）：72－78．

② 李旻．中国出版史研究概述［J］．传播与版权，2014（11）：34－35．

三、基于传播学理论框架下的抗战出版史个案研究

中国的现代传播媒介，是在现代文明的精神启蒙和中华民族的救亡图存的双重变奏中孕育并发展起来的，启蒙与救亡构成了现代媒介发展的一条主旋律，形成迥异于以往的媒介生态。传播学者麦克卢汉在《理解媒介：论人的延伸》中提出了“媒介即讯息”① 的重要理论，概括了传播媒介在人类社会发展中的地位和作用，即人类通过各种媒介才能从事与之相适应的传播和其他社会活动，媒介本身才是真正有意义的讯息。从这一意义上说，媒介不仅生产和传播讯息和内容，同时也是某一时代历史文化的具体反映。媒介社会学家张宁认为，媒介的传播行为依赖特定的社会环境，它的生存和发展，以及传播内容在一定程度上是受特定的政治制度、经济水平、文化宗教等社会条件的影响的②。抗日战争中的出版机构，是文化传播的重要媒介组织，同时也是社会系统及社会组织中的一个分子，它的组织制度、政策、方针，以及传播的内容都与社会发展密切联系。因此，研究抗战文化的传播方式、传播内容、传播特点以及传播规律，可以从出版机构及其文化传播活动入手。同时，对抗战时期媒介组织的研究，也是我们了解抗战时期复杂传播生态的重要路径，它直接反映了当时的社会文化需求、政治环境和经济情况。

从历史学研究的角度上看，20 世纪 60 年代起，史学研究的方法论开始向微观史转向，这一学术转向与文化人类学的崛起有关。人类学家格尔茨在其著作《文化的阐释》中提出，意义是一个网状结构，细节与系统相连；从现象入手形成解读的脉络并由此形成被后人膜拜的“厚重描述”，有力地呈现从细节出发产生的意义的研究价值③。新闻出版史学家方汉奇先生也提出了对新闻出版史多做个案研究的思路，他说，“打深井，意味着开掘要深，要达到前人没有达到的深度，要有重要的新的发现和新的突破”④，强调在新闻出版史研究上要重视出版原件、新解密的档案资料和口述历史等的搜集和整理，以加强历史上有重大影响的人物、机构、书刊等的个案研究。肖东发教授也认为，出版史是以历史上的出版活动为研究对象的一门专史，研究并叙述出版事业形成及发展的历史条件和具体过程，记述历史上有重大贡献的编辑家、出版家在文化创造、文化积累、文化传播方面的业绩，记述各类型重要典籍编纂出版的过程，揭示编辑出版在社会历史文化形成中所起的作用，从而揭示出版事业发展的规律，是该学科的研究内容和研究任务⑤。然而出版史研究的一些成

---

① 麦克卢汉．理解媒介：论人的延伸［M］．何道宽，译．南京：译林出版社，2011：18.

② 张宁．媒介社会学：信息化时代媒介现象的社会学解读［M］．广州：中山大学出版社，2010：4.

③ 陈卫星．“战争・记忆”：媒介史研究的方法论［N］．中国社会科学报，2015－03－04.

④ 方汉奇，曹立新．多打深井多作个案研究：与方汉奇教授谈新闻史研究［J］．新闻大学，2007（3）：4.

⑤ 肖东发．中国出版史研究的回顾与展望［J］．出版科学，2002（3）：57.

果仍局限于材料的堆积与现象的罗列，没有注意分析出版过程现象背后的因果关系，探讨出版个案与社会环境、生产发展之间的互动关系。与此同时，今天人们对历史研究的认知不再拘泥于一种固定的学科视角，“而是把意义当作旅程，通过让历史活起来的进行状态涌现出新的意义和意义的认知方式，其中物品细节所负载的意义转换为一种研究视角”①。从媒介传播史的角度研究历史，无论是方法论的更新，还是后现代史学观的加入，亦是试图在这两者之间找到平衡，“以延续历史的叙事或扩大历史叙事的可能性”②。基于这一研究目的，借助传播社会学的理论，分析出版媒介与社会系统之间的关系，注重媒介组织内部的权力构造和分析媒介组织在社会体系中承担的角色，以跨学科的视角剖析出版机构、出版人和出版物，这对于出版史研究而言有着方法论的创新意义。

“出版史料是出版史研究稳步推进和出版史学科建设的源头活水”③。因抗战后期桂林沦陷、“文革”等原因，不少历史资料相对缺乏，甚至空白，这是研究桂林文化供应社最大的困难。本研究在范军教授的指导下，通过多个渠道广泛收集大量与桂林文化供应社相关的历史文献，包括在桂林及各地的图书馆搜集到的战时文化供应社出版的大部分原书和《新道理》《文化杂志》《文化通讯》等期刊原文，以及通过图书馆的电子数据库，如“CADAL 数字图书馆”“民国期刊全文数据库”“大成老旧刊全文数据库”“瀚堂近代报刊数据库”等搜集了大量相关的历史文献，以此奠定了文化供应社个案研究的史料基础。同时《中国出版史料》、《书店工作史料》（1—4 辑）、《广西出版史志资料》（1—11 辑）、《桂林文史资料》（1—37 辑）等史学研究前辈所辑之珍贵的史料，也提供了可观的抗战出版信息。虽然对桂林“文化城”的研究评述早已有不少的定论，但还是需要从一手的史料中判别历史的真伪，做出客观判断。为了对抗战社会文化环境有更为直接的认识，这一时期的其他媒介如《大公报》（桂林版、重庆版），以及《广西日报》《救亡日报》《力报》和桂林战时小报《小春秋》，以及《建设研究》《文艺生活》《国民公论》等期刊，均是研究抗战时期桂林文化生态和掇取出版信息的重要渠道。此外，实地考察、访谈、采购资料等方法，斯为鉴史，不在话下。

作为地方出版史个案的桂林文化供应社，事实上是抗战出版文化的一个横切面，在“特定”的历史时期产生“特定”的出版机构发挥“特定”的历史作用，从这一“典型性”而言，文化供应社就足以引起人们的研究趣味。因此，在出版史的个案研究上可以桂林文化供应社（1939—1945 年）6 年的出版活动作为主要的研究对象，

---

① 陈卫星．“战争・记忆”：媒介史研究的方法论［N］．中国社会科学报，2015-03-04．
② 陈卫星．“战争・记忆”：媒介史研究的方法论［N］．中国社会科学报，2015-03-04．
③ 范军．中国出版史研究综述［J］．出版科学，2010（5）：103-110．

通过史料收集、文献分析、访谈、实地考察等方法对文化供应社的出版管理、出版同人、出版物以及出版传播活动等内容进行爬梳整理，探索作为媒介组织的出版机构在“非常时期”的文化生存和传播特征，是出版史个案研究上新的发现和突破。

一个时代的文化是社会发展状态重要的表征。抗战时期，进步出版业辗转凋敝却春风吹又生，文化人颠沛流离却始终坚持以笔为戎参与到抗战的斗争当中。桂林“文化城”作为抗战文化传播的重心，文化供应社是其文化运动的重要组成部分，其诞生有赖于特殊社会环境带来的机遇，但其发展却饱含了文化人对文化传播理想的坚守。文化供应社为抗战文化传播做出贡献的同时，其辉煌的战时出版历程也给我们带来历史的启示与思索。

第一章 桂林文化供应社：非常态社会环境下诞生的媒介组织

出版在人类文化发展中承担着重要的角色，作为出版传播主体的出版机构在保存与传播文化、总结历史经验方面发挥着重要的功能。20世纪初，先进的胶印技术传入我国，推动了出版技术的革新和出版内容结构性的调整，激发了国人对出版物巨大传播效果的觉醒性认识。从洋务运动到戊戌变法，从辛亥革命到新文化运动，近代史上的每一次变革都伴随着对“出版”这一传播利器的自觉利用，从而一次又一次地推动我国出版业向前发展。

然而，近代以降的出版业却在非常态社会环境中曲折前行，从鸦片战争到辛亥革命，从国内革命战争到抗日战争，其间政权更迭，政治运动纷繁复杂，阶级矛盾和民族矛盾极为突出，抗日战争的全面爆发更是将正在崛起的中国出版业卷入了极端的“非常时期”。受战争影响，昔日的出版中心——上海沦为“孤岛”，重庆、延安、桂林、昆明成为文化人西迁的主要城市，形成了多元的文化生态现象。伴随着民族矛盾的激化，国共两党都提出了适应战时的文化政策，全国文化界同仇敌忾，以各种形式宣传抗战文化。作为抗战文化宣传重要阵地的出版业，辗转西迁之后，在山水甲天下的桂林，春风吹又生。

第一节　冲突与流徙：抗战时期的文化传播生态

中国学者陆地认为，所谓“文化生态”，是指“一种文化在特定时空中产生、发展的环境和状态”①，变化是文化生态的一种常态化现象，文化主体数量、结构、技术和竞争的变化都会引起文化生态的变化。“传播生态”则是美国传播学者大卫·阿什德（David L. Altheide）提出的一个概念，指“情景中的传播过程”②，是对社会传播行为发生的整体系统环境的研究。综合中、美学者对“文化生态”与“传播生态”的阐释，“文化传播生态”则应是在社会系统环境中，文化的传播活动与社会系

① 陆地. 走向对冲的文化传播生态［J］. 当代传播，2015（5）：4-5.
② 阿什德. 传播生态学：控制的文化范式［M］. 邵志择，译. 北京：华夏出版社，2003：8.

统各元素之间的相互制约与协调，包括社会的发展和变革对文化的传播环境、传播技术、传播主体、传播客体以及传播效果所产生的影响。对抗战时期文化传播生态的考察，可帮助我们剖析传播环境如何影响文化在战时的变迁，以及作为传播者的出版机构如何在战时开展传播活动，唤醒民众对抗战的感知、理解和情绪，进而探析“非常态社会环境”下出版机构消长的社会动因。

一、战时文化变迁：出版业的西迁与空间格局的转变

全面抗战以前，新兴民营出版机构增多，图书出版量逐年上升。辛亥革命后，单古籍出版就有 500 多家①。九一八事变后，由于有进步力量的支持，不仅商务、中华、世界、开明、大东等出版机构仍然继续发展，而且读书出版社、生活书店、新知书店等新出版机构也显示了强大的活力，1936 年全国的出版量高达 9438 种②，达到了战前出版生产的高峰。1937 年七七事变爆发后，出版机构大规模西迁，在战火中重寻生机。

（一）战时出版业遭受的重创与西迁

战争打乱了中国出版业原有的进程和秩序，给出版业及相关工业带来重创。家大业大的商务印书馆所受损失居全国书业之首，战火中商务印书馆正常的出书计划被迫中断或取消，书籍、房屋、原材料和机器设备毁损不计其数，营业额也急速下滑，1937 年只有 1936 年的 86%，1938 年又下滑到了 67.44%。太平洋战争爆发后，商务印书馆在上海租界和香港的出版基地陷入敌手，印刷力量只剩下设于成都、重庆、赣县的三个小厂，无法再延续战前日出新书的局面了。③ 上海世界书局曾为国内三大书局之一，战争中也难逃劫难，从全面侵华战争爆发至 1938 年底，世界书局就有 500 万余册的图书被日军劫走。上海开明书店在八一三事变中就已损失了全部资产的 80%，日军的炮火摧毁了开明书店设在虹口的办公场所以及负责开明出版物印刷的美成印刷厂，所有图版纸型和百万存书毁于一旦。④

与出版相关的造纸业、印刷业以及物流业在战争中都受到了不同程度的影响。战前出版业纸张来源依赖进口洋纸，内地稍具规模的纸厂只有寥寥几家。1938 年，全国战前所有机器造纸厂只剩 14 家，年生产能力仅为 1 万吨左右，农村手工纸业也几近停产⑤。但进口的洋纸的突然紧缺使后方纸张需求量陡然增加，刺激了国产纸

---

① 陈刚．中国近代图书市场研究［J］．编辑学刊，1995（2）：71．

② 陈刚．中国近代图书市场研究［J］．编辑学刊，1995（2）：71．

③ 汪家熔．抗日战争时期的商务印书馆［J］．出版史料，1987（4）：85．

④ 王久安．开明书店纪事［C］//中国近代现代出版史编纂组．中国近代现代出版史学术讨论会文集，1990：445-449．

⑤ 沈旻．抗战时期国统区文化出版及产业发展调查分析［J］．艺术百家，2008（3）：38-43．

业的复苏。1941 年度国统区生产机制纸 25200 令，是战前产量的 17.5 倍。[①] 同时，利用本土资源造纸的新技术得到了广泛推广，填补了机制纸的短缺，一定程度上缓解了出版业的纸荒问题。[②] 印刷业在八一三事变中也损失惨重，1937 年上海全市印刷业的年营业额只及 1928 年的一半。[③] 为避免更大的损失，民营印刷厂纷纷内迁，上海市内 20 多家印刷厂内迁，其他各地如南京的京华印书馆、正中书局印刷厂等也陆续迁出。[④] 印刷厂的内迁与创建，使后方印刷业出现前所未有的兴隆景象，重庆、成都、桂林等西部地区的印刷业逐渐蓬勃发展起来。

因战争带来的用纸、印刷水准的总体下降，不仅直接影响到图书的物质形态与出版质量，也反映在新书出版比重减少、旧书翻印和重版书比重的增加上。一些出版机构为降低成本，不仅选用劣质纸张，采用原始印刷术，而且能省则省，有的连作者、出版日期都略而不印。当时就有人感叹："新书不免有模糊、断句、残篇之感，精读一过，更弄得体无完肤，或竟通体肢解，于是乎在擦洋灯、抹桌子、包花生等等之下散佚了。"[⑤]

为了减少文化事业的损失，抗战伊始，一些出版机构、高等学府、文化单位和科研院所都未雨绸缪，陆续西迁。据不完全统计，整个抗战期间，中国难民总数达 2000 万—3000 万，其中，"文化教育者占 55%，党政及国营事业者占 21%，商人占 10%，工人占 6%，农民仅占 2%"[⑥]，"高级知识分子 9/10 以上西迁，中级知识分子 5/10 以上西迁，低级知识分子 3/10 以上西迁"[⑦]。大敌当前，出版业也加紧进行财产的处置和转移：商务印书馆在沪战还在进行的时候，不仅做好将总管理处内迁的计划，还租赁了临时厂房和仓库，转移华界和租界东区的工厂内的机器、材料、纸张和书籍等[⑧]，太平洋战争爆发后，又在重庆建立总管理处渝办，将主要工作移到了重庆。中华书局也"及时准备，应付时艰"[⑨]，先限期完成应造之货，分运各处；1937 年 11 月，将总办事处移至昆明，1942 年香港沦陷后也迁往重庆。章锡琛等创立的开明书店，抗战爆发后先后迁往武汉、桂林，1944 年，桂林大撤退后开明书店

---

① 后方造纸业概况［J］. 中国新闻学会年刊，1942（1）：96－100.

② 韦斐斌. 中国造纸工业概述［J］. 广西企业季刊，1943（4）：9－23.

③ 彭明. 中国现代史资料选辑：第五册［M］. 北京：中国人民大学出版社，1989：297.

④ 编者. 内迁民营厂矿名称及地址一览表［Z］//中华民国重要史料初编：四. 台北：中国国民党中央委员会党史委员会，1988：681.

⑤ 杨中. 大后方的通俗文艺［M］. 成都：四川教育出版社，1990：5.

⑥ 本社. 许委员长谈救济问题［N］. 新华日报，1938－05－22.

⑦ 孙本文. 现代中国社会问题：第 2 卷［M］. 上海：商务印书馆，1943：261.

⑧ 汪家熔. 抗日战争时期的商务印书馆［M］//汪家熔出版史研究文集. 北京：中国书籍出版社，1998：133.

⑨ 中华书局股东常会. 十年来之报告［M］//上海市档案馆. 上海档案史料研究：第 13 辑. 上海：三联书店，2012：260.

总管理处迁到重庆。此外，还有创办于上海的世界、大东等老牌书局，以及北新书局、生活书店、读书出版社、新知书店、上海杂志公司、文化生活出版社等出版机构也都先后迁往重庆、桂林等战争后方。同时，内迁的文化人在以重庆为中心的国统区内创办了众多新兴的书店、出版社，这标志着作为中国文化重要载体的出版业已渐离了上海向西部地区转移。

（二）战时出版业多元格局的形成与文化运动推动下的出版生产

全面抗战爆发前的十年（1927—1937 年），是我国出版业的“黄金十年”，在市场激烈的竞争与组合之后，形成了以上海为中心，商务印书馆、中华书局、世界书局、大东书局、开明书店和正中书局等六大书局并立的基本格局，它们凭借雄厚的实力、权威的编审力量占据了图书市场的主要份额。1937 年 7 月，日本全面侵华战争爆发后，11 月、12 月上海、南京相继沦陷，出版人开始艰苦的流亡生活。随着战事的发展，文化人的西迁，我国的抗战文化形成了以延安为中心的根据地文化，以武汉、重庆、桂林为中心的国统区文化，以上海为代表的沦陷区文化和以香港及东南亚为代表的海外文化的新格局，在不同意识形态的影响下呈现了多元的抗战文化现象。国统区的出版业也在抗战文化运动的推动下，形成了“以重庆为中心，以桂林为重点”[①] 的新局面，续写了出版文化的新篇章。

在战争的影响下，出版生产虽然难续 1936 年的辉煌之势，在种数和印数上都出现了断崖式的滑坡，但在抗战文化运动的推动之下，出版业在抗战前期曾出现过短暂的复苏和上涨。从书版的数量上看，据统计，从 1937 年 7 月到 1939 年底，全国一共出版书刊 10014 种，1941 年全国出书不过 1890 种，是抗战阶段出书最少的时期；1942 年出版业出现了明显的复苏，全年出书 3879 种；这一增长持续到了 1943 年，全年出书 4408 种。[②] 但这一增长势头并未能维持，到 1944 年，出版物资飞涨、印刷和运输成本高扬、出版业资金枯竭，再加之国统区严苛的出版审查等，多重压力之下，出版业经营惨淡，重庆市书业门市冷落，向称“文化城”的桂林“近来文化事业已经非常衰落，一年前的情形是每月新书，总是 40 多种，如今只剩一半，甚至一半都没有了。从前每种出版新书，第一版总要印 3000 本以上，如今最多只印 1500 本”[③]。出版业坚强挺过了战争的摧残，但在抗战胜利曙光到来之前却是奄奄一息。

从图书出版的形式与内容上看，抗战时期的出版与社会各界文化救亡活动紧密相连，凸显了鲜明的时代特色：

① 熊复. 中国抗日战争时期大后方出版史［M］. 重庆：重庆出版社，1999：117.
② 项英杰. 出版业之发展及均衡分布论［J］. 出版界月刊，1944，1（4）：1.
③ 吴永贵. 民国出版史［M］. 福州：福建人民出版社，2011：66.

第一，以抗战为题材的通俗读物成为出版主流。全面抗战爆发初期，政府机构和许多社会团体、出版单位，以及大量的文化人意识到大众读物在形式和内容上趋于小型化和通俗化，讲究时效性和鼓动性，在教育和动员民众抗战方面有着巨大的作用，因此，充分体现这些特点的民众读物就成为抗战初期出版品的主流。国民政府教育部积极动员出版界编印大量的大众读物，并在民众读物的发行上指示各地邮局予以优先考虑。此时，商务印书馆、中华书局、正中书局、生活书店、读书出版社、新知书店等大小出版机构都纷纷出版了适合大众阅读的抗战小手册、通俗理论读物等，如商务印书馆的“战时常识丛书”“抗战小丛书”，中华书局的“国民军事常识丛书”，正中书局的“战时民众训练小丛书”，上海杂志公司出版的“游击队小丛书”，读书出版社的“社会常识读本”和《大众哲学》等。武汉还出现了以编辑通俗读物为主的通俗读物编刊社，短期内编辑了宣传抗战的通俗读物 60 多种，后将书稿交由生活书店出版。

第二，丰富的丛书出版。抗战期间，“丛书”云集成为抗战出版文化的一大特色。据不完全统计，从 1937 年 7 月到 1938 年 10 月，武汉各出版社、书店出版的“抗战丛书”有 50 多套，包括了 500 多种图书[①]。如中华书局的“中国新论社非常时期丛书”和“国民军事常识丛书”，生活书店的“世界知识战时丛刊”“青年自学丛书”在抗战初期出版和重版都较多。桂林“文化城”形成后也有近 70 套丛书出版，其中文学类的就有 50 多套，如文献出版社的“野草丛书”，文化供应社的“文学创作丛刊”等也都是较有影响力的文学类丛书。这些丛书形式多样、题材广泛、数量可观，有的丛书有经费保障，印数和篇幅都能保持相当规模；有的丛书是因政治动荡进步期刊被查禁后，采取“以书代刊”的形式继续出版；也有不少丛书受到战争的影响，尚未出齐就中途夭折了。

第三，与抗战文艺运动相结合的读物盛行。抗战期间，文化界以各种艺术形式宣传抗战，同期也配套出版了体裁多样的文艺作品，如新知书店编选出版的《抗战大鼓词》，汉口大路书店出版的《抗战漫画集》《抗战歌选》等。同时，以戏剧的形式宣传抗战的活动也非常活跃，仅 1942 年在桂林举办的“西南剧展”就上演了话剧 23 种，平剧 29 种，桂剧 8 种，各种配合戏剧演出的“同期书”也层出不穷，如欧阳予倩的《忠王李秀成》、陈白尘的《大地回春》、田汉的《秋声赋》、丁西林的《妙峰山》……这些活跃的剧目都被同期出版，广泛传播。桂林“文化城”的文学作品出版规模空前，1938—1944 年的出版物中仅长篇小说就有 40 部，中篇近 120 部，

① 熊复．中国抗日战争时期大后方出版史［M］．重庆：重庆出版社，1999：87.

短篇小说有近1200篇，诗歌集约50部，报告文学、散文、杂文等文集44部。[①]

此外，中国共产党领导的出版机构在国统区获得公开出版发行的权利，是战时出版界一个令人瞩目的新现象。在上海时期，1932年创办的生活书店、1935年创办的新知书店和1936年创办的读书出版社等出版机构就已经发挥了进步文化堡垒的作用，有计划有系统地公开出版了一大批宣传抗日、坚持民主进步的图书。抗战时期，生活书店在全国就拥有57个分店，9个流动供应所，发行网店遍布全国14个省。[②]据史料记载，国民党中宣部曾对1937年7月到1938年2月底之间武汉地区所有公开发行的书刊进行过逐一审查，宣称“无论书籍刊物，皆共党及左倾色彩占极大多数，尤以书籍为最。有关共党若将左倾及人民阵线者加在一起，已超过总出版量的二分之一，影响亦殊骇人”[③]。由此可见进步书籍的大量出版发行在国统区内已造成巨大反响。

二、意识形态博弈：日伪、中央、中共战时文化政策之比较

意识形态是社会统治阶层为经济基础服务的“观念上层建筑”，马克思认为意识形态的本质作用是“每一个企图取代旧统治阶级的新阶级，为了达到自己的目的不得不把自己的利益说成是社会全体成员的共同利益，就是说，这在观念上的表达就是：赋予自己的思想以普遍性的形式，把它们描绘成唯一合乎理性的、有普遍意义的思想”[④]。由此可见，要施行对社会的观念控制，就需要发挥意识形态的“舆论”作用。拉斯韦尔认为，战争的目标同时决定了政策制定者与宣传者之间关系的性质，他们在决定宣传者在何种程度上介入政策制定，以及政策制定者在何种程度上介入宣传活动中发挥着极为重要的影响。政策制定者的目的是确保宣传活动准确地反映国家的战争目标，并支持这一目标取得的成果。[⑤] 抗战时期，在意识形态领域里，封建主义、法西斯主义与马列主义、共产主义的斗争，一直复杂而尖锐，这一斗争不仅影响了抗战文化内容的偏向，还关系到抗日战争的胜利和失败，以及中国的前途和命运。

（一）日军在沦陷区的文化控制与沦陷区的抗战文化

日本侵略中国的政策一个重要的方面，便是实施殖民地文化统治与教育，“在精

① 詹永媛. 试论国统区抗战文化运动的特点［J］. 贵州民族学院学报（哲学社会科学版），2001（2）：98-101.

② 生活书店史稿编辑委员会. 生活书店史稿［M］. 北京：生活书店出版有限公司，2013：437.

③ 张克明. 抗战初期武汉出版界实况［Z］//湖北出版史料：第3辑. 武汉：湖北省出版局出版志编辑室，1988：29.

④ 马克思，恩格斯. 马克思恩格斯选集：第1卷［M］. 北京：人民出版社，1995：100.

⑤ 拉斯韦尔. 世界大战中的宣传技巧［M］. 张洁，田青，译. 展江，校. 北京：中国人民大学出版社，2003：8.

神上，摧残中国人民的民族意识”，使得“在太阳旗下，每个中国人只能当顺民，做牛马，不许有一丝一毫的中国气”[1]，沦陷区的各傀儡政权配合侵略者强行推行殖民地的奴化统治。

在沦陷区，伪满洲国实行殖民地文化专制的“官制文化”，日本统管着伪满洲国的新闻、出版、广播等宣传舆论阵地，不允许有任何抗日爱国的民族意识的存在。在教育出版方面，日本侵略者暴力废除原有教科书，强行输入反动教学内容，强令“废止三民主义党义及其他与新国家建国精神相反之教科书或教材”[2]。在这些指令下，日本侵略者大肆查禁和焚毁了带有民族意识或民主思想的书籍，残酷地废止了沦陷区内原有的教科书。据不完全统计，仅在1932年3月至7月的5个月中，他们就焚烧650余万册进步书刊。[3] 1940年10月，汪伪中央图书杂志审查委员会颁布《取缔书刊一览》第一辑，开列日伪当局从1938年1月至1940年10月查禁的书刊659种。[4] 1941年1月24日，汪伪政府颁布《出版法》，严厉禁止出版物登载所谓“违反国策”“颠覆国民政府”“破坏公共秩序”以及宣传部禁止登载之内容[5]。

太平洋战争爆发后，为了进一步加强对沦陷区图书出版的控制，汪伪政府下令取缔了上海最大的出版机构——新书业公会。1942年6月，公布实施所谓《修正战时出版法》，进一步强化出版审查制度。1943年6月，汪伪最高国防会议通过的《战时文化宣传政策基本纲要》，提出了战时文化宣传政策要“担负大东亚战争中文化战思想战之任务”，并谋“东亚文化之融合与创造”[6] 的基本方针，沦陷区的文化宣传领域在日伪政府的统治下，被迫适应日本帝国主义的“以华制华”“以战养战”的侵略政策。

在日伪的高压下，沦陷区仍有一批进步文化人坚持着文化战斗。他们是“拿着笔杆，着精神武器的文化兵”，是“决不能从上海撤退的”[7]。他们克服经济困难，冒着生命危险，在上海沦陷区，充分利用租界的特殊地位，坚持以进步文化对抗侵略统治。当时“孤岛”文坛上进步文艺刊物就达100多种，包括《文汇报》《世纪风》等副刊10多种。“孤岛”文坛的爱国作家，在坚持抗战的同时，还在文艺思想方面同汉奸文人进行斗争。他们联名发表了《文化界反色情文化宣言》，批驳以文化

---

① 毛泽东．论持久战［M］//毛泽东选集：第2卷．北京：人民出版社，1991：455.

② 唐正芒．中国西部抗战文化史［M］．北京：中共党史出版社，2004：30.

③ 唐正芒．中国西部抗战文化史［M］．北京：中共党史出版社，2004：30.

④ 经盛鸿．南京沦陷八年史：一九三七年十二月十三日至一九四五年九月九日（下）［M］．北京：社会科学文献出版社，2013：727.

⑤ 唐正芒．中国西部抗战文化史［M］．北京：中共党史出版社，2004：35－36.

⑥ 余子道．汪伪政权资料选编：汪精卫国民政府“清乡”运动［M］．上海：上海人民出版社，1985：392.

⑦ 唐正芒．中国西部抗战文化史［M］．北京：中共党史出版社，2004：32.

侵略为核心的“大东亚文协”“和平文协”等帝国主义谬论，剥下了一小撮汉奸文人推行“奴化教育”的外衣①。1941 年珍珠港事件以后，上海“孤岛”的环境日益恶化，租界区域被日军侵入，活动在“孤岛”的进步爱国作家和出版工作者，有的被日寇逮捕投入监狱，有的被迫逃亡香港或内地，有的暂时隐蔽转入地下。无法离开上海的“有骨气的文人”，“都是搁笔辞稿，闭门谢客”。剧作家赵景深当时坐在家中，抱了“三不主义”，即“一不写稿，二不讲演，三不教书”②，保持了中国文人崇高的爱国气节。

（二）国民党中央实施的文化政策及对进步文化的影响

20 世纪 20 年代末，蒋介石掌握了国民党中央的政权之后，由于内部派系纷争、思想混乱，在意识形态领域尚未取得主导地位。蒋介石认为：要改变这种状况，就必须“拿三民主义来做一个中心思想，才能统一中国”③。国民党遂以三民主义作为其文化政策的基本原则，统领文化战线的意识形态。由于抗战时期复杂的政治局势，国民党的文化政策也出现过几个时期的波动，这些政策直接影响了进步出版文化的生存与发展。

1930 年至 1937 年初是国民党文化专制政策施行期。1931 年九一八事变后，国民党当局以“攘外必先安内”的方针，加强了对文化界的控制。1936 年 1 月，国民党颁布《确立文化建设原则与推进方针以复兴民族案》，规定“确定三民主义为中国文化建设运动之最高原则”④。同年 4 月，《国民党中央文化事业计划纲要》提出：“本三民主义之原则，以文化力量建立全国民众精神上之国防，策动一切救亡图存之工作，尤以促进生产建设，充实国家力量，及发扬民族精神，恢复民族自信为共同努力之目标。”⑤ 显然，国民党将三民主义作为统摄文化战线的意识形态原则。

从 1937 年初到 1938 年 9 月，国民党逐步转向抗日文化政策。1937 年 2 月，国民党召开五届三中全会，在对内政策上承认“整个民族之利害，终将超出一切个人一切团体利害之上”，将原来对共产党采取的武装“围剿”方针改为“和平统一”的方针，基本确定了停止内战和国共合作的原则，标志着国民党由内战独裁和对日不抵抗政策，开始向和平民主和抗日的方向转化。1937 年庐山会议之后，9 月 23 日，蒋介石在《对中国共产党宣言的谈话》中说：“此次共产党发表之宣言……且均与本

---

① 唐正芒. 中国西部抗战文化史［M］. 北京：中共党史出版社，2004：31.

② 胡绍轩. 现代文坛风云录［M］. 重庆：重庆出版社，1991：241.

③ 张其昀. 先“总统”蒋公全集：第一册［M］. 台北：中国文化大学出版部，1984：557.

④ 中国第二历史档案馆. 中华民国史档案资料汇编：第五辑　第一编　文化一［M］. 南京：江苏古籍出版社，1998：28.

⑤ 中国第二历史档案馆. 中华民国史档案资料汇编：第五辑　第一编　文化一［M］. 南京：江苏古籍出版社，1998：29.

党三中全会之宣言及决议相符合……在存亡危急之秋，更不应计较过去之一切，而当使全国国民彻底更始，力谋团结，以共保国家之生命与生存。”[①] 从中可以看出，国民党在中共接受三民主义的前提下承认了中共的合法地位。

1938 年 1 月，为了推动抗战文化的开展，国民党组织设置了主管抗日宣传的文化机构——政治部第三厅，并邀请郭沫若出任厅长。中国共产党积极参与了第三厅的工作，以公开合法的形式领导文化人士扩大抗战宣传，使其成为中共领导的国统区文化界抗日民族统一战线的坚强核心。1938 年 3 月，国民党通过《关于确定文化建设原则纲领的提案》，提出抗战文化政策为：“文化建设之于建国工作，与国防建设、经济建设同其重要。抗战为建国必经之过程，建国为抗战最终之目的，故建国之文化政策，即所以策进抗战之力量。”[②] 这一时期，国民党实行以抗战为主导的文化政策，还体现在批准成立了中华全国文艺界抗敌协会（简称“文协”）、中华全国木刻界抗敌协会、中华全国戏剧界抗敌协会等，这些协会开展了形式多样的文艺活动推动抗战文化运动的开展。文协和其他抗战文化团体的成立，标志着国统区文化界抗日统一战线的形成。

从 1938 年至抗战胜利，国民党逐步施行反共的文化政策。1938 年 7 月，国民党政府先后颁布了《战时图书杂志原稿审查办法》（1938 年版）、《抗战期间图书杂志审查标准》等法令，将国民党政府以外的一切组织和军队称为“伪组织”和“伪匪军”，宣称凡传播共产主义的组织和机构将按照该法严加取缔。[③] 1938 年 10 月，广州、武汉被日军占领后，抗日战争进入到战略相持阶段，战局的变化和政治上的不安导致了国民党在文化政策上的变异。1939 年 1 月，国民党召开五届五中全会，把对付共产党问题作为重要议题，制定了“溶共”“防共”“限共”“反共”的方针，拟定了《抗战时期文化团体指导工作纲要》，要求整理现有的文化团体。1939 年底，国民党又相继颁布《新闻报刊通讯社登记办法》和《战时新闻违检惩罚办法》，以加强对通讯社的管制和对通讯社稿件的审查。[④] 1940 年，国民党政府颁布了一系列法令如《战时图书杂志原稿审查办法》（1940 年版）[⑤]、《杂志送审须知》、《图书送审须知》、《书店印刷店管理规则》、《战时出版品审查办法及禁载标准》等等，加强对舆

① 中央统战部，中央档案馆．中共中央抗日民族统一战线文件选编［M］．北京：档案出版社，1986：823-824．

② 中国第二历史档案馆．中华民国史档案资料汇编：第五辑　第二编　文化一［M］．南京：江苏古籍出版社，1998：1．

③ 张志伟．抗战时期国共两党文化政策研究［D］．长春：东北师范大学，2012：23．

④ 裴鑫．“封锁”与“反封锁”的较量［J］．青年记者，2005（7）：14．

⑤ 1940 年 9 月 6 日，由国民党政府颁发的《战时图书杂志原稿审查办法》出台。这一办法与 1938 年由国民党中央发布的同名文件的不同处是：中央图书杂志审查委员会改而隶属于国民政府行政院，地方图书杂志审查委员会也改而隶属于各地方政府。此后，国民政府在名义上取代国民党中央主持战时新闻出版检查工作。

论和出版事业的控制。据不完全统计，1938 年至 1941 年 6 月，被国民党查禁的书刊共 960 余种。①

1941 年皖南事变后，国民党对共产党组织的破坏和文化界抗日民主运动的镇压变本加厉。1942 年 3 月，国民党政府公布《国家总动员法》，对人民的言论、出版、著作、通讯、集会、结社等自由加以种种限制。同年 9 月，国民党中央党部下令要求各省部取缔中共刊物、捣毁中共书店，要求"共产党实施宣传政策，自办新华书店外，复利用各书商推销书籍。今后对付之办法为：（1）对以营业为目的之书店，应以威胁方法或劝告方式，使其停止推销。（2）对共产党书店应派人以群众面目大批收买而后焚之，或冲进该店捣毁之。惟事先应布置周密，与当地军警宪主管机关取得联系，接洽妥当，对外绝对秘密，以免对方借口"②。随后，国民党不断强化其反共的文化政策。1943 年 3 月，蒋介石出版《中国之命运》一书，进一步篡改孙中山的三民主义内涵，全力攻击共产党以及共产主义运动。

"权力扭曲传播的最突出例子就是故意调整传播内容以适应某种意识形态或反意识形态"③。纵观国民党在抗战时期的文化政策，其将"三民主义"作为文化建设的指导思想，但其文化价值取向上具有保守性，这也决定了国民党文化政策的专制性和两面性。在抗战中后期，国民党对进步文化活动的压制严重地阻碍和破坏了国统区特别是"陪都"重庆的抗日文化运动，使大批的进步文化人更愿意迁往政治环境较为宽松的桂林，这在一定程度上推动了桂林进步出版文化的繁荣。

（三）中国共产党在国统区实施的文化政策

毛泽东认为，"一定的文化（当作观念形态的文化）是一定社会的政治和经济的反映，又给予伟大影响和作用于一定社会的政治和经济"④。为一定的阶级服务是文化的政治功能。

抗战时期，中国共产党对文化运动的引导，得益于实施了民主的知识分子、文化人政策，以及团结的抗日文化统一战线政策。毛泽东曾指出，"我们要战胜敌人，首先要依靠手里拿枪的军队。但是仅仅有这种军队是不够的，我们还要有文化的军队，这是团结自己、战胜敌人必不可少的军队"，也可以说"有文武两个战线，这就是文化战线和军事战线"⑤。周恩来也强调，"笔战是枪战的前提，也是枪战的后盾"⑥。1937 年 8 月，中国共产党制定了《抗日救国十大纲领》，提出了"全国人民

---

① 肖效钦，钟兴锦. 抗日战争文化史：1937—1945［M］. 北京：中共党史出版社，1992：256－257.
② 熊复. 中国抗日战争时期大后方出版史［M］. 重庆：重庆出版社，1999：203.
③ 施拉姆. 大众传播媒介与社会发展［M］. 金燕宁，译. 北京：华夏出版社，1990：52.
④ 毛泽东. 毛泽东选集：第 2 卷［M］. 北京：人民出版社，1991：663－664.
⑤ 毛泽东. 毛泽东选集：第 3 卷［M］. 北京：人民出版社，1991：847.
⑥ 周恩来. 周恩来文化文选［M］. 北京：中央文献出版社，1998：28.

除汉奸外，皆有抗日救国的言论、出版、集会、结社及武装抗敌之自由”①，号召“全中国人民动员起来，武装起来，参加抗战，实行有力出力，有钱出钱，有枪出枪，有知识出知识”，“在民族自决和民族自治的原则下，共同抗日”②，“在国共两党彻底合作的基础上，建立全国各党各派各界各军的抗日民族统一战线，领导抗日战争，精诚团结，共赴国难”③。中国共产党《抗日救国十大纲领》成为国统区文化运动总的指导思想，反映了在抗战时期国共两党关系的新变化，是民族矛盾和阶级矛盾地位消长在文化政策上的表现。1938 年 3 月，在汉口成立的中华全国文艺界抗敌协会，把更多的文化人团结在中国共产党的周围，壮大了抗战文化力量，标志着文艺界最广泛的抗日民族统一战线的形成。

1939 年 1 月，以周恩来为书记的中共中央南方局为了加强对国统区抗日文化运动的领导，成立了文化工作委员会（后又称文化组，简称“文委”），侧面指导抗日文化运动。1941 年 6 月，《中共中央关于党在文化运动上的任务》指出，“团结一切抗日不反共的文化力量，建立文化运动上最广泛的统一战线”，“发展进步的文化力量，发展民主思想，主张思想自由，研究各种学术，宣传科学的社会主义，推进中国的文化向前发展”④。在开展文化工作时，“应该联合一切不反共的自由资产阶级（即民族资产阶级）与广大的小资产阶级知识分子共同去做，而不应使共产党员尖锐突出与陷于孤立”⑤，为实现“联合”，应该有两个“容许”：容许包含各种政治态度的文艺作品的存在，容许包含各色艺术品的自由竞争。对知识分子必须“放手地吸收、放手地任用和放手地提拔”⑥。可见，抗战时期中共的文化策略体现出一种民主的精神，充分信任、重视和团结广大知识分子，以调动他们的积极性为抗战服务。

在民主团结政策的影响下，诸多进步文化名人都愿意接受共产党的领导。从事抗战文化运动的文化人中许多人本身就是共产党人，或是受共产党影响的进步文化人。文协负责人老舍就是接受共产党领导和影响的进步文化人代表。皖南事变后，国民党捕杀、监禁共产党员和进步文化人士，中共南方局为了保护文化人士周密部署，帮助撤退的进步文化人解决路费、机票等困难问题，撤退中“经文委手疏散的计 100 余人”⑦。

---

① 文化资料供应社．中国现代史资料汇编：1919—1945［M］．香港：文化资料供应社，1978：357.

② 文化资料供应社．中国现代史资料汇编：1919—1945［M］．香港：文化资料供应社，1978：358.

③ 文化资料供应社．中国现代史资料汇编：1919—1945［M］．香港：文化资料供应社，1978：359.

④ 南方局党史资料征集小组．南方局党史资料：六　文化工作［M］．重庆：重庆出版社，1990：9.

⑤ 中央档案馆．中共中央文件选集：第 12 册［M］．北京：中共中央党校出版社，1991：486.

⑥ 毛泽东．毛泽东著作选读：上册［M］．北京：人民出版社，1986：418.

⑦ 南方局关于文化运动工作向中央的报告［M］//南方局党史资料征集小组．南方局党史资料：六．重庆：重庆出版社，1990：13 - 14.

在文化政策的实施上，中共首先采取建立多层次、多渠道的领导网络，保证文化工作的层层落实。如建立上海地下党文委、广东省委文化工作委员会、桂林地区统战工作委员会文化工作小组等组织负责辖区文化工作，并在第三厅和文工会等文化组织中设立中共特别支部，《大公报》《扫荡报》等媒体机构也都有中共的支部和党员，在国统区编织了一张文化运动的领导网络。文化战线中的中共党员既是进步文化的传播者，又是文化政策的执行者，对中共抗战文化的传播起到了关键作用。其次，借助各媒介渠道，采取各种文艺形式，传播抗战文化思想，同时渗透于各个媒体中的中共党员也见缝插针适时对中共的文化政策进行宣传。

共产党在国统区的文化政策，以及抗日文化统一战线政策，为推进国统区的进步文化运动奠定了政策前提，直接或间接地影响了大量的文化名人参与到进步抗战文化运动中。抗战时期的中国共产党，虽然尚未取得全国的执政地位，但它所倡导和实施的抗日民族统一战线，能够放眼全局，从容应对复杂的国统区文化统治，在抗战文化的发展和传播上发挥了特殊的作用。

抗日战争不仅是中日民族的战争，其中还夹杂着不同阶级之间的意识形态斗争，文化作为塑造民族认同的"软利器"，是战争中政治场斗争重要的组成部分。在这场复杂的战役中，不同的权力组织以不同的政略手段控制所辖区域的意识形态，以便更好地控制辖区的文化场。中国共产党在此期间也以积极、包容的文化策略参与到抗战文化传播的实践中。

三、聚合与多元：战时出版业的文化传播特征

拉斯韦尔认为，"宣传是对现代社会的广阔性、理性和随意性的本能反应。它是新的社会发动机……说明宣传的运作机制就是揭示社会行为的秘密原动力，就是将我们盛行的有关主权、民主、诚实和个人意见神圣性的学说置于最尖锐的批评之下"[①]。在战争时期，出版传播活动不可避免地带有鲜明时代特色，承载舆论宣传职责的出版媒介在复杂意识形态的影响下，呈现了与常态时期迥异的传播特征。

（一）传播生态系统的不稳定性与复杂性

在常态化的社会环境中，媒介机构根据社会的文化资源情况以及文化发展需求创造适应性的产品，市场规则对媒介生产起到主导作用，社会信息流动也平稳有序。在这种状态下，文化的开放性、包容性和自主性更为突出。在抗战非常时期，社会处于紧张状态，这些复杂的整体互动关系失去平衡，导致受众获取信息欲求增强、

① 拉斯韦尔．世界大战中的宣传技巧［M］．张洁，田青，译．展江，校．北京：中国人民大学出版社，2003：177．

信息流动加速、传播媒介信息量暴涨，使某一类型的文化跃升至主要位置，成为时代的典型。

在我国抗日战争的传播生态系统中，纵横交织着不同的意识形态，虽然以民族主义为核心的抗战文化是时代的主流，但中国共产党与国民党当局的政治博弈始终存在，这给媒介组织的内容生产带来强大的政治压力，使这一时期所传播的信息充满着浓郁的政治宣教意味，甚至过度强化、夸大，这是非常态环境下的一种文化传播畸形状态。为了在紊乱的社会秩序中寻求一种相对的平衡状态，国共两党进行政治上的合作，将社会矛盾简单化为民族矛盾，将文化内容聚合为一个指定的方向——“抗战建国”，各媒介之间互相协作，以和谐的力量对抗外敌，进而形成一种以“抗战”为主旨的类型化的文化传播系统。可以说，这是一种在无序社会中由政权组织、媒介组织、受众为了维护生态平衡而共同搭建的传播系统。

但这一系统并没有能够持续维持它的稳定性，在国际矛盾的加剧和内部矛盾的激化之下，它的相对稳定终于在皖南事变后瓦解，使媒介和媒介组织在文化传播上遭遇更大的困难，只能更多地依赖某一方权力而存在、运转。

（二）传播母题的聚合

这一时期，无论是宣扬以“三民主义”思想统一中国的国民党，还是积极建立抗日统一战线一致对外的中国共产党，都强烈意识到民族存亡的危机，把中日民族矛盾作为一切政策制定的出发点，将武装驱逐日寇作为首要任务。因此，在文化政策的导向性作用下，文化传播的首要目标是最大范围地影响和鼓动民众、普及抗战知识、激发全民的抗战情绪抵御外敌，达到实现大众对“抗战建国”情感认同的终极目的。战争伊始，在突如其来的战争面前，广大文化人情绪高涨，救亡的呼声响彻云霄，大地弥散着浓烈的抗战气氛。不同领域不同流派的学者、作家、诗人、画家、戏剧家和音乐家亦受到时代的召唤，均以抗战为题材创作了形式多样的通俗政论及文艺作品，出版机构也踊跃投身到以“抗战”为母题的文化传播话语之中。这一时期，林林总总的抗战读物多以“抗战”“战时”“战地”“抗敌”“救亡”“血路”“反攻”“反侵略”等字眼为名，体现了抗战文化强烈的民族主义文化旨归，成为抗战洪流中大众不可或缺的精神食粮。这些抗战的书、报、刊，或者分析国内外时事，或者介绍战争知识，或者报道各地救亡工作现实，或者刻画日本帝国主义真面目，或者歌颂抗日先进，介绍浴血抗战事迹，或者刊载党国要人抗战言论，宣传团结抗战、提高民族意识[①]……尽管各媒介对“抗战救亡”的说法和主张各有不同，但坚持抗日、共同对敌的传播主题却体现了一种信息内容上的聚合，体现了中国各媒介

① 吴永贵．中国出版史：下册·近现代卷［M］．长沙：湖南大学出版社，2008：109．

机构在救亡运动中所表现出来的斗志与激情。在极端的社会环境下，传播者通过母题的聚合不断刺激传播受众，使受众能够迅速地产生刺激反应，以最为亢奋的情绪参与到传播者构建的政治场中。可见，在战争阴云笼罩下的传播生态，信息的聚合力和流动速度都大大超过常态化的传播时期。

（三）传播主体的多元化

传播学意义上的主体包括的是信息的发布者（传播者）和信息的接受者（受传者）。从出版传播主体来看，由于民国时期启蒙运动之后文化多元化的影响和抗战时期不同地域的意识形态控制，虽然传播抗战文化的母题是一致的，但也呈现出不同类型和性质的传播主体。

传播主体的多元化首先表现在知识分子及文化人的多元化。这些人当中，存在不同的政治派别的区分、不同的文化水平的区分、不同的社会阶层的划分等等，如郭沫若、茅盾、李达等是文化激进主义者，胡适、傅斯年、罗家伦等是文化自由主义者，章士钊等则是文化保守主义者。毛泽东提出了联合与包容文化人的政略思想，即无论是主张现实主义的，还是主张浪漫主义的，无论是属于唯心论范畴的“艺术至上主义”，还是被鲁迅批评过的主张超阶级性的“第三种人”，只要是致力于抗战宣传、心系抗战的文化人，都属于抗战文化人士。[①] 老舍说：“我是个国民，我就该尽力于抗敌；我不会放枪，好，让我用笔代替枪吧。”[②] “我不是国民党，也不是共产党，谁真正抗日，我就跟着谁走，我就是一个抗战派！”[③] 为了救国，文化人求同存异、同仇敌忾，以笔为戎参与到文化抗战的洪流中。

其次，出版机构类型的多元化。出版机构是出版传播重要的媒介组织，是文化传播活动主体的组织类型。活跃在抗战文化传播阵线上的出版机构中，既有老牌的大出版企业如商务印书馆、中华书局、世界书局、开明书局、大东书局等，同时也有不少新兴成立的出版机构如生活书店（上海）、读书出版社（上海）、国民图书出版社（浙江金华）、五十年代出版社（重庆）、国讯书店（重庆）、文化供应社（桂林）、科学书店（桂林）、文献出版社（桂林），其中生活书店在1938—1939年两年的时间内开设了55个分支店，覆盖了14个省份[④]。同时，因为战时意识形态斗争的复杂性，这些出版机构中，有的分别服务于不同的政治集团，如正中书局、中国文化服务社、青年书店、拔提书店、独立出版社、国民出版社是国民党“中央所属六家书店”；而生活书店、读书出版社、新知书店，以及桂林的三户图书社、文化供

---

① 朱猷武，王俊芳．国统区的文化与文化人［M］．天津：天津人民出版社，2009：33.

② 老舍．八方风雨［N］．新民报，1946-04-04.

③ 关纪新．老舍评传［M］．重庆：重庆出版社，2003：304.

④ 熊复．中国抗日战争时期大后方出版史［M］．重庆：重庆出版社，1999：118.

应社、学艺出版社等是在中国共产党领导下的进步性书店；商务印书馆、中华书局、世界书局、开明书局、大东书局、文通书局与正中书局参与“国定本中小学教科书七家联合供应处”，战时主要服务于国民政府国定本教材的出版活动。

最后，传播受众的多元化。一些文化学者认为，中国近代文化变革速度缓慢，是因为文化的主体一直停留在社会精英阶层上，文化变革长期以来没有关注基层群众的诉求，没有形成广泛的群众性的文化运动，特别是占人口绝大多数的广大农民对文化领域的变革少有回应。近代以上海为中心的出版业，出版物集中以智识阶层为主的古籍、教材、史传、译本等类型。抗战以后，在战时文化政策的推动下，文化人意识到发动广大人民群众的重要性，毛泽东也提出，新民主主义文化要“为全民族中90%以上的工农劳苦民众服务，并逐渐成为他们的文化”[①]。由此可见，抗战时期文化服务的对象上有了巨大的转变，掀起了以广大基层群众为对象的文化运动高潮。群众性特点在国统区的出版事业中也表现得非常突出：面向大众的通俗读物增多，以民众喜闻乐见的形式和语言宣传抗战，开本小、价格低……同时出版机构还以流动售书的发行方式力求将出版物覆盖到更广泛的大众群体以及士兵手中。这一时期，出版物真正走出象牙塔来到了群众之中，为群众所接受和欢迎。群众成为抗战文化和文化运动的接受主体也是实施主体，可以说抗战促进和解决了五四以来文化运动中存在的文化与民众相脱离的问题，加速了文化在大众群体的传播。

（四）传播内容与形式的多元化

为了适应唤醒大众的需要，出版界紧密配合国内外斗争形势，更多地面向社会出版带有强烈时代色彩的各类读物，以“抗日救亡”为时代主题出版传播，其种类和数量都十分可观，形成前所未有的出版局面。

1. 出版内容的多元化。

第一，在战争的紧逼之下，军事及科技类书刊成为战时必备。在战争的环境下，受众对军事知识及战时科学常识的需求比常态时期更为强烈，实用军事防御及技术类图书的出版比重急速增加。如中华自然科学社编纂、商务印书馆发行的“国防科学丛书”，正中书局出版的“实用自然科学丛书”等，对于普及科学知识、开发后方经济具有直接指导意义。

第二，文学、艺术类书籍在战时图书中数量最多。书籍一直是文艺类作品重要的传播载体，随着战事的发展，以抗战生活为题材的文艺类作品增多成为这一时期出版物内容上的又一大特色。1941年度各种文学类的书籍出版就占全年总出版量的

① 毛泽东．毛泽东选集：第2卷［M］．北京：人民出版社，1991：708.

28%，1942年为41.7%，1943年上半年则占45.8%[①]。文艺作品的增多一方面源于太平洋战争之后大量文化人由港内迁，激起了国统区文艺创作的高潮，另一方面也反映了战争进入相持阶段后，军事读物饱和之后读者对文艺作品的渴求。在戏剧、小说、诗歌、报告文学、散文、杂文等文艺形式中，报告文学以其现实主义的直观性和时效性的特征成为抗战文学类作品的主流。

第三，在教科书的出版上组成“国定本中小学教科书七家联合供应处”，统一了教科书的形式，保证了教科书的质量与供给，但同时也形成了市场的垄断和出版资源分配上的不公正，因此国统区以新兴民营书店为主成立了“新出版业联合总处”。作为“新出版业联合总处”单位之一的文化供应社也以在地方深厚的根基，力邀叶圣陶等教育名家编印了“初中精读文选”，大量发行到海外，打破“国定本”的垄断。

第四，适应抗战时代要求的经济、史地类通俗学术书籍出现。有关中国战时经济建设、金融税制、币值物价等问题的专著纷纷出版面世，商务、中华、世界等各大书局均有成套大型历史传记丛书，销路畅旺。

第五，针对战争时期民众希望了解世界战争发展大势，以及国内外民族解放、民主运动趋向的迫切要求，涌现了大量时事政治读物，如生活书店的《二十年的苏联》《苏联革命与中国抗战》《欧洲反法西斯的民主运动》《走向民主》，新知书店的《帝国主义论》《近代世界革命史》等。

2. 出版物形式的多元化。

在文化“大众化”运动的推动之下，为了更好地向层次较低的受众进行文化传播，在出版物的形态和传播渠道上也出现了适应战时的变革。出版人在图书开本设计上考虑到传播的便捷性，提出了“文字要浅、插图要多”[②]、开本要小、价格要低的通俗化标准，小开本的通俗读物和丛书出版成为这一时期的主流。一时间，书籍市场上有关抗战的连环画、挂图、小工具书等陡然增多，如文化供应社推出的“文化室图书”其中就包括了16种连环画和12种挂图。同时，成龙配套的丛书的出版成为潮流，体现了文化在战争刺激下的转型。

（五）传播渠道的多元化

在传播渠道上，各大出版机构除了以传统的门市、批发、邮购、流动供应等方式满足消费者的购书需求以外，还以多种形式开展抗战文化的宣传工作。在抗战初期，生活书店表现出了强大的发行实力，不仅在全国14个省市建立了57个分支机

---

① 潘公展．出版趋势的过去与将来［M］//张弓，牟之先．国民政府重庆陪都史：1937—1946．重庆：西南师范大学出版社，1993：341.

② 郑振铎．为士兵们做的文艺工作［J］．呐喊，1937（2）：22.

构，还在海门、宜山、泾县、青岩、平乐、八步、贺县、那坡、四会等较为偏远的地区建立了流动供应所。1939—1940年，生活、新知、读书三家出版机构邀集了开明书店、上海杂志公司等单位组成“桂林市书业界联合流动服务队”到湖南的衡阳，广东的曲江、新会，广西的平乐、八步等地去流动供应书刊。文化供应社也常派流动发行员到桂林两江师范、桂林师范学院、逸仙中学等学校以及机关去发行图书，还直接送书到桂北游击队，为游击队员提供精神食粮。这种以主动上门为读者服务的发行方式，既方便了后方民众和前线的战士，也显示出了出版业服务抗战的责任意识。同时，出版工作者还参与到抗战救亡的团体当中，组织壁报、街头漫画、剧演、演讲等多种形式的宣教活动大力宣传抗日，推动抗战文化的传播。

小结

抗战时期出版传播活动在整个中国现代出版史上呈现了与常态时期不同的传播特征，在民族矛盾激化的社会环境之下，媒介担当了唤醒、组织民众的社会功能，无论是生产内容的多样性创造，还是传播渠道的多元化开拓，都是在战争环境刺激性下的“本能”反应，最终的旨归就是为“抗战救亡”的母题服务，最大范围地唤醒大众的情感认同，维护、拯救紊乱的社会秩序。在动荡艰险的非常态环境下，中国的出版业不仅努力生存下来，还及时调整、重建新的出版阵地，主动扩大受众圈层，积极生产适应时代需求的产品，拓宽发行渠道，以丰富多样的形式和内容服务于抗战，为抗战文化的传播和民族情感的凝聚发挥了重要作用。

第二节　求同存异：抗日民族统一战线与桂林“文化城”的形成

经济学家诺思认为，“应运而生的组织将反映制度母体所提供的机会”①。如果社会制度体系鼓励生产性的活动，那么企业组织就会纷纷诞生。任何企业的形成和发展与其所处的意识形态环境有着密不可分的联系，因此，欲探索文化供应社的“逆势而生”，首先从其“母体”——抗战时期桂林“文化城”的文化政治环境入手。

---

① 诺思．跋：时间历程中的经济绩效［M］//诺思，张五常，等．制度变革的经验研究．罗仲伟，译．北京：经济科学出版社，2003：420.

一、新桂系文化建设的自觉意识与开放的政治姿态

抗战时期的桂林，除了具备地理优势外，良好的文化教育基础和开明的政治环境是“人和”的关键因素。文化名人夏衍在《记〈救亡日报〉在桂林》一文中曾写道，“广西在我们到来之前，文化、新闻、出版、文艺等方面，进步力量却已经有了相当可观的基础”①，“不论在政治上、文化上，特别对待爱国的知识分子和‘救亡青年’，态度都是比较开明”②。出版家胡愈之也同样认为，“到桂林比在重庆还‘自由’些，不像重庆那里国民党公开捕人……广西地方上政治空气比较好些，出版、宣传都可以适当进行，所以桂林就成了国民党大后方的抗日文化中心”③。

（一）新桂系开明的文化政策与桂林宽松的出版环境

这一时期的桂林，是广西省政府的所在地，以李宗仁、白崇禧为代表的新桂系施行“三自三寓”政策，夯实了广西的政治、军事和文化实力。所谓的“三自三寓”是新桂系以孙中山的“三民主义”为指导原则，在广西全面进行政治、经济、军事、文化等方面的整顿和建设的地方政策。“三自”即为“自卫”“自治”“自给”，白崇禧认为广西的建设“要能自卫，民族才能自由；要能自治，民权才能实行；要能自给，民生问题才能解决”④，以自给自足为基础，达到自治与自卫的地方管理目标；“三寓”政策，即“寓兵于团（民团）”“寓将于学”“寓征于募”，是新桂系加强军事建设的指导纲领，是达到“三自”政策的桥梁。广西当局以此纲领为广西的“根本大法”，并提出了“建设广西，复兴中国”的口号，建立了相对独立的政治、军事、经济、文化体系，以李宗仁的话说就是：“广西建设的目的，是在政治上求自治，经济上求自给，军事上求自卫，文化上求自觉”⑤。抗战时期广西主要实行以“发扬民族意识为宗旨”⑥ 的国民党中央文化政策，提倡以各种文化形式宣传抗战。对于广西的抗战文化建设，李宗仁、白崇禧和黄旭初都表现出强烈的自觉意识。白崇禧认为，在抗战时期“精神动员和科学的讲求，是现在和将来必须努力的文化工

---

① 夏衍．记《救亡日报》在桂林［M］//广西社会科学院．桂林文化城纪事．桂林：漓江出版社，1984：223.

② 夏衍．记《救亡日报》在桂林［M］//广西社会科学院．桂林文化城纪事．桂林：漓江出版社，1984：219.

③ 胡愈之．回忆桂林文化供应社［M］//胡愈之文集：第六卷．上海：生活·读书·新知三联书店，1996：91.

④ 白崇禧．三自三寓政策［Z］//邓海燕，李府华．中共南宁地方历史资料汇编·抗日战争时期（1937.7—1945.8）．南宁：中共南宁市委党史研究室，2006：131.

⑤ 李宗仁．广西建设的总目标：1934 年 5 月在广州对广西留穗学生的演讲［M］//李宗仁．广西之建设．桂林：广西建设研究会，1939：29.

⑥ 中国第二历史档案馆．中华民国史档案资料汇编：第五辑　第二编　文化［M］．南京：江苏古籍出版社，1994：1.

作”[①]。1941年8月1日颁布的《广西建设计划大纲》中明确了“三民主义”为文化建设之最高指导原则[②]，并按照省、县市、基层三级系统，改进社会教育，发展学术研究，革新社会意识。其中，省政府方面：采取“成立全省书刊供应流通网；改进新闻及广播事业；充实省立图书馆，成立博物馆、艺术馆；发展国民体育运动；整理并保存本省历史文献，编印年鉴丛书；改善社会固有文化；设置学术奖金，以提倡科学技术之研究发明”[③] 等措施，以利于社会文化传播，发展地方文化和社会教育。县市方面：设立图书馆及书刊流通机构；倡导国民体育运动；健全收音设备，以利整理及新闻传播。基层方面：购买必要书报，以供群众阅读，改善原有社会习俗。[④]

蒋介石迫于战争形势，不得不同意成立以白崇禧为主任的国民政府军事委员会桂林行营，使桂林在事实上成为能在一定程度上容许若干进步活动的一个较有生气的城市。为了防止蒋介石对广西的渗透，新桂系在采取“军事上取守势，政治上取攻势”的斗争策略的同时，在文化方面采取了提倡舆论自由，招揽、重用人才的政策。1937年，国民党中央政府先后颁布了《修正出版法》和《修正出版法实施细则》，其中限制出版品登载事项的条文因缺乏操作性，给广西的书报审查制度留下了空间。1939年，广西建设研究会文化部提出了书刊审查“以宽大态度，简单方法，敏捷手续办理”[⑤] 的原则，时任省政府主席黄旭初也曾训示省图书杂志审查委员会“抗战期间不应与文化界发生摩擦”[⑥]。李宗仁则曾经因为张铁生创办的刊物遭查禁而对广西省书刊审查委员会常委谢举荣当面斥责并令“广西书刊嗣后只由广西图审会审，不得再呈中央”[⑦]。据国际新闻社负责人范长江回忆，当时国际新闻社设在桂林的原因在于“可以利用国民党广西派和蒋介石中央派的矛盾”开展进步文化事业，新桂系“允许八路军桂林办事处存在，也允许我们的一些文化事业存在。他们采取‘不干涉’政策，我们的工作，他们不过问，新闻不检查”[⑧]。基

---

① 白崇禧．文化教育［J］．战地知识，1939（3—4）：22.

② 广西省政府委员会．广西建设计划大纲［M］//广西壮族自治区地方志编纂委员会．广西通志・附录．南宁：广西人民出版社，2006：56.

③ 广西省政府委员会．广西建设计划大纲［M］//广西壮族自治区地方志编纂委员会．广西通志・附录．南宁：广西人民出版社，2006：56－57.

④ 广西省政府委员会．广西建设计划大纲［M］//广西壮族自治区地方志编纂委员会．广西通志・附录．南宁：广西人民出版社，2006：56－57.

⑤ 李宗仁．广西建设的总目标（1934年5月在广州对广西留穗学生的演讲）［M］//李宗仁．广西之建设．桂林：广西建设研究会，1939：29.

⑥ 桂林市志编撰委员会．桂林市志［M］．北京：中华书局，1997：2962.

⑦ 龙谦，胡庆嘉．抗战时期桂林出版史料：桂林文史资料　第38辑［M］．桂林：漓江出版社，1999：516.

⑧ 范长江．关于桂林国际新闻社的情况［M］//刁萦梦，罗标元．桂林旧事．桂林：漓江出版社，1989：106.

于宽松的文化政策和相对自由传播环境，大量的文化机构和文化人纷纷来到桂林开展文化活动，新桂系对这些文化机构都给予了不同程度的支持，如资助桂林《救亡日报》复刊，创办《抗战文化》等刊物，允许一批出版社、书店注册开业，并鼓励社会各界出版图书、编印刊物。据统计，抗战期间先后在桂林成立的各类文化团体多达100多个，开设的书店、出版社180多家，仅1942年"在桂林书业公会登记过的大小书店出版社，共有79家"，"抗战以来，一个城市的出版单位多至于此，大约还是第一次"①。

（二）新桂系对旅桂进步文化人的安置与重用

新桂系以礼贤下士的态度欢迎文化人来到广西，诸多内迁的文化人来到桂林得到了妥善的安排和重用。如胡愈之、邵荃麟、范长江、千家驹、夏衍、欧阳予倩、杨东莼、张志让、张铁生等一大批中共党员和著名进步人士，先后被广西建设研究会聘为研究员，其中胡愈之担任文化部副部长，张铁生任编译室主任，千家驹任经济研究部副部长等；欧阳予倩被聘为广西省立艺术馆馆长、广西戏剧改进会会长、戏剧学校校长；杨东莼曾担任广西地方建设干部学校教育长；傅彬然、俞颂华、张锡昌、秦柳方等共产党员曾担任《广西日报》主笔或社论专论撰稿人；李达、千家驹、王力、张映南、万仲文、张铁生、张志让等先后被聘为广西大学主任或教授；等等。为了表示对文化人的重视，新桂系常常在乐群社以招待会或联谊会的形式加强与他们的联系。如1939年10月6日，白崇禧在乐群社招待了胡愈之、夏衍、艾芜、梁寒操、马君武等桂林100余名文化界人士，并发表热情洋溢的演讲："两年又三个月来的抗战，我民气始终旺盛与军心始终坚定，大半都是由于平时国民教育及一般文化激励熏陶所致。其次，对于战区将士因着文化界不断的勉励以及文化食粮的源源供给，同时更有不少的文化界人士不辞劳苦，和不避艰险深入战地工作给与将士以不少的鼓励和兴奋；尤其是桂林，在这两年多当中，虽然不断地遭受敌机的轰炸，可是一切建设，特别是文化建设，随着暴敌破坏而愈益进步起来……这都该归功于文化界的！"② 讲话中白崇禧高度认可了文化人的抗战文化工作，并号召文化界充分发挥文化的力量，积极扩大抗战宣传的力度。1941年12月底，李宗仁4年来首次回桂林，就与文化界和进步人士在广西建设研究会年终大会上亲切晤叙。③

同时，新桂系中还有李济深、陈劭先、李任仁、陈此生等诸多国民党左派人士，他们对进步文化人起到了重要的引荐和保护作用。著名诗人柳亚子在《八年回忆》

---

① 秋飕（萨空了）. 桂林的出版事业 [N]. 新华日报（重庆版），1942-09-25.

② 小非. 前后方力量的凝结：在李司令长官招待文化界茶会席上 [J]. 抗战时代，1939（3）：105.

③ 程思远. 我的回忆 [M]. 北京：华艺出版社，1994：151.

中这样写道，“讲起我到桂林最初的动机，原来可说是为了投李任潮（济深）而来的，因为他有西南文化保护人的声誉，到桂以来，果然也给我不少的帮助”①，道出了当年客居桂林文化人的心声。

梁启超曾说：“思想自由，言论自由，出版自由，此云大自由者，实惟一切文明之母。”② 大量文化资源在桂林的聚合，不仅是战争的偶然，新桂系文化建设的自觉意识与宽松的管理政策为桂林“文化城”的形成营造了良好的政治环境。也正是文化名人的纷沓而至才使得桂林的抗战文化运动日益高涨起来，发展成为西南文化重镇。诚如经济学家千家驹所言：“在抗战期间，桂林是大后方的一个文化城。若从某种意义来说，桂林在抗战文化中所起的作用甚至超过重庆。”③

二、中国共产党南方局统一战线策略在广西的实践

如果说，特殊的地理条件、新桂系的开明政策、文化人爱国热忱是桂林“文化城”的物质基础、政治保障和中坚力量的话，那么中国共产党的统一战线政策的实施则是桂林“文化城”形成的“催化剂”，指明了桂林抗战文化运动的方向，使桂林“文化城”成为统一战线的重要据点和国统区抗战文化传播的中心。

由于长期以来与蒋介石的矛盾以及主观上强烈的爱国主义和民族主义思想，新桂系在抗战期间表现出积极抗日、与中共合作的进步姿态，成为中国共产党统一战线的重要合作对象。抗战初期，李宗仁、白崇禧就以民族大义为重，联合广东陈济棠发动了抗日反蒋的“两广事变”，喊出了“中国人不打中国人”“中国军队不打中国军队”“反对内战，一致对外”的口号，主张同中共建立抗日民族统一战线。同时，中国共产党极为关注和支持“两广事变”，表示“愿意首先和两广当局结成抗日联盟，共同奋斗”④。之后，经过新桂系与中共方面多次接触，1937 年 6 月，双方在桂林拟出了巩固国内和平、实现民主、联合抗战的六项协议，自此开始了一定程度的合作。1938 年 11 月，中国共产党在桂林设立了八路军驻桂林办事处（简称“八办”），标志着新桂系与中共正式结为抗日统一战线。⑤ 中共在桂林的统一战线工作分为以下几个层面展开：

---

① 柳亚子. 柳亚子自述［M］. 北京：人民日报出版社，2012：242.

② 梁启超.《清议报》一百册祝辞并论报馆之责任及本馆之经历［M］//饮冰室文集点校：第 2 集. 昆明：云南教育出版社，2001：752.

③ 千家驹. 在桂林八年［M］//广西社会科学院. 桂林文化城纪事. 桂林：漓江出版社，1984：611.

④ 中华苏维埃人民共和国中央政府、中革军委为两广出师北上抗日宣言（1936 年 6 月 12 日）［M］//中共中央文献研究室，中央档案馆. 建党以来重要文献选编（1921—1949）：第十三册. 北京：中央文献出版社，2011：142.

⑤ 钟文典. 20 世纪 30 年代的广西［M］. 桂林：广西师范大学出版社，1993：171－174.

首先，注重对新桂系上层人士的统战工作，加强团结合作。1938 年以来周恩来曾与白崇禧多次接触，并亲自将毛泽东的《论持久战》送给白崇禧。同时为了《救亡日报》在桂林的复刊，周恩来等中共代表亲赴桂林与李宗仁、白崇禧商谈，得到了他们的欢迎，并获得了一定的经费支持。李克农、夏衍在桂林期间，也将主要精力放在上层统战工作上。1939 年 5 月 20 日，桂林办事处在给南方局的报告中就提到“广西上层和我们有联络，遇到问题均通知其左右协商，有时白崇禧之讲演稿由我们代拟”[②]。上层工作的另一方面是团结李济深、李任仁、陈劭先等国民党民主人士一道开展抗日进步文化工作。桂林军事委员会办公厅主任李济深、广西建设研究会的常务理事陈劭先等国民党左派人士均与中共有很好的合作关系，李任仁也曾被夏衍称为“广西进步力量的一面旗子”[③]。他们保护和支持中共在桂林的文化活动，在皖南事变后，掩护中共的文化工作者安全撤退，对进步抗战文化在广西的传播起了极大的帮助作用。新桂系没有参加国民党当局的第一次反共高潮，在第二次反共高潮之时对旅桂共产党人以“暗中送走”的方式处置，均是中国共产党对新桂系长期统一战线工作的结果。

图 1－1　桂林“八办”旧址（桂林市桂北路 138 号，今桂林市中山路 98 号）[①]

其次，团结与帮助客居桂林的广大进步文化人，通过各种群众性的抗日救亡活动宣传抗战。在中共南方局指导下的八路军驻桂林办事处是“统一战线的前沿指挥

① 图片来源：广西壮族自治区档案馆. 红色广西：纪念中国共产党在广西建立组织 90 周年［M］. 南宁：广西人民出版社，2015：134.

② 桂林办事处致南方局工作报告［M］//广西军区政治部，八路军桂林办事处纪念馆，桂林市军分区政治部. 八路军桂林办事处. 南宁：广西人民出版社，1990：386.

③ 夏衍. 忆李任仁先生二三事［Z］//中国人民政治协商会议广西壮族自治区委员会文史资料研究委员会. 广西文史资料选辑：第 18 辑　纪念李任仁先生逝世 15 周年. 1983：6.

部”，主任李克农常常参加进步人士的活动，夏衍也注重与新闻界人士加强团结，与《大公报》的王文彬、《扫荡报》的钟期森都保持良好的关系。为了加强与进步文化人的合作，中共南方局曾指示剧演队要“团结一切要求进步和爱国的人士，要广交朋友，扩大抗日民族统一战线”[①]。在皖南事变和太平洋战争爆发之后，中共南方局又派邵荃麟、李亚群、张友渔等在桂林开展文化统一战线的工作，接待从香港撤退回桂林的文化人。中国共产党通过一系列的统战工作广泛团结了各党派民主人士和进步爱国的文化人，使他们以极高的热情投入到桂林的抗战文化运动中，大力推动了桂林“文化城”的文化发展。

最后，对抗日文化运动的开展，中共也给予了多方面的指导。为了使媒介机构能够充分发挥进步文化的传播功能，中国共产党还通过“八办”对新华日报桂林分馆、救亡日报社、国际新闻社等新闻机构，以及文化供应社、生活、读书、新知等出版机构进行直接指导。同时，在国民公论社、野草杂志社、戏剧春秋社、文艺生活社等媒介机构都安排了中共党员参与编委工作，通过这些媒介传播中共的进步抗战思想。一些中共的文化工作者在各大媒体中既是责编又是撰稿人，如夏衍主编了《救亡日报》，田汉主编了《戏剧春秋》，司马文森主编了《文艺生活》，邵荃麟主编了《文化杂志》，傅彬然、宋云彬均为《中学生》杂志的编委成员……在繁忙的编辑工作之余，他们还笔耕不辍，为其他期刊撰写文章或出版各种文化书籍，对传播中国共产党的统一战线思想，动员广大群众，推动桂林成为西南抗战文化中心起到了重要作用。

抗日民族统一战线作为一种互动的模式，是中国共产党在抗战时期全局性的战略部署，经过不断努力推进，对广西方面开展了大量“上层工作和下层工作相配合，公开工作和秘密工作相配合，公开宣传和秘密宣传相配合，党外的联系和党内的联系相配合”[②] 的工作，在桂林“文化城”取得了显著的效果。统一战线极大地调动了不同阶级、阶层在民族危机面前的凝聚力和向心力，使国共两党的阶级对抗性、自发性在民族性框架之下达到了一定的均衡，其间虽然发生分歧、摩擦，甚至武装冲突，但国共合作并没有中断。桂林“文化城”辉煌的历史已经证明，抗战文化的传播与发展依赖于文化人的民族意识与抗战热忱，更有赖于国共两党的求同存异与无间合作。

---

① 八路军桂林办事处纪念馆. 漓水烽烟：八路军桂林办事处暨桂林抗日文化活动大事记［Z］. 内部资料，1988：41.

② 周恩来. 建设坚强的战斗的西南党组织（1942 年 1 月）［M］//中共中央文献研究室，中央档案馆. 建党以来重要文献选编（1921—1949）：第十九册. 北京：中央文献出版社，2011：29.

三、地利与人和：桂林“文化城”形成的硬、软条件

作为抗战时期“独殊的历史文化现象”，桂林“文化城”能迅速发展成为“大后方的唯一抗日文化中心”① 和大后方的出版重镇，绝非偶然。在新桂系相对开明的文化政策，以及中共文化统一战线政策的成功实施之下，优越的地缘因素和较好的出版物资基础吸引了大量文化出版人的迁入，为桂林“文化城”的形成与兴盛奠定了物质与人力资源。

（一）桂林的地缘优势与出版生产贮备

首先，从地理环境看，桂林虽为南疆一隅，但地理位置优越，交通便利。向西可通云、贵、渝，向东可往粤、港，向北接壤湖南，向南面对南海，是连接西南、东南各省的交通枢纽和内地通往香港、海外的重要通道。著名出版家赵家璧在《忆桂林——战时的“出版城”》中就说：“桂林是西南公路铁路交通的中心，运输交通，迅速方便。”② 当时桂林的交通，铁路有湘桂线、黔桂线，缩短了桂林到东南各省和贵阳、重庆、昆明的时间；公路有桂黄路（桂林—黄沙河）、桂柳路（桂林—柳州）、桂八路（桂林—贺县八步）、贺连路（贺县—广州连县）、桂穗路（桂林—云穗）等；水路常年有民船通往梧州连接广东；民航有西南航空公司开辟的往返于昆明—桂林—重庆和香港—桂林—重庆的两条主要航线。水、陆、空交通都非常便捷，“就桂林地势上说，新四军到敌占区去，从延安到重庆，香港来的人，都要经过桂林，它是十字路口，是交通要道”③。便利的交通，对出版物资的运输以及出版物的发行都有极大的帮助，据报纸记载，当时“由香港到桂林的报纸，一般七天便可到了，最迟十天的样子。重庆方面的《大公报》《中央日报》，都是航空寄递的，有时当天可以读到，最迟是隔两三天到的。衡阳的《大刚报》隔两天可以看到”④。同时，桂林在地理特征上以喀斯特岩溶地貌为主，这些林林总总的岩洞形成了天然的防空洞和避难所，遇到日军空袭之时可以躲 1 万—2 万人⑤，据统计，1942 年桂林“全市有避难岩洞 124 个，可容纳 12.6 万人”⑥。天然的岩洞不仅能在空袭时保护桂林市民的安全，同时一些文化、教育机构也将临时办公场所设置于岩洞中，如广西日报社、桂林大公报社，以及文化供应社等就曾把印刷厂或编辑部设在岩洞中。同

① 胡愈之．忆长江同志［M］//广西社会科学院．桂林文化城纪事．桂林：漓江出版社，1984：133.
② 赵家璧．忆桂林：战时的“出版城”［N］．大公报（上海版），1947－05－18.
③ 胡愈之．在桂林文化供应社的回忆［M］//广西军区政治部，八路军桂林办事处纪念馆，桂林市军区政治部．八路军桂林办事处．南宁：广西人民出版社，1990：189.
④ 加因．充满着朝气的桂林出版界［N］．救亡日报，1939－03－22.
⑤ 司马文森．在桂林的日子：对二十年前一段生活的回忆和纪念［M］//广西社会科学院．桂林文化城纪事．桂林：漓江出版社，1984：524.
⑥ 桂林市地方志编纂委员会．桂林市志［M］．北京：中华书局，1997：1134.

时，以岩洞作为教育基地的“岩洞学校”也颇具特色。[①]

其次，从出版物资上看，印刷业和造纸业都为桂林出版事业提供了发展保证。赵家璧在谈及桂林出版事业发达的原因时就认为：“第一：广东湖南江西生产大量的土纸，质地较佳，因铁路公路的便利，运费不高，售价较低。第二：从汉口长沙撤退的印刷所，大半没有去重庆而来桂林，那里共有印刷所大小二十余家。”[②] 在纸张供应方面，当时广西的手工造纸业比较兴盛，融县的东纸，昭平、贺县的桂花纸以及兴安、百寿的湘纸等也为桂林出版业的印刷用纸提供了一定的支持。此外，湖南邵阳、永州、浏阳及广东南雄等周边省份的土纸制造业也非常发达，能较好地供应桂林的出版事业。在印刷方面，桂林市抗战后的印刷机构由战前的不足30家，增至1943年的100多家，已拥有最新的轮转印刷机、三色平台机、五彩平印机、全张米利机、汤姆森铸字炉、三面刀切书机和照相制版、烫金划线等设备，月排字量3000万—4000万字，用纸量达1万—1.5万令[③]，成为出版的重要技术支撑，为桂林出版事业的盛极一时奠定了强大的物质基础。

最后，信息资源和发行条件也是文化生产和流通环节必备的条件。在通讯方面，桂林的电报线路和邮电机构都有较大发展，无线电报可通达重庆、兰州、西安、昆明等地。[④] 在发行的网线上，桂林也能遍及全国。依托良好的交通基础，书刊从桂林出发沿湘桂粤汉铁路可以销到长沙曲江；利用西南公路，桂林的书先运到贵阳，再由贵阳分运昆明、重庆。重庆的市场可以消化桂林书刊的半数，再由重庆西发成都，北发西安、兰州。同时，桂林的书籍往东可由香港发行南洋各地，如文化供应社的《新编初中精读文选》就发行到了印尼和新加坡，成为当地广泛使用的教材。

（二）文化人的聚合与桂林“文化城”的勃兴

由于特殊的地理条件、开明的文化政策、丰富的出版资源，抗战时期的桂林成为抗战出版活动的再生“母体”，汇聚了数以千计来自东北、华北、华中沦陷区，以及广东、香港等地的文化人和爱国热血青年。据不完全统计，桂林在1936年时，人口仅7万人，1938年底急增至12万人，1942年达31万人，1944年大疏散时，达50万人左右[⑤]，其中，客居桂林的文化人高达1000多人，这一时期的《广西日报》也记录了“留桂的文化工作者，无论质和量，都占全国第一位”[⑥]。文化人的云集，

---

① 童常．在桂林的岩洞［N］．新华日报（重庆），1939-02-28.
② 赵家璧．忆桂林：战时的“出版城”［N］．大公报（上海版），1947-05-18.
③ 冼文．桂林市的印刷工业［J］．中国工业（桂林），1943（19）：15-18.
④ 钟文典．桂林通史［M］．桂林：广西师范大学出版社，2008：3-4.
⑤ 肖效钦，钟兴锦．抗日战争文化史（1937—1945）［M］．北京：中共党史出版社，1992：316.
⑥ 王坪．文化城的文化状况［N］．广西日报，1943-09-08.

促进了桂林的新闻、出版、文学、戏剧、音乐、美术、教育、科技等事业的空前繁荣，使桂林成为蜚声海外的“自由中国的‘文化城’”[①]。

首先，出版业成为桂林“文化城”百业中最为活跃的行业。出版家赵家璧在《忆桂林——战时的“出版城”》一文中称：“抗战期间自由中国的精神食粮——书，有80%是由它出产供给的，所以说桂林是‘文化城’，不如说它是‘出版城’更来的适当。”[②] 桂林出版业的兴盛首先表现在出版机构的激增。据统计，1937—1944年，桂林共成立了大小出版社200多家，出版图书2200多种[③]。繁忙的时候，每月平均出书40种，每种新书印数平均3000册到4000册，期刊有的超过1万册[④]。从图书的分类统计上看，文学艺术类图书最为丰富，占全部图书种类的47%，政治社会科学、文化教育的图书其次，分别占15%和10%[⑤]。同样，丛书出版也是桂林“文化城”出版的重要特色，先后出版丛书近70种，包括文化供应社的“文化室图书”“世界大战丛刊”“少年文库”“中学生略读文库”“青年新知识丛刊”“文学创作丛刊”等，开明书店的“开明青年丛书”“开明少年丛书”，生活书店的“青年自学丛书”“新中国学术丛书”，等等。其他有影响力的丛书包括“缘缘堂丛书”“大众救亡丛书”“野草丛书”“七月文丛”“戏剧春秋丛书”“世界文学名著文库”等等。在报刊方面，当时迁至桂林出版和在桂林创刊的各类杂志近200种，报纸从只有《广西日报》1家，增加到11家。其中颇具影响的杂志有胡愈之、千家驹主编的《国民公论》，邵荃麟主编的《文化杂志》，夏衍等主编的《野草》，王鲁彦主编的《文艺杂志》，司马文森主编的《文艺生活》，熊佛西主编的《文学创作》，田汉主编的《戏剧春秋》等；在桂林复刊的《救亡日报》则成为宣传共产党抗战方针政策和推动救亡文化运动的舆论阵地，重庆出版的《新华日报》《群众》《文艺阵地》及延安出版的《解放》《文艺战线》《中国青年》等革命报刊，也在桂林翻印、发行。当时一般报刊的发行量均为2000—3000份，多的达1万来份，有不少还销行全国（包括港澳），远至南洋。据当时的专栏对报刊业的描绘：“过去本城（桂林）的日报非在午刻或竟至午刻以后不能见面的，现在一到清早，便可看见派报人在街头奔走；并且晚上也已有‘二次版’阅读了。”[⑥] 可见报业的繁荣提高了人们获取信息的效率，也加速了抗战文化信息的传播。

---

① 赵家璧. 忆桂林：战时的“出版城”[N]. 大公报（上海版），1947-05-18.
② 赵家璧. 忆桂林：战时的“出版城”[N]. 大公报（上海版），1947-05-18.
③ 龙谦，胡庆嘉. 抗战时期桂林出版史料：桂林文史资料 第38辑[M]. 桂林：漓江出版社，1999：71.
④ 龙谦，胡庆嘉. 抗战时期桂林出版史料：桂林文史资料 第38辑[M]. 桂林：漓江出版社，1999：75.
⑤ 龙谦，胡庆嘉. 抗战时期桂林出版史料：桂林文史资料 第38辑[M]. 桂林：漓江出版社，1999：75.
⑥ 丽妮. 战期中桂林文化的动态（上）：战期中桂林的新姿态之一[J]. 克敌周刊，1938（23）：12-13.

图 1－2　抗日战争时期广西出版的部分图书[①]

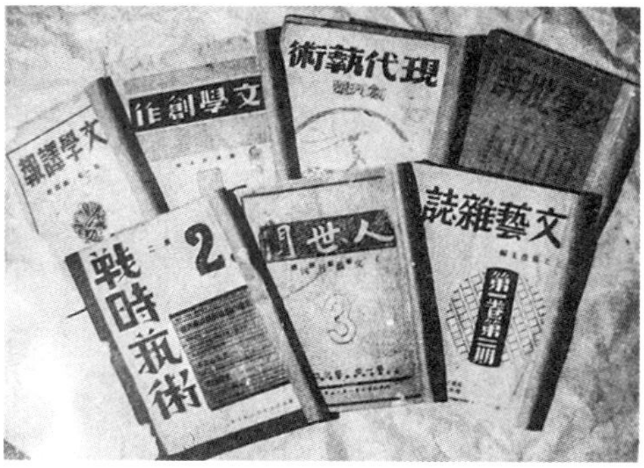

图 1－3　抗日战争时期广西出版的部分期刊[②]

其次，这一时期的出版物种类丰富，内容质量提高显著。在这些出版物中，多是以抗日斗争为主要内容的读物，形式灵活、体裁多样，既有通俗阅读手册，又有理论著作；既有关于时政、军事、科技、教育的书籍，也有小说、诗歌、散文、戏剧、美术、音乐等文学艺术作品。出版物以多种形式揭露了日寇暴行，歌颂了广大军民抗日斗争的精神，宣传和动员广大人民群众参与到抗战中，起到了巨大的鼓舞、激励、教育作用。同时，一些有关工农业生产技术、自然科学知识和日常生活实用知识方面的图书，也适应了当时广大军民进行抗战、生产和生活及文化活动的需要。因大量的著译和编辑出版人云集桂林，大大提高了桂林出版业的书刊质量，据不完全统计，战时桂林的著译者达 950 多人（其中广西籍近 90 人），包括外国作者如日本的鹿地亘，美国的史沫特莱，越南的胡光（胡志明）、李光华（黄文欢），朝鲜的金昌满、李斗山，苏联的卡尔曼等。[③] 书籍生产质量的提高，也改变了民众的阅读志趣，有史料记载当时的阅读状况：

过去所谓的新书店，亦大抵以贩卖教科书为中心，次则新式标贴的《聊斋志异》《封神榜》的一折书之类，也满架的摆着，旧书店更不必说。现自各大书店大批运到适应战时的读物以后，使到一般学生专买教科书的，更欲多买一些战时的新读物。一般民众过去在旧书店用老花眼镜以《封神榜》《西游记》甚至《推背图》《诸葛神数》之类做“精神安慰”与“哲学研究”的，也换了一副眼镜到新书店去看报纸杂志以及“大战台儿庄”“新三字经”了。因此，桂林的书报业，旧的是没落了……[④]

① 图片来源：广西壮族自治区地方志编纂委员会．广西通志·出版志［M］．南宁：广西人民出版社，1999：彩页．

② 图片来源：桂林市文化研究中心，广西桂林图书馆．桂林文化大事记（1937—1949）［M］．桂林：漓江出版社，1987：彩页．

③ 龙谦，胡庆嘉．抗战时期桂林出版史料：桂林文史资料　第 38 辑［M］．桂林：漓江出版社，1999：82－83．

④ 丽妮．战期中桂林文化的动态（上）：战期中桂林的新姿态之一［J］．克敌周刊，1938（23）：12－13．

最后，广泛的发行面与形式多样的发行方式。庞大的出版量使发行业也进入紧张繁忙的状态，当时每天出版的新书刊在 20 种以上，普通刊物的销路近 1 万份，单一本专谈新诗的月刊可销 7000 本，销路最大的刊物可印 2 万份。① 绝大多数出版机构都从事书刊发行，如文化供应社、建设书店、科学书店、集美书店等都是较大的出版发行单位，它们汇聚各个出版社的图书，把精神食粮大量输送到前线战士及城乡人民群众中去。当时，在桂林生产的图书不仅覆盖到南宁、柳州、梧州、百色、玉林、桂平等广西省各地，还覆盖到重庆、四川、云南、贵州、陕西、甘肃、湖南、福建、浙江、江西、广东、香港等各省甚至南洋等海外地区③。建设书店的发行网点覆盖了省内 65 个县及乡镇，在全国 12 个省有 130 多个经销、代销店④，发行实力可见一斑。因战时交通条件恶劣，书刊主要采取门市、批发、邮购、流动发行四种方式，其中，以门市发行为主。当时许多出版社、书店在桂林设立了书刊门市部。相比战前零星的几家书店，战时桂林的桂西路、中山路、中北路、中南路等百余家书店构成了一条靓丽的“文化街”风景线。这些书刊门市部不仅有商务、中华、生活、开明、正中等各家老牌出版机构开设的分店，还有陆续开业的文化供应社、科学书店、学艺出版社、国风书店等新兴书店，很多书店都呈现了购销两旺的现象，“一到书店，便看见大群的人，围着书摊，在翻阅，在购买，尤其晚饭以后，直像雨前的灯蛾，在灯畔追求光明”⑤。一些不设门市部的书刊发行机构，也以批发、邮购的方式进行大量的图书发行，如华华书店、白虹书店等，也能获得很好的社会效益和经济效益。其中生活书店拥有邮购

图 1-4　桂林桂西路读书生活出版社桂林分社②

① 赵家璧. 忆桂林：战时的“出版城”［N］. 大公报（上海版），1947-05-18.
② 图片来源：广西壮族自治区地方志编纂委员会. 广西通志·出版志［M］. 南宁：广西人民出版社，1999：彩页.
③ 龙谦，胡庆嘉. 抗战时期桂林出版史料：桂林文史资料　第 38 辑［M］. 桂林：漓江出版社，1999：86-87.
④ 龙谦，胡庆嘉. 抗战时期桂林出版史料：桂林文史资料　第 38 辑［M］. 桂林：漓江出版社，1999：87.
⑤ 丽妮. 战期中桂林文化的动态（上）：战期中桂林的新姿态之一［J］. 克敌周刊，1938（23）：12-13.

客户最多，共8000多户①，遍及全国。流动发行，是书店带书走出店门流动供应，主动送书到读者中去的发行。1939年至1940年，生活书店、新知书店、读书生活出版社三家发起，邀集了开明书店、上海杂志公司等单位组成“桂林市书业界联合流动服务队”到湖南的衡阳，广东的曲江、新会，广西的平乐、八步等地去流动供应书刊，收效很好。在出版界同人不畏战火的努力下，当年桂林“文化城”书刊发行，无论在数量和质量还是广度和深度上，在当时国民党统治区的城市中都是数一数二的。②

桂林“文化城”兴旺的出版业，使其成为抗战文化传播的重镇，大量的战争新闻、文化信息、思想观念、生产知识通过这一文化“加工厂”输送到城乡各地，深入到广大士兵、市民以及青年中，特别是出版物中对进步文化的撒播，启发了大众对进步观念的认识。桂林“文化城”在抗战时期文化生产的意义不仅仅是星罗棋布的书店和浩如烟海的书刊，更在于其在非常态的、复杂的政治局势下，仍能带来“自由出版”的特殊成果。

四、桂林“文化城”独特的文化传播现象分析

桂林抗战时期文化运动的兴盛值得我们“大书特书”，而桂林“文化城”之“独特性”产生的缘由更是值得我们深思和追问的。对于这一“独特的历史现象”的阐述，许觉民、魏华龄等抗战文化研究学者从政治环境、文化环境及人文环境的视角进行了探讨和分析，天时、地利、人和使桂林成为进步抗战文化聚合的天选之地。从社会学的角度来看，桂林“文化城”的形成有其更为深刻的社会动因，其抗战文化的传播也呈现了独特的历史效应。

（一）社会秩序的失衡与政治认同边界的软化

“认同”是一个看似坚固的情感外壳，它如同一个身份的盔甲保护着人们在社会中的角色地位，给予人情感上的归属和安全。“社会”不是一个抽象的概念，而是通过一定的具体的机制将系统中各个元素有机整合在一起达到一种平衡、稳定状态的系统概念。在社会秩序失衡的非常态环境下，社会的主体（包括个人或团体）极为焦虑和不安，原有的身份归属无法给予认同主体情感上的安全，为了维护自身系统的稳定性，原有认同的边界会逐渐软化，个体会寻求一个更为安全的身份认同为情感找到归属。从这一理解来看，新桂系与中共以“抗日民族统一战线”为基础的“临时”合作，是在战时各自阶级身份认同化解后的融合，以“我们都是中国人”的

① 龙谦，胡庆嘉．抗战时期桂林出版史料：桂林文史资料　第38辑［M］．桂林：漓江出版社，1999：85．
② 龙谦，胡庆嘉．抗战时期桂林出版史料：桂林文史资料　第38辑［M］．桂林：漓江出版社，1999：87．

身份认同建立抗日的情感防线。

“任何政治统治的稳固，都必须以民众的认同与支持为基础……这种认同不仅出于一定的观念、文化的影响，而且必然以民众对政治统治实际行为的认识为基础。”[①] 作为社会文化事业维系运转的制度体系，文化体制本身的建立既依托于社会组织成员之间的文化认同，又要促进社会主体建立某种文化认同，加强情感归属，以保证社会系统的稳定运转。换而言之，就是“文化体制”与“文化认同”之间是相辅相成的关系：有效的文化机制能够促进社会群体的文化认同，社会文化认同的加强对文化构架的稳定性和文化机制的实施起到维护作用。在社会体系中，文化工作者有自主选择生产的权力，虽然在“权力场”的控制之下，自主是相对的自主，但在不同意识形态的博弈之中，除了社会各系统的稳定给予创作者的安全感之外，文化创作的制度空间也是文化生产者选择的必要性因素，因此，包容性越强、话语空间越大的制度环境，对文化生产者的吸引力越大。社会情感的疏离与认同是社会机制触发的结果，开放的机制更有利于文化资源的聚合和文化生产的繁荣，这也是桂林在新桂系相对开明的政策环境下能够大量吸引文化人流入的社会原因。

（二）传播媒介的仪式化功能与大众民族性的塑造

政治认同的形成是多种因素综合作用的结果，主要包括利益诱导、意识形态渗透、政治制度、个人品格等方面。其中意识形态的影响和渗透是认同产生的无形力量，而媒介在其中扮演了重要的角色。大众传播媒介作为社会意识形态传播的载体，在整合社会方面发挥着重要的作用，传播学通常用“仪式”来指涉对个人或特定团体具有符号意义的一系列由规则所支配出来的影响。媒介仪式是“大众传播媒介参与某个共同性的活动或者某一事项，最终形成一种象征性活动或者象征性符号的过程”[②]，媒介仪式的重要功能就是塑造认同，消解危机。媒介现代情景造就了媒介仪式，或者反过来说，媒介仪式的形成离不开当下的媒介环境。在抗日战争的危机情境中，媒介组织（出版机构）自觉融入政治组织的意识形态话语中，为激发大众的民族主义情绪、塑造民族认同，以“文化运动”的仪式化手段加强对大众观念的刺激和渗透，从而达到整合社会“抗战救国”的目的。因此，以“战斗”为母题的，大规模的不同手段、不同形式的文化生产和传播运动在抗战时期广泛地开展起来。在两次反共高潮中，新桂系都对中共领导的文化事业有所保护和保留，虽然一方面是出于政治集团的利益诉求，但不能否认其中的民族情感和身份认同的

---

① 龙太江，王邦佐. 经济增长与合法性的“政绩困局”：兼论中国政治的合法性基础 [J]. 复旦学报（社会科学版），2005 (3)：170.

② 刘燕. 媒介认同论：传播科技与社会影响互动研究 [M]. 北京：中国传媒大学出版社，2010：212.

推动。以民族认同为前提的社会机制，包容了中共的进步文化事业，也推动抗战文化运动的发展。

小结

一个时代的文化是社会发展状态重要的表征。在抗战时期桂林原为偏居一隅的安静小城，在战争洪流的推动之下，一跃成为国统区闻名的“文化城”和抗战文化传播的中心，以及中共领导的进步文化在国统区传播的圣地。这是战争背景推动下的结果，同时也是新桂系与中共求同存异发展抗战文化的结果。在统一战线政策的实施下，大量的文化传播机构（包括出版机构和各类文化团体）在桂林生根发芽，并迅速形成一个强大的传播场，使中共的文化理念得以在国统区渗透、推广，为其革命意识的撒播和今后政治地位的崛起发挥了重要的作用。

第三节　新军突起：文化供应社的诞生与发展

文化供应社是在桂林“文化城”“母体”中诞生的特殊的出版机构。在战火纷飞的岁月，在进步出版文化发展处于最低潮的时期，文化供应社在桂林逆势而生，在整个抗战期间共出版图书 600 多种[①]，迅速成长为广西最大的民营出版企业，被誉为“桂省新书的大本营”[②]“桂林三大进步文化团体”[③]“桂林文化出版的中心”[④]，以强大的适应能力和生存能力成为桂林抗战文化传播的“生力军”。文化供应社在桂林“文化城”出版文化大发展的有利时机下产生，是新桂系中的国民党左派、民主人士和中共密切合作的推动进步文化事业的成果，是“抗日民族统一战线的产物”[⑤]。万仲文在《回忆文化供应社》一文中，将文化供应社的发展历程分为四个时期，即“从 1939 年成立到 1942 年改组，是发展时期；从 1942 年改组到 1944 年疏散是收缩时期；从 1945 年复员到 1948 年被迫停业是重建时期；从 1948 年在香港恢复机构到

---

① 龙谦，胡庆嘉. 抗战时期桂林出版史料：桂林文史资料　第 38 辑［M］. 桂林：漓江出版社，1999：96.
② 紫风. “文化城”中访问三位出版家［N］. 广西日报，1943－03－02.
③ 赵晓恩. 抗战时期的桂林文化供应社：上［M］//龙谦，胡庆嘉. 抗战时期桂林出版史料：桂林文史资料　第 38 辑. 桂林：漓江出版社，1999：607.
④ 徐铸成. 报海旧闻［M］. 北京：生活·读书·新知三联书店，2010：360.
⑤ 赵晓恩. 抗战时期的桂林文化供应社：上［M］//龙谦，胡庆嘉. 抗战时期桂林出版史料：桂林文史资料　第 38 辑. 桂林：漓江出版社，1999：605.

1953 年结束是转移时期”[①]。在这四个时期中，内部人事组织和业务活动都有所不同，但出版图书最多，影响力最大的时期是 1939 年至 1944 年的抗战时期。此处依据万仲文分期的时间阶段，对文化供应社的发展轨迹进行梳理。

一、序曲：广西建设研究会对进步文化传播的铺垫

广西建设研究会对文化供应社的成立起着重要的铺垫作用。战时的新桂系既有“建设广西，复兴中国”的雄心大志，也有“三自三寓”的政策设计；既有合纵连横的权宜之计，也有开明包容的人格魅力。这是桂林“文化城”得以形成的社会文化软件。为了进一步笼络文化名人，积累政治资本对抗蒋介石的渗透，新桂系搭建了一个荟萃人才、凝聚力量的文化平台——广西建设研究会。广西建设研究会可以说是桂林“文化城”形成的基础，为文化供应社的成立奏响了序曲。

为了维系反蒋人士的团结，稳定对广西的统治，在秘密反蒋组织——中国国民党革命同志会解体后，李宗仁曾表示“最顾虑的是我出发之后，广西的党政军不能团结，我们的个别干部会被蒋介石收买。要团结，就得有个组织来维系。现在和蒋合作，不能再搞秘密组织了，所以中国国民党革命同志会撤销了，但是可以搞一个公开的合法的组织……使党政军的主要干部都参加，作为团结的中心”[②]。这个公开的合法的组织就是广西建设研究会。1937 年 10 月 9 日，广西建设研究会正式成立，随后李宗仁便赴第五战区任职。

广西建设研究会由李宗仁担任会长，白崇禧和黄旭初任副会长，常务委员为李任仁、陈劭先和黄同仇，下设研究机构政治部、经济部和文化部。与国民党革命同志会不同的是，广西建设研究会是一个公开的“学术研究团体”和新桂系的“智库”，职能主要是“替广西省的政治、经济、文化建设提供意见”[③]，内部的人员不仅有广西党政军高级干部，还有旅桂外来知名人士，甚至包括共产党员在内的各派反蒋成员等文化精英，包括李四光、李达、欧阳予倩、胡愈之、陈此生、杨东莼、夏衍、金仲华、范长江、林砺儒、邵荃麟、宋云彬、傅彬然、张锡昌等进步文化人。[④] 他们大多被广西建设研究会聘任要职，如胡愈之任文化部副主任、千家驹任

---

① 万仲文. 回忆文化供应社［Z］//中国人民政治协商会议广西壮族自治区委员会文史资料研究委员会. 广西文史资料选辑：第 11 辑. 1981：21.

② 李任仁. 回忆广西建设研究会［Z］//中国人民政治协商会议广西壮族自治区委员会文史资料研究委员会. 广西文史资料选辑：第 4 辑. 1963：78.

③ 陈劭先. 广西建设研究会的成立和结束［Z］//中国人民政治协商会议广西壮族自治区委员会文史资料研究委员会. 广西文史资料选辑：第 4 辑. 1963：66.

④ 陈劭先. 广西建设研究会的成立和结束［Z］//中国人民政治协商会议广西壮族自治区委员会文史资料研究委员会. 广西文史资料选辑：第 4 辑. 1963：66.

经济部副主任、杨东莼任广西地方建设干部学校教务长、欧阳予倩任广西艺术馆馆长、孟超任国防艺术社的总干事、焦菊隐任国防艺术社导演等。由此可见，“广西建设研究会是抗战时期广西集政治、经济、文化各方面人士于一堂的一个真正统一战线组织”①。与政治相比，文化学术不直接与政权的诉求发生联系，具有更强的隐蔽性和更大的包容性，容易平衡各界的关系，获得更大的认同。因其特有的学术性与独立性，李任仁、陈劭先、胡愈之、杨东莼，“以及许多进步人士都乐于以广西建设研究会为据点而进行活动”②，“它实际上不仅是桂系对外炫耀进步的金字招牌和各方政治势力联系的纽带，而且是李、白、黄最有力的智囊集体”③，成为聚合进步文化最为重要的平台。对此，《救亡日报》负责人夏衍也高度评价了广西建设研究会对桂林“文化城”的作用，他说：“广西在我们到来之前，在文化、新闻、出版、文艺等方面，进步力量都已经有了相当可观的基础，其中最突出的是以广西文化界元老李任仁先生为主任的一个颇有声势的‘广西建设研究会’。”④

广西建设研究会成立之后，除了经常讨论有关广西政治、经济、文化设施等问题，还随时举行一些有关抗战、国际、文化教育方面专门问题的报告会和座谈会，也曾针对蒋介石的政治措施，在合法的形式下发动社会力量，展开针锋相对的斗争，影响较大的是反对蒋介石“五五宪草”的运动。1940 年，广西建设研究会策动组织了一个“宪政协进会”，针对蒋介石政权推行的“宪法草案”组织专题研究，催促其结束“训政”，还政于民，并由胡愈之起草了对“宪草”的宣言分发全国和发表在香港的《星岛日报》。这份宣言揭穿了蒋介石以孙中山“五权宪法”之名行独裁的本质，产生了很大的政治影响。

同时，广西建设研究会还通过定期刊物和出版丛书发表研究成果。在出版物中，“广西之建设”丛书和“列国国势要览”丛书是其中很有代表性的两种，定期出版的刊物包括《建设研究》《时论分析》《敌国舆情》。据史料记载：广西建设研究会主办的《建设研究》和《时论分析》，每出一期，都以参议员的名义，寄一份到延安，赠送给远在陕甘宁边区抗日民主根据地的中国共产党中央军事委员会主席毛泽东。⑤广西建设研究会的这一行动体现了文化组织积极向外界传播的主动性，特别是与中

---

① 千家驹. 一个国民党真正的左派：纪念陈劭先诞生一百周年［Z］//中国人民政治协商会议广西壮族自治区委员会文史资料研究委员会. 广西文史资料选辑：第 23 辑　陈劭先纪念文集. 1986：34.

② 李任仁. 回忆广西建设研究会［Z］//中国人民政治协商会议广西壮族自治区委员会文史资料研究委员会. 广西文史资料选辑：第 4 辑. 1963：85.

③ 夏衍. 回忆李任仁先生二三事［M］//魏华龄，王玉梅. 桂林文史资料：第 37 辑　人物专辑. 桂林：漓江出版社，1998：18.

④ 广西社会科学院. 桂林文化城纪事［M］. 桂林：漓江出版社，1984：223.

⑤ 李时新. 民主斗士李任仁［M］. 南宁：接力出版社，1994：93.

共领导的根据地之间的往来沟通，暗示了一种政治影响与反馈。

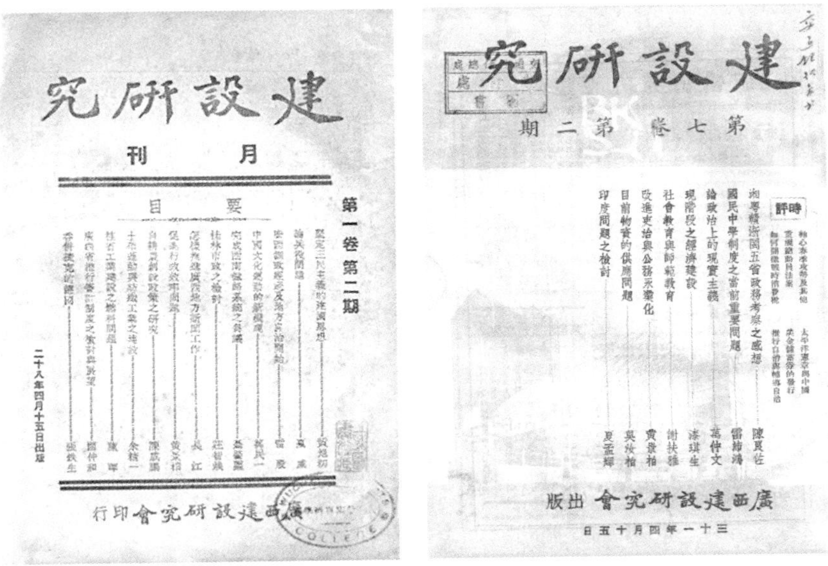

图 1-5 《建设研究》第 1 卷第 2 期及第 7 卷第 2 期封面[①]

广西建设研究会在进步民主人士陈劭先、李任仁的主持下，还暗中支持八路军驻桂林办事处工作、参与维护中苏文化协会广西分会，以及在皖南事变后掩护进步人士撤退等保护进步文化人的工作。同时，在对抗日文化传播上也着力搭建宣传平台，1939 年 10 月，由胡愈之、陈此生、傅彬然、宋云彬等成立的文化供应社就是广西建设研究会在出版领域建设的宣传阵地。

二、筹备与成立（1939 年）

为了适应政治形势风云变幻的需要，推进桂林的抗战文化运动，1939 年初，胡愈之受中共南方局周恩来的派遣以救国会代表的身份到桂林开展统战工作。因在文化界、出版界的巨大影响力，胡愈之被聘为广西建设研究会文化部副主任。当时重庆的进步出版遭受重压，生活书店等进步出版机构被停业或查封，在桂林的进步文化工作者写作的稿件不易出版，而需要稿件的出版机构又苦于找不到适当的作者。为了安定一部分进步作家在桂林的生活，发展进步文化，胡愈之开始着手建立比较稳固的出版阵地。

最初，胡愈之只是请陈劭先等作为中介人将进步文化人写的书稿转交给有关单位出版，收取一定的费用。试行之后发现组稿和出版都受到了出版单位的限制，离

① 图片来源：全国报刊索引数据库。

广泛安置旅桂文化人的目标甚远。于是胡愈之与陈劭先进一步商谈决定，由胡代表救国会，陈代表广西建设研究会共同发起创办一个“文化供应社股份有限公司”，之所以命名为“文化供应社”，是出于“不仅搞出版，而且也搞文化用品的供应”[①]的设想，为了“抗战建国”和开展抗日文化活动之需要开展工作。

1939年夏，胡愈之会同陈劭先、李任仁、陈此生、雷沛鸿、邱昌渭、阳叔葆、孙仁林、方振武、万民一、万仲文等新桂系军政高层和国民党民主人士，以及杨东莼、姜君辰、金仲华、千家驹、张志让、沈钧儒、杜重远、白鹏飞、林砺儒、吴觉农、庄智焕等外来进步人士20余人[②]，倡议集资创立文化供应社，以适应抗战时期匮乏的文化精神需求。经多次集议，获得了救国会沈钧儒筹募的3000元启动资金[③]，于1939年8月1日在桂林施家园成立筹备处，推选胡愈之、陈劭先、陈此生为筹备人，聘请张志让、宋云彬、王鲁彦、姜君辰、张铁生、曹伯韩、杨承芳、朱光暄等为编辑，在龙隐岩旁的原新知书店的竹屋里开始组稿，编印书刊。同时，陈劭先等筹备人开始草拟章程公开招收股份，每一股份金为50元[④]，新桂系的民主人士和部分外来进步人士都自愿认股成为股东，但占全部股份资金的比例很小，大部分筹创资金来源于李宗仁、白崇禧以特别办公费用认股拨给。1939年10月，文化供应社募足股本12000元[⑤]，向省政府登记办好合法手续，并于22日，在广西建设研究会召开文化供应社的股东成立大会。万仲文、陈劭先、陈此生、李任仁、胡愈之、沈钧儒、方振武、杜重远、邱昌渭、孙仁林、林砺儒等11人被选举为董事，雷沛鸿、阳叔葆、苏希洵为监察人，李任仁为董事长，陈劭先为社长，陈此生为总务部主任兼秘书，胡愈之为编辑部主任，先后聘任张志让、曹伯韩、宋云彬、傅彬然、王鲁彦、林山、杨承芳、姜君辰、林涧青、操振球等为编辑。

三、发展期（1940—1942年）

文化供应社在出版同人们的艰苦创业下，业务发展迅速，规模不断扩大，发展成了“类似商务印书馆、中华书局和生活书店那样兼有编辑、发行、印刷的综合出版机构”[⑥]。1940年初，文化供应社扩充股金资本至10万元。1940年3月，与九如

---

① 胡愈之. 我的回忆［M］//胡愈之出版文集，北京：中国书籍出版社，1998：548.
② 陈劭先. 文化供应社自我介绍［J］. 文化杂志，1941，1（1）：64.
③ 赵晓恩. 抗日战争时期的文化供应社始末［M］//龙谦，胡庆嘉. 抗战时期桂林出版史料：桂林文史资料第38辑. 桂林：漓江出版社，1999：608.
④ 国民党中统局. 国民党中统局调查桂林抗日进步文化团体密函（1940年2月14日）［M］//中国人民解放军历史资料丛书编审委员会. 八路军新四军驻各地办事机构：4. 北京：解放军出版社，1999：435.
⑤ 陈劭先. 文化供应社自我介绍［J］. 文化杂志，1941，1（1）：64.
⑥ 千家驹. 一个国民党真正的左派：纪念陈劭先诞生一百周年［Z］//中国人民政治协商会议广西壮族自治区委员会文史资料研究委员会. 广西文史资料选辑：第23辑　陈劭先纪念文集. 1986：34.

堂在百岩山合营了建设印刷厂，同时增设了出版部，又在总务部设置营业处，成为集编、印、发于一体的综合性出版机构。1940 年 8 月，文化供应社社址由最初的桂林施家园迁到桂林丽泽口外丽君路的新建办公大楼，迁址后第二天，胡愈之奉命离开桂林，文化供应社的编辑部主任一职先由张志让代理，后由傅彬然接任。至 1941 年夏，文化供应社的机构已初告完备，设置了总务、编辑、出版三部，全社工作人员为 41 人，除社长、秘书外，计总务部（包括营业处）23 人，编辑部 10 人，出版部 6 人，从 1939 年至 1941 年两年来共计出版图书近 500 种，900 余万字[①]。编辑部的主要成员有曹伯韩、姜君辰、宋云彬、傅彬然、杨承芳等，他们中既有隐藏身份的中共党员，也有从事过出版行业的资深编辑，多是倾向进步的外来青年。为方便业务往来，营业部位于太平街，门市部则设在书店林立的桂西路 35 号。这一时期文化供应社“资力雄厚，营业发达，到几家新书店被封闭或改组后，差不多为桂林第一家”[②]。1940 年 6 月，冉冉升起的文化供应社在重庆版的《大公报》上刊登了第一条出版广告，上面打出了句响亮的广告语——“西南文化界的火炬，战时出版业的新军”，这一广告语不仅彰显了文化供应社创立的雄心，同时也表明这支“新军”已经以扎实的出版实践，迅速成为战时“文化城”中的翘楚（见图 1－6）。

大公報
Ta-Kung-Pao
中華民國紀元前十年創刊
請用
經濟部中國植物油料廠出品
魚油 機器油 調水油 煞車油 松節油
熱松香 草膏 代汽油 代煤油 代柴油
貿易月刊
西南文化界的火炬・戰時出版業的新軍
文化供應社
中國近百年史教程
國民必讀
中蘇文化協會啟事
中德文化協會啟事
中國戰時生產促進會 職業補習學校會計班招生

图 1－6　文化供应社在《大公报》（重庆版）中的第一次广告[③]

① 陈劭先．文化供应社自我介绍［J］．文化杂志，1941，1（1）：64－65.
② 蒋烈奇．桂林的书市［J］．读书与出版（复刊），1947，2（7）：51－53.
③ 图片来源：作者扫描自《大公报》（重庆版）1940 年 6 月 6 日。

太平洋战争爆发后，随着大批文化人来到桂林，桂林的文化出版事业再度空前繁盛，而文化供应社的业务也有了更大发展。1942 年文化供应社扩充股本至 50 万元①，员工人数最多时高达 200 人，包括营业处 30 余人②。此时的文化供应社除了出版发行本社图书杂志外，还大量经营其他出版社的进步书刊近千种，进入了自身发展的鼎盛时期。1942 年，文化供应社在重庆设立分销处，成为抗战时期桂林出版图书最多，“后台最硬、资本最雄厚的出版社”③（见表 1－1）。

表 1－1 桂林“文化城”主要出版机构情况一览表④

书店名称	在桂创办时间	在桂结束时间	负责人	主营业务	出版种数
商务印书馆桂林分馆	1921 年	1953 年	徐礼川	经营本版教学参考书及《辞源》等工具书	
中华书局桂林支局	1938 年	1953 年	白旭初、樊振秋	经营本版教科书及《四部备要》《古今图书集成》等图书	
世界书局桂林分局	1918 年	1950 年	姚聚堂	发行本版教科书及《新词典》等图书	
开明书店桂林分店	1938 年 12 月	1944 年秋	范冼人、陆联棠、宋云彬、傅彬然、叶圣陶	以出版文学作品、青年读物和各科教材为主的出版发行机构	122 种
北新书局	1938 年底	1944 年秋	王金声	主要发行在上海出版的本版图书	8 种
上海杂志公司	1938 年冬	1944 年秋	张静庐	以出版文学、戏剧类书籍为主的出版发行二合一机构	44 种
新华日报桂林营业处	1938 年 12 月	1944 年秋	张尔华、陈晃	发行《新华日报》及马列著作为主	
生活书店桂林分店及西南管理处	1938 年 3 月	1941 年 1 月	诸祖荣、卞祖纪、孙明心等	中共领导的编、印、发三合一机构	15 种

① 编者. 文化供应社昨开股东常会决议增加股本［N］. 大公报（桂林版），1942－03－10.

② 李名魁. 建国前广西图书发行史料［Z］//中国人民政治协商会议广西壮族自治区委员会文史资料研究委员会. 广西文史资料选辑：第 27 辑. 1989：237.

③ 茅盾. 桂林春秋：回忆录（二十九）［J］. 新文学史料，1985（4）：52.

④ 该表格根据龙谦、胡庆嘉《抗战时期桂林出版史料（桂林文史资料　第 38 辑）》（漓江出版社，1999 年）和《广西通志·出版志》（广西人民出版社，1999 年）整理统计。其中出版书籍数量从《抗战时期桂林出版史料（桂林文史资料　第 38 辑）》“抗战时期桂林文化城出版图书目录”（第 148－340 页）中统计，为当时的见知数量，实际数量应更多，仅作参考。

续表

书店名称	在桂创办时间	在桂结束时间	负责人	主营业务	出版种数
新知书店	1938 年 12 月	1941 年 2 月	徐雪寒、华应申、沈静芷	中共领导的编、印、发三合一机构	23 种
读书生活出版社	1938 年冬	1941 年 2 月	刘廛	中共领导的出版发行二合一机构	13 种
文化生活出版社	1938 年冬	1944 年秋	吴文林、巴金	以出版文学创作和世界名著为主的出版发行机构	62 种
三户图书社	1938 年 4 月	1944 年秋	王倬如、何尚华、汪允安、李连成	主要以出版文艺类和进步类书籍为主的编、印、发三合一机构	17 种
文化供应社	1939 年 10 月	1953 年 5 月	李任仁、陈劭先	以出版通俗读物、青少年读物和理论书籍为主的编、印、发三合一机构	600 多种
民团周刊社	1939 年 4 月	1944 年秋	钱实甫	与建设书店一起是抗战时期广西省营最大的出版机构	160 多种
建设书店	1939 年 3 月	1944 年秋	钱实甫、钟星云	与民团周刊社出版广西省政府的出版物	
前导书店	1937 年 6 月		黄溢椿、赵淑君	出版《前导》周刊和社科类书籍	16 种
正中书局	1938 年	1944 年秋		发行教科书及国民党政治类书籍为主	
青年书店	1940 年	1944 年秋	王菊犹	主要出版和发行国民党军事、政治方面的书籍	8 种
中国文化服务社	1941 年 4 月	1944 年秋	符浩	出版社科类书为主，发行国民党政治书籍	7 种
国防书店	1941 年 4 月		黄兴中	主要发行国民党军事方面的书籍	12 种
南方出版社	1939 年	1941 年 2 月	肖聪	《救亡日报》对外出版机构	16 种
耕耘出版社	1939 年	1944 年秋	黄新	主要出版文学和历史书籍的出版发行机构	14 种
石火出版社	1939 年	抗战胜利前结束	曹伯韩、李仲融	只出版了曹伯韩的《青年自学论集》、欧阳凡海的《抗战第一阶段》等几种书籍	4 种

续表

书店名称	在桂创办时间	在桂结束时间	负责人	主营业务	出版种数
科学书店	1940 年 7 月	1944 年秋	宋乃公	以科学书籍出版为主的编、印、发出版机构	124 种
大时代书局	1940 年	1944 年秋	魏志澄	以外文书籍影印业务为主	21 种
文献出版社	1941 年春	1944 年秋	夏雪清	出版文艺书刊，同时办理批发、邮购业务	40 种
万有书局	1941 年	1944 年秋	贺季润	以实用书出版为主的机构	8 种
学艺出版社	1941 年 4 月	1944 年秋	赵筠	生活书店停业后改办的机构，出版世界文艺名著等。曾用过文学出版社、自学书店、新少年出版社名字出书	10 种
远方书店	1941 年 4 月	1944 年秋	曹健飞	新知书店改办的二线机构，出版文艺读物，书刊零售、批发、邮购，兼营文具	24 种
大地图书公司	1941 年 6 月	1944 年夏	顾铁伦	新知书店改办的二线机构，出版文艺读物，书刊零售、批发、邮购，兼营文具	7 种
白虹书店	1941 年 11 月	1944 年秋	胡希明	经营书刊的零售、批发、邮购，兼营文具	11 种
实学书局	1941 年 12 月	1944 年秋	李易安	新知的二线机构，出版实用知识和参考类书籍	12 种
华华书店	1942 年	1949 年 8 月	孙怀琮、魏华龄	出版文艺、教育、儿童读物，不设门市，只经营批发、邮购	25 种
集美书店	1942 年	1944 年秋	鲁乃戈	出版文艺读物，总经售《人世间》等期刊	11 种
良友复兴图书公司	1943 年	1944 年秋	赵家璧	以文学读物出版为主的机构	21 种

在书刊编辑出版方面，文化供应社的编辑部在胡愈之的主持下以推进大众文化教育运动为中心，首先策划了面向普通民众和士兵的“国民必读”，之后将“国民必读”系列拓展为“文化室图书”。“文化室图书”内容上包括通俗文艺作品、战时常识、农业生产知识、社会科学和自然科学的基础知识等，形式上有《国民字典》《国民辞典》《国民写信》等工具图书，也有可供阅读或演唱的文艺作品，以及挂图、地

图等共达 206 种[①]。同时组织曹伯韩、林山、温涛编印通俗期刊《新道理》和“大众文艺读物”“时事问题丛刊”“青年新知识丛刊”“世界大战丛刊”等其他大众读物。为了使这套图书能够有效深入到基层群众中，胡愈之通过广西的地方行政力量，在全省基层组织普遍建立村街文化室，购备这些书刊，开展宣传教育活动。随后这些书刊也逐渐扩大发行到广西以外的各省，在抗战时期对“灌输进步思想，推进大众文化方面，具有深远的意义”[②]。通过“文化室图书”奠定出版基础之后，文化供应社又特约其他进步人士编著了一些水平较高的书籍，如张栗原的《教育生物学》、阮镜清的《学习心理学》、张健甫的《中国近百年历史教程》、李方达的《经济学教程》、邓初民的《中国社会史教程》、张先辰的《广西经济地理》、石兆棠的《科学概论》，以及陈白尘、欧阳予倩的戏剧作品，秦牧、黄药眠等作家的文艺作品集，等等。由宋云彬、傅彬然、操震球等编辑，叶圣陶负责校订的“初中精读文选”不仅成为当时国内中学教育的补充教材和自修读本，甚至发行至新加坡一带，作为正式课本深入中学，打破了“国定本”的垄断。

1940 年，国民党发动第一次反共高潮，政治形势急剧变化，8 月，胡愈之受中共南方局指示，离开桂林迁往香港转新加坡开展海外出版工作。“八办”在胡愈之离开后对文化供应社的编辑出版工作做了新的安排，由张锡昌负责暗中领导文化供应社的编辑工作，与生活书店、新知书店和读书出版社紧密配合，互相支持。同时，曹伯韩、温涛、何鹏等文化供应社的骨干编辑也因时局关系相继撤离，由林涧青负责主编《新道理》杂志。1941 年皖南事变后，国民党当局命令各地查封生活书店、新知书店等进步出版单位，广西因良好的统战基础，生活书店桂林分店门市部并未被立刻查封，而是限于三天内停业。停业期间，生活书店将物资暗中转移至文化供应社，而文化供应社因有广西建设研究会的掩护，则免于被查办。为保存进步出版力量，新知书店桂西路门市部改为文化供应社的营业处兼门市部，由朱执诚负责。新知书店的欧阳文彬、陈永年等干部也转入文化供应社工作，随后还有生活书店、读书生活出版社的一些出版同人也转入文化供应社工作[③]。这次事件之后，文化供应社的进步出版力量得到进一步的壮大，进步书刊的出版更为丰富。

---

① 据《大公报》（桂林版）（1941 年 3 月 20 日、3 月 27 日、4 月 28、4 月 29 日）文化供应社出版广告显示“文化室图书”共为 206 种，但在赵晓恩回忆录中提及为 261 种，其间是否有增加种数，尚未在史料中查出。

② 赵晓恩．抗日战争时期的桂林文化供应社始末［M］//龙谦，胡庆嘉．抗战时期桂林出版史料：桂林文史资料　第 38 辑．桂林：漓江出版社，1999：609.

③ 赵晓恩．抗日战争时期的桂林文化供应社始末［M］//龙谦，胡庆嘉．抗战时期桂林出版史料：桂林文史资料　第 38 辑．桂林：漓江出版社，1999：609－610.

图 1-7 文化供应社股份有限公司全体员工留影（1942 年 3 月 29 日）①②

1941 年初，为了维系中共在桂林的进步文化工作，邵荃麟受中共南方局的指派前往桂林，领导左翼文化工作。邵荃麟最开始与夫人葛琴在《力报》工作，之后转移至文化供应社，以专任编辑和《文化杂志》主编的身份直接领导社内编辑出版工作。由其主编的《文化杂志》是文化供应社在这一时期创办起来的重要理论刊物，发表了《我们对于现阶段文化建设的意见》《对当前文化界风气的感想》《文艺与反映现实》《新思潮的意义》等一系列重要的文章，在文化界影响巨大。

在印刷业务方面，文化供应社积极改善印刷条件。建社之初，印刷业务由上海迁来的科学印刷厂负责。1940 年 3 月，经文化供应社董监会决议，出资 4 万元与九如堂合营建设印刷厂。合营后的建设印刷厂共有 15 万元的资金，生产设备完善，石印机尤为精良，负责文化供应社及其他单位书刊的印刷业务。建设印刷厂董事长是孙仁林，时任广西省政府总务处长，也是文化供应社的董事之一，常务理事由陈劭先兼任，有实际支配权，经理是由李任仁和陈此生介绍的周承镐，并有 70 余人的技

① 图片坐椅者左起邵荃麟（左 2）、陈此生、陈劭先、李任仁，右起赵晓恩、杨承芳、宋云彬。

② 图片来源：中国人民政治协商会议广西壮族自治区委员会文史资料委员会．广西文史资料选辑：第 23 辑 陈劭先纪念文集［Z］．内部资料，1986：图片插页．

术工人，大部分都为进步青年。实际上掌握在文化供应社手中的建设印刷厂大部分的印刷品都为进步文化出版物。此外，文化供应社还与新知书店、生活书店共同出资组建了从湖南转移至桂林的西南印刷厂，该厂原属湖南地下党省委所办的《观察日报》，因第一次反共高潮报社被封闭后，由“八办”负责人李克农负责协调将印刷厂的设备进行转移，合办后的西南印刷厂由新知书店的沈静芷负责管理，继续开展进步书籍的出版工作。

在发行业务方面，文化供应社除了发行本版图书外还大量代售其他出版机构的书刊。营业处是主管文化供应社发行业务的部门，部门下设置了门市、批发、邮购、栈务等分支。[①] 总发行所设在桂林，在重庆设有办事处，后改为营业处，由严希纯负责。文化供应社出版的本版图书除在门市部销售外，同时也寄往各地同业书店代销，或直接寄给邮购读者。门市、批发和邮购部门除了销售本版图书，也经售或代销其他书店出版的进步书刊，营业范围除了本省的县乡以及周边省份外，还覆盖到了整个大西南及部分西北地区的书店或出版社。因皖南事变被查封的生活书店将重庆和桂林的存货以及发行经销业务都移交给了文化供应社，促使了文化供应社发行业务进一步发展。太平洋战争后，从香港撤回桂林的文化人成立了一些小型出版机构，它们出版的书刊都需要借助文化供应社的发行渠道，这使文化供应社发行业务进入了全盛时期。另外，文化供应社还与新知书店合设了南洋图书公司，面向海外发行。南洋图书公司除经营两家出版发行业务外，还以较隐蔽的方式，承担了延安出版的《解放》和重庆出版的《群众》杂志在香港的再版发行工作，一直到太平洋战争发生、香港沦陷时为止。

四、转型期（1942—1944 年）

万仲文将 1942 年底公司改组到 1944 年桂林大疏散期间概括为“收缩时期”，但从史料上看，这一时期虽经历了公司改组的震荡，但文化供应社依然维持着稳定的生产，仍是广西最大的进步出版企业。原因在于，原主要负责人虽退居幕后，但编辑队伍基本维持不变，加之太平洋战争的爆发使得大量文化人从香港入桂，掀起第二次文艺运动的高潮，在此期间的出版生产也发生了一定的转型，从出版大众化的抗战小手册转向了文艺类的书籍。因此，从出版物生产的情况上看，这一时期可谓之文化供应社的转型期。

---

① 黄荣芳．我所知道的文化供应社［M］//罗标元，左超英．桂林旧事．桂林：漓江出版社，1989：243.

图 1-8　1942 年秋冬文化供应社股份有限公司员工在丽君路办公楼合影①②

1942 年底，因新桂系政治上的变动和蒋介石的施压，文化供应社被迫进行人事改组。社长陈劭先，秘书陈此生，编辑邵荃麟、宋云彬、姜君辰、曹伯韩、傅彬然等都自动辞职。社长制改为总经理制，万民一担任总经理，杨承芳为秘书，钱实甫为编辑部主任，其他人事原封不动。事实上万民一只是挂个名，全部社务仍由陈劭先以常务董事的名义指挥处理，而钱实甫不久也因无法融入团队而离职，由杨承芳主理编辑事务。因此，文化供应社是“换汤不换药”，主要编辑团队仍然维持原有的进步性。

为了保护出版资源，这一时期在书刊出版上有一些转向。明显偏向进步的书籍减少了，教材、文艺类书籍和一些中立的学术著作则继续出版，为了掩饰进步书刊，有时还少量出版中间性的书籍，甚至出版李、白、黄的演讲集。印刷发行经售的业务，虽能照常进行，但因成本高涨、物流艰难也受到了一定的限制。更严重的是，在国民党统治区反共恶潮的影响下，新桂系暗中以股本形式拨给文化供应社的资金也减少了。1944 年春，万民一病重，改由董事万仲文接任总经理兼编辑部主任。

1944 年 7 月，日军侵入湖南，桂林大疏散，文化供应社分两路撤离：一路只有赵晓恩、朱光暄、赵文廉、宋云彬等少数几人带着纸版书籍向贵州撤退至重庆营业

---

① 第 1 排左起：□□、莫志恒、朱光暄、孙源、赵晓恩、陈此生、万民一、陈劭先、陈太、宋云彬、傅彬然、莫一镛、赛旭东、丘元森、莫一明；第 2 排左起：盛亮明、梁丽萍、陈永年、高乌、瞿源民、张浩如、孟伯泉、龚国荣、李欣、唐□□、□□、覃展、毛羽鸿、王亚群、莫恩贤、刘永清、李泳雪、莫玉芬、李龙韬、□□□；第 3 排左起：林涧清、马俊德、何锦川、赵文莲、何鸿德、□□□、胡祖荣、朱典纯、薛天发、王家振、熊永石、徐云尧、徐建林、黄荣芳、李文清、黄宝熙、□□、荣泉、胡耀辉、柏玉华。（另杨承芳、金可钦、杜麦青、陆宗昌、黄德书、刘宗乙也是职工，或为不知名的几人）

② 图片来源：广西壮族自治区地方志编纂委员会. 广西通志·出版志［M］. 南宁：广西人民出版社，1999：彩页.

处，在重庆继续开展图书经销业务，并与聂绀弩、朱执诚（朱希）等人合办了《艺文志》；另一路在陈劭先、万仲文、陈此生等人的带领下同广西建设研究会、广西印刷厂及广西艺术馆、中国工业合作社等机构一道，沿漓江南下撤退。此时仍由万仲文担任总经理，但重大社务则由陈劭先决定，覃展负责营业处及其他社务。一路上，文化供应社所到之处都继续开展书刊销售工作。从桂林到平乐再到昭平、北陀，以及贺县的八步镇，文化供应社都设立了书刊分销处或营业门市部，但只是出售存书存纸，维持留下的十余人的生活。虽然社内本身营业的活动并不多，但以文化供应社为据点进行的各种进步活动却增多了，包括合办《广西日报》、参加群众性的武装抗日机构、筹组"民促"等。其中，以《广西日报》（昭平版）的复刊和发行影响最大。

图 1-9 《广西日报》（昭平版）负责人合影①②

1944 年底，张锡昌组织在桂东的文化界人士，由千家驹、欧阳予倩、张锡昌负责筹借基金，借助广西教育厅的收发报机和建设印刷厂、西南印刷厂的设备，以及文化供应社存纸，创办了昭平版《广西日报》，众人推举陈劭先为报社社管会的主任。此时的桂东南是敌后新闻检查较为薄弱的地带，可以放手写稿，以莫乃群为主笔的编辑记者团队，写了很多表达中共政治观念的文章，《广西日报》（昭平版）每天四开一张，最多时能发行到近 3000 份，当天可发行到八步一带人口较为密集的地区。除此之外，文化供应社出版同人还以流动售书、组建抗日自卫队、参与学校教

① 左起：张锡昌、莫乃群、欧阳予倩、千家驹、徐寅初、周匡人。
② 图片来源：魏华龄．桂林文化城人物选辑：桂林文史资料　第 56 辑［Z］．桂林市政协文史资料委员会，2014：85.

学工作等方式传播抗战文化。在非常时期，文化供应社的出版同人见缝插针，坚守宣传阵地，直至抗日战争胜利，对传播抗战文化，鼓舞民众御敌起到积极的作用。

五、重建期（1945—1948 年）

1945 年 8 月，日本投降，陈劭先、万仲文回到桂林开始了文化供应社的重建工作。昔日繁荣的桂西路“文化街”被焚毁殆尽，成为一片废墟。文化供应社便在废墟中重建一间临时房屋，作为门市部及办公处。从 1945 年 10 月到 12 月，疏散到昭平县和贺县的人员和物资，全部陆续回到桂林，由覃展负责恢复经营销售进步书刊的业务，复业后的文化供应社，依然是规模最大的一家。

同时，由赵晓恩、张浩如负责的重庆分销处则一直照常营业。1945 年 12 月，万仲文辞职离桂到广州重任中山大学教授后，陈劭先委托赵晓恩代理总经理一职，他以常务董事的身份也一直负责文化供应社的事务。战后的出版业复苏艰难，文化供应社的出版活动也在重建后寻求新的发展。在编辑方面，抗战时期出版的《新道理》《文化通讯》在战后得以复刊，另由张锡昌倡议复刊的《半月文萃》由宋云彬主持编辑工作，其他的书籍工作以重印战时的出版书籍为主。在发行方面，文化供应社除了坚持原有的发行业务，还兼理重庆《新华日报》和开明书店出版物的销售业务。

但好景不长，1948 年，文化供应社被蒋桂特务合流迫害，黄荣芳、云健鹏等工作人员被逮捕，文化供应社被迫宣告停业。此时，陈劭先与赵晓恩出走香港，多方奔走集资，经胡愈之筹资和安排，成立了香港文化供应社，由宋云彬担任总编辑，张铁生、林涧青等负责编辑工作，赵晓恩担任总经理负责出版、发行工作。由于国内局势的恶化，桂林出版气候压抑，在这一时期，文化供应社的图书出版主要以增订重印已有出版物为主，也勉强出版了一些新书，如谭丕模的《中国文学史纲》、温涛的《乐园的创造》、胡愈之的《少年航空兵》，以及一套南洋小学教科书。发行工作方面，文化供应社以香港为中转，通过广州办事处，把香港出版的一些进步书籍，秘密运往内地，也向南洋一带发行图书。

六、转移期（1949—1953 年）

1949 年初，陈劭先、陈此生、宋云彬等应中共中央邀请离港北上，迎接新政协的召开。文化供应社也迁入上海，加入了三联书店领导的“新出版业联营书店”成为会员店，营业活动归并到“三联书店”办理，由原营业部主任赵晓恩负责联营后的工作。同时，香港文化供应社撤销，另由卢琪、秦志卿等在桂林市重新设立一间较小的门市部经营一般书刊。这一时期，文化供应社依然有新书出版，如“新儿童丛书"、《现代各国人民领袖》、《鞋：抗日故事》、《太阳照到西藏：地理讲话》，以及邓初民的《中国政治问题讲话》、齐语的《战地散记》等一般书籍。1953 年，陈劭先在北京同李任仁、陈此生、万仲文及在北京的文化供应社有关人士进行商谈，认为文化供应社已经光荣地完成了它的历史任务，没有继续存在的必要。原社内大部分资产都是新桂系投资，属于"官僚资本企业"，按照规定将文化供应社全部资产分别移交当地的国营新华书店接收，其附属的广西建设印刷厂则移交广西日报社接收，留下少数人员也由接收单位安排工作。从此，历经 13 年的文化供应社就宣告结束。

小结

文化供应社是在抗战初期特殊的政治背景下"出于特殊的政治需要产生的"①，因此在它的发展过程中，由于局势变动和政治斗争的影响，不可避免地经历各种复杂的斗争。从 1939 年成立至 1953 年，在时局动荡的 13 年间，文化供应社经历了扩充、改组、疏散、重建、转移的曲折过程，但始终坚持以进步文化生产和传播为主要方向，多形式、多渠道地开展文化活动，直至解放战争的胜利，在地方出版史上留下了深远的影响。

本章小结

出版传播活动是发生在社会体系里并与各种社会关系密切相连的社会行为。媒介组织是社会传播系统中重要的组成部分，是文化信息的生产者和发布者，一定媒介组织的诞生和发展与媒介技术和社会系统的变化紧密相连。在战争年代，稳定的传播生态系统被打破，媒介组织面临设施损毁、物资匮乏、人力流失的生存困境，而在激化的民族矛盾中，如何设计、组织和管理媒介机构以适应特殊的传播环境，保证文化信息的畅通，达到政治宣教的目标，这是媒介机构建设者们面临的首要问题。

"将出版置于特定的社会历史环境中考察，乃是出版史研究的基本方法"②。基

① 万仲文. 回忆文化供应社［Z］//中国人民政治协商会议广西壮族自治区委员会文史资料研究委员会. 广西文史资料选辑：第 11 辑. 1981：26.

② 刘光裕. 中国出版史的研究对象和范围：关于编撰中国古代出版通史的基本看法［J］. 陕西师范大学学报(哲学社会科学版)，2008 (3)：85.

于此，我们对文化供应社产生和发展过程的研究，不能仅从孤立的个体出发，而要站在整个抗日战争的历史视角，从抗战的历史语境下分析影响媒介机构产生的政治环境和文化环境，考察这一历史时期的传播生态与传播特征。不管在常态还是非常态社会环境下，管理机构或者说政治权力对人类传播行为的控制是始终存在的。正如威尔伯·施拉姆所说的，“所有的制度都必须在某种程度上对他们的媒介加以管制和控制”，“基本原则是，任何社会对它的传播机构所施加的控制都是从这个社会中产生出来并代表它的信仰与价值观”[①]。从抗日战争爆发前后的出版媒介生态考察，在非常态的社会环境下政治权力对媒介的控制会更为紧缩和强化，使之能够为其引导的意识形态而服务，在这种被强化的政治压力下，大量的非常态信息集中爆发，不断刺激受众，使受众的意识集中跟随权力者的意志。从学理上看，“抗战文化”的产生既具有抗战时期民族主义的文化内涵，同时也具有大众传播意义上的工具理性内涵，使这一时期的文化运动不仅受激化的民族矛盾所影响，同时还交织着国共两党之间的文化博弈，构成了非常时期复杂的文化传播生态。

桂林的抗战文化不是凭空产生的，是在各种不同的文化观念、文化意识、文化力量的基础上，通过复杂而变化万端的文化交往、文化斗争、文化融合过程，经过桂林“文化城”的文化创造者的艰苦努力而形成和发展起来的[②]。文化供应社也不是常态环境下文化市场的产物，而是在抗战的非常态历史环境中，在抗日民族统一战线指导下的特殊媒介机构，从这一意义上说，文化供应社的产生又是战争情态下的政治需要，凸显着政治性、进步性与地方性的时代性特征。尽管文化供应社的诞生带有明显的时代和政治烙印，但其对桂林“文化城”的形成以及抗战文化在国统区、解放区甚至海外的传播，做出了重要贡献，也为非常时期媒介组织的建立、管理、运营，提供了很好的范本。

---

① 施拉姆. 传播学概论［M］. 陈亮，译. 北京：新华出版社，1984：183，198.

② 李江. 文化视阈中的抗战时期桂林文化城［J］. 广西师范大学学报（哲学社会科学版），2006（4）：51.

第二章 『股份制』的出版企业与『进步性』的出版同人

在媒介技术相对落后的抗战时期，社会文化的传播行为主要依赖于媒介组织的实施。“媒介组织是通过一定的制度和运营机制联系起来的人的集合体”①，它通过组织结构和组织制度将组织内部的各个元素有机地整合，并有意识地协调开展各种传播活动。媒介组织的系统由领导者、管理者和执行者组成。领导者负责组织目标的制定，管理者行使执行和控制的功能，执行者根据拟定的策略、计划实现生产和经营，达成传播目标。媒介组织在建设上“要根据环境以及自身的不同条件选取相应的组织结构、领导方式和管理机制等，要求组织的各个方面都要适应外部环境的变化”②。因此，媒介组织能否有效运转，依赖于能否建立适应社会环境的运营机制。

抗战时期传播生态系统的不稳定性，使媒介组织必须在组织构架、管理制度、生产运营上采取适应性的调整才能在动荡的局势中寻求一种相对和谐、稳定的生存模式。从媒介组织的管理模式上看，文化供应社股份有限公司的模式是成功的——它不同于为国民党当局服务的正中书局、中国文化服务社、青年书店，也有异于中国共产党直接领导下的生活书店、新知书店、读书出版社，它是既有着新桂系官方的政权和资金支持，同时又是在中国共产党暗中规划指导之下，由广西地方民主人士和外来进步文化人共同建设的抗战舆论宣传及文化生产与传播阵地。它的成功性一方面表现在通过有官商合营的股份制企业组织模式，有效平衡了地方与中央、政府与市场、新桂系与中共之间的关系，在复杂的斗争局势中，能够灵活运转维持相对稳定的生产传播活动；另一方面，作为传播主体的出版同人群体，本着强烈的民族独立的主体意识，以求同存异、团结协作的出版实践推动了进步抗战文化在国统区持续、广泛、有效地传播。

---

① 周鸿铎．媒介经营与管理总论［M］．北京：经济管理出版社，2005：146.
② 李红艳．媒介组织学［M］．北京：中国传媒大学出版社，2007：43.

第一节 “二元制”的股份有限公司模式与组织架构

股份有限公司简称“股份公司”，是将企业的全部资本分为等额股份，股东以其认购的股份为限对公司债务承担有限责任，公司以其全部财产对公司的债务承担责任的公司。[①] 1929 年，南京的国民党政府制定了正式的《公司法》，法案中对股份有限公司的设立、股份、股东会、董事、监察人、会计、公司债、变更章程、解散、清算等方面进行了规定，并于两年后即 1931 年的 7 月生效。从出版企业制度发展史看，大多数书局都经历了从独资、合伙再到股份制的过程，如商务印书馆、良友图书印刷公司、生活书店等。选择怎样的企业制度来组建公司，体现了组织者对企业的利益诉求，股份制公司的优势在于可以通过招股的方式筹措资金，这种方式能够使企业迅速融资，发展壮大。“二元制”（或称双轨制）是指在股东大会之下设立董事会和监事会，分别行使决策权和监督权[②]。这种公司治理结构模式的特点是：监事会由股东会选举产生，董事会由监事会产生，监事会高于董事会，股东大会、董事会和监事会三者能够相互制衡，互相监督，有利于公司的有效运行。从文化供应社“二元制”股份制公司制度的建设，以及股东成员的构成和企业组织构架中，可窥探其崛起的内部原因。

一、文化供应社的董事会、监事会构成及股东会议制度

从制度经济学的角度上说，文化供应社以股份有限公司的模式建立企业，体现对近代以来商务、中华、生活等成功出版企业制度的“路径依赖”[③]，在非常时期，作为有“官方背景”公私合营的“二元制”企业，文化供应社的创立者首要考虑的

---

① 杨映忠，孙顺强，刘新智．经济法［M］．2 版．北京：清华大学出版社，2015：61.

② 刘彦文，张晓红．公司治理［M］．2 版．北京：清华大学出版社，2014：257.

③ “路径依赖”理论是诺贝尔经济学奖获得者道格拉斯·C. 诺思针对制度变迁问题而提出来的，是指人们一旦选择了某个体制，由于规模经济（Economies of scale）、学习效应（Learning Effect）、协调效应（Coordination Effect）、适应性预期（Adaptive Effect）以及既得利益约束等因素的存在，会导致该体制沿着既定的方向不断得以自我强化。一旦进入某一路径，惯性的力量会使这一选择不断自我强化，有可能进入良性循环轨道，迅速优化，也有可能顺着错误路径下滑而导致停滞。（参见道格拉斯·C. 诺思《历史经济绩效》，载《经济译文》1994 年第 6 期）

是政治上的诉求和运营上的安全，从媒介组织管理的成效上来看，它的迅速崛起和延续也得益于这一特定的企业机制。

在股份制出版企业中，企业的产权归股东所有，通过股东选举成立董事会并通过表决权的行使来反映自身作为公司投资者的权利，依法取得股权收益和行使其他权力，股东的意志通过股东大会表达和实现，股东无权干涉公司的经营管理。[①] 文化供应社的发起人包括三方面的人士：其一，有胡愈之、张志让、千家驹、杨东莼、傅彬然、宋云彬等在“八办”领导下的旅桂进步人士；其二，有陈劭先、李任仁、邱昌渭、雷沛鸿、陈此生、万民一、万仲文等为代表的新桂系高层军政和主张反蒋抗战的国民党民主人士；其三，有来自广东的原冯玉祥领导的西北军将领方振武和原孙中山的警卫团团长李章达等知名国民党民主人士。这些发起人在文化供应社成立的股东会议上先后都成为了董事会成员或监事会成员。在文化供应社的第一次股东会议上，选举了李任仁、陈劭先、陈此生、万仲文、胡愈之、沈钧儒、方振武、杜重远、邱昌渭、孙仁林、林砺儒等 11 人为第一届董事，雷沛鸿、阳叔葆、苏希洵为监察人。[②] 在 1940 年 11 月的第一次股东年会上改选了李任仁、陈劭先、陈此生、万仲文、胡愈之、沈钧儒、邱昌渭、孙仁林、张任民、黄维、李章达等 11 人为第二届董事，苏希洵、阳叔葆、陈炳南为监察人。这一届董事会成员中除了原有发起人代表陈劭先、李任仁、胡愈之以外，方振武、杜重远、林砺儒未在其列，增加了张任民、黄维和李章达，监察人雷沛鸿也改为了陈炳南。1942 年 3 月的股东常会上李任仁、陈劭先、陈此生、邱昌渭、万仲文、孙仁林、张任民、黄维继续为董事会成员，胡愈之因在海外工作离开了文化供应社董事会，沈钧儒、李章达也未在名列，徐启明、宋云彬、傅彬然成为董事，监察人由陈炳南、黄子敬、王逊志三人组成。从 1939 年至 1942 年三年间，李任仁先生连任三届董事会的董事长，陈劭先也一直担当社长一职，从董事会成员变更情况来看，以新桂系民主人士和外来进步文化人为主的结构虽小有变动，但较为稳定。从董事会及监事会成员身份构成上看，文化供应社的股东实力可见一斑（见表 2 - 1）。

① 范军，何国梅．商务印书馆企业制度研究：1897—1949［M］．武汉：华中师范大学出版社，2014：46.

② 陈劭先．文化供应社自我介绍［J］．文化杂志，1941，1（1）：65.

表 2-1 文化供应社董事会及监事会成员身份构成①

姓名	抗战前后政治身份	文化供应社身份
李任仁	1931—1933 年，及 1935 年曾任广西省政府委员及教育厅厅长；1936 年参加全国各界救国联合会；1937 年任广西建设研究会常务委员	1939—1944 年任董事长
陈劭先	1937 年李宗仁邀请其担任广西绥靖公署顾问、广西省政府顾问、广西建设研究会常务委员	1939—1942 年为董事会成员，社长
陈此生	1933 年参加左翼作家联盟，后在香港参与组织抗日救国会华南区总部；1937 年任广西建设研究会编译委员及文化部秘书	1939—1942 年为董事会成员，总务部主任
胡愈之	曾为商务印书馆《东方杂志》主编，参与创办《生活》周刊等杂志；战前参加救国会活动，抗战爆发后任军委会政治部第三厅第五处处长；1938 年被广西建设研究会聘为文化部副主任	1939—1941 年为董事会成员，编辑部主任
万仲文	1934 年任第四集团军总部无军衔参议，为新桂系智囊团"六君子"之一；1937 年任第五路军总部参议，广西党政训练班教官；1938 年为广西绥靖公署参议，广西建设研究会编译室主任	1939—1942 年为董事会成员
雷沛鸿	1927 年、1929 年、1933 年、1938 年四次担任广西教育厅厅长；1940 年任广西大学校长；1941 年任广西教育科学研究所所长	1939 年为监察人
苏希洵	1937 年任广西省政府秘书长；1939 年任广西教育厅厅长	1939—1940 年为监察人
邱昌渭	1936 年 10 月 2 日任广西省政府委员兼教育厅厅长；1939 年 6 月 24 日改兼民政厅厅长	1939—1942 年为董事会成员
阳叔葆	历任国民党广西省临时党部宣传部秘书、党部书记长、执行委员等。抗日战争中曾被聘为国民参政会第二、三、四届参政员	1939—1940 年为监察人
孙仁林	战时历任广西省政府秘书长，广西省政府总务处长	1939—1942 年为董事会成员，广西建设印刷厂董事长
方振武	冯玉祥的西北军将领，时任国民党当局军事参议院参议兼办公厅主任，安徽省政府主席、倾向民主进步的爱国将领	1939 年为董事会成员

① 该表格根据魏华龄、李建平主编的《抗战时期文化名人在桂林（桂林文史资料 第 42 辑）》（漓江出版社，2000 年版），刘国铭主编《中国国民党百年人物全书》（团结出版社，2005 年版），姚蓝、邓群《白崇禧身边的中共秘密党员》（中共党史出版社，1998 年版）整理，排名根据成为董事成员时间先后。

续表

姓名	抗战前后政治身份	文化供应社身份
林砺儒	1937 年任广东省教育学院院长，积极支持中国共产党在学校的地下组织兴办农民夜校，成立战时后方服务队；1941 年任广西教育研究所导师	1939 年为董事会成员
沈钧儒	1935 年 12 月领导成立上海文化界救国会；1938 年代表救国会任国民参政会参政员；中国民主政团同盟组织者	1939—1940 年为董事会成员
杜重远	1934 年创办《新生》周刊，抗战时期被中国共产党推荐为联合政府负责人；之后任新疆学院院长	1939 年为董事会成员
李章达	历任孙中山警卫团团长、大元帅府参军；1933 年参加民族革命大同盟，组织全国各界救国会华南区总部；抗战爆发后任国民革命军第四战区军法执行总监	1940 年为董事会成员
陈炳南	不详	1940—1942 年为监察人
宋云彬	曾为开明书店编辑，主编《中学生》杂志。抗战期间，在武汉军委政治部第三厅工作，后在广西桂林师范学院任教，与夏衍合编《野草》杂志	1942 年为董事会成员，出版部主任
傅彬然	曾为开明书店编辑。抗战期间，在广西桂林师范学院任教，同时为《广西日报》等多个报刊写社论	1942 年为董事会成员，编辑部主任
黄维	曾为国民党第十八军军长	1942 年为董事会成员
张任民	抗战时期，任第五战区中将军法执行总监，旋调任第五战区青年军团副团长兼教育长；1939 年底调任广西绥靖公署参谋长	1942 年为董事会成员
徐启明	曾任广西绥靖主任公署参谋长、北平行营参谋长、国民党第十兵团司令官	1942 年为董事会成员
黄子敬	曾任广西财政厅厅长	1942 年为监察人
王逊志	曾任广西出入口贸易处总经理，广西银行董事	1942 年为监察人

董事会的常任成员包括李任仁、陈劭先、陈此生、万仲文、邱昌渭等。其中，社长陈劭先是广西省政府的客卿，时任广西省临时参议会议长，主持广西建设研究会工作，是著名的反蒋民主人士；董事长李任仁是白崇禧的老师，在新桂系内部声誉卓著，德高望重；总务部主任及社内秘书陈此生是激进的民主人士，是李任仁的好友和政治活动的得力助手。邱昌渭、雷沛鸿、孙仁林、万仲文等是新桂系的政要。

方振武、沈钧儒、杜重远、林砺儒等均为支持国共合作共同抗战的民主人士。但据董事会成员之一的万仲文回忆，"董事长和董事实际上是挂名，照章每年出席一次董事会和股东大会，平时不过问社务，只是在需要筹拨资金的时候或有重大事情需要电报请示李宗仁、白崇禧的时候，才由社长陈劭先去找董事长商量"[①]。因此，文化供应社的主要出版编辑工作是由胡愈之、傅彬然、宋云彬等中共领导下的进步文化人来负责执行。

股份有限公司的决策权由股东会行使，执行权由董事会和经理人行使，监督权由监察人行使，公司不定期举行股东会议。文化供应社在企业管理上较为遵从这一制度规范，每年举行一次股东大会，不定期举行董监会议汇报社内运营状况，商讨发展计划（见表 2－2）。

表 2－2　文化供应社股份有限公司股东会议记录表[②]

开会时间	会议内容	备注
1939 年 10 月 22 日	成立股东大会，通过公司章程，选举万仲文、陈劭先、陈此生、李任仁、胡愈之、沈钧儒、方振武、杜重远、邱昌渭、孙仁林、林砺儒等 11 人为第一届董事，雷沛鸿、阳叔葆、苏希洵为监察人	股东大会
	各董事互选李任仁为董事长，聘定陈劭先充任社长。陈劭先就职后，即行成立总务、编辑两部，聘请陈此生先生为总务部主任兼秘书，胡愈之先生为编辑部主任	首次董事监察人联席会议
1940 年 1 月	决议扩充股本额至 10 万元，规定五月底以前募足 5 万元	董监会议
1940 年 3 月	决议出资 4 万元与九如堂合营建设印刷厂（该厂有资金 11 万元，生产工具尚称完备，石印机尤为精良，全厂职工 70 余人）。同时增设出版部，聘请宋云彬先生为部主任，另增聘傅彬然先生为专任编辑，旋又在总务部下设置营业处	董监会议
1940 年 5 月	董监会决议筹资 2 万元，在丽泽门外购地建筑社址，至七月而竣工	董监会议
1940 年 11 月	改选李任仁、孙仁林、陈劭先、邱昌渭、陈此生、张任民、胡愈之、沈钧儒、黄维、万仲文、李章达等 11 人为第二届董事，苏希洵、阳叔葆、陈炳南为监察人。本届首次董监会议各董事互选李任仁先生连任董事长	股东年会

① 万仲文. 回忆文化供应社［Z］//中国人民政治协商会议广西壮族自治区委员会文史资料研究委员会. 广西文史资料选辑：第 11 辑. 1981：21.

② 该表格根据陈劭先《文化供应社自我介绍》、万仲文《回忆文化供应社》、1942 年 3 月 11 日的《大公报》（桂林版）、第 22 期《文化通讯》杂志，以及龙谦、胡庆嘉主编的《抗战时期桂林出版史料（桂林文史资料　第 38 辑）》（漓江出版社，1999 年版）等史料整理。

续表

开会时间	会议内容	备注
1942 年 3 月 9 日	董事孙仁林代表董监会决议，增添股本情形，监察人阳叔葆报告本年度账务，社长陈劭先报告一年来社务进展状况及营业扩展情形，次讨论提案，决议公司资本增加为 50 万元，并修改公司章程，最后选举董、监。李任仁、陈劭先、邱昌渭、张任民、徐启明、孙仁林、陈此生、万仲文、宋云彬、黄维、傅彬然等 11 人当选为董事，陈炳南、黄子敬、王逊志等 3 人当选为监察人	第二届股东常会
1942 年 6 月 28 日	陈劭先、李任仁、徐启明等 10 余人参加，决议增募新股 20 万元	第三届第二次董监会议
1943 年 3 月 7 日	到会股东 70 余人，公推李任仁为主席，并选举王逊志、黄子敬、苏希洵为监察人	第三届股东大会
1944 年 1 月 20 日	文化供应社在广西建设研究会召开董监事联席会议，商讨本年度会务	董监事联席会议

从股东会议的内容上看，股东会主要是报告社务状况、商议投资事项，以及股东选举、人事任免等事宜。表面上文化供应社施行了股份公司的“三权分立与制衡”制度，而事实上据万仲文回忆，“所谓选举，不过是一种形式，实际上所有当选人都在事前已经由桂系民主人士和外来进步人士的代表双方商定了的”①。这种心照不宣的股东构成和管理样态，相比于商务、中华等老牌民营企业，以及其他在桂林成立的新兴出版机构而言，都明显体现出地方官办保护色彩和进步性的企业特征。

二、文化供应社的企业融资及增股状况

出版业的文化特殊性和高风险性使得招股集资不易成功，一些中下的书店一般采取独资或合伙的模式经营。抗战时期物资匮乏，供给书业发展的民间资本更为紧缺，诸多出版机构都步履维艰，股份制公司的设立要求认缴和募集的股本达到法定资本最低限额，招募投资出版的股资也绝非易事。文化供应社成立之时，注册资本为 1.2 万元（法币）②，由李宗仁、白崇禧从所谓广西绥靖公署主任的特别办公费用

① 万仲文. 回忆文化供应社［Z］//中国人民政治协商会议广西壮族自治区委员会文史资料研究委员会. 广西文史资料选辑：第 11 辑. 1981：21.

② 另据飞鸿的《胡愈之等人创办的文化供应社》（《民国春秋》1994 年，第 54 页）记载，筹社资金由“桂系军政人员认股 1 万余元，胡愈之等文化界朋友出资 5000 元”，共筹 15000 元。本文以陈劭先《文化供应社自我介绍》一文中记录的 12000 元为准。

××堂××号的一般民间假名认股1万元[①]，以每股50元，认购了200股[②]，其余由外来进步文化人士出资，以李任仁之名作为法定代表申请，完成了公司注册。从创社的资金来源上看，统一战线政策发挥了极大的效力，吸收了新桂系大量资金投入到文化建设上，股份公司的制度明确了出资者虽为股东，享有重大决策和选择管理者等权力，但却无权干涉公司的具体经营管理，这一制度给文化供应社的出版及经营上很大的活动空间。股份公司在融资上的灵活性，也为文化供应社的企业发展提供了动力。文化供应社成立两个月后，即1940年1月，在第二次董监联席会议上就决议扩增股本至10万元。之后，在各方人士的赞助之下，融资溢出原额超过了12万元[③]。而陈劭先认为“现时纸张印工及各项成本继长增高，以此资金虽有参加，仍未能与事业之发展相适应”[④]。此后，随着图书生产数量的增大，文化供应社多次增加股本，从1939年10月成立至1942年6月，文化供应社从1.2万元的创社股本增股至70万元（见表2-3）。其间虽有因战事导致通货膨胀的影响，但相比2.5倍的货币贬值率而言，这一大幅度的增股额，着实可见文化供应社企业发展之迅猛。

表2-3 文化供应社股本情况表（元：法币）[⑤]

时间	股本	备注
1939年10月22日	12000元	据陈劭先《文化供应社自我介绍》；万仲文《回忆文化供应社》
1940年1月	100000元	据陈劭先《文化供应社自我介绍》
1941年	120000元	据陈劭先《文化供应社自我介绍》
1942年3月9日	500000元	据《大公报》（桂林版）1942年3月11日
1942年6月28日	700000元	据《文化通讯》1942年第22期，第12页

值得一提的是，在企业发展资金的保障上，陈劭先始终发挥着重要的作用，特别是在企业最困难的几年中，陈劭先多次利用自己的名义向广西银行贷款，或向其

① 万仲文．回忆文化供应社［Z］//中国人民政治协商会议广西壮族自治区委员会文史资料研究委员会．广西文史资料选辑：第11辑．1981：20.

② 国民党中统局调查桂林抗日进步文化团体密函（1940年2月14日）［M］//中国人民解放军历史资料丛书编审委员会．八路军新四军驻各地办事机构：4．北京：解放军出版社，1999：435.

③ 陈劭先．文化供应社自我介绍［J］．文化杂志，1941，1（1）：65.

④ 陈劭先．文化供应社自我介绍［J］．文化杂志，1941，1（1）：65.

⑤ 该表格根据陈劭先《文化供应社自我介绍》、万仲文《回忆文化供应社》、1942年3月11日的《大公报》（桂林版）及第22期《文化通讯》杂志等史料整理。

他方面借债，甚至将他夫人的私人储蓄借给文化供应社渡过难关。①

从近代出版史的企业产权制度上看，资本结构会决定出版机构文化传播的立场。文化供应社的资本结构是以新桂系以及进步民主人士的资本进驻为主，从《文化供应社自我介绍》中可见其在对自身的定位上也体现出“非常时期”进步文化出版的使命感：

抑文化为社会所公有，本社虽由私人集资而成，然用意原在寓生产于文化，以辅助公家之不逮，他日倘有溢利，大部分仍当用之于文化公益事业，与纯以营利为目的之私人企业，迥不相同。惟是大众文化运动之推进与夫民族文化之创造，责任艰巨，自非本社区区之人力物力所能负荷于万一，深望各界人士继续加以爱护指导，俾本社事业得能蒸蒸日上，蔚为西南文化建设之一堡垒，岂惟本社之幸，抑亦国家民族之幸也。②

股份有限公司的组织模式使文化供应社既能获得官方资源的支持，又能灵活地面向市场。虽为国民党新桂系的“官办”企业，但从文化供应社的企业之路来看，其在抗战时期广泛吸收和调动了中共的进步力量，以“抗战建国”的“鸿鹄之志”为发展旨归，编印的图书数量蔚为可观，迅速成长为广西最大的出版企业。

三、文化供应社的企业构架与运行

在董事会下，文化供应社的经营管理采取的是社长负责制，由社长陈劭先负责管理社内的一切事务。在陈劭先的《文化供应社自我介绍》中提到了文化供应社的机构设置，即建社初期计划设立总务部、编辑部、出版部、研究部和制造部五个部门（见图 2－1）。其中制造部负责各种教育用品，以及大众艺术、娱乐用具的制作；研究部负责设计编辑生产方案并从事特定某项学术部门之专门研究。③ 但因皖南事变后时局动荡，研究部和制造部在史料中未见踪影，倒是营业处发展甚为迅速，下设了批发、邮购、门市、栈务各业务部门。④

编辑部是文化供应社的核心部门。建社初期，编辑部成员只有傅彬然、张志让、杨承芳、王鲁彦、姜君辰、曹伯韩、林山、温涛、林涧青、操震球等 10 人。早期，编辑部以编刊大众读物为中心，编印《国民必读》《国民辞典》《实用国民年鉴》等“文化室丛书”系列，以及由曹伯韩、林山、温涛负责的定期刊物《新道理》。同时，

---

① 杨承芳．怀念劭老［Z］//中国人民政治协商会议广西壮族自治区委员会文史资料研究委员会．广西文史资料选辑：第 23 辑　陈劭先纪念文集．1986：66.

② 陈劭先．文化供应社自我介绍［J］．文化杂志，1941，1（1）：66.

③ 陈劭先．文化供应社自我介绍［J］．文化杂志，1941，1（1）：65.

④ 黄荣芳．我所知道的文化供应社［M］//罗标元，左超英．桂林旧事．桂林：漓江出版社，1989：243.

围绕广西的干部训练与抗战建国的内容编辑相关的工具图书。之后，编辑部开始涉及少年读物、青年读物和一般学术图书的编辑。由于战时学校大量缺乏可用的教材，1940 年底，编辑部根据教育部最新颁布的修正中学课程标准，开始编刊"初中精读文选"、《世界漫游记》、《徭（瑶）山散记》等中学课外读物和《创作小说选》等中学略读文库系列书籍。

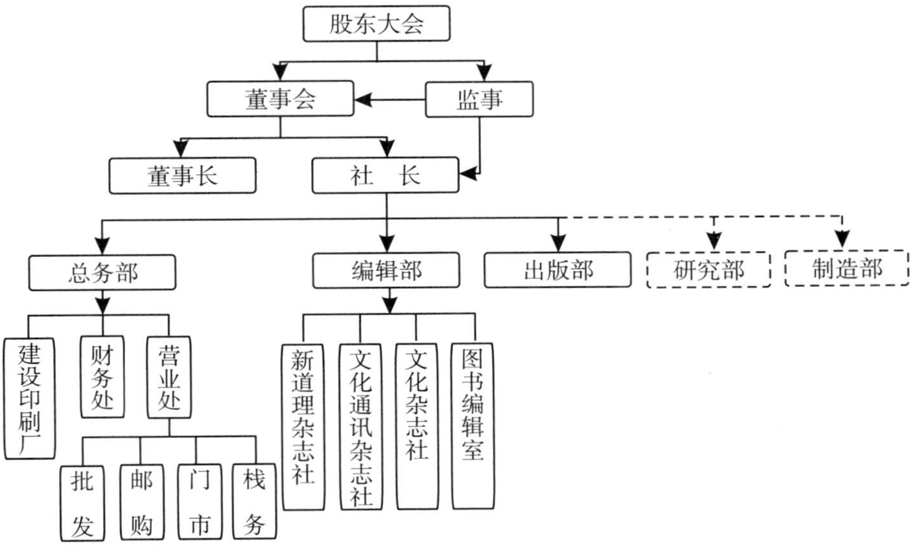

图 2-1　文化供应社企业构架图①

总务部负责社内事务的总理协调，负责人为陈此生。1940 年 3 月，文化供应社与九如堂合营的建设印刷厂，以及 1940 年成立的营业处，均由总务部负责管理，逐步建成集编、印、发三合一的出版机构。建设初期，文化供应社以桂林为中心，辐射西南，在桂林设立了总发行所，同时在重庆也设立了办事处。为了做好书籍的发行工作，营业处下设置了门市、批发、邮购、栈务四个部门，分别负责文化供应社本版及外版图书的零售、批发、邮寄和运输工作。文化供应社除了销售本版图书，也经售或代销其他书店出版的进步书刊，营业范围除了本省的县乡以及周边省份外，甚至覆盖到了整个大西南及部分西北地区的书店或出版社，在渠道覆盖和销量上都达到了一定的规模。据史料记载，"当时，在桂林开设的书店和出版社共 160 多家，与文供社有业务往来的就有 40 多家"②，累计销售的书刊达 1000 多种。《大公报》

① 该图根据陈劭先《文化供应社自我介绍》、万仲文《回忆文化供应社》、赵晓恩《抗日战争时期的文化供应社》、黄荣芳《我所知道的文化供应社》、飞鸿《胡愈之等人创办的文化供应社》、莫志恒《入桂访书——记文化供应社》等史料制作。

② 黄荣芳．我所知道的文化供应社［M］//罗标元，左超英．桂林旧事．桂林：漓江出版社，1989：244.

（桂林版）的出版广告中也有统计，从1941年6月到1943年5月，“文化供应社书报联合广告”共刊发过73期，是桂林出版联合广告发布持续时间最长的出版企业，由此可观文化供应社在桂林出版事业中的龙头地位。

小结

从组织构架图可看出文化供应社在企业制度上对商务印书馆模式的“路径依赖”，但由于战时特殊的客观条件和自身规模限制，去除了冗余的部门，保留了最为核心的“编辑—出版印刷—发行”三大机构，文化供应社这一企业构架在抗战时期集中了有限的资金和人力，提高了组织管理的灵活性和文化生产的效率。从编辑队伍上看，文化供应社却是读书出版社、生活书店、新知书店在国统区的延伸，在“官方”背景的保护之下，持续开展进步抗战文化出版和传播工作。

第二节　进步性的人事组织策略与危机应变

现代“进步”的概念形成于欧洲文艺复兴之后，意味着“历史长河就整体而言是朝着理想的方向流动的”①。“进步文化”同样是历史的伴生物，中国近代进步文化的精神实质具有广义的启蒙主义特点，“进步”的意义被推广到其他诸多领域，成为一种意识形态的概念。“政治的自由、民主理想的实现和个人权利的获得被纳入进步的框架之内并作为社会进步的一把标尺”②，近代革命历史中由中国共产党领导的以马克思主义为指导的，民族的、科学的、大众的革命运动，被赋予了强烈的进步意义，与之相匹配的文化运动也体现了时代的进步色彩。

“组织是由有某些共同目的，为获得某些目标而联系在一起的个人和团体所构成的”③。作为文化传播的组织机构，股份制决定的是企业经营管理的方式，而传播者的构成决定了内容生产的价值方向。文化供应社的人事构成以国民党民主人士和中共领导下的进步文化人为主，对文化供应社出版物内容性质的进步性起了决定作用。

---

① 伯瑞．进步的观念［M］．范祥涛，译．上海：上海三联书店，2005：15.

② 汪堂家．对“进步”概念的哲学重审：兼评建构主义的“进步”观念［J］．复旦学报（社会科学版），2010（1）：103－113.

③ 诺思．跋：时间历程中的经济绩效［M］//诺思，张五常，等．制度变革的经验研究．罗仲伟，译．北京：经济科学出版社，2003：420.

尽管在“官办”的保护之下，进步文化的开展也并非一帆风顺，在变幻莫测的政治时局影响下，组织管理者与组织成员团结一致、从容应对、以退为进，保护了这一进步文化传播的阵地。

一、建社初期的人事结构及学习型组织建设

从1939年10月建社至1942年底是文化供应社大跨步发展的时期，这一时期文化供应社各部门的核心成员均是由中共“八办”安排的出版干将，他们同心协力将文化供应社的编辑出版工作和组织学习活动开展得有声有色，形成了良性运转的组织机制。

（一）“非常时期”的特殊人事组织

建社初期，文化供应社内施行的是社长负责制，社长一直由陈劭先担任，董事长由李任仁担任①，建社初期的编辑部主任（总编辑）由胡愈之担任，负责对社内编辑方针、出版策略进行规划，是内容生产的指挥者和领导人，文化供应社最具影响力的“文化室丛书”便是由他亲自策划和实施的。编辑部是出版企业生产的核心部门，编辑部中的骨干力量由共产党员与党外进步人士组成，包括傅彬然、杨承芳、王鲁彦、姜君辰、宋云彬（后担任出版部主任）、林涧青等，他们在抗战时期先后加入了中国共产党，社内其他部门的负责人和骨干“大部分都是由李克农同志推荐的”②（见表2-4）。此外，社内的其他工作人员也都是进步青年，他们有的来自抗日救亡团体，有的来自被国民党查封的生活、新知、读书等出版机构，有的是中学里追求上进的穷学生，“大家来自五湖四海，有一个共同目标：为了抗战，为了进步的文化事业”③。表面上看，文化供应社是由新桂系领导的官办出版机构，而实质上“是由八路军桂林办事处领导的”④，是抗战时期中共在国统区继生活、读书、新知等书店之后建立起来的一个重要进步文化传播阵地⑤，可以说是为了保护进步出版力量而在“非常时期”采取的“非常手段”。

---

① 另据万仲文的《回忆文化供应社》记录，文化供应社第一任“董事长是徐启明（当时广西绥靖公署参谋长，即李、白××堂××记的股东代理人），常务董事是陈劭先、李任仁”；黄荣芳的《我所知道的文化供应社》也记录到“第一任董事徐启明、第二任张任民（军委广西绥靖公署参谋长，任董事长仅是挂名而已，实际负责工作的是社长），常务董事陈劭先、李任仁等，推选陈劭先（老同盟会员，桂系驻沪政治代表，一贯反蒋，主张抗战）为社长，负责全社工作”。可见股东中的徐启明、张任民都可能担任过文化供应社的董事长，但仅挂名不问社务，本文以陈劭先的《文化供应社自我介绍》中的表述为准。

② 赵晓恩．抗日战争时期的文化供应社始末［M］//龙谦，胡庆嘉．抗战时期桂林出版史料：桂林文史资料第38辑．桂林：漓江出版社，1999：55.

③ 黄荣芳．我所知道的文化供应社［M］//罗标元，左超英．桂林旧事．桂林：漓江出版社，1989：243.

④ 黄荣芳．我所知道的文化供应社［M］//罗标元，左超英．桂林旧事．桂林：漓江出版社，1989：243.

⑤ 胡耀辉．陈劭先先生与桂林文化供应社［Z］//中国人民政治协商会议广西壮族自治区委员会文史资料研究委员会．广西文史资料选辑：第23辑　陈劭先纪念文集．1986：85.

表 2－4　文化供应社组织人事表（1939—1942 年）①

<table>
<tr><td colspan="4">1939—1942 年</td><td>备注</td></tr>
<tr><td rowspan="3">董事</td><td>1939 年</td><td colspan="2">陈劭先、李任仁、陈此生、胡愈之、孙仁林、邱昌渭、万仲文、沈钧儒、方振武、杜重远、林砺儒</td><td>1939 年 10 月选举</td></tr>
<tr><td>1940 年</td><td colspan="2">陈劭先、李任仁、陈此生、胡愈之、孙仁林、邱昌渭、万仲文、沈钧儒、张任民、黄维、李章达</td><td>1940 年 11 月改选</td></tr>
<tr><td>1942 年</td><td colspan="2">陈劭先、李任仁、陈此生、孙仁林、邱昌渭、万仲文、张任民、徐启明、宋云彬、黄维、傅彬然</td><td>1942 年 3 月改选</td></tr>
<tr><td rowspan="3">监察人</td><td>1939 年</td><td colspan="2">阳叔葆、苏希洵、雷沛鸿</td><td></td></tr>
<tr><td>1940 年</td><td colspan="2">阳叔葆、苏希洵、陈炳南</td><td></td></tr>
<tr><td>1942 年</td><td colspan="2">陈炳南、黄子敬、王逊志</td><td></td></tr>
<tr><td colspan="2">职务</td><td>姓名</td><td>身份背景</td><td>备注</td></tr>
<tr><td colspan="2">董事长/常务董事</td><td>李任仁</td><td>民主人士，时任广西省临时参议会议长，广西省政府和广西省党部委员</td><td></td></tr>
<tr><td colspan="2">社长/常务董事</td><td>陈劭先</td><td>民主人士，时任桂系驻沪政治代表，广西绥靖主任公署、广西省政府顾问，广西建设研究会驻会常务委员，主持研究会工作</td><td></td></tr>
<tr><td rowspan="7">总务部</td><td>主任/编辑室秘书</td><td>陈此生</td><td>民主人士，时任广西省政府参议，广西建设研究会编辑委员，中华全国文艺界抗敌协会桂林分会常务理事兼总务部副部长，中苏文化协会桂林分会理事</td><td>1940 年 1 月起专任秘书一职</td></tr>
<tr><td>主任</td><td>宾旭东</td><td>曾在广西地方建设干部学校任总务处主任，广西进步青年</td><td>1940 年 1 月起任</td></tr>
<tr><td rowspan="2">营业处主任</td><td>朱执诚</td><td>原新知书店员工</td><td>1941 年 2 月起任</td></tr>
<tr><td>赵晓恩</td><td>中共党员，原生活书店推广（宣传）科主任</td><td>1942 年起任</td></tr>
<tr><td>发行所副经理</td><td>刘宗乙</td><td>原新知书店员工，广西进步青年</td><td>1942 年起任</td></tr>
<tr><td>财务处主任</td><td>孙　源</td><td>翻译家，民主同盟成员，时任重庆法国新闻处中文部主任，国际新闻社编辑</td><td>1942 年起任</td></tr>
<tr><td>广西建设印刷厂</td><td>周承镐</td><td>李任仁、陈此生推荐的进步青年</td><td></td></tr>
</table>

① 该表格根据胡愈之《回忆桂林文化供应社》、陈劭先《文化供应社自我介绍》、万仲文《回忆文化供应社》、赵晓恩《抗日战争时期的文化供应社》、黄荣芳《我所知道的文化供应社》、飞鸿《胡愈之等人创办的文化供应社》、莫志恒《入桂访书——记文化供应社》等史料整理。

续表

1939—1942 年				备注
编辑部	主任	胡愈之	政治活动家、新闻出版家，时任国民政府军委政治部第三厅第五处处长，广西建设研究会文化部副主任	任期 1939 年至 1940 年 8 月，胡愈之离任后曾由张锡昌负责编辑工作
		傅彬然	编辑出版家，原开明书店董事、编辑	1940 年 10 月起任
	副主任	张志让	法学家，广西省政府顾问	任期 1940—1941 年
	主要编辑成员	杨承芳	中国共产党党员，时任国际新闻社编辑	
		王鲁彦	作家，中华全国文艺界抗敌协会成员，《文艺杂志》主编	1944 年离世
		姜君辰	中国共产党党员，新知书店创始人之一。时任中共中央华中局研究室专任研究员	
		林涧青	中国共产党党员，曾任中共中央书记处研究室副主任	
		黄荣芳	广西进步青年	1941 年入社
		温　涛	左翼木刻家	1941 年撤离
		操震球	抗日救国会成员	1941 年入社
	新道理主编	林　山	中国共产党党员，时任中华全国文艺界抗敌协会桂林分会理事	
		曹伯韩	中国共产党党员，时任中华全国文艺界抗敌协会桂林分会常务理事	
		云健鹏	中国共产党党员	
	文艺杂志主编	邵荃麟	中共中央南方局文委桂林文化工作组组长，中华全国文艺界抗敌协会桂林分会理事、常务理事兼研究部副部长、理论组组长，广西建设研究会研究员	1941 年初起任
出版部主任		宋云彬	民主人士，1924 年加入过中国共产党，曾任开明书店《中学生》杂志编辑。时任中华全国文艺界抗敌协会桂林分会理事和常务理事	1940 年 3 月起任

（二）第一次反共高潮掀起后文化供应社编辑队伍的强化

作为出版核心的编辑部，最初只有胡愈之、傅彬然、张志让、杨承芳、王鲁彦、姜君辰、林涧青、温涛、操震球、林山等 10 人。1940 年第一次反共高潮掀起，8 月胡愈之离开桂林，由张锡昌负责暂时领导文化供应社的编辑工作，10 月张锡昌也撤离文化供应社，由傅彬然接任编辑部主任一职。原在文化供应社工作的曹伯韩、温涛、何鹏等也因时局关系相继离开文化供应社，《新道理》杂志由林涧青接编。1941

年皖南事变之后，生活书店、新知书店等进步出版单位被密令查封，但新桂系给予了生活书店桂林分店门市部三天的停业时间缓冲，此时，新知书店的欧阳文彬、陈永年等干部遂即进入文化供应社工作，桂西路的门市部也改为文化供应社营业处，由朱执诚（朱希）负责。随后生活书店、读书出版社的一些出版同人也转入文化供应社工作[①]。之后，文化供应社的进步出版力量得到进一步的壮大，除了有本版书籍的销售，还有大量原新知书店、生活书店的书籍也在暗中销售。特别是1941年邵荃麟进入文化供应社后，主编了《文化杂志》，发表了多篇有影响力的文章，在文化界产生了巨大的影响。在1939年至1942年之间，虽然政局波诡云谲，文化供应社的主要编辑队伍经历了小范围的调整，但重要的管理层都未有变动，基本的编辑出版方向未有动摇，进步出版物不减反增。这不仅是广西建设研究会对文化供应社的掩护和保护，更是大批出版同人从生活、读书、新知等进步出版机构转移到文化供应社后对进步抗战文化宣传和坚守的结果。

（三）形式丰富的组织培训制度

对企业员工进行职业技能及文化知识的培训是企业可持续发展的需要。在抗日战争艰苦的环境下，文化供应社注重学习型组织的建设，通过举办各种研究会、读书会等提高社内工作人员的政治、文化和业务水平。其中，在文化及业务水平的培训上就成立了多个研究会，包括有文学研究会、历史研究会和时事政策研究会等，开展了丰富多样的文化培训，如邵荃麟负责的文学研究会开展对苏联文艺作品和其他国家名著的研究，宋云彬、傅彬然负责的历史研究会学习翦伯赞的《历史哲学教程》和李达的《社会学大纲》等文史知识，杨承芳负责的时事政策研究会讲授国际时政热点。同时，杨承芳还亲自教授英文学习班，帮助社员提高外语水平。哲学等其他学科以自学为主，辅之分组讨论，学习内容有艾思奇的《大众哲学》、宋丁编著的《辩证唯物主义大纲》、张健甫编著的《中国近百年历史教程》等。在业务学习方面，由李颀担任珠算老师，刘宗乙教授打包技能。除了开展社内学习组织活动，社里还邀请了沈雁冰、羊枣、胡风、萨空了、聂绀弩、艾芜、柳亚子、叶圣陶、梁漱溟、冼群、骆宾基等许多社外的进步作家、学者、教授前来作报告。为了促进学习交流，社内将出版同人参加学习所写的文章、笔记集结装订，并制作成定期出版的《手板》，互相传阅，评论交流。在浓厚的学习氛围影响下，"有的同志参加了林路在乐群社组织的歌咏队，有的则到夜校学习俄语，有的又到立信会计补习班学习会计等"[②]，很多社员都在专业技能和文化水平上获得了进步。

---

① 赵晓恩．抗日战争时期的桂林文化供应社始末［M］//龙谦，胡庆嘉．抗战时期桂林出版史料：桂林文史资料　第38辑．桂林：漓江出版社，1999：609－610.

② 黄荣芳．我所知道的文化供应社［M］//罗标元，左超英．桂林旧事．桂林：漓江出版社，1989：242.

为了保证书刊出版的质量，文化供应社在干部培养上也采取了有效的措施来拓宽政治事业和提高政治思想水平。当时，在桂林还组织了左翼文化界的读书会，主要成员有张志让、陈此生、张铁生、姜君辰、千家驹、刘季平、宋云彬、王鲁彦、曹伯韩、傅彬然、秦柳方、杨承芳等，多为文化供应社以及其他文化团体的进步人士。读书会每周开会一次，每次有两项内容：第一，例会指定一人作读书报告，展开讨论；第二，分析研究当前国内外的形势和舆论动态，根据各人所收到的各地报刊索稿要求，商讨写作计划，分配写作任务。有时还进行一些专题研究，如请徐特立先生讲唯物辩证法，还请刘介先生作广西苗族、瑶族研究的报告①。读书会的形式“对当时西南一带的报刊舆论和思想斗争，起了一定的积极作用”②。胡愈之离开桂林之后，读书会的形式还在延续，在 1941 年至 1942 年一段时间里，文化供应社营业部工作人员每逢周日上午会过民主生活，或以读书会的形式，以提高大家的政治认识。这一时期，社里的“政治和学术空气浓厚，因此大家的文化知识和政治思想水平提高都比较快”③。

表 2-5 文化供应社读书会活动一览表（1940 年 1—6 月）④

时间	报告人	报告内容
1 月 7 日	陈此生	《辩证法中“否定之否定”》
1 月 14 日	陈琼赞	《苏联新宪法》
1 月 21 日	张健甫	《一九二七年大革命》
1 月 28 日	杨彦英	《民族问题》
2 月 4 日	肖敏颂	《辩证法》
2 月 11 日	傅彬然	《封建主义是什么》
2 月 18 日	张铁生	《费尔巴哈论》
2 月 25 日	林　山	《文艺的民族形式问题》
3 月 10 日	千家驹	《上海经济状况》

① 朱光暄．忆劭老几件事［Z］//中国人民政治协商会议广西壮族自治区委员会文史资料研究委员会．广西文史资料选辑：第 23 辑　陈劭先纪念文集．1986：97.

② 刘季平．关于桂林文化城的一段回忆［M］//广西社会科学院．桂林文化城纪事．桂林：漓江出版社，1984：581.

③ 胡耀辉．陈劭先先生与桂林文化供应社［Z］//中国人民政治协商会议广西壮族自治区委员会文史资料研究委员会．广西文史资料选辑：第 23 辑　陈劭先纪念文集．1986：87.

④ 该表格根据宋云彬著《红尘冷眼——一个文化名人笔下的三十年》一书中《桂林日记》部分整理。在日记中 1940 年 1 月 18 日、4 月 7 日、5 月 12 日、5 月 24 日均记载举行了读书会，但因宋云彬有其他工作未能参加没有详述报告人和报告内容，因此，在表格中未有体现。从列表上看，文化供应社出版同人保持着高频的学习状态，学习内容也较为深广。

续表

时间	报告人	报告内容
3 月 17 日	刘锡蕃（刘介）	《苗瑶生活状况》
3 月 24 日	宋云彬	《图腾主义》
3 月 31 日	季　平	—
4 月 21 日	雷炳南	—
4 月 28 日	姜君辰	—
5 月 26 日	胡愈之	《宪法问题》
6 月 1 日	宋云彬	论题： 1. 思维与存在之关系 2. 相对真理与绝对真理 3. 自然科学与社会科学
6 月 7 日	张铁生列席	《形而上学与唯物辩证法》
6 月 14 日	傅彬然、顾前、朱光暄	—
6 月 16 日	秦柳方	—
6 月 30 日	张志让	《国父的国家论与革命论》

企业管理系统的良性运转有赖于制度、执行、监督、评价、教育等机制的建立。文化供应社的组织机制建设，对外是开放包容的，广泛追求进步的青年参与文化建设；对内是严谨苛刻的，通过严格教育培训制度帮助员工提高技术水准，强化了出版同人对进步文化的认同。进步文化团队的扩大，有益于增强企业的活力，推动企业的生产，使战时的文化供应社短期内成了进步文化生产最为活跃的阵地。

二、皖南事变后的人事调整与出版人的坚守

皖南事变后第二次反共高潮袭来，国民党加剧了对进步出版事业的限制和迫害，桂林的出版环境也变得异常紧张。由于良好的统一战线的基础，广西当局在接到国民党中央查封生活书店桂林分店的密令后，并未对其实行立即封闭，而是先约生活书店的负责人谈话，采取“限期停业”的方式暂缓了查封。文化供应社因有广西建设研究会的背景和李任仁、陈劭先的出面，在此“非常时期”才免于被查办。新知、读书、生活等其他进步书店则采取了“化整为零，隐蔽精干”的策略，通过将出版资源转移至文化供应社或开辟二、三线书店的方式继续开展进步出版活动。三家书店的出版人转入文化供应社后，壮大了文化供应社的出版力量，使文化供应社的出版活动更为活跃起来。1941 年，邵荃麟进入文化供应社创办了大型理论性月刊《文化杂志》，他在《文化杂志》创刊号上根据毛泽东《新民主主义论》的论点撰述的

《我们对于现阶段文化建设的意见》一文直指国统区文化建设的现实问题，文风犀利、针砭时弊。之后又在杂志上发表了《对当前文化界风气的感想》《文艺与反映现实》等文章，也大力倡导文化民主、批判现实，左翼作家何香凝、艾芜、茅盾、千家驹、宋云彬、狄超白、葛琴、冼群、何家槐等都为杂志写了文章，在文化界造成了巨大的影响，同时也引起了国民党右翼势力的恐慌。

1942年底，桂系驻渝办事处主任程思远参加蒋介石的“官邸汇报”，在谈话中，蒋介石“特别注意以陈劭先、胡愈之为首的‘文化供应社’的活动”[①]，下令国民党中央党部秘书长对“文化供应社”进行“资助”。随后黄旭初接到电报，称：“委座对文化供应社发展至感兴趣，已手令中央党部秘书长加以资助。”[②] 蒋介石此举试图采取对付生活书店的办法，以收编或改组的方式查办文化供应社。接到改组信息的李任仁与陈劭先深感情况危急，他们一方面向黄旭初提出劝告，以广西事业为重，阻止重庆插手文化供应社的工作；另一方面，迅速组织主要成员商议了保全对策。第一，以股份有限公司吸收资金须经股东大会讨论通过为理由，拒绝重庆的投资；第二，文化供应社自动改组，将社长制改为总经理制，陈劭先、陈此生、傅彬然、宋云彬、邵荃麟、姜君辰、曹伯韩等7人主动提出离职；第三，原来在第二线的同事顶替第一线工作，杨承芳、林涧青等编辑部的骨干力量负责坚守阵地。经过重组后的文化供应社组织人事上表面看领导层都已卸任，但核心出版团队依旧维持原有成员（见表2-6），离职后的负责人，如陈劭先、邵荃麟依然在暗中指挥文化供应社的出版工作。

表2-6 文化供应社组织人事变更表（1943—1944年）[③]

职务	姓名	身份背景	备注
总经理	万民一	民主人士，广西省政府参议，曾任国民党广西省党部书记长	1944年病重离任
	万仲文	民主人士，广西省政府参议，时任广西建设研究会编辑室主任	1944年春接任总经理一职
常务董事	陈劭先	民主人士，桂系驻沪政治代表，广西绥靖主任公署、广西省政府顾问，广西建设研究会驻会常务委员，主持研究会工作	实际文化供应社工作管理者

① 程思远. 桂林在抗战时期中的特殊地位［M］//广西社会科学院. 桂林文化城纪事. 桂林：漓江出版社，1984：654.

② 朱光暄. 忆劭老几件事［Z］//中国人民政治协商会议广西壮族自治区委员会文史资料研究委员会. 广西文史资料选辑：第23辑 陈劭先纪念文集. 1986：98.

③ 该表格根据万仲文《回忆文化供应社》、赵晓恩《抗日战争时期的文化供应社》、黄荣芳《我所知道的文化供应社》、飞鸿《胡愈之等人创办的文化供应社》、莫志恒《入桂访书——记文化供应社》等史料整理。

续表

<table>
<tr><th colspan="2">职务</th><th>姓名</th><th>身份背景</th><th>备注</th></tr>
<tr><td colspan="2">秘书</td><td>杨承芳</td><td>中国共产党党员，时任国际新闻社编辑</td><td></td></tr>
<tr><td rowspan="3">总务部</td><td>主任</td><td>宾旭东</td><td>广西进步青年</td><td></td></tr>
<tr><td rowspan="2">营业处主任</td><td>赵晓恩</td><td>原生活书店推广科主任，中国共产党党员</td><td>1943 年起任</td></tr>
<tr><td>覃展</td><td>中国共产党党员</td><td>1944 年底起任</td></tr>
<tr><td rowspan="4">编辑部</td><td>主任</td><td>钱实甫</td><td>曾任建设书店总编辑</td><td></td></tr>
<tr><td rowspan="2">成员</td><td>杨承芳</td><td>中国共产党党员，时任国际新闻社编辑</td><td></td></tr>
<tr><td>杜麦青</td><td>中国共产党党员</td><td></td></tr>
<tr><td>新道理主编</td><td>林涧青</td><td>中国共产党党员，曾任中共中央书记处研究室副主任</td><td></td></tr>
<tr><td rowspan="4">出版部</td><td>主任</td><td>莫志恒</td><td>进步青年，曾在开明书店、商务印书馆担任美术设计工作</td><td>92 岁加入中国共产党</td></tr>
<tr><td rowspan="3">主要成员</td><td>欧阳文彬</td><td>文学评论家，中共党员，原新知书店编辑</td><td></td></tr>
<tr><td>朱光暄</td><td>原开明书店编辑</td><td></td></tr>
<tr><td>胡耀辉</td><td>进步青年</td><td></td></tr>
</table>

此次事件的处理，股份公司的管理制度成了文化供应社与国民党中央对抗的“保护伞”。根据 1930 年 1 月公布的《公司法》第一百八十六条，股东大会是股份有限公司的最高权力机构，决定公司的经营方针和投资计划，“公司非经股东会决议，不得变更章程或增减资本”①。据此，以公司吸收资金须经股东大会讨论通过为理由拒绝重庆投资，名正言顺。“社长制”改为“总经理制”，实则换汤不换药，总经理万民一是由陈劭先和李任仁所物色的无争议的民主人士，时为广西建设研究会文化部副主任。万民一也只是挂名，全部社务仍然由陈劭先以常务董事的名义处理。编辑部主任钱实甫是由黄旭初安插监督和限制文化供应社编辑工作的，为了编辑工作不受其影响，陈劭先在编印制度上进行了部分修改，即“编辑部有权收受书稿，至于出版与否以及印数，由出版部负责”②，以限其权。历经此次事件，文化供应社的出版活动受到诸多限制，业务也大为收缩，其间还出版了少量中间性的书籍以资掩饰，但对于进步出版事业而言，这一以退为进的做法，维系了出版人的生存，也保存了进步出版力量。

在抗战后期，文化人流离失所，但文化供应社始终坚守抗战文化传播的使命，

---

① 公司法 [J]. 湖南财政汇刊，1930（11）：28－34.

② 朱光暄. 忆劭老几件事 [Z] //中国人民政治协商会议广西壮族自治区委员会文史资料研究委员会. 广西文史资料选辑：第 23 辑　陈劭先纪念文集. 1986：98.

在陈劭先等人的带领下借助有限的资源持续开展抗战宣传工作。抗战胜利后，陈劭先和万仲文带领出版同人回到桂林，在废墟中重建文化供应社，之后也陆续重印或出版过一些书刊，但因时局跌宕，未能延续战时辉煌。新中国成立后，文化供应社的出版生命融入了新的出版体制，其出版同人也在新的出版岗位上继续为中国的出版事业贡献力量。

小结

出版业的生存与发展有赖于出版资源的支撑以及文化政策的扶持，文化供应社能够在"非常时期"成为桂林出版界的"生力军"，不仅因为抗战时期文化资源的流动为其提供的宝贵历史机遇，更重要的是在"非常时期"出版人超党派间的合作，将现代企业管理制度进行了适应性的调整和应用，不断创造条件拓展经营的结果。特殊历史背景下的产物，在时局需要时能成就一时的辉煌，但却注定了昙花一现的宿命，在时代变迁之后成为了历史的记忆。

第三节 "监护人"：文化供应社的管理层

媒介的管理者是媒介组织的中枢，指导媒介组织的生产与经营的活动，对媒介系统内的资源进行统一的协调和管理，保证媒介传播活动正常有序地开展。文化供应社的管理层由董事会的成员选举产生，其中对文化供应社影响最大、发挥实际管理作用的是董事长李任仁与社长陈劭先。在动荡的政治局势中，他们以在新桂系中的身份和威望保护着文化供应社的成长，即使在情形最为危急的改组和疏散时期，都没有放弃对这一文化阵地的坚守。总务部主任陈此生不仅是李、陈二位高层的得力助手，同时也是进步文化人进入广西和文化供应社的重要联络人，虽几经新桂系顽固派排挤驱逐，依旧不改初心，协助进步文化的传播。作为新桂系智囊团的万氏兄弟——万民一和万仲文，虽不激进，但拥有着深厚的学术涵养和包容的文化情怀，在文化供应社改组之时伸手相援，以总经理的身份延续了文化供应社的进步文化生命。传承了生活书店优秀发行经验的赵晓恩，在抗战胜利前后担当了文化供应社重建的重任，并在新中国成立后帮助文化供应社画上了圆满的句号，成为文化供应社最后一任总经理。作为文化企业的管理者，不仅需要有全局的统筹能力，更需要有对文化事业执着追求的情怀，他们以"监护者"的身份，守护文化供应社的"儒商"

之道，为文化供应社保驾护航。

图 2-2 李任仁[①]

一、李任仁："数茎红花带雨横"

在股份制企业中，董事会为企业的最高管理机构，股东的权力通过董事会行使，每一届董事会会推举一名董事长负责召集和协调董事会的成员，董事长必定是董事中具有一定威望的人。文化供应社从 1939 年成立至 1944 年桂林大撤退期间，董事长一直由李任仁担任，可见其在董事中德高望重的地位。一位国民党的民主人士，因何要大力支持进步文化传播事业？在其人生履历和文化思想中，便可窥其观念格局。

李任仁，字重毅，从论语"曾子曰：士不可不弘毅，任重而道远，仁以为己任，不亦重乎，死而后已，不亦远乎"[②] 而来。李任仁早期从事教育工作，是李宗仁、白崇禧的老师，大家都很尊敬地喊他"李老师"或"李重老"。在政治活动上，李任仁"既忠孙中山先生之革命路线"[③]，整个抗战时期，积极与共产党人合作，从事革命的政治、教育、文化活动，是广西政界的一位重要人物，对于后来蒋介石领导的国民党来说，是"最早著名的国民党左派"[④]。李任仁在桂林曾经担任小学、中学的教师，广西教育厅厅长，抗战爆发后，先后担任广西省临时参议会议长、广西建设研究会常务委员、文化供应社董事长、中苏文化协会桂林分会会长，以及中越文化工作同志会理事、国际反侵略运动大会中国分会广西支会常务理事、生活教育社理事。他利用自己的身份和在桂林的社会关系，积极参加并支持抗日救国的民主运动、帮扶进步青年，为文化供应社做了许多有益的工作。

（一）李任仁的民主思想与实践

李任仁的民主实践活动主要来源其长期形成和始终坚定的民主思想。早在二十

① 图片来源：魏华龄．桂林文化城人物选辑：桂林文史资料　第 56 辑［Z］．桂林市政协文史资料委员会，2014：12.

② 梁漱溟．我所知道的重老二三事［Z］//中国人民政治协商会议广西壮族自治区委员会文史资料研究委员会．广西文史资料选辑：第 18 辑　纪念李任仁先生逝世 15 周年．1983：8.

③ 梁漱溟．我所知道的重老二三事［Z］//中国人民政治协商会议广西壮族自治区委员会文史资料研究委员会．广西文史资料选辑：第 18 辑　纪念李任仁先生逝世 15 周年．1983：8.

④ 万仲文．回忆李任仁同志［Z］//中国人民政治协商会议广西壮族自治区委员会文史资料研究委员会．广西文史资料选辑：第 18 辑　纪念李任仁先生逝世 15 周年．1983：50.

世纪初，李任仁就深受孙中山革命思想的影响，曾秘密加入同盟会开展革命活动，并多次在《南风报》上撰文，积极宣传民主共和的思想。新桂系统治时期，李任仁出任广西省教育厅厅长，先后聘用了杨东莼、胡愈之、夏衍等一些进步人士到广西工作，并逐渐形成了广西国民党民主派①。在抗战时期，李任仁的民主思想渐趋成熟，他认为“在抗日战争的特殊时期，要给予各党派以合法身份开展活动，强烈要求国民党开放党禁”，因为“假定一个国家除掉一个在朝的执政党而外，绝对不许其他在野的党派合法的存在……这便不是民主国家”②。在他看来，各党派之间应是平等、竞争发展的关系，“实行民主政治，极关重要的原则是各党派在政治上做和平竞赛，而竞赛的成败，当以对人民服务成绩之优劣以为断”③。同时李任仁指出，国民党一党独裁是“封建残余的专制统治”，“我们要根绝法西斯细菌，才不愧于民主阵线之一员”，为此，必须实行法治、结束党治，从根本上杜绝“大肆摧残屠杀之能事，纵虽妇孺也难幸免”的特务统治。④ 李任仁的思想主张对中共争取合法地位，以及促成抗日民族统一战线在广西的实践有着积极的影响。

同时，李任仁极力反对蒋介石政权的独裁统治，主张政治民主、言论自由。他认为，言论自由是“肩负抗日、建国双重任务的号角”，要求国民党政府保障人民的四大自由，保障人民的合法权利。他曾在《学术思想上救国的蔡元培先生》一文中提到，“无论任何党派的人，好象最新的社会主义者，最旧的保皇论者，都有在北大当教授或讲师，这就是蔡先生尊重思想自由的最大表现”，“蔡先生的自由思想，是在学术的范畴内以革命的道德规范为出发点，这是他与一般自由思想不同，也就是他伟大之所在”⑤。1942 年元旦，李任仁在《文化杂志》第一卷第 5 期上发表的《新岁献辞》中也极力主张“学术思想之研讨与论争，必须任其自由发展”⑥，李任仁认为，抗战时期应给人民以真正的言论、出版、集会、结社的自由，以求真理、明是非⑦。难能可贵的是，李任仁发表这些言论的时期是在国民党顽固派发动了第一次反共高潮和皖南事变之后，国内政治局势日趋恶化的环境下，“李重老站在进步的革命的一方面，对国民党的黑暗统治进行了公开的抨击，为民主、自由高声呐喊，这

---

① 莫济杰，陈福霖．新桂系史：第 1 卷［M］．南宁：广西人民出版社，1991：313.
② 中国人民大学中国革命史教研室．批判中国资产阶级中间路线参考资料：Ⅲ［Z］．北京：中国人民大学中国革命史教研室，1959：9.
③ 社论．论民主和民主风度［N］．广西日报，1945-01-01.
④ 社论．论民主和民主风度［N］．广西日报，1945-01-01.
⑤ 李任仁．学术思想上救国的蔡元培先生［N］．救亡日报，1940-03-24.
⑥ 李任仁．新岁献辞［J］．文化杂志，1942，1（5）：4-5.
⑦ 詹朝东，沈章飞．建国前李任仁民主思想述评［J］．广西地方志，2008（5）：43-45.

在当时是要敢冒风险的”[1]。

1939 年以来，全国要求民主的浪潮日益高涨，蒋介石迫于形势，表面上也伪装结束一党训政，打着“军政—训政—宪政”的幌子制定宪法，实行宪案。1940 年 5 月，李任仁与陈劭先以及其他进步人士组织了“广西宪政协进会”，并发表《成立宣言》主张国民党应尽快结束训政，实施宪政，确保抗战胜利。关于人民的自由权利问题，李任仁认为除经国民大会创制、复决之法律外，“任何法律对人民自由、权利不能加以限制”[2]；关于国民大会问题，李任仁主张国民大会的职权，“应以创制及颁布宪法为限”，“宪法颁布以后，（国民大会）即应解散……而授政于民选之政府”[3]。可见，在政治上他力图通过制定宪法限制政府权力，以遏制政府权力的过分扩张。

由于李任仁在民主思想和教育上的深厚积淀，其成为李宗仁和白崇禧的“军师”。1937 年七七事变之后，蒋介石发表《告抗战全体将士书》，国共双方达成协议实行第二次合作。国民党中央统帅部任命白崇禧为副总参谋长，李宗仁为第五战区司令长官。是年 8 月 28 日，白崇禧从南京发来电报，敦促李宗仁速赶往第五战区上任。此时，李宗仁心里充满了矛盾，担心蒋介石以抗战为名，借机“消除异己”，遂邀请李任仁、黄旭初商议此事。李任仁认为“当今中国只有两条路可走，‘一条是抗战图存；二是内战必亡’”，“只要广西军政上下精诚团结，将全国各地进步力量结成统一战线，即使他老蒋有所企图，也无可奈何”[4]。李宗仁听后茅塞顿开，对李任仁说：“我即将赴徐州就职，健生（白崇禧）也出去了，广西留给旭初（黄旭初），他的责任重大，希望重老（李任仁）大力帮助，我和健生在前方才不致有后顾之忧。”“广西要团结，得有一个合理合法的组织来维系，这个组织名称，我看就叫‘广西建设研究会’吧!”[5] 1937 年 10 月 9 日，广西建设研究会在桂林正式成立，李宗仁为会长，白崇禧、黄旭初为副会长，常务委员为李任仁、陈劭先、黄同仇，参加人员均由李任仁推荐。如前文所述，广西建设研究会的成立对桂林“文化城”的形成以及文化供应社的创建有着直接的促进作用，李任仁所推荐的广西建设研究会的人选中大部分都为进步文化人士，他也亲自担任广西建设研究会编译委员会主任

---

① 魏华龄. 李任仁抗战时期在桂林二三事［Z］//桂林文史资料研究委员会. 桂林文史资料：第 11 辑. 桂林：桂林文史资料研究委员会，1987：85.

② 戴君旷. 行宪述要［M］//沈云龙. 近代中国史料丛刊续编：第 81 辑. 台北：文海出版社，1976：123－125.

③ 戴君旷. 行宪述要［M］//沈云龙. 近代中国史料丛刊续编：第 81 辑. 台北：文海出版社，1976：123－125.

④ 刘宗惠，劳玉英. 李任仁与抗战时期的桂林文化［J］. 文史春秋，2009（11）：17－18.

⑤ 刘宗惠，劳玉英. 李任仁与抗战时期的桂林文化［J］. 文史春秋，2009（11）：17－18.

一职，主管舆论、宣传工作。李任仁以广西建设研究会为基地，经常和进步人士商谈如何在桂林开展各种活动，先后成立了广西宪政协进会、文化供应社、中苏文化协会、反侵略分会等，李任仁均为这些团体的负责人，大力发展广西的进步文化事业。

（二）李任仁的进步文化活动以及对文化供应社的支持

作为国民党民主派的核心人物，李任仁政治开明、思想进步，与进步文化甚至中共党员密切往来，积极支持进步文化事业的发展。武汉、广州失守以后，文化人云集桂林，李任仁以省临时参议会议长的名义，在乐群社举行了盛大的招待会，胡愈之、巴金等50多位著名的文化人都在其列。紧接着，李任仁与田汉、马君武、白鹏飞等一道发起了为期一年的《救亡日报》基金筹集的公演活动。在广西建设研究会期间，组织出版了丛书《广西之建设》《列国国势要览》，以及《建设研究》《时论分析》《敌国舆情》等定期刊物。当时广西建设研究会内左、中、右派并存，既要宣传抗战进步民主的内容，又不能给保守派找到宣传阵地，散布谬论，李任仁为此巧妙周旋，费尽心思使出版的内容“既有国统区方面的，也有进步方面的，还有中间方面的，让读者自己对照比较，判断是非”①。李任仁对文化出版物的管理态度是其长期倡导的言论、学术自由理念的实践表现，给予了抗战时期进步文化传播极大的空间。

正因为广西有宽松的文化政策和以李任仁、陈劭先为代表的国民党民主人士对进步文化的保护和支持，中共南方局才有在桂林大范围开展文化工作的可能。1938年底，胡愈之受周恩来的派遣到桂林从事文化活动和统战工作，为了适应抗战文化形式的需要，倡议集资成立了文化供应社。在成立大会上，李任仁因在新桂系和文化界的威望，当选为董事长，与社长陈劭先一起聘任了诸多李克农推荐的中共党员和进步人士担任编辑，如宋云彬、王鲁彦、曹伯韩、杨承芳、邵荃麟、姜君辰等。文化供应社的创办，“李任仁起了关键性的作用”②。当时，无论是外部的舆论环境还是新桂系内部的派系斗争都十分复杂，“维护每一进步事业，保卫每一种进步行为都非常不容易”③，由于李任仁、陈劭先两位国民党左派人士的社会地位，以及与李宗仁、白崇禧的私谊，进步力量才得以在困难艰险的社会环境之下保持主导地位。皖南事变以后，当国民党当局迫害摧残生活书店等进步的文化出版事业时，李任仁

① 刘宗惠，劳玉英．李任仁与抗战时期的桂林文化［J］．文史春秋，2009（11）：17－18.

② 魏华龄．共产党人和进步文化人的亲密朋友：记李济深、李任仁、陈劭先、陈此生抗战时期二三事［Z］//桂林文史资料委员会．桂林文化城人物选辑．桂林：桂林文史资料委员会，2014：14.

③ 夏孟辉．忆重老［Z］//中国人民政治协商会议广西壮族自治区委员会文史资料研究委员会．广西文史资料选辑：第18辑　纪念李任仁先生逝世15周年．1983：10.

挺身而出，以文化供应社的名义保护了生活书店、读书出版社以及新知书店等单位的资产，对这些出版机构的工作人员都做了妥善的安排。

由邵荃麟主编的综合性理论刊物《文化杂志》是文化供应社当时最具影响力的杂志，发表了不少高水准的文章，但同时也遭到了国民党注意和仇视。皖南事变后，由国民党江西省党部主办的《大路》杂志攻击了邵荃麟根据毛泽东《新民主主义论》观点撰写的发刊词《我们对当前文化建设工作的意见》一文。李任仁得知后淡然一笑，说“江西岂奈我广西何”[①]，并继续维护文化供应社的出版活动。1943 年文化供应社改组，主要人员看似离职，实际上仍然在李任仁的保护下一如既往地继续出版进步革命书刊，一直坚持到新中国诞生。

在整个抗战期间，李任仁做了大量有利于团结、抗战、民主、进步的工作，为广西引进了许多进步的人才，使文化供应社获取了优质的编辑群和作者队伍，出版了大量种类丰富的书刊，也使桂林在整个抗战时期一直保持了后方文化名城的荣誉，因此有学者评价“抗战期间桂林之所以能够变成一个著名的文化城、一个进步文化的地方，当然是由于共产党的领导所取得的。但是与桂系的民主派李任仁、陈劭先、陈此生等人的努力也是分不开的”[②]。

（三）对进步青年的提携与保护

李任仁在桂林是共产党人和进步文化人的亲密朋友，许多文化人回忆桂林往事的时候，只要提及“李重老”，都无不寄予敬佩和怀念之情。田汉于 1946 年 3 月在重庆一次文化界集会上说：“在广西闻名的是李、白，可是武李、白绝对不如文李、白，即是李任仁先生和白鹏飞先生，桂林文化工作者的困难，他很能担当和支持。”[③] 著名学者千家驹也在《缅怀李重毅先生》一文中说：“凡是到过广西的进步朋友，没有不认识李重毅先生，没有一个不得到他的关怀。”[④] 从事教育工作出身的李任仁，对进步青年的保护和提携，体现出一种知识分子的爱才情结，在文化供应社担任重要工作的陈此生、万仲文均是在他影响和培养下开展民主运动的得力干将。

李任仁在担任广西省教育厅厅长一职的时候，创办了广西师范专科学校（以下简称“师专”），并聘请了杨东莼担任师专校长。杨东莼是中国共产党的早期党员，

① 刘宗惠，劳玉英. 李任仁与抗战时期的桂林文化［J］. 文史春秋，2009（11）：17 - 18.

② 魏华龄. 共产党人和进步文化人的亲密朋友：记李济深、李任仁、陈劭先、陈此生抗战时期二三事［Z］//桂林文史资料委员会. 桂林文化城人物选辑. 桂林：桂林文史资料委员会，2014：13.

③ 魏华龄. 共产党人和进步文化人的亲密朋友：记李济深、李任仁、陈劭先、陈此生抗战时期二三事［Z］//桂林文史资料委员会. 桂林文化城人物选辑. 桂林：桂林文史资料委员会，2014：15.

④ 千家驹. 缅怀李重毅先生［Z］//中国人民政治协商会议广西壮族自治区委员会文史资料研究委员会. 广西文史资料选辑：第 18 辑　纪念李任仁先生逝世 15 周年. 1983：5.

是马克思主义教育家，他主张教育不能脱离政治，把教育看作改造社会的一种手段。杨东莼请了大革命时期的重要人物朱笃一、农村经济研究专家薛暮桥、文学家沈起予，以及金奎光、朱少稀、张海鳌（张海涛）、宫亦民等进步人士到校任教。李任仁对杨东莼办学给予了大力的支持，并派进步青年杨必声（杨穗华）为师专军训队长。但此举引起了新桂系顽固派的排斥，1933 年底，李任仁被顽固分子攻击“引进共产党，企图赤化广西”，被迫辞去教育厅厅长职务。杨东莼、朱笃一和其他进步教师也相继离校。虽李任仁辞去教育厅厅长职务，但由于李宗仁、白崇禧对他依旧敬重，他运用在广西的政治地位，推荐陈此生到师专任教务主任。陈此生参加过“左联”，与进步的文化界人士有广泛的联系。担任师专的教务主任后，先后请来了陈望道、邓初民、马哲民、施复亮、熊得山、杨潮、夏征农、胡伊默、沈西苓等国内有名的学者和进步人士任教，使师专这把革命教育之火烧得越来越旺，师专培养出来的学生，大多数在广西的政治、教育事业上发挥了积极的作用。陈此生也成为李任仁进步活动的左右手。文化供应社成立后，陈此生担任总务部主任兼秘书，协助李任仁处理了诸多文化供应社的事务，保证了社内出版活动的运转。但也因此遭到了黄旭初等顽固派的仇恨，扬言排挤陈此生，实际上矛头是指向李任仁，阻碍李任仁民主进步活动的发展，对此李任仁和陈此生随机应变，在香港等地继续开展进步民主活动。

“六君子”之一的万仲文与李任仁是在李宗仁、白崇禧的秘密会所——桃园路建庐中开始结识的。此时，李任仁刚辞掉广西教育厅厅长一职，在建庐休养。面对二十出头的万仲文，李任仁相谈甚欢，抒发了自己辞职后的感慨，“厅长可以不做，在广西积蓄力量，进行改革，从事反帝、反封的主张和行动，我是坚持不会放弃的”[①]，并鼓励万仲文“既然来到广西，就希望大家一起共同工作，为推动民主革命而努力”[②]。1935 年，万仲文希望辞职赴日本留学，李任仁帮助万仲文说服李宗仁和白崇禧同意其辞职，并极力支持万仲文攻读自己喜欢的中日关系和日本外交史。在万仲文临行前，李任仁赠予他一首诗，其中一句便是“数茎红花带雨横”，象征了以李任仁为首的广西民主派，在万仲文离开桂林之后，还将继续奋斗。[③] 万仲文留日期间，在李任仁的鼓励和支持下考入了东京帝国大学法科研究院，开始了日本近代外交史和中日关系史的研究。留学归国后的万仲文先后参加了李任仁、陈劭先主持

---

① 万仲文. 回忆李任仁同志［M］//魏华龄，王玉梅. 桂林文史资料：第 37 辑　人物专辑. 桂林：漓江出版社，1998：21 - 22.

② 万仲文. 回忆李任仁同志［M］//魏华龄，王玉梅. 桂林文史资料：第 37 辑　人物专辑. 桂林：漓江出版社，1998：21 - 22.

③ 万仲文. 回忆李任仁同志［M］//魏华龄，王玉梅. 桂林文史资料：第 37 辑　人物专辑. 桂林：漓江出版社，1998：24.

的广西建设研究会和文化供应社成为骨干。1940 年，万仲文编著了《中国外交史的分析》作为广西建设研究会丛书出版，李任仁嘱咐陈此生以他的名义为其撰写序言，重申抗战民主的主张。1943 年，文化供应社改组为“总经理负责制”，由万仲文的哥哥万民一担任文化供应社的总经理，实为挂职不管社务，1944 年，万民一病重，万仲文从广州中山大学回到桂林接任了文化供应社总经理一职，协助李任仁、陈劭先继续开展文化出版工作。在人生的重要阶段，万仲文都得到了李任仁的关心与提携，可见李任仁“爱护青年、培养青年、奖励青年”[①] 的品质。

同时，李任仁对进步人士和中共党员也都是关怀备至的，如八路军驻桂林办事处的李克农，以及夏衍、何香凝等在桂林期间，都曾得到李任仁的照顾。李克农、夏衍在第一次反共高潮的紧急情况下离开桂林时，李任仁在交通上给予了协助。1932 年至 1933 年，陈此生流亡上海期间，得到了李任仁的关照，对此陈此生感慨：“应该感谢李任仁，他继续把我的月薪寄到上海，使我得以专心读了些马克思主义的书籍。”[②] 李任仁为了支持进步事业，为了帮助、掩护进步人士，常受顽固派的攻击诽谤，但他不计较个人的得失、毁誉，始终坚持站在一线开展民主活动。正如他在《咏柚》一诗中所言：“香色平凡不入时，终年绿叶扶疏枝。落花满地谁为惜，结果酸甜只自知。”[③] 这首诗借物咏怀，体现了李任仁为革命不计个人得失的乐观情绪，也是他高尚风格的写照。

二、陈劭先：“海内几人同”

文化供应社尽管有股东会制度，但在企业实际的管理上施行的是社长负责制，社长对社内事务有重要的管理和决定的权限。作为社长的陈劭先是文化供应社的“当家人”，从 1939 年建社起，直至 1953 年文化供应社被收归国有，一直实质性地主持着文化供应社的工作，他以自己在新桂系中的政治地位和长期积累的社会关系帮助文化供应社成长，同时保护和转移了一批共产党人和进步人士，为抗日民族统一战线在广西的实施和桂林抗战进步文化传播事业的开展发挥了极大的作用。经济学家千家驹回忆说：“文化供应社对抗战时期西南大后方的文化事业做出过重大的贡献，这是人民所公认的。而文化供应社如果没有陈劭老全力以赴的擘画和支撑，是

---

① 万仲文．回忆李任仁同志［M］//魏华龄，王玉梅．桂林文史资料：第 37 辑　人物专辑．桂林：漓江出版社，1998：25.

② 陈此生．陈此生自述［M］//北京市文史资料研究委员会．文史资料选编：第 37 辑．北京：北京出版社，1989：65.

③ 万仲文．回忆李任仁同志［M］//魏华龄，王玉梅．桂林文史资料：第 37 辑　人物专辑．桂林：漓江出版社，1998：22.

不可能创立和发展的。"①

（一）陈劭先的民主思想与斗争实践

图 2-3 陈劭先②

陈劭先成长于两江师范学堂新兴的学制内，多学科的滋养使他具备了良好的文化底蕴，同时形成了初步的革命理想。与许多爱国的先进知识分子一样，在朝廷腐败、国势凌夷的清末，怀抱着"富国强兵""复兴中华"之梦，加入了共进会成为革命党员，开始从事反清活动。1911 年辛亥革命爆发，陈劭先跟随革命浪潮在九江组织当地力量参与斗争。辛亥革命后，陈劭先深受孙中山"三民主义"思想的影响，出任江西省同盟会支部干事以及地方国民党办事处主任，积极推行"三民主义"。因"二次革命"失败，陈劭先被袁世凯通缉而流亡日本。在日本期间，陈劭先有机会多次拜谒孙中山先生，并参加了孙中山先生重新组织的中华革命党。陈劭先早期的革命理想深受孙中山"三民主义"影响，在实现"世界上以平等待我之民族"的民族主义思想指导下，陈劭先以其始终不渝的革命实践见证了这一理想的实现。

从日本归国之后，陈劭先曾到南洋、香港、两广等地宣传革命，对贫富悬殊的现象感触颇深，这使其愈发领悟孙中山"以俄为师"与"三大政策"的思想真谛，即国民革命的目的，在求中国之自由平等，必须唤起民众及联合世界上以平等待我之民族共同奋斗，以及主张召开国民会议与废除不平等条约，尤须于最短时间促其实现。为勉励自己，并以其为努力之目标。③ 在此目标的指引下，陈劭先参加了"护法运动"、北伐战争等一些民主斗争活动，并在国民党北伐期间积极支持第一次国共合作。

蒋介石掌管国民党政权之后，陈劭先对其背离民主革命的行径深恶痛绝。1937 年全面抗日战争爆发后，陈劭先应李宗仁邀请来到桂林，受聘为广西绥靖公署与广

① 千家驹. 一个国民党真正的左派：纪念陈劭先诞生一百周年［Z］//中国人民政治协商会议广西壮族自治区委员会文史资料委员会. 广西文史资料选辑：第 23 辑 陈劭先纪念文集. 1986：35.

② 图片来源：中国人民政治协商会议第一届全体会议秘书处. 中国人民政治协商会议第一届全体会议纪念刊［M］. 北京：人民出版社，1950：彩插页.

③ 朱学范. 怀念陈劭先先生［Z］//中国人民政治协商会议广西壮族自治区委员会文史资料研究委员会. 广西文史资料选辑：第 23 辑 陈劭先纪念文集. 1986：19.

西省政府顾问。虽同为“反蒋”，但陈劭先认为：“我的反蒋是因为蒋介石背叛了孙中山的三民主义和三大政策，而李宗仁的反蒋，则是为了满足自己的政治野心。”[①]陈劭先虽身在新桂系，但是他是坚定的国民党左派人士，始终不愿融入蒋政权。蒋介石为了笼络和利用陈劭先，曾在1940年和1944年先后任命其为广西省党部执行委员兼书记长和中央委员人选，但他自请除名，坚决不与蒋共事。与此同时，他却在政治上不避风险，以国民党元老的身份和他在广西的地位，巧妙利用新桂系与蒋介石之间的矛盾，抵制国民党的图书审查政策，保护革命人士的安全，保证了进步书刊在抗战时期的出版发行。[②]

（二）以出版为阵地宣传民主文化

陈劭先清楚地认识到进步的出版事业也是进行政治斗争一条重要的战线，因此在他进行民主革命期间直到抗战胜利都坚持不懈地以出版作为民主斗争的文化阵地。1939年，文化供应社成立，陈劭先担任了首任社长，并一直主持文化供应社的出版工作直至新中国成立[③]。在此期间，陈劭先结识了一些共产党地下工作的同志，与他们广交朋友，并提供隐蔽身份的场所。他在文化供应社编辑出版的基本方针中就指出，“抗战建国时期，文化工作主要目标，在谋意志集中与精神之团结，故一切著作出版物，当本普及与提高国民对于三民主义与国父遗教之正确认识，根据抗战建国纲领，谋增进国民自觉自动之精神，而以建立三民主义之新文化，为吾人努力之最后鹄的”[④]。在对文化供应社的管理上，陈劭先把工作重心放在经营管理方面，在资金招募、选址建社、维护出版活动等社务工作上，都是亲力亲为、认真负责。1940年，因文化供应社业务发展需要，决定在丽君路上盖一幢两层楼的房子，在建房的过程中，从筹集资金、选地址、购地皮、施工等具体事务，陈劭先都亲自过问，并亲自解决重大困难问题。在整个施工过程中，除另有公事，则每天到工地“监工”。文化供应社负责总务的同志说，“如果不是劭老亲自去‘监工’并帮助及时解决物资供应的问题，房子的完工期，可能至少推迟十个月甚至到一年”[⑤]。陈劭先为维持文化供应社出版事业的发展广泛筹资，在文化供应社经费困难之时，他不仅利用个人关系多方借贷，甚至还动用了家庭积蓄帮助文化供应社。但陈劭先在文化供

---

① 陈劭先．广西建设研究会的成立和结束［Z］//中国人民政治协商会议广西壮族自治区委员会文史资料研究委员会．广西文史资料选辑：第23辑　陈劭先纪念文集．1986：5．

② 宋泉．论陈劭先的民主思想与文化供应社的出版活动［J］．华中学术，2014（2）：336－349．

③ 1943年，陈劭先虽辞掉社长职务，但依然以常务董事的身份指导文化供应社工作。

④ 陈劭先．文化供应社自我介绍［J］．文化杂志，1941，1（1）：66．

⑤ 杨承芳．怀念劭老［Z］//中国人民政治协商会议广西壮族自治区委员会文史资料研究委员会．广西文史资料选辑：第23辑　陈劭先纪念文集．1986：65．

应社的工作却是兼职不兼薪[①]，从1940年一直到文化供应社结束，从未领过薪金，也未支取过任何车马费。

陈劭先注意改善文化供应社的工作和生活条件的同时，也非常关心社里的编辑出版工作，每天都会到编辑部和门市部去看看，但从来没有对编辑出书进行干预或施加压力。胡愈之称"这正是劭老高明之处"[②]。陈劭先对编辑出版的管理只是把握总的出版方针与方向，从不进行无理的具体干涉，给予进步文化的出版很大的活动空间；但当图书审查或编辑安全上发生了问题，他即刻挺身而出，承担责任。当时的政局环境动荡微妙，图书审查日趋严苛，黄旭初经常派谭辅之等新桂系顽固分子秘密审查文化供应社的书刊，把一些进步的言论划出来，要陈劭先修改，"劭老都直言拒绝"，称"这些言论都是应该这样说的"[③]，屡次顶住压力，保证了进步书刊的出版工作。文化供应社在几次反共高潮和皖南事变后依然能够生存和发展，并不断壮大和完善，与陈劭先对文化供应社编辑工作的保护是分不开的。

陈劭先的出版活动不仅是在文化供应社开展的，1928年，为了反对蒋介石独裁统治，陈劭先便在上海主办《先导》月刊，阐释孙中山的三民主义；1936年，广西建设研究会成立，陈劭先以常务委员的身份主持工作，"是研究会的关键人物，也是研究会的灵魂"[④]，任职期间，他利用《建设研究》《时论分析》《敌国舆情》等刊物，介绍各党各派的言论观点，发表各种进步人士意见，尤其是延安中共方面的意见，并借助《建设研究》和《时论分析》发表大量批驳和揭露蒋介石"五五宪草"有关内容的宣传文章，同时，还起草了反对"宪草"的宣言，力排万难印成手册，分发全国，还在香港《星岛日报》全文披露；1944年，湘桂大撤退，陈劭先率出版队伍撤往桂东南，与张锡昌、千家驹、欧阳予倩等共同创办了《广西日报》（昭平版），并担任社务委员会主任；1948年1月，陈劭先当选为民革中央常委兼宣传部部长，并负责筹建香港《文汇报》，在香港建立了民主文化的宣传阵地。在20世纪30、40年代政治斗争风云起伏的社会环境下，陈劭先始终以文化出版作为战斗的武器，成为中国共产党领导的新民主主义革命统一战线的重要成员。万仲文称："如果说李任仁同志是当时桂系民主派跟共产党和进步文化人合作的策谋者的话，那么陈

---

① 胡耀辉．陈劭先先生与桂林文化供应社［Z］//中国人民政治协商会议广西壮族自治区委员会文史资料研究委员会．广西文史资料选辑：第23辑　陈劭先纪念文集．1986：86.

② 朱光暄．忆劭老几件事［Z］//中国人民政治协商会议广西壮族自治区委员会文史资料研究委员会．广西文史资料选辑：第23辑　陈劭先纪念文集．1986：96.

③ 万仲文．回忆陈劭先同志［Z］//中国人民政治协商会议广西壮族自治区委员会文史资料研究委员会．广西文史资料选辑：第23辑　陈劭先纪念文集．1986：105.

④ 千家驹．一个国民党真正的左派：纪念陈劭先诞生一百周年［Z］//中国人民政治协商会议广西壮族自治区委员会文史资料研究委员会．广西文史资料选辑：第23辑　陈劭先纪念文集．1986：34.

劭先同志就是实现这个合作的坚决执行者。”[①]

（三）保护进步文化人，维护文化供应社的正常运转

出版人是出版活动的主体，对出版人的保护是维护进步文化出版内容可持续发展的根本。据文化供应社的编辑黄荣芳回忆，文供社的领导不仅在工作上、生活上给予员工妥善安排，同时在政治上也予以保护，还非常支持员工开展多种形式的学习。[②] 陈劭先利用新桂系“客卿”的身份保护进步文化出版人，尤其是中国共产党文化工作者的事迹是有口皆碑的。反共高潮来临之时，他不仅出面遮掩了重庆反动当局对文化供应社的查办，还主动营救和接收从生活、新知等进步出版机构转移的工作人员。邵荃麟共产党员的身份曾被密报到广西省党部书记处，该书记长遂找到陈劭先指认：“邵荃麟是共产党员，不宜在文化供应社工作。”陈劭先当即反驳道：“你说他是共产党员有什么证据？退一万步，他算是共产党员又怎样？你过去不也是共产党员吗？你这个共产党员可以当国民党的书记长（此人是大革命时期的共产党员，后叛变），他在民间一个文化团体当一个编辑怎么不可以，现在不是国共合作共同抗日吗？”[③] 此举保护了邵荃麟，使他能够继续在文化供应社担任《文化杂志》的主编。正是出于陈劭先、李任仁的保护，大部分的进步文化工作者得以在反共高潮时期躲过了被捕的劫难，此举对文化供应社的建立、发展、壮大和完善，以及对桂林“文化城”进步文化的传播贡献巨大。

同时，陈劭先还和李任仁一道不避政治风险，在皖南事变后将诸多中共党员和进步文化人士安全送出广西。1941 年，李克农等中共党员被困于八路军驻桂林办事处，陈劭先和李任仁从省政府借出了插着广西省政府旗号的汽车，并通过李济深买好机票，冲破特务的包围将李克农送出桂林城。非常时期，在桂林乘坐飞机需要有军政人员做担保，且一人只能保一名乘员，范长江和夏衍同志需要离开桂林，陈劭先担保了范长江，同时当面要求省党部书记长签字担保了夏衍，安全将他们送离桂林。此外，邹韬奋、千家驹等都是由陈劭先安排安全转移到香港的。太平洋战争爆发后，何香凝、柳亚子、梁漱溟、金仲华等进步人士从香港撤到桂林，也得到了陈劭先的精心安排和照顾。柳亚子在回忆这段岁月的时候有诗《是夕劭先招饮，赋谢一首》赠予陈劭先：“卌年湖海老元龙，痛饮狂谈喜再逢。援手凭君生羽翼（桂林沦陷时，余夫妇凡落倭手，以劭先之力，获飞机票两纸，始幸免于难），论才满服半雕虫。桑田留命言何怨，郿坞

① 万仲文. 回忆陈劭先同志［Z］//中国人民政治协商会议广西壮族自治区委员会文史资料研究委员会. 广西文史资料选辑：第 23 辑　陈劭先纪念文集. 1986：104.

② 黄荣芳. 我所知道的文化供应社［M］//罗标元，左超英. 桂林旧事. 桂林：漓江出版社，1989：244.

③ 胡耀辉. 陈劭先先生与桂林文化供应社［Z］//中国人民政治协商会议广西壮族自治区委员会文史资料研究委员会. 广西文史资料选辑：第 23 辑　陈劭先纪念文集. 1986：88.

燃脐贼未穷。自昔先驱都寂寞，乘凉持赠后人风。”[①] 可见其在患难之时的大义精神。

抗战胜利后，文化供应社恢复重建，但政治气候更为紧张压抑。1947 年 6 月，新桂系特务夜闯文化供应社宿舍和八桂厅陈劭先的住地，以抓共产党为名逮捕了云健鹏、黄荣芳和建设印刷厂的饶达人、聂云湖。事后，陈劭先多方营救，却因新桂系反共态度强硬而未能成功，只能特别关照文化供应社有关人员照顾被捕人员的家属，并按时照发工资。黄荣芳被捕后其爱人生产时，陈劭先还专门吩咐夫人张佩瑜上门照料，赠送小孩衣料。[②] 陈此生有诗赞曰：“乱世思君子，岁寒知松柏。如公倍道笃，海内几人同。”[③]

作为进步民主人士的先驱者，陈劭先身为国民党老党员，却深明国家大义，成为中国共产党的亲密朋友，积极促进和维系了抗日民族统一战线，保护了进步文化在抗战时期的发展和传播，是文化供应社生存和发展的强大支柱。千家驹认为，文化供应社“如果没有陈劭老的登高一呼，惨淡经营，任劳任怨，诸事必亲，则根本不可能成立，即令成立也不可能取得这么大的成绩”[④]。

三、陈此生：抗战文化合作的“桥梁”

如果说抗战时期在新桂系民主派跟共产党与进步文化人合作上，李任仁是“策谋者”，陈劭先是“执行者”，那么陈此生就是联系新桂系民主派与外界进步文化人和共产党人的“桥梁”[⑤]。陈此生在广西是李任仁开展政治活动最有力的助手与合作者，对外他与共产党人和进步文化人有着广泛的联系。武汉、广州沦陷后，大批文化工作者聚集到了桂林，陈此生的主要任务是把这批文化工作者介绍给李任仁、陈劭先，再通过二人引荐给新桂系的李宗仁和白崇禧。胡愈之、夏衍等文化人初到桂林就是通过陈此生才认识了李任仁、陈劭先的。八路军驻桂林办事处处长李克农到桂林后，先由胡愈之介绍认识陈此生，随后，陈此生又把李克农介绍给李任仁和陈劭先认识，然后再通过李、陈的关系到省政府“拜会”黄旭初，由此建立了联系。抗战时期，中共与新桂系之间能够建立起相对稳定的文化统一战线，以陈此生为代表的民主人士发挥了重要的纽带作用。

---

① 柳亚子．柳亚子诗词选［M］．北京：人民文学出版社，1959：146．

② 黄荣芳．回忆劭老二三事［Z］//中国人民政治协商会议广西壮族自治区委员会文史资料研究委员会．广西文史资料选辑：第 23 辑　陈劭先纪念文集．1986：129．

③ 魏华龄，王玉梅．桂林文史资料：第 37 辑　人物专辑［M］．桂林：漓江出版社，1998：219．

④ 千家驹．一个国民党真正的左派：纪念陈劭先诞生一百周年［Z］//中国人民政治协商会议广西壮族自治区委员会文史资料研究委员会．广西文史资料选辑：第 23 辑　陈劭先纪念文集．1986：36．

⑤ 魏华龄．共产党人和进步文化人的亲密朋友：记李济深、李任仁、陈劭先、陈此生抗战时期二三事［Z］//桂林文史资料委员会．桂林文化城人物选辑．桂林：桂林文史资料委员会，2014：17．

图 2-4 陈此生[①]

陈此生早年肄业于复旦大学，其大哥陈勉恕是中共早期党员，曾任中共广西区委青年部长，对陈此生的进步思想有着启蒙的作用。1931 年，李任仁担任广西教育厅厅长，约陈此生回桂林担任教育厅主任秘书，编辑《教育论坛》，介绍新教育思想和苏联教育理论。1932 年，因王公度、韦永成的排挤，陈此生去了上海。在上海期间，陈此生继续得到李任仁的帮助，每月收到李重老寄来的薪水，使其在沪期间系统地、专心地读了些马克思主义书籍，开阔了思维和视野。出于对左联事业的向往和对左联战士的敬仰，陈此生参加左翼作家联盟，与左联文化人开始了广泛的联系。1935 年，陈此生担任广西师专教务主任期间，先后聘请了陈望道、马哲民、邓初民、熊得山、夏征农、施复亮等进步人士到学校任教，讲授马克思主义的文学和社会科学。但由于发生了斯派和托派的斗争[②]，1936 年，广西师专被强行解散并入广西大学，陈此生改任广西大学教务长，继续聘请进步人士在广西大学开展教学工作。陈此生的进步工作引起了广西当局的不满，被迫离开桂林由广州转赴香港，与李章达、何思敬、陈汝棠、陈希周等组织“抗日救国会华南区总支部”。

1937 年七七事变以后，陈此生返回桂林在广西建设研究会担任编译委员兼秘书，从事团结抗战工作。在此期间，陈此生的主要任务是“把这批文化工作者（指胡愈之、范长江、杨东尊、夏衍、张铁生、姜君辰、张志让等）介绍给李任仁、陈劭先，通过李、陈，和桂系头目搞好关系”[③]。大批的进步文化人通过陈此生介绍进入广西建设研究会，并参与到李任仁、陈劭先等创立的文化供应社。陈此生在文化供应社中担任总务部主任兼秘书，负责处理社内事务，协助李任仁支持、保护进步文化出版工作。1940 年，万仲文编著了《中国外交之史的分析》一书，陈此生代李

---

① 图片来源：魏华龄．桂林文化城人物选辑：桂林文史资料　第 56 辑［Z］．桂林市政协文史资料委员会，2014：17.

② 1936 年广西师专发生斯派和托派的斗争。教师方面以陈望道和熊得山为领导，在课堂上公开批评托派分子施云的讲义。学生方面，地下党员陶保垣等领导一群进步青年，秘密组织“反法西斯同盟”，和王公度布置的特务学生杨坚、李志诚等对抗。学生都不去听施云的课，施云便无奈离开了。此次事件有人向李、白告了密，其后师专学校被解散，陶保垣、崔真吾等被捕枪毙。

③ 陈此生．陈此生自述［M］//北京文史资料研究委员会．文史资料选编：第 37 辑．北京：北京出版社，1989：68.

任仁为该书作序，其中写道：“我们看过这本书之后，似乎不免发生这样感想：百年来中国之所谓外交政策，就因为不以保卫国家民族的利益为目的，而是以维持某部分人的权位为目的，故不管坚硬也好，屈服也好，战也好、和也好，均无好结果，这是最让足矣使人警惕的。”① 这几句借古讽今的话，足以说明当时进步人士对蒋政权的看法，蕴含着民主改革的诉求。

陈此生不仅在民主工作需要时大量引荐文化人到广西，在政局变换后更是冒着政治风险将他们安全转移。1941 年 1 月皖南事变之后，陈此生与李济深、李任仁一道帮助了共产党人张铁生、范长江、姜君辰、夏衍、杨东莼以及从皖南逃到桂林的李一氓等安全转移。1941 年 3 月 4 日，邹韬奋从重庆逃至桂林，躲至陈此生家中，陈马上通过李济深及其外甥黎民任的关系弄到一张第二天的机票，邹韬奋便于 3 月 5 日下午两点登机，安全抵达香港。重庆特务发现邹韬奋失踪，便密令桂林当局“探询”其踪迹，欲“极力挽留”，但密令是 3 月 5 日才到达桂林，结果只好望天兴叹了。陈此生的这些行动使国民党顽固派难以容忍，1941 年春，他被停发了广西省政府参议的薪水，被迫与其他文化人一道离开桂林去了香港。

1941 年 12 月太平洋战争爆发，留港进步文化人士在中共的营救下于 1942 年春又陆续撤回桂林。陈此生回到桂林后，在陈劭先的帮助下，仍然回到文化供应社工作。陈此生一如既往地关注和帮助共产党人和进步文化人，为他们解决些生活上的问题，何香凝、柳亚子、茅盾、田汉、萨空了、陈翰笙等都曾得到他的帮助。茅盾在《我所走的文学道路》中曾说：“我之所以突然热衷于‘论史’，是柳亚子、陈此生的影响，来到桂林，社会活动减少了，但朋友间的交往却增多了。而过从最密的是柳亚子和陈此生……我们在一起无话不谈。”② 此外，他还以救国会成员的名义，经常参加一些救国会同志的聚会和座谈，经常聚会的有金仲华、张铁生、狄超白、千家驹、萨空了等著名文化人。所有这些，“无非都是为了重振桂林抗战文化”③。

陈此生参加左联期间，尤其喜欢鲁迅的杂文，十分敬佩鲁迅“从善如流，疾恶如仇；正视淋漓鲜血，甘为孺子牛；一支尖锐笔，临死也不休”的人格和文笔，并把那几句话视为他做人习文的座右铭。④ 而陈此生的特点也在于此。他与新桂系的民主派及国民党民主人士李济深、李任仁、陈劭先等共同为坚持抗战、反对投降进行了坚决而又巧妙的斗争，广泛吸纳进步文化人和中共党员开展进步文化活动，从

① 万仲文. 忆陈此生［M］//万仲文文集：下. 北京：华夏出版社，2009：67.

② 魏华龄. 共产党人和进步文化人的亲密朋友：记李济深、李任仁、陈劭先、陈此生抗战时期二三事［Z］//桂林市政协文史资料委员会. 桂林文化城人物选辑. 桂林：桂林文史资料委员会，2014：19.

③ 魏华龄，李建平. 抗战时期文化名人在桂林：桂林文史资料 第 42 辑［M］. 桂林：漓江出版社，2000：214.

④ 王爱枝. 数风流人物：毛泽东与民主人士的交往［M］. 太原：山西人民出版社，2015：119.

而使文化供应社整合了优势的出版资源开展出版活动，对桂林成为全国著名的“文化城”，以及推动整个国统区的抗战文化运动发挥了特殊的作用。

四、万民一、万仲文、赵晓恩：临危受命的“掌门人”

因巨大的社会影响，文化供应社成为各政治集团争抢的舆论领地。1942 年底，文化供应社被迫改组，万民一、万仲文、赵晓恩是经历改组事件之后相继担任文化供应社总经理一职的文化工作者。虽然万民一当时只是挂名，万仲文也兼任着诸多其他工作，实际指导文化供应社的仍是陈劭先，但在危急时刻，他们也成为文化供应社重要的合作伙伴，保障了出版阵地的稳固。

万民一是在文化供应社“社长负责制”改为“总经理负责制”后的第一位总经理。1942 年，国民党中宣部要出资接办文化供应社，企图利用文化供应社的进步声誉，改成像当时“中国文化服务社”那样传播反动文化的御用机构，并以此为据点，进一步在广西发展蒋系势力。此时新桂系的顽固派一面要防备蒋政权对广西的渗透，另一面又想乘机打击新桂系中的民主派和外来进步人士的势力，故妄图借此机会采取一箭双雕的做法，即接受蒋政权改组文化供应社的命令，但婉拒其派人主持及投资的要求，并计划由钱实甫担任总经理，托派反共分子谭辅之任编辑部主任。陈劭先、李任仁立即同文化供应社主要进步人士商议，为避免更大的迫害被迫接受改组，但要维持文化供应社原有的进步方针和机构，留下大部分原有的进步的工作人员，就必须物色一个适当的继任人选，使蒋政权既无辞反对，而新桂系的李宗仁、白崇禧、黄旭初以及其他顽固派分子也能够通过，同时外来的进步人士及新桂系民主派也都可放心，因此就选中了万民一。

万民一是李宗仁、白崇禧、黄旭初请来的“客卿”文士，曾任国民党第四集团军总司令部参议、广西团干部学校政训主任、广西建设研究会文化部副主任兼编译室主任、广西绥靖主任公署少将政训处处长、国民党广西省党部书记等职务①，是三民主义的忠实信徒，常撰文宣传三民主义。他曾写过《民生哲学的新认识》，得到黄旭初赏识，并令省政府的所有人员都应该人手一册，以提倡三民主义研究的姿态，为了维护新桂系中间派的立场，同时又与陈立夫 CC 派②作暗中较劲。③ 万民一在理论上虽然反共，但在平日思想感情上却接近陈劭先、李任仁、陈此生等新桂系民主派，参与他们的一些活动，坚持反蒋独裁，要求抗战民主，也同情进步文化人，但

---

① 苏英博．海南名人辞典［M］．广州：中山大学出版社，1990：11.

② 指以陈果夫、陈立夫兄弟为首成立的“中央俱乐部”所形成的在国民党内的一股势力。CC 是中央俱乐部的缩写，也是二陈姓氏的缩写，因而称为“CC 派”。

③ 万仲文．万仲文文集：下［M］．北京：华夏出版社，2009：6.

没有陈劭先等那样突出的进步活动，因此由他出任文化供应社总经理一职，在蒋桂两系顽固派看来，都是无懈可击的。人选确定后，陈劭先等通过董事万仲文（万民一的胞弟）说服万民一，并告知黄旭初按照预定方案自动实行改组，由万民一担任总经理，黄旭初无话可说，蒋桂两系顽固派的阴谋最终没有得逞。万民一到任后，因罹患重病，又不熟悉业务，实际社务仍由陈劭先以常务董事的身份负责。之后万民一肺病恶化，总经理的后任人选又成为新桂系民主派与顽固派斗争的焦点。顽固派要提钱实甫为总经理，民主派的意见则提万仲文为总经理。陈劭先、李任仁抢先征得了白崇禧的同意，于是文化供应社又实行第二次改组，由董事万仲文继任总经理兼编辑部主任一职。代表顽固派的钱实甫孤掌难鸣，不久便自动辞职。

万仲文是广西著名的谋士“六君子”之一，曾为广西省政府参议，受恩于李任仁带薪赴日本留学，归国后成为广西建设研究会中的一员，以及文化供应社的董事之一，为广西当局的建设出谋献策，在《建设研究》上发表过多篇研究广西的建设问题，宣传民主抗日等进步思想，要求民主宪政的政治论文。万仲文因在广东中山大学执教，对文化供应社是兼职，实际的编辑行政工作由杨承芳负责。万仲文上任后不久，桂林大疏散，此时他协助陈劭先带领文化供应社及建设印刷厂的部分员工携带设备撤至桂北昭平乡镇一带。在努力安置撤离人员的同时，万仲文在昭平国民中学兼任了校长，安排了文化供应社的覃展等到校兼任老师，收容了一些中共人士和进步人士，对青年学生和老师进行民主抗日宣传教育活动。同时，万仲文作为社委成员，与张锡昌、陈劭先、欧阳予倩等共同创立了《广西日报》（昭平版），参与报纸社论撰写，宣传中共的抗日主张。在交通不便的情况下，他还与文化供应社的其他同人深入昭平乡村，推销进步书刊，宣传抗日主张，对桂东南青年的思想起了很大宣传鼓动作用。

图 2-5　万仲文[①]

1945 年 10 月，日军投降后，万仲文与陈劭先带领文化供应社及印刷厂的同人返回桂林重建文化供应社，直至 1945 年 12 月离桂到广州重任中山大学教授。为进一步恢复文化供应社的运转，1946 年初，陈劭先指定赵晓恩为该社的代理总经理，负责全社工作。

① 图片来源：万仲文．万仲文文集：上［M］．北京：华夏出版社，2009：扉页．

图 2-6　赵晓恩①

赵晓恩是进步出版领域的“老资格”。1935年，他考入上海生活书店当练习生，在徐伯昕的指导之下任该店总管理处推广科主任，将生活书店的发行推广做得有声有色。上海沦陷后，赵晓恩转移到香港《华商报》任出版部主任，直至太平洋战争爆发，他从香港转移到桂林，经黄洛峰介绍在桂林文化供应社任营业部主任兼总发行所经理一职。在桂林文化供应社，赵晓恩将在生活书店积累的经验和资源灵活运用，领导全社营业人员积极适应业务发展需要，大力开拓书刊发行业务。当时，从香港撤退到桂林的文化人办起了不少新的小型出版社、杂志社，出版了不少书刊，文化供应社由于在业界有良好的根基和广泛的渠道，这些出版单位的书刊都交由文化供应社负责。为了做好发行工作，赵晓恩带领文化供应社同人大力改进经营方式和服务方法，除了做好门市部销售外，还努力改善批发和邮购业务，特别是邮购发行业务。1943 年初，在文化供应社面临改组危机之时，赵晓恩所领导的营业部发行所保持了原班人马，他们一起坚守岗位，顶住风险正常发行社内外书刊。同时，应中共南方局指导，赵晓恩筹组了文化供应社的二线机构——文光书店，为保护进步文化出版事业做出了贡献。1943 年 12 月，出版界领导人黄洛峰到重庆联合新出版业组织联营书店，赵晓恩代表文化供应社率先同意参加，与黄洛峰遥相呼应，开展了反查禁活动。1944 年秋，文化供应社从桂林撤退之时，赵晓恩带领部分人员撤退到文化供应社重庆营业处，其间曾与聂绀弩、朱希等人编印了《艺文志》，也继续开展进步书刊的发行工作。1945 年抗战胜利后，文化供应社迁回桂林复业，赵晓恩也从重庆回到桂林与陈劭先、万仲文一道，在废墟上重建。

重建后的文化供应社在赵晓恩的带领下扩建和调整了发行网点，撤销了重庆营业处，先后在南宁、广州、上海设立了门市部或营业处，除发行本社再版的书籍还兼营《新华日报》、开明书店等其他出版机构的书刊发行业务，使文化供应社又逐渐兴旺了起来。但抗战后的桂林出版环境更为恶劣，因此陈劭先派赵晓恩带着一些可继续出版的图书纸型到香港组建香港文化供应社。香港文化供应社成立后，重印和新出版了文化供应社的图书，以及南洋小学教科书，还将香港出版的一些进步书刊，

① 图片来源：周勇．中国抗战大后方出版史［M］．重庆：重庆出版社，2015：543．

秘密运回内地销售。不久后，陈劭先提出与黄洛峰、徐伯昕、沈静芷合作在香港开办书店。由赵晓恩代表文化供应社到上海与读书、生活、新知三家出版机构的领导人共同商议，决定由文化供应社与三联书店各出资一半，赵晓恩负责在香港筹建一个出版机构。但因解放战争的爆发，此事被搁浅，赵晓恩也被三联书店总管理处派往华北解放区工作。至此，赵晓恩结束了在文化供应社的工作。

小结

毛泽东曾在总结新民主主义革命的经验时指出，“一个由这样的党领导的各革命派别的统一战线”①，是中国共产党战胜敌人和取得胜利的“主要武器”之一。由于适应抗战时期民族矛盾的统一战线政策在广西的实施，李济深、李任仁、陈劭先、陈此生等国民党上层代表人士成了中国共产党和进步文化人的亲密朋友，而且当共产党人和进步文化人遇到危难的时候，他们都甘冒风险，挺身而出，保护共产党人和进步文化人，使进步文化在国统区能够得到广泛的传播。正如程思远所述：“桂林空前绝后的‘黄金时代’，所以有此盛况，首先归功于周恩来副主席在当时执行党的统一战线政策所起的伟大作用，其次是李任仁、陈劭先两先生在团结进步人士所作出的伟大贡献。”②

第四节 “把关人”及“舆论领袖”：文化供应社的编辑群与作者群

在媒介组织中人是最重要、最活跃的要素和资源，直接或间接地影响组织传播的效果。作为传播活动的主体，人在文化传播活动中担当了内容生产“传播者”的重要角色，决定了传播内容的质量水准、文化品格和价值偏向。尽管在传播学的理论上“把关人”和“舆论领袖”可视为同一角色，但从出版传播的流程来看，编辑的工作是按照预先设置的议程进行的，他们决定着出版传播从选题策划到制作、发布的整个流程，把控出版内容的质量关，因此履行的是“把关人”的职责；作家的工作是创作作品，通过作品传递对世界的认知和感悟，思想观念和创作素养，在出版传播领域相当于“舆论领袖”的角色。在书刊出版的生产系统中，编辑是作者和

① 毛泽东．毛泽东选集：第4卷［M］．北京：人民出版社，1991：1480.

② 程思远．缅怀陈劭先同志［Z］//中国人民政治协商会议广西壮族自治区委员会文史资料研究委员会．广西文史资料选辑：第23辑　陈劭先纪念文集．1986：29.

读者两者之间的中介，促成作者具有思想和理论价值的作品在社会上传播，也为读者服务。在民国时期的出版文化生态中，文化人身份叠加的情况非常普遍，许多资深的编辑同时也是作家，他们成为文化传播的“舆论领袖”，是抗战文化的风向标。

胡愈之和邵荃麟是文化供应社的两位核心人物，分别引导了文化供应社两个时期的编辑工作。张志让、傅彬然、王鲁彦、宋云彬、曹伯韩、姜君辰、杨承芳、欧阳文彬等文化供应社的编辑，来桂林之前就已是上海著名出版机构的资深编辑，既有写作上的才华，又是编辑上的高手。他们在文化界和知识界有广泛的号召力，团结了一大批资历深、功底厚、知名度高、社会影响大的作者团队，为文化供应社的出版生产品质奠定了基础。

一、胡愈之：大众文化出版的操盘手

图 2-7　胡愈之[②]

胡愈之作为“进步文化界的参谋长”，早在抗战前就是国统区的“文化巨人”[①]，为共产党在抗战时期的文化斗争屡建功勋。胡愈之有着极其丰富的出版经验，先后担任过《东方杂志》的编辑，主持、策划、创办了《东方杂志》《生活日报》《世界知识》《国民公论》《救亡日报》，以及南洋的《南洋商报》《风下》《南侨日报》[③] 等10多种刊物，还与邹韬奋及其他新闻工作者一起筹划或创办了生活书店、文化供应社、国际新闻社等文化机构，策划出版了《西行漫记》、“东方文库”、《鲁迅全集》、“知识丛书”、“青年自学丛书”等一系列图书，与张元济、邹韬奋被誉为中国近现代出版史上的三杰。文化供应社是胡愈之奉中共南方局之命到桂林开展文化抗战实践的产物，他既是文化供应社的筹划者，也是编辑团队的核心，引导了文化供应社在抗战时期的书刊生产和发行传播活动。

（一）胡愈之在文化供应社的工作

1938年12月，胡愈之以救国会人士的身份来到桂林开辟抗日文化阵地，在李任仁和陈劭先的安排下被聘为广西建设研究会文化部副主任。到桂林之后，胡愈之与沈钧儒等文化人以救国会名义与广西建设研究会合作兴办文化事业，首先着手的

---

① 夏衍．中华民族的脊梁：胡愈之［M］//于友．胡愈之传．北京：新华出版社，1993：1.

② 图片来源：魏华龄．桂林文化城人物选辑：桂林文史资料　第56辑［Z］．桂林市政协文史资料委员会，2014：50.

③ 胡愈之．我的回忆［M］．南京：江苏人民出版社，1990：3-81.

是与范长江筹建国际新闻社，并使其与《新华日报》成为中国共产党在国统区相辅相成的两个主要的革命宣传机关。随着战事的发展，从武汉、广州撤退到桂林的文化人日益增多，胡愈之与李任仁、陈劭先等磋商，决定由救国会与广西建设研究会共同创办一个新的出版阵地——文化供应社。1939 年夏，胡愈之同沈钧儒、李任仁、杨东莼、张志让、林砺儒、白鹏飞、金仲华、千家驹、陈此生、陈劭先等 20 余人正式发起、倡议集资筹备文化供应社。为了筹备工作的稳妥开展，胡愈之主张先替当时的广西省政府教育厅编撰一套书稿，并以预支一部分稿费为条件，这样就可以解决一部分经费，并设法取得广西官方的支持和帮助，同时向新桂系进步人士及文化人募集更多的创办资金。在胡愈之的运筹下，募足了注册经费，成立了文化供应社，他也被聘为文化供应社的编辑部主任。胡愈之根据自身在上海参加商务与生活书店工作的经验，设计了文化供应社的规章制度，并延聘了王鲁彦、宋云彬、傅彬然、林山、曹伯韩、杨承芳等知名文化人到文化供应社编辑部工作。

胡愈之是公认的“文化供应社的设计师”，关于文化供应社的性质、任务、组织机构、资金筹集、人员安排等等，都由他亲自制订方案。在胡愈之主持下，文化供应社建社后主要的工作方针是积极配合“抗战建国”的需要，编印适合抗战宣传的通俗读物。由此，文化供应社建社后编辑部的第一步计划是为教育厅编印一套 200 多种通俗百科知识的小型书库——《国民必读》。《国民必读》是一套 64 开本的小册子，内容主要是宣传有关抗战的常识读本，还配有专设的书箱，全部由教育厅公费订购，分发给全省所有的乡村小学。由于是政府出钱，内容也就得让政府有关部门审查，这样就给编辑工作带来许多不便。因此，胡愈之当时极力主张自己另编一套，自行出版。为了改善出版条件，尽量多出书、出好书，在胡愈之的推动下，文化供应社于 1940 年 8 月建立了自己的印刷厂——建设印刷厂，增设出版部，聘宋云彬为出版部主任。从此，文化供应社的业务活动也开始有了改变，由原来单纯组织写稿约稿的机构，发展成为一个集编、印、发于一体的综合性出版企业。

“文化室图书”是胡愈之在负责文化供应社编辑工作期间精心设计的一套大型抗战通俗读物。为了配合该书的发行，他还建议广西当局普遍建立村街文化室配置该套丛书。为此，胡愈之专门写了一篇《筹建村街文化室刍议》的文章，发表在广西建设研究会主办的《建设研究》第 1 卷第 4 期上，他认为“文化室”也可称“救亡室”或“中山室”，它不是一般死的图书室，而是活的基层文化中心。所谓“文化室图书”，是专为基层村街文化室以及连队战士的需要而设计和编辑的，属群众性的普及读物。在这一指导思想下，胡愈之从文化室的硬件配置、筹设程序、工作纲领到图书的编印执行都进行了周密的部署，文化供应社也于 1939 年 10 月编印了该套“文化室图书”，其中包括了国民必读、通俗文艺、妇女读物、士兵读物、挂图以及文化室工作指南等，共约206册。胡愈之号召在前方的部队和后方的各村街配合“抗战建国”的需要共建立1万个文化室。这一设计和建议，适应了抗战精神宣传和文化知识普及的迫切需求，广西省政府相关部门以政府的名义通知全省各村街广泛订购了该套图书，为基层开展文化活动提供了读物保障。至1941年8月“文化室图书”印行书籍1175000册，连环木刻图书104000册，挂图85000张，其成功的运作为文化供应社奠定了良好的发展基础，出版工作也随之稳步发展开来。

文化供应社编辑部在胡愈之的主持下，密切配合抗战宣传，推进通俗教育文化运动，以编印大众读物为中心，兼及抗战必需的工具图书，之后逐步编印少年读物、青年读物和学术方面的图书。围绕这一编辑思想，文化供应社在成立一年多时间内，就先后编辑了多套有影响力的通俗读物，如“时事问题丛刊”“世界大战丛刊”“青年新知识丛刊”等丛书，以及《抗战建国实用百科辞典》《抗战建国手册》《国民辞典》《国民字典》《国民写信》等贴近抗战现实、适合大众阅读的工具书，还指导编辑了通俗期刊《新道理》。同时，为了配合广西地方建设的需要，还为杨东莼负责的广西地方干部培训编辑了“干部训练丛刊”，出版了宪政通俗读物《实行宪政歌》《宪法的故事》《宪法的基础认识》《宪政图解》等。

1940年，胡愈之将谷斯范的小说《新水浒》推荐给文化供应社出版，使之成为文化供应社出版的第一部文艺作品。这部小说不仅宣扬了抗战时期江南方兴未艾的人民斗争，还揭露了国民党“忠义救国军”的反动面目，以章回小说的形式表现了当代的生活。这部小说的现实主义创作手法得到了胡愈之的重视，他专程为小说撰写了序言，认为该小说是“向文艺界提出一个关于民族形式的实例”，并对谷斯范予以鼓励“抗战使许多优秀的青年锻炼成刻苦耐劳的实际工作者，而谷斯范君也是战争所造成的优秀新闻工作者之一”①。这部小说1940年出版后，一直广受读者喜爱，多次再版，成为抗战通俗小说的扛鼎之作。

1940年夏，由于国内形势的变化，中共已预感到桂林文化将面临危机，在中共的授意和安排下，胡愈之离开桂林到海外开辟新的宣传战线，于是在7月26日，文化供应社新办公楼落成后的第二天，他悄然离开了文化供应社，乘机飞香港转新加坡办报去了。文化供应社在胡愈之离开后仍继续发展，成为广西抗战进步文化出版上的“生力军”。

（二）胡愈之主持文化供应社时期的编辑思想分析

长期的出版工作以及海外留学经历使胡愈之有深厚的知识学养和广博的国际视野，善于运用各种新闻出版机构和报纸杂志的舆论力量展开思想传播活动。在对媒

---

① 胡愈之.《新水浒》序［M］//谷斯范. 新水浒. 长沙：湖南人民出版社，1985：3-4.

介的定位的认识上，胡愈之指出，“一种报刊若是能够成为社会的耳目，民众的喉舌，传达人民的公意，社会的真理，成为舆论的先驱，就必定会受到广大读者和社会的热情欢迎和支持”①。抗战爆发后，他积极奔走创办各类报刊，宣传抗日救亡运动和统一战线思想。他在接受邹韬奋约稿时说：“现在办刊物首先就应该宣传抗日，你要我写文章我就写抗日的文章。”② 他认为，在国难当头之时，宣传抗日是当时最要求进步的体现，做好抗战的文章就是媒介目前的社会责任，媒介的立场就应该是表现为服务抗日救亡，提高民众民族意识，助力抗日民族统一战线。他奉中央南方局之命到桂林与新桂系的李宗仁、白崇禧以及国民党民主派人士李任仁、陈劭先等合作，推进了抗日民族统一战线的形成，并组建了国际新闻社、文化供应社等舆论宣传机构，通过书、刊、报等形式宣传抗战。

胡愈之始终坚持以大众为文化传播的主要对象，他认为，基于我国大众文化水平低、时局变化大的特殊社会现状，民众迫切需要解决的是眼前的现实问题，因此“办杂志编得快，销得快，价钱低，可以适应解决这种需要，并能和群众建立密切关系”③。关注大众，普及知识，提高读者文化水平，出书为群众，是胡愈之在文化出版工作中始终坚持的编辑方针。他不止一次地强调：“我们搞出版的千万不要忘记我们的一个重大任务就是向最广大的群众传播知识。在发展学术著作的同时，不要忘记普及读物。”④ 胡愈之也将这一出版理念带入了文化供应社，《国民必读》《抗战建国实用手册》《新道理》杂志等通俗读物的编辑出版，就很好地体现了胡愈之对普及抗战知识和科学常识，推进文化大众化的编辑思想。

在对待读者与作者的态度上，胡愈之非常强调编辑的服务意识。他认为编辑作为社会文化活动的传播者，是作者和读者两者之间的桥梁，既要为读者服务，又要团结作者。胡愈之早在主编《东方杂志》期间，就开辟了《作者·编者·读者》专栏，并规定：“编辑必须认真答复与接待读者的来信来访，记者听到群众的反映和要求须及时汇报，读者指名要见编辑主任由胡愈之亲自接待。”⑤ 创办文化供应社之后，为了加强编辑与作者和读者的沟通和互动，胡愈之设计出版了面向大众赠送的《文化通讯》杂志。在杂志中设置了《通信》栏目，每期选登读者的来信和编辑认真

---

① 胡愈之．南洋杂忆［Z］//中国文史和学习委员会．文史资料选辑：第一辑．北京：中国文史和学习委员会，1985：10.

② 于友．胡愈之传［M］．北京：新华出版社，1993：83.

③ 于友．胡愈之办杂志［M］//宋应离，袁喜生．20世纪中国著名编辑出版家研究资料汇辑：第4辑．郑州：河南大学出版社，2005：334.

④ 陈原．胡愈之一贯倡导知识就是力量［J］．新文化史料，1997（2）：30－34.

⑤ 庞政梁．胡愈之的编辑风格［M］//宋应离，袁喜生．20世纪中国著名编辑出版家研究资料汇辑：第4辑．郑州：河南大学出版社，2005：369.

的回复。同时，该刊还刊登最新的读物信息、图书评论，以及全国的文化工作报道等内容，起到了联络全国文化工作者，交换出版工作经验的作用。本着编辑的服务精神，胡愈之还善于团结优秀的作者，他所主持的刊物，总能团结一大批名家在周围，保证了出版人才资源上的优势。文化供应社为推动新课改而编印的“初中精读文选”（共 12 册）就由叶圣陶、王任叔、宋云彬、辛德培、孟超、傅彬然、曾伯韩、叶苍岑、蒋仲仁、操震球等教育界及文化界专家进行编校，远销新加坡。在团结文化名家的同时，胡愈之还扶持和鼓励青年作家，谷斯范就是其中的典型。作为国际新闻社年轻的新闻工作者，谷斯范创作的《新水浒》在《每日译报》上连载，完成之时寄送给胡愈之指正，胡愈之认真细读之后立即交由文化供应社出版，而且还为其撰写了序言，鼓励青年创作。

胡愈之结合中国实际对抗战时期的媒介文化做了阐释，即传播知识、引导舆论和服务社会。虽然文化供应社只是胡愈之出版生涯中很小的一个组成部分，但其成功的发展和运作足以说明胡愈之编辑思想在抗战时期的积极效用，同时也给当代出版界诸多反思与启发。

二、邵荃麟：进步文化建设的思想者

邵荃麟是我国现代著名的文学作家和文艺理论家。在抗战时期，邵荃麟是中国共产党派驻桂林开展抗战文化运动的领导人之一。其间，他分别担任过中共南方局文委桂林文化工作组组长、中华全国文艺界抗敌协会桂林分会常务理事兼研究部副部长、理论组组长及广西建设研究会文化部研究员，以及《力报》主笔、文化供应社专任编辑、文化杂志社主编等职，主要从事文艺创作和文艺理论研究工作。在文化供应社的工作虽然只有短短两年，但他在此期间所参与编辑的书刊，以及传播的文艺思想，将文化供应社的编辑出版工作带入了一个新的时期。

图 2－8 邵荃麟①

（一）邵荃麟在文化供应社的工作

皖南事变前夕，局势日益恶化，邵荃麟受中共指派从金华转移到了桂林，与张

---

① 图片来源：魏华龄．桂林文化城人物选辑：桂林文史资料 第 56 辑［Z］．桂林市政协文史资料委员会，2014：71．

锡昌、狄超白三人组成桂林文化工作组，并以文化工作组组长的身份领导党与非党左翼文化工作和文艺运动。邵荃麟初到桂林，先被安排在《力报》馆工作，夫人葛琴也在该报任副刊《新垦地》的编辑。皖南事变发生后，他不便在报社久留，遂进入文化供应社。在文化供应社，邵荃麟被聘为专任编辑，而“实际上直接领导该社工作”①。

在文化供应社担任专任编辑期间，邵荃麟策划组稿了一套丛书“文学创作丛刊”，包括陈白尘的戏剧《大地回春》、沙汀的报告文学《同志间》、蒋牧良的长篇小说《从大别山到唐河》、艾芜的短篇小说集《荒地》、茅盾的游记《见闻杂记》、艾青的诗集《黎明的通知》、邵荃麟的短篇小说集《英雄》、宋云彬的杂文集《浅草》、骆宾基的中篇小说《吴非有》、聂绀弩的长篇童话《杜鹃花》、葛琴的短篇小说集《伴侣》、司马文森的短篇小说集《蠢货》等12册。在这套丛书中既有诗歌、小说、戏剧、杂文，又有报告文学、童话、游记，而以小说作品最多。从作者构成上看，茅盾、艾青、蒋牧良、艾芜等均为中共党员作家和非党员的左翼作家，并且在大后方都非常活跃。由此可见邵荃麟在图书编辑上的政治意图和文化诉求：一方面，通过丛书的出版，较为集中全面地展示左翼作家的抗战文学实绩，进一步扩大左翼作家在国统区的影响，具有比较明确的政治倾向；另一方面，通过对知名作家作品的出版，确立文化供应社在新文学书籍出版中的地位，为出版社带来必要的经济效益和社会效益。② 在这套丛书中收录了邵荃麟创作的短篇小说集《英雄》，除此之外，文化供应社的“少年文库”丛书中收入了他的儿童题材短篇小说集《喜酒》，同时他还为“中学略读文库”选注了一本《创作小说选》，为“英汉对照小丛书”翻译了《意外的惊愕》。从邵荃麟在文化供应社的工作可看出，他深厚的文学修养以及对左翼文学创作的支持。

除了创作和编辑图书以外，邵荃麟还担任了《文化杂志》的主编工作。如果说图书编辑体现了邵荃麟的文学素养，那么对《文化杂志》的编创则展示了其在文艺理论工作上敏锐的洞察力和批判精神。《文化杂志》是国统区文化运动处于低潮时期创刊的，为了重振抗战文化，邵荃麟以一篇《我们对于现阶段文化建设的意见》（代发刊词）提出了对抗战文化建设的意见和建议，可见其作为一名文化工作者在抗战“非常时期”的责任意识。作为主编的邵荃麟既是编辑又是作者，无论是在文艺批评上还是在文学创作上都为《文化杂志》积极供稿。在总共16期的刊物中，刊载邵荃麟作品的有8期，其中文艺理论批评文章7篇，小说2篇。影响较大的是《我们对

① 赵晓恩．桂林文化供应社始末［M］//中国文史和学习委员会．文史资料选辑：第38卷．北京：中国文史出版社，2011：443.

② 佘爱春．抗战时期桂林文化城的文学空间［D］．南京：南京大学，2011：192.

于现阶段文化建设的意见》（一卷1期）、《论新人道主义》（一卷6期）、《向深处挖掘》（一卷6期）、《对于当前文化界的若干感想》（二卷5期）等。《文化杂志》以大胆批判的作风，发表了一些反思性强，言语犀利的文章，在国统区形成了巨大的影响，一些文章直接刺痛了国民党的统治政策而最终惹怒了国民党当局。此后，《文化杂志》步履维艰，在1943年5月出至第三卷第4期后，邵荃麟被迫辞职，杂志也从此停刊。

在抗战时期，邵荃麟不仅是文化供应社的编辑，还担任文协桂林分会的常务理事职务，以及分会研究部的副部长、理论组组长，广西建设研究会文化部的研究员等。在文化供应社短短的两年间他不仅担任编辑工作，还为其他刊物撰写了大量的文章，力图推动和重振抗战文化运动。他关于文化的主要论著有《建立新的美学观点》（《建设研究》第五卷5期）、《一九四一年文艺运动的检讨》（《文艺生活》第一卷5期）、《重振抗战的文艺战线》（《艺丛》第1期）等。而这一切工作他都是带病进行的，这样的精力和创作能力是非一般文艺工作者所能达到的，从他身上，我们看到了一位出版工作者在民族危难之时的责任担当。

（二）邵荃麟的编辑思想及创作

邵荃麟在抗战时期编辑思想最珍贵的地方，在于他始终立足于文化实践，力求用先进的文化去引导、教育大众，表现出一个党的文化工作者特有的政治素养和文化素养。

其一，在对抗战文化的认识上，主张运用民族文化的精神力量来唤醒和鼓舞民众，力图“通过文化来动员民众，坚定人民抗战的意识和信心”[①]。抗战以来，邵荃麟强调文化工作要能够“唤醒民众”，培养民众的积极向上的文化观念，服务于民族抗战的需要。他认为，“只有提高国民文化水准，才能改造国民精神和发扬民族的革命潜在力，从而激发民族的伟大的战斗力量”[②]。正因为他站在思想建设的高度看待抗战文化建设，在桂林期间，他提出了对民族文化建设的意见，即文化建设是要能够发扬民族的意识与革命性，建立民族革命的道德观；要反映全国人民的生活，并为人民的利益服务。[③] 这与毛泽东在《新民主主义论》中所论述的关于新文化运动性质的观点是完全一致的。因而，在文化供应社的出版工作中，以多种形式的文学作品和青少年教育读物来大力宣传、推广进步文化，成为他编辑的主要方向。

其二，在文艺创作上，强调要扎根抗战生活，创造有思想深度的作品。在邵荃麟看来，作家能创作出优秀文学作品的根本在于建立在崇高的思想与理想之上的生活实践，这是“我们的文学能够从历史的记录高升为反映社会的全部的历史的关系

① 邵荃麟. 我们对于现阶段文化建设的意见［J］. 文化杂志，1941，1（1）：4-13.
② 孟祥凤. 论抗战时期邵荃麟的文化思想［J］. 桂林师范高等专科学校学报，2002（4）：10-13.
③ 邵荃麟. 我们对于现阶段文化建设的意见［J］. 文化杂志，1941，1（1）：4-13.

的文学创造途径”[①]。他以罗曼·罗兰对高尔基的评价——“黑土里生出来的，而又把自己的根须伸入到黑土的深处去”[②]，告诫文艺工作者要站在人道主义的立场上将自己的触角深入人民中、生活中，从中汲取战斗的力量。他还将文化工作者的思想与创造归结于文化的韧性，即对文化的批判精神——“只有从这韧性的批判精神上，才能产生出战斗的热情”，“获得其充实的时代内容和创造力量”[③]。关于创作主题的挖掘，邵荃麟在《建立新的美学观点》一文中指出：“一切凡是促进我们民族力量的成长，和使国民生活向上的，就是不可分割的唯一的善和美。因此，一切为祖国与人民而牺牲的英勇战斗，为民族谋福利的斗争行为，战时刻苦的集体斗争生活，以及民族战争新的英雄人物，在我们看来都是美的，反之，一切不利于抗战的，都是丑恶。在艺术的创造上，我们必须从这种新的观点上去寻找主题。通过艺术的手腕来唤起人民对民族奋斗的创造的热情，和指示未来的灿烂的前途”[④]。邵荃麟不仅在理论上提出了这一“抗战美学观”，还以自身的创作实践诠释这一理念。在他的短篇小说集《英雄》中收入了 8 个小短篇，其中所描写的都是社会的小人物，他认为，所谓的英雄“原是从平凡生活中挣扎出来的”[⑤]。这些现实中的“英雄”并没有想象中壮烈的故事，事实上战争中的生命都是在尘埃中挣扎和默默爬起的灵魂，这些小人物的故事虽然有着不同悲情的命运，但其中都投射出社会苍凉的底色，真实地反映了战争时期社会底层人物的生存状态，具有强烈的批判现实主义精神。

其三，以青年读者为编辑的主要服务对象。邵荃麟在文化供应社工作期间注重对青少年的影响与教育，他主编和参与的“文学创作丛书”“中学略读文库”等书籍均是以广大青年为服务对象的。邵荃麟在编书过程中，处处都为青年读者着想。例如，他在编辑“中学略读文库”中的《创作小说选》之时，从作者的简历，到每篇作品的主题和学习的要点，都分别做了简明扼要的分析和提示，帮助青年读者对文本进行剖析。同时邵荃麟还注意从思想上对青年们的阅读进行积极的引导。在《创作小说选》的《序》中，邵荃麟指出了：“今天一般青年朋友，对于小说的理解和欣赏，还往往不够和不能深入。许多读者还只是陶醉在小说的曲折情节里，或仅仅被激动于故事的表面紧张和缠绵，而缺乏更深入的从作品里面去探求它本质的社会意义，甚至有些人欢喜小说，只因为它是一种轻松有趣的读物。这种现象不可否认是

---

① 邵荃麟. 向深处挖掘［J］. 文化杂志，1942，1（6）：46－47.

② 邵荃麟. 伸向黑土深处［M］//邵荃麟. 邵荃麟全集：第 1 卷 文艺理论与批评 上. 武汉：武汉出版社，2013：79.

③ 邵荃麟. 对于当前文化界的若干感想［J］. 文化杂志，1942，2（5）：4－7.

④ 邵荃麟. 建立新的美学观点［J］. 建设研究，1941，5（5）：57－59.

⑤ 邵荃麟.《英雄》题记［M］//邵荃麟评论选集：下. 北京：人民文学出版社，1981：418.

普遍地存在着。因此，一些富于情节和趣味的庸俗作品，便到处受人欢迎。从这种现象上看来，所谓‘小说是闲书’这种浅薄的观念，仍然或多或少的残存在人们头脑中间，这需要我们继续去克服它。”① 为了帮助青年们更好地去欣赏文学作品，他建议：“首先应该去认识这篇作品的主题是什么，就是说，作者在这篇小说中所诉说的中心思想是什么。这种主题有时并不是看过一遍就能明白，需要再三细读始能领悟的。”② 邵荃麟的这些观点和提示，对于我们今天的作者和读者来说，仍然颇有启发。为了扶持文艺青年，给他们提供一个创作的园地，邵荃麟还协同葛琴在繁忙的工作中创办了《青年文艺》杂志，发表了不少文学新兵的作品，对文艺青年的创作和提高起到了积极的作用。

其四，对文化市侩主义的批判。皖南事变后的桂林“文化城”，呈现一副萧条的景象，虽然书刊数量不断增加，但是普遍表现着内容的空虚和思想力的苍白，邵荃麟称之为“文化虚胖病”。他指出，当前的文化生产被商业势力控制，文化生产事业出现了追名逐利，迎合低级欲求的“尾巴”，投机、盗版、翻印、乱编书籍、剥削作家等种种恶劣作风盛行于世。他认为，“这种现象的发展，不但会使文化萎缩，而对于民族的德性有可能发生危险的影响”③。因此，他反复强调文化工作者应有的态度和作风“必须是认识其对社会所负的责任”，“作家的思想是和民族与社会的理想相关联的”，“文艺不仅是反映国民生活，而且是兼有促进抗战的思想与情绪的任务的”④。因此，文化工作者要加强思想建设，提高文化的战斗力。他曾语重心长地鞭策文艺工作者要尊重文化工作的精神属性，不能将写作当为“谋生的手段”，要有追求人类真实与真理的更高精神追求，才能够创造新的国民精神。邵荃麟对抗战文化现状的批判，以及对文艺创作者的勉励，对于当今的文艺界仍有警示作用。

邵荃麟是抗战时期先进文化的倡导者和实践者，他的文化创作和文艺论著凝聚了进步文化人在抗战时期文化建设的思考和实践。他在文化供应社工作的两年间，以丰富的文学创作和文艺理论作品，体现了出版人文化修养的社会责任意识。文化供应社的出版生产在经历了通俗读物饱和的情况后，邵荃麟以对民族文化深刻的理解和建设健康良性抗战文化的执着，升华了文化供应社在书刊出版上的思想性，留下了不少抗战时期文化建设的精品之作。

---

① 邵荃麟.《创作小说选》序［M］//邵荃麟评论选集：下. 北京：人民文学出版社，1981：460.

② 邵荃麟.《创作小说选》序［M］//邵荃麟评论选集：下. 北京：人民文学出版社，1981：460.

③ 邵荃麟. 对于当前文化界的若干感想［J］. 文化杂志，1942，2（5）：4－7.

④ 邵荃麟. 重振抗战的文艺战线［M］//邵荃麟. 邵荃麟全集：第1卷 文艺理论与批评 上. 武汉：武汉出版社，2013：75－76.

三、傅彬然、宋云彬、杨承芳等：学养深厚的出版专家

在胡愈之和邵荃麟的带领下，文化供应社的编辑团队同样是充满活力的进步文化人，他们不仅在出版业中久经锻造，很多人还是集编辑与作者于一身，甚至在桂林的各条文化战线上身兼数职。

图 2-9 傅彬然[①]

傅彬然是著名的教育家。抗战前曾在绍兴、杭州、萧山、上海等地从事教育工作，1931 年进入上海开明书店任《中学生》杂志编辑，同时组织编写了《教育学》《教育行政》《教育心理学》等师范类教材。抗战爆发后，1938 年 11 月，傅彬然到达桂林，先后任广西省立桂林师范学校教师，《中学生》战时半月刊的编辑，以及桂林文化供应社编辑部主任等。1940 年秋，文化供应社编辑部主任胡愈之离开桂林之后，由傅彬然接任编辑部主任一职。傅彬然接任后不久，皖南事变爆发，编辑部接纳了从新知书店转移到文化供应社的编辑人员，以及从《力报》撤出的邵荃麟，傅彬然聘邵荃麟为专任编辑，并负责《文化杂志》的主编工作。傅彬然在胡愈之开创工作的基础上，进一步加强编辑力量，致力于几套丛书、文库的组稿和编审工作，包括"青年新知识丛刊""青年文库""少年文库""国民教育丛书"等，使文化供应社的出版物包容了教育、社科、文艺等各个领域，涵盖了高、中、低各个文化层次，成为桂林"文化城"最具实力的出版机构。身兼两个出版机构编辑工作的傅彬然，在文化供应社参与了由叶圣陶校订的《新编初中精读文选》(12 册) 并出版了《励志集》(青年文库之一)、《学习心理》(国民教育丛书之一) 等书籍，还在《文化杂志》上发表了《中国教育往何处去》《论革新政治风气》等学术文章。在繁重的编辑工作之余，傅彬然还要为《广西日报》写社论，抗战时期总计写了约 200 篇。他经常对青年朋友说："做编辑的总是围绕着书稿转的，不像作者那样作专门研究；今天围绕着这部书稿转，明天围绕着那部书稿转，所以，做编辑的就要认识自己的不足，努力学习，向作者的书稿学习，还要多参考有关书籍，随着书籍的内容，扩大知识面，提高编审水平。"[②] 傅彬然对出版事业有着强烈的责任感，他认为做编辑的一定要认

① 图片来源：周勇. 中国抗战大后方出版史［M］. 重庆：重庆出版社，2015：560.

② 唐锡光. 为编辑出版事业勤奋一生的傅彬然［M］//魏华龄，李建平，等. 桂林文史资料：第 47 辑 抗战时期文化名人在桂林 续集. 桂林：漓江出版社，2000：115.

真负责，既要尊重作者，把住原稿中的政治关和科学关，又要重视读者的利益，力求正确。[①] 文化供应社的繁荣发展引起了国民党当局的疾视，1943 年初，傅彬然与陈劭先、陈此生、邵荃麟、宋云彬一起辞职，留下杨承芳、林涧青、杜麦青等业务骨干。离开文化供应社后的傅彬然，又重回到开明书店主持《中学生》的编务，继续从事编辑工作。

图 2－10 宋云彬[②]

宋云彬是文史专家。与傅彬然一样，曾为开明书店的编辑。抗日战争爆发后，曾在郭沫若领导的武汉军委政治部第三厅从事抗日宣传工作。1939 年夏，从武汉撤到桂林的宋云彬受胡愈之之邀参与了桂林文化供应社的筹办工作，成立后任编辑。1940 年 10 月，文化供应社增设出版部，由宋云彬担任主任，同时兼任编辑工作。宋云彬是史学家、杂文家和文学史家，他的杂文创作纵论天下事，抒写今人情，题材十分广泛。他在文化供应社出版过杂文集《浅草》（文学创作丛刊之一）、《中国文学史简编》，以及配合宪政运动的宪政通俗读物《实行宪政歌》等，还在《新道理》《文化杂志》上发表过多篇文章，其中有影响力的有《章太炎的学术思想及其影响》《辛亥革命前的中国文化运动》和《五四时代之反儒家运动》等。其中，影响力较大的是由他辑录的《鲁迅语录》一书，该书是他在 1940 年 7、8 月患病卧床时通读《鲁迅全集》后，将有思想的名句摘录后编辑而成。这部《鲁迅语录》于 1940 年 10 月正式出版，第一版就发行了 18000 册，1942 年 3 月再版又印了 3000 册，至 1942 年 5 月该书就印了第六版[③]，成为文化供应社的畅销书之一。宋云彬将《鲁迅语录》的版税所得都捐助或遗赠给了学校和研究鲁迅的机构、团体，为他人学习和研究鲁迅提供了帮助。1943 年，文化供应社人事变动，宋云彬也暂时离开了文化供应社，1945 年 8 月抗战胜利后，他受陈劭先之邀在香港文化供应社担任总编辑，继续开展进步书刊的编辑工作。

在邵荃麟、傅彬然、宋云彬等文化供应社的骨干编辑离开文化供应社后，黄旭

① 魏华龄．傅彬然［M］//魏华龄，李建平，等．桂林文史资料：第 47 辑 抗战时期文化名人在桂林 续集．桂林：漓江出版社，2000：121．

② 图片来源：周勇．中国抗战大后方出版史［M］．重庆：重庆出版社，2015：528．

③ 龚明德．宋云彬辑《鲁迅语录》出书前后［M］//龚明德．书生清趣．长沙：岳麓书社，2005：210－218．

图 2-11　宋云彬与文化供应社人员在一起（宋云彬为左三）[①]

初派钱实甫担任文化供应社编辑部主任，但编辑部原有成员如杨承芳、林涧青、杜麦青等人坚守岗位，因此整个编辑出版工作，仍掌握在党员与非党进步人士手中，钱实甫实际上无甚作为。这一时期，文化供应社进步书籍的编辑工作由杨承芳实际负责。杨承芳也是资深的编辑家、语言学家和政论家，凭着出色的外语能力曾担任赤色职工国际太平洋职工会书记处英文编辑、上海地下党中央秘书处英文翻译和上海法国哈瓦斯通讯社（法新社前身）编辑等工作，是桂林文化供应社成立以来一直坚守岗位的老编辑。他在文化供应社主要参与过"世界大战丛刊""青年新知识丛刊""青年自学指导手册"等丛书的编辑，并编写有《英语教程》《英文手册》《怎样学习外国语文》等外语专著，以及《震荡中的波罗的海》《从北欧打到西欧》《第二次世界大战中的经济问题》等时政著作出版，同时，在《文化杂志》等期刊上发表过《论纳粹德国的反苏战争》《历史的悲剧与悲剧的历史——论苏德战局》《论太平洋战争》《论东方被压迫民族解放运动》《自立更生的真诠》《一年来太平洋战争的总结》等文章，体现了对国际时政深邃的洞察力和分析能力。此外，杨承芳还积极帮助社内的青年编辑提高外语水平和政治水平，文化供应社的英语学习班和时事政策研究会都是由杨承芳负责的。据社员胡耀辉回忆，他的"英文现在还能看书就是在那里（指杨承芳负责的英语学习班）打下基础的"[②]。

① 图片来源：宋云彬．红尘冷眼：一个文化名人笔下的中国三十年［M］．太原：山西人民出版社，2002：73.

② 胡耀辉．陈劭先先生与桂林文化供应社［Z］//中国人民政治协商会议广西壮族自治区委员会文史资料研究委员会．广西文史资料选辑：第 23 辑　陈劭先纪念文集．1986：87.

同时，文化供应社有担任《新道理》编辑的林山、曹伯韩、云健鹏，负责版画插图的温涛，以及担任出版工作的朱光暄、欧阳文彬、胡耀辉、莫志恒等等，他们既是编辑也是作者，同时深谙出版的各个环节，在抗战年代为文化供应社出版的图书进行层层把关，将进步思想和抗战救国的民族意识传播给了广大的受众，对桂林“文化城”的文化运动做出了卓越的贡献。

四、文化供应社的作者群：进步文化传播的“舆论领袖”

“舆论领袖”是由社会学家拉扎斯菲尔德提出的传播学经典概念，是社会信息传播的积极分子，他们向大众分享信息和建议，成为信息在社会中传播的辐射点。抗战时期，许多出版人既是多个出版机构和刊物的编辑，同时也是某一领域的专家，具有文化知识的权威性和说服力，担当了抗战文化“舆论领袖”的角色。如文化供应社的编辑宋云彬、《南方》杂志的主编艾青、《文艺生活》主编司马文森、《野草》的编辑秦似等，除了完成自己手头的编辑工作，还大量创作文艺作品，在不同的出版物上发表传播，在民众中都有广泛的影响力。同时，桂林“文化城”还云集了像郭沫若、茅盾、巴金、田汉、艾芜、骆宾基、周纲鸣、孟超、黄药眠、葛琴等知名的作家，成为文化生产重要的精神宝库。

文化供应社在创社后的短时间内，能够大量出版高质量的好书，其中重要的原因之一，就是它能在桂林组织和拥有一批资历深、功底厚、知名度高、社会影响大的作家团队。这批作者大多是思想进步的、爱国的，积极拥护和坚持抗日战争，努力推动社会进步的知识分子。其中有中共党员、有国民党左派，也有无党派人士，尽管社会政治局势动荡，生活拮据漂泊，但他们依然以严谨认真的创作和工作态度投入到抗战文化工作中，创作了大量具有学术含量和艺术价值的出版作品。通过对文化供应社出版物的梳理，当时在文化供应社出版过读物或为文化供应社期刊撰写过文章的作者（编辑）大体整理如下（括号内为曾用笔名）：

文学及艺术方面的有茅盾、邵荃麟、欧阳予倩、陈白尘、陈阵、陈树勋、陈希真、陈仲纲、艾青、艾芜、聂绀弩、聂志孔、骆宾基、司马文森、黄药眠、葛琴、谷斯范、张杰（桂生）、何鹏、何其芳、胡明树、蒋牧良、梁洪、梁琼、廖冰兄、林山、秦似、刘建庵、柳无垢（无垢）、陆静山、陆润泉、阿垅（S. M.）、冼群、穆木天、方敬、文宠、陆洛、甦夫、夏林、童常、韦燕章、唐之旭、谭丕模、谢加因、陈荒煤、丁西林、徐西东、徐中玉、彦英、温涛、左群、丰子恺、廖庶谦（廖伯华、庶谦）、沈同衡、野夫、叶运升等。

时政军事方面的有陈劭先、陈此生、沈敬亭、杨东莼、胡愈之、杨承芳、思慕、肖敏颂、张铁生、张志让、李菊休、苏芗雨、王纪元、钱俊瑞、戈明、李声玄、刘准、乔光鉴、李嘉人、郭家文、柳庄、宗鲁、顾前、李鳌、杨荣国、邱昌渭、宋云彬、张映南、杨人鸿、程仲清、杨潮（羊枣）、陈柏心、洪彦林、黄寿宸、陆选之等。

史地方面的有萨空了、金仲华、王士略、石兆棠、阎宗临、张声智、陈原、伍熊、余珉、邵慎之、莫一庸、伯华、张人羽、齐武、王鸿、赵家晋、夏威、张健甫、吴泽、张旭光、卢显能、翟凤銮、张毕来、胡仲持、张士仪、金开山、阮镜清、郭家文、曼微、彦英、伍敏、彭慧、郑清文等。

教育方面有叶圣陶、张栗原、林砺儒、王任叔（巴人）、辛德培、孟超、傅彬然、叶苍岑、蒋仲仁、操震球、裴本初、金开山、卢显能、陈润泉、徐锡珩、赵建勋、戴自俺、王士略、朱少希等。

在抗日战争的语境中，作家作为“舆论领袖”，主要制造和生产的是情感形态的舆论，通过文字传递对社会、生活的思考和对自然逻辑的解释，以情感的舆论激发和诱导社会组织成员理解和参与到抗战洪流中。抗战文化作为意识形态的一种工具，需要有一支庞大的传播队伍以多种文化形式特别是文艺形式创造大众所能接受的作品，以将民族主义和民主建国的观念、情绪、认识以及相关的精神因素“注射”给大众，使大众产生符合战争时期所需要的刺激性反应，从而融入民族战争的洪流中。从抗战文化形成的历史意义上看，进步的文化人、作家群体所发挥的作用是最为关键性的，无法取代的。

小结

出版业与生俱来的文化本质特性及其首要的社会功能就是传播与传承社会文化。文化的构建又是由人的精神活动来完成的。出版活动的独特性表现之一是同时具有技术性品格和学术性品格。因此“中国的出版文化工作者几乎无一例外的都具有学者化的倾向”，“几乎没有任何一种其他的文化形式可以像出版文化那样具有浑厚的学术气息”①，文化供应社能够在抗战时期创造高品质的文化作品，得益于胡愈之、邵荃麟等编辑的思想引导，更是编辑与作者群体在抗战时期共同合作的精神结晶。

① 李白坚. 中国出版文化的学术传统［J］. 新闻出版交流，1998（2）：6－9.

本章小结

启用现代企业股份制构建的文化供应社采取了公、私并举的“二元制”运营体制。在这一体制下，在资金上得到了地方政权组织的支持，在人事构架上和组织生产上获得相对的自主权，由此可见战时的新桂系在中国共产党统战工作的影响下对进步文化传播工作保持一种支持和宽容的态度。其领导者（陈劭先、李任仁）、管理者（胡愈之）和执行者（傅彬然、宋云彬等）虽然分别来自不同的政治组织，但在思想意识和文化追求上有着一致性，“志同道合”永远是文化人合作的第一标准。

媒介组织的目标是满足社会大众的信息需求。这是媒介组织存在和发展的前提和基础，是媒介经营者协作意愿得以发展的原因。因此，文化供应社在企业制度管理上，通过形式多样的学习项目和组织活动帮助社员成长，并以此向他们不断灌输共同的目标和信念。在复杂的政治形势下，文化供应社根据企业经营环境的变化和文化发展趋势不断调整人事管理策略，以实现媒介组织的生产目标。媒介组织作为社会传播系统的组成部分，其与政治系统、经济系统、文化系统有密不可分的联系，外部系统的变化都会影响到媒介组织的运作。丹尼斯·麦奎尔的这张图（见图 2－12）直观地显示了媒介组织在整个社会系统中所受到的各种力量的制约和影响。

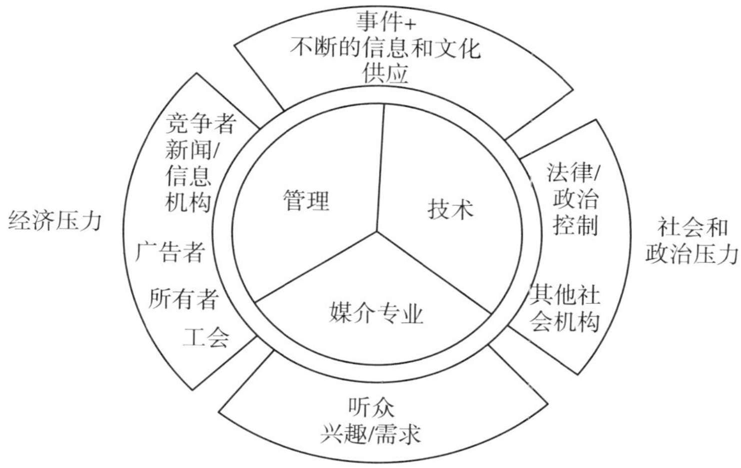

图 2－12　媒介组织所受到的各种力量的制约和影响①

① Macquail. Mass Communication Theory [M]. California：Sage Publications，2010：142.

社会制度往往从政治控制、经济控制、文化控制、受众控制四个方面制约和影响传播制度[①]，因此，通过官方资本建立的媒介组织，受政权系统的制约和影响非常大，当权者支持便能迅速发展，而当政局变化之时，组织系统就更容易面临被瓦解的危机。1943 年，文化供应社遭遇“收编”危机时，其领导层采取了适应性的组织结构调整，及时挽回了被取缔的风险。然而，在飘摇的政治环境下，即使是“换汤不换药”暂时性安全，进步文化的传播活动仍是举步维艰。

“组织是由相互关联并发生重叠关系的群体组成的系统”[②]。抗战时期的出版生产活动，遭受了资本与权力场的双重压力，诸多媒介组织为求生存依赖于一定的经济组织或权力组织。作为进步媒介组织的文化供应社，其一大特殊之处就在于，在国统区披挂着“官办”的外衣，却热火朝天地开展着进步文化的生产，资本和权力未对文化生产施加过多的影响，进步文化的传播获得了更自由的空间。从组织的最基本元素——人的角度上说，陈劭先、李任仁、陈此生、万仲文、胡愈之、邵荃麟、傅彬然、宋云彬、赵晓恩、千家驹、杨东莼、艾青、叶圣陶等组成的文化供应社领导管理团队和编辑作家群体是这一媒介组织发展最为坚固的基石和巨大的财富，在波诡云谲的战争环境下，求同存异、不畏政治风险、坚持抗战信念、传播进步文化，使文化供应社生产了大量有影响力和现实作用的抗战读物，为抗战文化的传播和桂林“文化城”文化运动的推进起到了关键性的作用。

① 赵建国. 传播学教程［M］. 郑州：郑州大学出版社，2012：66.
② 李红艳. 媒介组织学［M］. 北京：中国传媒大学出版社，2007：43.

第三章 『大众化』语境下文化供应社的出版生产

从传播学的视角来看，媒介的传播内容是媒介组织活动的主要标志，出版物是文化内容的载体，同时也是社会精神供给与需求的体现。出版机构的文化生产与传播是以一定受众为对象和终点的，出版物的形式与内容不仅要服务于一定的时代需求，同时也要适应不同层次的受众。施拉姆认为，“在国家发展的社会变革中，传播的任务有三种。首先，平民百姓必须得到关于国家发展的信息；他们的注意力必须被集中在变革的需要、引起变革的机会以及变革的方法和手段上；而且如果可能的话，必须唤起他们对自己、对祖国的事业的抱负……这些正是传播在社会（无论是传统社会还是现代社会）中的基本任务。唯一不同的是，当一个社会正处于急剧的社会、经济变革的骚动中时，所有的需要都被强化了”[①]。抗日战争时期，硝烟四起、生灵涂炭，但战争并没有阻挡民主和科学精神的传播，相反，由于民族精神的觉醒，中国的文化人更主动地以民众作为文化传播的主要对象，一场以广大民众作为文化受众群的文化“大众化”运动如火如荼地开展起来。出版机构在文化政策的倡导与市场的召唤下，主动肩负民族救亡的使命，大力配合“抗战建国”的宣传，以形式多样的读物满足前方战士及后方民众的精神需求。

作为非常态社会环境下诞生的地方性出版机构，文化供应社既有地方政治力量的支持，又有堪称“舆论领袖”的文化人编辑撒播进步文化，在出版物构成上显现了其独特的时代性、进步性与地方性。从面向大众的“文化室丛书”“时事问题丛刊”“青年新知识丛刊”到具有批判精神的《文化杂志》，文化供应社的出版同人坚守出版阵地、传播进步文化，对广大民众与知识青年抗战精神的觉醒与构建起到了重要作用。

第一节 抗战语境下的传播受众与文化出版

抗日战争的爆发，国家危亡的社会现实激活了国人的民族意识，形成了以对抗为主旨的战争传播语境。陷入水深火热之中的民众再难流连在风花雪月与小资情调

---

① 施拉姆. 大众传播媒介与社会发展［M］. 金燕宁，译. 北京：华夏出版社，1990：132.

的文字中，撒播革命和民主思想的出版物成为他们在流亡痛苦的逆境中寻求光明和慰藉的期待。这一时期文化传播的受众与战争现状形成一种合力，强烈要求传播者自觉地以抗战救亡为文化生产的主题。可以说，战争使文化从来没有像这一时期与现实那么贴近，与民众的疾苦那么紧密，文化生产和出版传播内容的“大众化”形成了中国出版文化在战争年代最凸显的特色。

一、抗战时期传播受众的特征

媒介的传播对象是受众，出版机构的市场生存有赖于受众对出版物的接受与消费。历史上，不同时期出版物生产的情况既与当时的科技发展、社会热点有关，同时也与出版受众的需求有密不可分的联系。从晚清到民国，从辛亥革命到抗战爆发，受众群体的变化影响了出版物生产从内容到形态上的变化。

（一）战前以文化精英和知识分子阶层为主要受众的出版形态

从晚清到民国，新式出版业的发展带来了出版物类型的不断丰富，时代潮流的变化也促使出版物在内容和结构上不断进行调整。到晚清末年，大的出版物分类如教科书、古籍、工具书、翻译、文艺著作、社科图书、自然科学图书等几大出版门类已在出版界定型，有的则有相仿的出版基础。在图书出版数量上，以商务印书馆、中华书局、世界书局三家出版机构所占全国的出版比重最大，增长也最快，1927 年三家书局的出版总量仅为 1323 种，1931 年增长至 4000 多种，到 1936 年则达到 9438 种，占全国出版总量的 71%。①

出版物种类的丰富，在不同的时期也有不同的热点与重点。五四运动前夕的出版物市场上，除了大书局竞相出版的大宗教科书和大型工具书外，市场上大量流通的出版物便是通俗小说。到了五四运动之后，新思想新学术的书刊开始大量涌现，新出版与新文化运动互为推动。在出版物的结构上，商务、中华两大书局，从原来注重教学图书转向并重一般图书，并着力于学术名著的出版。但无论是教科书的出版还是白话文读本的普及，其主要的受众群均在于城市知识分子群体和处于求学阶段的中小学生。而相对偏远的地域，文化层次较低的广大农民阶层均未能成为文化普及的对象。

（二）战时出版业传播受众的“大众化”特征

五四运动时期，我国的新文化运动就已显现出“大众化”的旨归，抗战的爆发促使文化面向大众成为更重要的课题，“这课题的中心是文艺走向大众，文艺首先应

---

① 王云五．十年来的中国出版事业：1927—1936［M］//张静庐．中国现代出版史料：乙编．上海：中华书局，1955：336－337.

该为大众而服务，逐渐为大众所把握，成为大众自己的东西"①。拉斯韦尔认为"宣传家为战争而鼓动起来的下级团体越多，人民对国家事业统一投入就越强大"②。因此，战争时期，面向公众的舆论宣传被视为增强士气与社会凝聚力所必需的一种方式。

在民族危亡的关头，唤醒民众参与"抗战建国"的事业，成为社会迫切的文化诉求，出版受众的圈层也由原有的知识阶层、准知识阶层迅速拓展到能最大限度覆盖的大众阶层。1939 年国民党发布的《国民精神总动员纲领》③ 中提出了要集合全国人民的精神意志到对日抗战中，使全民都意识到抗战救亡的大势，树立"抗战建国"之信仰，并愿为该信仰、大势去牺牲，去奋斗。

在毛泽东看来，抗战文化传播的对象更为明确，他认为，"它（文化）应为全民族中百分之九十以上的工农劳苦民众服务，并逐渐成为他们的文化"④。随着抗日民族统一战线的建立，毛泽东对人民大众的含义做了更为全面的解释，在《在延安文艺座谈会上的讲话》中，他指出"人民大众"由四部分人组成，即工人、农民、兵士和城市小资产阶级及其知识分子，"这四种人，就是我们中华民族的最大部分，也是最广大的人民大众"⑤。张闻天在《抗战以来中华民族的新文化运动与今后任务》中也提出了为"抗战建国"服务的新文化应该是"民族的""民主的""科学的""大众的"，主张"文化走向前线，走向乡村及文化同大众的结合""文化为大众所有，文化普及于大众而又提高大众"⑥。客观上看，战时大量的文化人的迁徙，也带动了中小城镇和乡村文化的普及。文化人所撤退到的城镇或乡村，大部分群众多数没有文化或只有很少的文化，文化的通俗化、大众化的深入就成为时代的必然要求，因此以广大民众为文化传播对象的文化大众化运动在战时得以迅速开展。

在民族危亡的历史环境和政策的倡导下，诸多的文化人和出版家对抗战时期的文化受众群体也有了新的认识。沈志远在《文化的抗战与抗战的文化》一文中认为："文化中最重要的，有决定意义的一环，是唤起民众，启发民众的政治觉悟。"⑦ 郭沫若在《抗战与文化问题》中也指出："抗战必需大众动员，因而一切文化活动必需

① 梅行. 论部队文艺工作 [J]. 大众文艺，1940，1 (4)：25-29.

② 拉斯韦尔. 世界大战中的宣传技巧 [M]. 张洁，田青，译. 展江，校. 北京：中国人民大学出版社，2003：7.

③ 国民精神总动员纲领 [N]. 新华日报，1939-03-12.

④ 毛泽东. 毛泽东选集：第 2 卷 [M]. 北京：人民出版社，1991：708.

⑤ 毛泽东. 毛泽东选集：第 2 卷 [M]. 北京：人民出版社，1991：855-856.

⑥ 张闻天（洛甫）. 抗战以来中华民族的新文化运动与今后任务 [J]. 中国文化，1940，1 (2)：4.

⑦ 沈志远. 文化的抗战与抗战的文化 [M] //吴大琨. 抗战中的文化问题. 汉口：黎明书局，1938：51.

充分地大众化。”[①] 对于出版物在抗战时期的大众化方式，金溟若在《非常时期之出版事业》一书中提出，“出版的大众化也是非常时期出版事业所应该注意的事情。出版的大众化可分为两方面：即作品的大众化和书籍的大众化。前者指内容而言……后者即对书价而言”[②]。出版家意识到，抗战时期，中国人民的文化水平不高，文盲范围广大，出版物不能仅以少数知识阶级为对象，应该以多数的民众为目标，使民众从中了解时务和自己所处的地位，能够成为抗战军队的后援。因此，要实现抗战文化传播的最大功效，出版物须以大众化的内容，低廉的售价，普及到民众及军队中。

抗战时期中国四亿五千万人口的“大众”，呈现出文盲数量众多、构成复杂、民族意识淡漠的特征：

一是文盲数量众多。民国初期，常年的社会动荡，我国的经济萧条、教育落后，据抗战前的调查称：“就全国总平均每百万人口中，仅有专科以上学生 93 人，即每 10752 人口中，才有专科以上学生 1 人，每 91658 人口中，才有专科以上女生 1 人。约略言之，我国每 1 万人中只有大学生 1 人，每 10 万人中，只有女子大学生 1 人，女子之受高等教育者，也可以说‘凤毛麟角’了!”[③] 即使在经济相对发达的城市，文盲人口比例也相当大，1920 年南京市的文盲人口比例高达 70%，1930 年北平市文盲占总人数 50%[④]，受过高等教育的人更是寥寥无几。因战争导致了大规模的难民流徙，也致使了大量青少年失学。据非常时期救济委员会汉口支会于 1938 年所登记的资料来看，在 31000 余名（未含 8 岁以下儿童）难民中，“受过中等教育以上的占 5%，受过中等教育的占 15%，受过初等教育的占 2.5%，受过普通识字教育的占 22.5%，未受教育的占 20%。失学的学生占 25%，失业的学生占 10%”[⑤]。

社会经济文化更为落后的西部地区，民众甚至广泛存在着中世纪的封建意识，李维汉曾回忆道，由于地主阶级对农民的残酷剥削和压迫，自给自足的自然经济统治着的广大乡村，成千上万的农民终日辛劳难得温饱，文盲高达 99%，人民在文化上落后到几乎想不到的程度。[⑥] 据统计“平均起来，全边区识字的人仅占全人数的 1%，小学只有 120 处，社会教育则绝无仅有”[⑦]。

二是大众人口构成复杂。抗战时期随战事迁徙的人口构成呈现多样性的特征，

① 郭沫若. 抗战与文化问题 [J]. 自由中国，1938，12 (3).
② 金溟若. 非常时期之出版事业 [M]. 上海：中华书局，1936：86.
③ 黄季陆. 革命文献：第 55 辑　抗战前教育概况与检讨 [M]. 台北：中央文物供应社，1971：446.
④ 张庆军. 民国时期都市人口结构分析 [J]. 民国档案，1992 (1)：128-135.
⑤ 叶朔中. 伤兵问题与难民问题 [M]. 重庆：独立出版社，1938：48.
⑥ 李维汉. 回忆与研究 [M]. 北京：中共党史资料出版社，1986：566.
⑦ 新中华报社. 为扫除三万文盲而斗争（社论）[N]. 新中华报，1939-04-19.

从浙江省各县对难民统计中看，1938 年 1 月至 8 月收容、遣送、过境的难民总计 284020 人，其职业包括农民（包括自耕农、佃农及从事盐渔畜牧业者）、工人（包括机械工人、电气工人、印刷工人、矿工、窑工、杂项工人、造印工人）、手艺人（包括染织手工业者、裁缝、木匠、泥水匠、竹匠、五金匠、理发匠、鞋匠、挑夫、车夫、船夫）、商贩（包括经理、伙友和小贩），以及文化教育界人士、政府工作人员、军警、医生、僧道、自由职业者等。其中，农民占 34.57%，家务女红、不能担任工作及无业者占 35.91%，工人占 8.46%，商贩占 14.75%，文化教育界人士占 1.01%①。可见 90%以上是中低文化构成的人群，在这些大众的构成中还包括大量的军人。由于战争的高压，战斗在一线的部队更需要在精神上不断地刺激，以坚定保家救国的信念，因此士兵群体也成为抗战文化服务的重要对象。大众人口职业构成的复杂性，使传播受众的知识构成、文化需求、观念追求上也呈现不同状态，且战时的大众绝大部分都在流亡之中，极大地增加了文化传播的困难。

三是大众民族意识的淡漠。长期处于温饱线上的民众，没有接受过文化的启迪，思想处于蒙昧或半蒙昧状态，民众中间甚至还保存着“为流俗低级的趣味所腐蚀了的文化生活，在年节的关头还做着男女调情之类的空洞的无意义的舞蹈的表演”②。在我国“四亿五千万人中，有三亿以上对于政治完全迷盲无知，而其余的一亿多人中，大多数又对这次抗战和自己的人物没有明确的认识”③。民族危亡与民众蒙昧在战争时期成为一组令人揪心的矛盾，沈志远面对受众的麻木不仁，发出沉痛的反问：“试问我们民众力量的优势在哪里？我们抗战胜利的把握又在哪里？”④ 对战时大众的麻木与蒙昧，亟须依靠媒介的力量的宣教和斗争意识的刺激，依靠先知先觉的“舆论领袖”去唤醒。

抗战时期民众文盲数量众多、构成复杂、民族意识淡漠是抗战文化传播面临的艰巨问题，怎样才能迅速地普及抗战文化，激发民众的民族意识，以达到参与抗战、支持抗战的目的呢？以文化“大众化”为导向的通俗文艺运动，成为抗战时期一场规模盛大的精神战役。

二、抗战时期“大众化”的出版特征

鼓励和支持通俗文艺运动，一直是国民政府一个重要的文化政策，早在 1932 年，国民党中央宣传委员会就制定了《通俗文艺运动计划书》，要求“由全国各级党

① 张根福. 抗战时期迁移人口的结构分析：浙江省个案研究 [J]. 史学月刊，2003 (2)：115－120.
② 艾思奇. 谈谈边区的文化 [J]. 战地，1938 (2)：51.
③ 沈志远. 文化的抗战与抗战的文化 [M] //吴大琨. 抗战中的文化问题. 汉口：黎明书局，1938：51.
④ 沈志远. 文化的抗战与抗战的文化 [M] //吴大琨. 抗战中的文化问题. 汉口：黎明书局，1938：51.

部一致动员，从事于有计划、有步骤之活动，以期造成一个大规模的通俗文艺运动"[①]。抗战的爆发，更强化了国民政府的通俗文艺政策。1938 年 3 月，国民党召开中央临时全国代表大会，决定把抗战教育与宣传的重点及时转移到乡村民众身上，宣传方式则是注重"文艺作品之供给"，"以收潜移默化之效"[②]。正因为如此，国民党中央宣传部、教育部和稍后成立的国民政府军事委员会政治部，都致力于通俗文艺读物的撰写和编制。教育部的"民众文库"和政治部的"士兵文库"中，相当一部分都是以宣传教育为宗旨的通俗文艺读物。鲁迅认为，要进行大规模的通俗文艺运动，"就必须政治之力的帮助"，仅有作家创作出通俗文艺作品是不够的[③]。国民政府对通俗文艺的重视和支持，为文协发动和组织全国文艺作家从事通俗文艺运动造就了有利的文化环境，使大量的通俗读物通过行政的手段，普及到民众和士兵读者的手中。

在文化"舆论领袖"的引领下，文化人纷纷响应，为争取民族解放而执笔斗争。1938 年 3 月，中华全国文艺界抗敌协会成立，以文艺的大众化作为自己的主要任务，设立了全国文艺通讯团、通俗文艺工作委员会等组织，提出了"文章下乡，文章入伍"的口号。《文艺月刊》上刊载的打油诗，饶有趣味地描绘了当时的景象：

文章下乡热腾腾，化解万民怀似冰，由他市上识和捧，作家努力具真诚。

文章入伍莫停止，文章有力能雪耻，战时歌声助杀声，一字能抵一枪子。

救国只有把敌干，文人自应去参战，民间文艺阵地宽，战术灵活是好汉。[④]

为了让文化大众化的效果更为显著，战时文艺协会将出版通俗的抗战小手册作为自身的工作要点，设立了通俗文艺工作委员会，邀请大量的作家为士兵撰写了数百种读物。文化界还创办了大量通俗性的刊物，如《大众》《大众文化》《大众生活》《大众读物》《抗到底》《老百姓报》《通俗文艺五日刊》《时调》《弹花》《高射炮》《人人看》《星芒周报》等，以通俗易懂的诗歌、小说、戏剧、鼓词、漫画、木刻等形式传播战争常识，讲述抗日故事，激发斗争情绪。基于抗战政治宣教的需要，以及对抗战文化传播受众的大众化的认识，出版业在这一时期的文化生产，从以知识阶层为受众的教材和社科书籍生产，转向了以广大民众为目标受众的通俗读物生产中。而战时大后方出版抗战读物，不仅限于一时一地，而是各地各类出版机构，或

---

① 国民党中央宣传委员会制定之"通俗文艺运动计划书"［M］//中国第二历史档案馆．中华民国史档案资料汇编：第五辑　第一编　文化．南京：江苏古籍出版社，1994：322.

② 国民党中央临时全国代表大会通过重要决议案［M］//中国第二历史档案馆．中华民国史档案资料汇编：第五辑　第一编　文化．南京：江苏古籍出版社，1994：384.

③ 鲁迅．文艺的大众化［M］//鲁迅．鲁迅全集：第 7 卷．北京：人民文学出版社，1991：350.

④ 老向．抗战四年来的民众读物［J］．文艺月刊，1941，11（7）：33 - 38.

多或少地出版有部分适应抗战需要的通俗书刊。

战前致力于教材和精英读物出版的大型出版企业如商务印书馆、中华书局、正中书局等在抗战初期，为加强国人的抗战意识，以丛书方式积极编印了诸多战时读物，其中商务印书馆出版了“战时读物”100种、“战时常识丛书”15种、“抗战小丛书”26种，以及“小学生战时常识小丛书”“民众战时常识丛书”[①] 等；中华书局出版了《枪的种种》《弹的种种》《手榴弹》《炮的种种》《坦克车》《兵舰的种种》等系统介绍兵器的小册子；正中书局出版了“战时民众训练小丛书”“抗战丛书”“非常时期民众丛书”等，以及由教育部社会教育司编的《民众教育与青年训练》《抗战与生活》等等通俗读物。

中共领导下的生活书店、读书出版社和新知书店也是战时传播民主进步文化的出版主力军。生活书店的邹韬奋一向主张出版书刊要从占人口大多数的群众的理解能力和接受能力出发，认为“大众文化的基本条件是要大众化，是要不忘却大众，是要切合于大众的真正需要，是要培养大众的伟大的力量，是要能适合于大众的容受性”，“我们要极力使我们的文化工作能影响大多数人，影响的范围越广大，文化的功效也越大”，“使一切识字和半通文字的妇女们、孩子们、工友们、农夫们都能看懂”[②]。依据邹韬奋的指导思想，生活书店在抗战时期出版了大量通俗化、大众化的丛书和抗战通俗读物，在抗战的前3年，生活书店一共出版文艺类书籍200多种，其中通俗文艺作品近100种，“将近占文艺出版物总量的一半”[③]；读书出版社的一项重要任务，就是面向具有初等文化程度正在求索前进的青年，对通俗化著作进行编写组稿工作，除多次印行《大众哲学》外，同时出版了“社会常识读本”“战时戏剧丛书”“政治时事与社会科学”等[④]；新知书店创办的初衷是“宣传马克思列宁主义，专门出版社会科学书籍”[⑤]，既有马克思主义的经典译著，又有联系实际、阐述基本原理的初学入门书，在通俗读物方面有《战时农村宣传资料》、“救中国小丛书”等。

国民政府军事委员会政治部第三厅在郭沫若主持下，先后在武汉和重庆印制出版多种抗日宣传书刊，至1940年9月共编印了100种左右的通俗读物[⑥]。这些小丛书，通常采用短小精悍的通俗语言，篇幅为5000至6000字，每册64开本左右，一般印数约5万至10万册，主要分发到前线及敌后士兵手中。其他的出版机构也都在

① 戴仁. 上海商务印书馆：1897—1949［M］. 李桐实，译. 北京：商务印书馆，2000：82.
② 生活书店史稿编辑委员会. 生活书店史稿［M］. 北京：生活书店出版有限公司，2013：44－45.
③ 生活书店史稿编辑委员会. 生活书店史稿［M］. 北京：三联书店，1995：134.
④ 熊复. 中共抗日战争时期大后方出版史［M］. 重庆：重庆出版社，1999：89.
⑤ 徐雪寒. 新知书店的战斗历程［M］. 上海：生活·读书·新知三联书店，1994：4.
⑥ 熊复. 中共抗日战争时期大后方出版史［M］. 重庆：重庆出版社，1999：64.

围绕抗战大力进行通俗读物的编纂，如上海杂志公司出版的“大时代丛书”“新军事学丛书”“游击队小丛书”“战地生活丛刊”，华中图书公司的“抗战戏剧丛书”，天马书店的“抗战民众运动的指导书与参考书”等①。

在抗战文化传播语境下，出版物作为承载思想意识的载体，其编辑理念也受制于战争形势的需求，以“大众化”为抗战文化传播的导向，服务于抗战。以大众化的小说、诗歌、报告文学、戏剧、歌曲、鼓辞等多种文艺形式和通俗化的政治理论、社会科学常识等等形成的出版物内容，构成了一个广阔多元的出版文化生态。

（一）文学艺术类作品的大众化

陷于民族危亡之境的“舆论领袖”们，将大众作为最核心的创作对象，以通俗化的文艺作品满足战时的需求，刺激和动员大众参与抗战。郑振铎曾呼吁文艺工作者，“应该为英勇的前线的士兵们及躺在后方的医院里的伤兵们”提供“精神上的食粮”，“刊物文字要浅，插图要多”②。当“为抗战服务”成为文学创作的首要表达时，其作品必然因其浓郁的理性意识、爱国情怀和通俗的大众化形式，激起了读者的强烈共鸣。民众在接受这些读物时，“实现由无生气的意义痕迹向有生气的意义转换”③。

文艺作品的大众化包括诗歌、小说、报告文学等作品的大众化，以及戏剧、音乐、木刻、连环画图出版物的大量涌现。

一方面，在文学类作品上，诗歌、小说、报告文学是战时大众文化传播中最常见的情感形态的舆论，其中诗歌与小说和报告文学相比，堪称情感形态的舆论中最高亢和激越的特殊角色。抗战爆发以后，可以说整个中国都是在诗的悲愤和呐喊中行进的，由胡风主编的文艺期刊《七月》中，不但有著名诗人艾青、田间，还有孙钿、亦门（S. M，阿垅）、鲁藜、蓝、冀涝、绿原、邹荻帆、庄涌、彭燕郊、曾卓、牛汉、艾漠（贺敬之）等不少青年诗人的诗作。爱国将领冯玉祥也写了大量的抗战诗，收集在《抗战诗歌集》《抗战诗歌》《抗战长歌集》等出版物中。

另一方面，戏剧、歌曲、图画等艺术作品也配合抗战文艺宣传而大规模出版起来。抗战初期，戏剧界异常活跃，戏剧作品也着眼于配合战时宣传，反映抗战现实。1937 年，上海出版的《抗战独幕剧选》是最早的一本抗战独幕剧选，其中收集了 20 多个独幕剧。至 1938 年，已有独幕剧和多幕剧的抗战剧本 124 项④。这些剧作大多是反映军民英勇抗战，揭露敌人残暴，描写沦陷区人民的痛苦和反抗等内容，与抗

---

① 熊复．中共抗日战争时期大后方出版史［M］．重庆：重庆出版社，1999：65.
② 郑振铎．为士兵们做的文艺工作［J］．呐喊，1937（2）：22.
③ 伽达默尔．真理与方法［M］．王才勇，译．沈阳：辽宁人民出版社，1988：215.
④ 熊复．中国抗日战争时期大后方出版史［M］．重庆：重庆出版社，1999：98.

战剧演形成“同期书”的联动效应。同时，歌曲集与图画集也成为广泛撒播抗战文艺的载体。

（二）社科类读物和政治理论读物的大众化

马克思、恩格斯、列宁、斯大林著作和毛泽东著作，在国统区的公开出版发行，是抗战时期出版事业的一大特色，具有深远意义。抗战初期，生活书店出版和重版的基本理论启蒙读物，有胡绳的《新哲学的人生观》、平心的《社会科学研究法》、柳湜的《怎样研究政治经济学》、章汉夫的《政治常识讲话》、王右铭的《大众资本论》等[①]。由读书出版社编印的艾思奇的《大众哲学》是面向大众的哲学类通俗读物，曹伯韩的《通俗社会科学二十讲》和曹伯韩、廖庶谦、陈楚云编著的《社会常识读本》等通俗社会知识读本都多次被重印。新知书店在通俗社科知识的普及上也出版了胡绳著的《辩证唯物论入门》，翦伯赞著的《历史哲学教程》，徐懋庸、何干之等著的《社会科学基础教程》，华善学著的《中华民族解放斗争史》，以及中国现代史研究会编的《中国现代革命运动史》，杜德著的《列宁的生平》等传播进步理论的小册子。这些图书以浅近的语言、生动的案例帮助读者了解深奥的哲学和社科知识，对抗战时期青年心智的启迪起着关键的作用。

（三）出版物形态的大众化

在出版物的形态上，小开本的通俗读物为出版主流，丛书出版层出不穷。由于通俗读物在教育和动员民众方面有通俗性和鼓动性的特征，因此许多出版机构和出版人也在研究适应战时传播的出版物形态，提出了文字浅、插图多、开本小、价格低的通俗化标准：其一，在语言文字上尽力多使用短小简略的白话文和歌谣，能够朗朗上口，便于民众口头传播；其二，在版式上要多插图，增加趣味性，帮助文化层次较低的受众理解意义；其三，在开本上基本上以64开本的小手册为主，便于民众或士兵放于口袋随时阅读；其四，在价格上尽量以最低的价格使更多的民众消费得起，而其中一大部分出版机构还以捐赠的形式送到前线部队或后方的学校。在这一标准之下，一时间，书籍市场上有关抗战的连环画、挂图、小工具书等，琳琅满目、洋洋大观。

纵观抗战时期的出版生态，出版界将大众作为抗战传播最为重要的传播对象，以图书、期刊、报纸为主体的出版媒介场域所发挥的场效应，大量的通俗读物出版构建和营造了文化“大众化”的社会情境，形成了以启蒙与救亡为主旨的战时传播语境。受众在这一语境的强烈刺激下，产生为民族独立抗争的文化认同，从而投入到新的抗战生活中。抗战文化运动所表现的“文章下乡”“文章入伍”这一现象体现

① 熊复．中国抗日战争时期大后方出版史［M］．重庆：重庆出版社，1999：107.

了明显的组织传播的特性，抗战出版在战争初期传播和宣教视野已经越出了战前所理喻的界域，具有了更为深广的战略境界和传播视界。

三、桂林“文化城”的出版物概况

在国家处于生死存亡的危险时刻，先后到达桂林的一批进步文化出版发行工作者，本着抗战高于一切，一切服从于抗战的原则，积极开展抗战宣传，以各式各样出版物，“让人民群众在意识上武装起来，共赴国难”①。众多的出版社、期刊社、书店，在“文化城”期间（1938—1944 年）共出书 2200 多种，其中丛书、成套的书近 70 套，出版各种期刊近 300 种②。这些图书、报刊，除在桂林和广西发行外，还辐射发行到广东、湖南、云南、贵州等省，以及港澳地区和全国各地，使桂林成为战时国统区出版的重心。

（一）城市人口的激增与出版市场的繁荣

如果说，受众是媒介发展的动力之源，那么抗战时期桂林“文化城”人口的激增是其出版业得以迅速发展的原动力。抗战时期的桂林由战前不足 10 万人口发展成为拥有 50 余万人口的城市，是当时国内外来人口、流动人口所占比例最大，人员构成最为复杂多样的城市之一。内迁到桂林的人群中既有大量受过高等教育、高学历、高收入阶层，又有大量只具备中等文化、低收入的打工一族；既有相当一部分受西方文化影响，追求现代生活品位的人士，又有不少受中国传统文化熏陶，留恋传统的市民。③ 这些人群共同构成了战时桂林传媒的受众生态系统，也繁荣了广西的文化市场，造就了抗战时期桂林“文化城”的历史地位。

文化界人士云集是桂林抗战“文化城”形成的软条件。1938 年到 1944 年这一时期，在桂林的 1000 余名文化人中，“无论质和量，有一个时期都占全国第一位”④。桂林的进步文化团体更多达 30 多个，其中以中华全国文艺界抗敌协会桂林分会的影响最大，文协全国总会认为桂林分会在各地分会中“成绩是全国最好的”⑤。进步的觉醒的文化人，已开始注意文化应向一般人民大众进行传播，开始了“文化大众化，通俗化运动的理论到实践”⑥，积极响应“文章下乡”“文章入伍”的口号，奔赴前线、深入普通民众的生活，创作出大量反映战争生活、表达群众心声的作品，极大地丰富了桂林群众的生活。在抗战文化运动的推动下，桂林“文化城”

---

① 新华书店总店. 书店工作史料：第二辑［Z］. 北京：新华书店总店，1982：197.
② 龙谦，胡庆嘉. 抗战时期桂林出版史料：桂林文史资料　第 38 辑［M］. 桂林：漓江出版社，1999：75.
③ 靖鸣. 抗日战争时期桂林新闻生态初探［J］. 新闻与传播研究，2008，15（1）：9－14.
④ 王坪. 文化城的文化状况［N］. 广西日报，1943－09－08.
⑤ 司马文森. 文协六年［N］. 大公晚报，1944－06－14.
⑥ 明天. 桂林出版界现状的分析［J］. 新闻记者（汉口），1938，1（4）：27－28.

每天出版新书 20 种以上，普通刊物的销量高达 1 万份，销量最大的刊物每期可印 2 万份，单行本图书的印数，初版起印可达 5000 本以上。[①]

书籍出版的活跃也带动图书市场的繁荣，1938 年至 1939 年期间，桂林的书店从原来的桂海、文海、文源、文南、大成、典雅、前导等 7 家书店激增到 170 多家，从上海、南京、武汉等地迁至桂林的书商均在桂西路、中南、中北等正街开设书店，其中包括商务、世界、中华、生活、读书、开明、北新等 20 多家出版机构的分店也都设在此，使“桂西路成了文化街”[②]。书店里也有大量求知若渴的群众，他们“围着书摊，在翻阅，在购买，尤其晚饭以后，直像雨前的灯蛾，在灯畔追求光明”[③]。

（二）桂林抗战文化市场的出版物的构成

随着出版业生产的日趋兴旺，各种类型的读物丰富了桂林的文化市场，其中文学读物十分丰富，共有 1051 种，其次是政治社会科学类 331 种、文化教育类 201 种、经济类 152 种，以及科学技艺类的丛书有 50 多套 240 种[④]，其他史地、哲学、法律、军事、语言文字等类型的书籍也纷纷出版发行。

在这些出版物中，不仅有驻桂出版机构生产的桂版书，还有大量来自上海、重庆、广州、香港，甚至边区的外版书，可谓种类繁多。同时，由于统一战线政策的有效实施，中共指导出版的大量进步书刊在桂林也获得了广泛的市场，这是桂林“文化城”在国统区内最为独特的文化现象。以下史料描绘了当时出版物的构成：

外来的刊物，《抗战》……等，在这儿（桂林），大有不胫而走姿态，过去的一个时期，在地方当局书刊审查委员会未恢复前，《毛泽东自传》《为独立自由的新中国而奋斗》……一类小册子，畅销一时，引起了投机的出版家翻印《八路军战斗经验》《毛泽东自传》动机；最近地方当局成立了书检会，上列两书，都遭禁止，好多的小册子……之类，《八路军将领的历史》《战斗经验》《言论》……等书籍，也大都查禁了；可是，这儿的政治，相当开明；检查得并没有像衡阳……那些地方的严厉蛮横；《马恩论中国》《什么是马克思主义》《什么是列宁主义》……一类纯理论的书，依旧合法地可以发卖；杂志，几乎很少被查禁的；《解放》《群众》《抗战三日刊》《全民》《世界知识》《战时青年》《时事类编》《战地》《七月》《文艺阵地》……等，在这儿都有广大的读者层，尤其是一般读物中的《抗战》《解放》《文艺》《世界知识》，文艺刊物《七月》《战地》《文艺阵地》……等，销路最好，几乎青年的学

① 赵家璧．忆桂林：战时的“出版城”［N］．1947-05-18.
② 蒋烈奇．桂林的书市［J］．读书与出版（复刊），1947，2（7）：51-53.
③ 丽妮．战期中桂林文化的动态（上）：战期中桂林的新姿态之一［J］．克敌周刊，1938（23）：12-13.
④ 龙谦，胡庆嘉．抗战时期桂林出版史料：桂林文史资料　第 38 辑［M］．桂林：漓江出版社，1999：75.

生，公务员，知识分子“人手一篇”的，新出版的本刊（《新闻记者》汉口版），在桂林，也有相当好的销路！①

出版物的丰富，改变了市民们的阅读旨趣。抗战前桂林的书店，出版物形态单一，新的书店一般以贩卖教科书为中心，其次是一些贴有新标贴的《聊斋志异》《封神榜》的“一折书”，旧书店里也多是《三国演义》《西游记》，甚至《推背图》《诸葛神数》之类做“精神安慰”的普通读物，新文学类的书籍和史地哲学类的书籍寥寥，有关进步的理论读物更是鲜有问津。抗战后，各大书店大批运到适应战时的读物，“使得一般学生专买教科书的，更欲多买一些战时的新读物”，一般民众“也换了一副眼镜到新书店去看报纸杂志以及《大战台儿庄》《新三字经》了”②，为抗战而大批编撰的通俗小手册也源源不断地在桂林生产。

在文化“大众化”运动的推动下，桂林的抗战文化宣教并不仅限于出版适于中等教育以上群体阅读的书刊，文化水平较低的大众可以通过壁报、街头漫画、抗战地图等了解战争和文化信息。这些壁报、街头漫画、抗战地图等由五路军总政训处、省抗敌会壁报组，以及桂初中、女中、国中等学生会负责绘制，张贴在较为繁盛的街头，“没有钱买报，或智识较浅的人，从壁报中，也可以得到精神的粮食。所以，每在壁报的张贴处，都常见着成群的大众在阅读前方的战训或漫画地图”③。有关如何编壁报、绘制漫画开展街头抗战宣传的书籍，一时间也盛行于市。

小结

从历史上看，权力场对文化场的影响是始终存在的，从来没有哪个文化场曾经得到过绝对的自主性，外部环境的变化也极大地影响着文化场的生产规则。在非常态环境下，作家们由于激化的民族矛盾，以及是非观、价值观的牵引，产生强烈的民族情感认同，这与权力场所引导的舆论方向不谋而合。作家们主动疏离了“为艺术而艺术”自主性法则，服从于他治性原则，“也就是从属于政治、经济等外部因素的‘社会艺术’，布尔迪厄称之为‘大生产’或‘为了受众的生产’的文学次场”④。在这一抗战文化场域中，“大众化”文化运动就是盛大的媒介仪式，成为传播者共同认同的文化幻象，作家自觉自主地配合到外部矛盾的意识形态斗争中，形成唤醒大众的传播力量。

---

① 明天. 桂林出版界现状的分析［J］. 新闻记者（汉口），1938，1（4）：27-28.

② 丽妮. 战期中桂林文化的动态（上）：战期中桂林的新姿态之一［J］. 克敌周刊，1938（23）：12-13.

③ 丽妮. 战期中桂林文化的动态（上）：战期中桂林的新姿态之一［J］. 克敌周刊，1938（23）：12-13.

④ 朱立元. 后现代主义文学理论思潮论稿：上［M］. 上海：上海人民出版社，2015：378.

第二节　文化供应社的编辑方针及出版概况

抗战时期的出版业不仅要坚守开启民智的初衷，同时肩负着传播抗战知识、呼吁全民抗战、坚定军民获胜信念的重大使命。作为一个抗战期间成立的具有统一战线性质的地方出版机构，文化供应社在抗战时期的出版活动具有其独特的大众性、进步性和地方性，在不同的时局背景下，根据不同的受众需求和政治需要编印适应性的图书（见表 3 - 1）。

表 3 - 1　文化供应社出版图书种数分类统计表①

（1940—1952 年）

年份	时政/军事（种）	文艺（种）	教育（种）	经济（种）	哲学（种）	科学（种）	史地（种）	其他（种）	分年合计（种）
1940 年	30	32	5	3	6	2	2	2	82
1941 年	2	16	17	3	2	0	2	4	46
1942 年	3	51	17	1	2	6	7	5	92
1943 年	2	23	23	0	3	2	3	5	61
1944 年	0	15	10	3	0	1	2	0	31
1945 年	0	1	0	0	0	0	0	0	1
1946 年	0	1	1	0	0	0	1	0	3
1947 年	1	9	4	0	0	0	2	1	17

① 该表格分类标准根据战时重庆《出版界》月刊中《三十二年度一至六月份各省市出版图书分类统计表》（1943 年，创刊号，43 - 44 页）分类标准设置。数据根据龙谦、胡庆嘉《抗战时期桂林出版史料（桂林文史资料　第 38 辑）》（漓江出版社，1999 年），《广西文史资料选辑（第 23 辑　陈劭先纪念文集）》（1986 年），《广西通志・出版志》（广西人民出版社，1999 年），周勇、章开沅的《中国抗战大后方历史文献联合目录》（重庆出版社，2011 年）中的抗战时期出版图书目录，以及《大公报》（桂林版）“文化供应社书报联合广告”（1941—1943 年）和文化供应社编辑的《文化通讯》、《新道理》、《文化杂志》（1940—1943 年）中的图书广告，以及中国国家图书馆、广西图书馆、桂林市图书馆、重庆市图书馆、华中师范大学图书馆、武汉大学图书馆等数据库系统等，三大方面信息资料来源进行统计、核对、整理而成。因“文化室图书”未能找到详细目录，1940 年的图书分类统计中不包括 206 种“文化室图书”。在表格中统计的文化供应社 1940—1952 年的出版总量 364 种，加上未统计在内的 206 种“文化室图书”，可查阅的图书出版种数数量应为 572 种，与史料描述的 600 多种基本相近。详细目录参见附录二《文化供应社股份有限公司编印书籍目录》。

续表

年份	时政/军事（种）	文艺（种）	教育（种）	经济（种）	哲学（种）	科学（种）	史地（种）	其他（种）	分年合计（种）
1948 年	0	6	0	1	0	1	0	0	8
1949 年	0	3	2	0	1	1	0	1	8
1950 年	0	1	0	0	1	0	0	1	3
1951 年	0	6	2	0	0	0	1	1	10
1952 年	0	2	0	0	0	0	0	0	2
分类合计（种）	38	166	81	11	15	13	20	20	364

通过对文化供应社整个发展时期出版图书的统计，可窥其出版生产的几个特点：

其一，从纵向对比上可见，1940—1944 年是文化供应社出版的高峰时期。从 1939 年 10 月创社开始，文化供应社的编辑可谓马不停蹄，加上最先编辑的 206 种"文化室图书"，抗战时期文化供应社共出版图书 520 种，占全部可查阅总数量的 90%。与商务、中华、世界，以及生活、读书、新知等出版机构在战时的发展程度迥异，抗战时期成为文化供应社出版活动最为活跃的时期，这一出版轨迹是其逆势而生的明证（见图 3 - 1）。

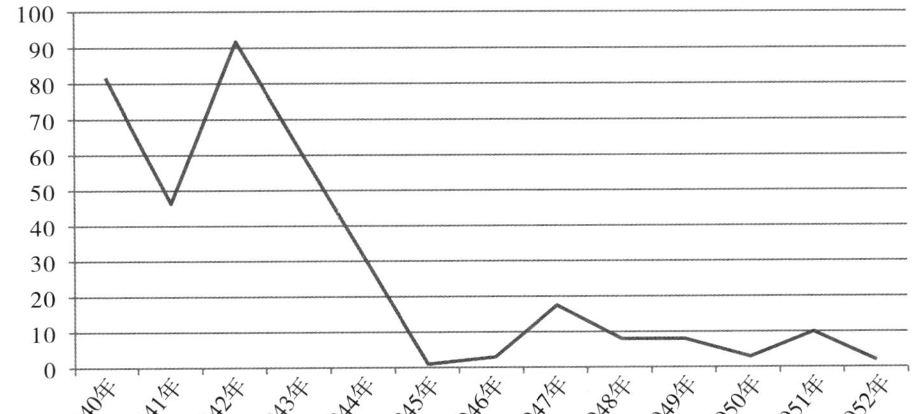

图 3 - 1　文化供应社出版生产走势图（1940—1952 年）（单位：种数）

其二，在横向对比上看，文艺类、教育类书籍是文化供应社的出版重点。在创社之初，文化供应社出版了大量与抗战相关的战时通俗读物，如"世界大战丛刊""时事问题丛刊"等大众时政军事类图书，都是在这一时期出版的。1942 年，文艺类图书的生产激增到 51 种，占全年出版物种数的 55.43%。与此同时，军事类图书锐减，从 1940 年的全年总比的 36.59%下降到 1942 年的 3.26%。如此大幅度的下滑，一方面反映了文化供应社出版编辑内容上的转向，另一方面也侧面反映出抗战中期的出版市场时政军事类通俗读物的饱和，从而使出版机构在内容生产上进行了调整。与文艺类图书的陡增和军事类图书的锐减相比，教育类的图书始终稳定在一定生产比重之中。除 1945 年因桂林大撤退未有新书出版以外，文化供应社从 1941 年至 1946 年教育类图书的出版比例基本维持在 30%上下（见表 3-2）。近代以降的出版机构，多以教科书的出版奠定其发展的基石，即使进入了抗战的非常态环境，社会的教育依旧要保证其稳定的状态，这一点从教科书的出版在出版企业的发展中所占据的位置可见一斑。

表 3-2　文化供应社时政/军事类、文艺类、教育类图书年度比较表（1940—1952 年）

年度	时政/军事类		文艺类		教育类		年度出版总数（种）
	种数（种）	比例	种数（种）	比例	种数（种）	比例	
1940 年	30	36.59%	32	39.02%	5	6.10%	82
1941 年	2	4.35%	16	34.78%	17	36.96%	46
1942 年	3	3.26%	51	55.43%	17	18.48%	92
1943 年	2	3.28%	23	37.70%	23	37.70%	61
1944 年	0	0.00%	15	48.39%	10	32.26%	31
1945 年	0	0.00%	1	100.00%	0	0.00%	1
1946 年	0	0.00%	1	33.33%	1	33.33%	3
1947 年	1	5.88%	9	52.94%	4	23.53%	17
1948 年	0	0.00%	6	75.00%	0	0.00%	8
1949 年	0	0.00%	3	37.50%	2	25.00%	8
1950 年	0	0.00%	1	33.33%	0	0.00%	3
1951 年	0	0.00%	6	60.00%	2	20.00%	10
1952 年	0	0.00%	2	100.00%	0	0.00%	2

总体而言，文化供应社无论从出版物的数量还是种类，其在战时配合“抗战建国”文化运动所做出的贡献都是显而易见的，本节将对文化供应社各时期的出版活动进行分时期的概述。

一、制定与完善（1939—1942 年）：以通俗读物为核心的编辑方针及书刊生产

媒介组织的编辑方针是根据媒介的性质、宗旨、传播立场、经营方向等根本性

问题做出的决策，规定了受众的范围和层次、媒介传播的内容以及传播形式的风格等，并以此指导媒介组织的生产传播活动。文化供应社建设初期，由胡愈之设计制定了相应的规章制度和编辑方针，把配合抗战建国、宣传动员民众开展抗日救亡活动、普及和提高民众文化工作和推进地方文化事业建设作为文化供应社的基础工作，力图为国家建设与民族文化之创造贡献出自己的力量。在陈劭先的《文化供应社自我介绍》中明确提出了编辑方针：

抗战建国时期，文化工作主要目标，在谋意志集中与精神之团结，故一切著作出版物，当本普及与提高国民对于三民主义与国父遗教之正确认识，根据抗战建国纲领，谋增进国民自觉自动自治之精神，而以建立三民主义之新文化，为吾人努力之最后鹄的，此其一。文化建设与政治经济军事建设原属不可分离。理论之可贵，在于指导行动。故本社编辑方针，务求适应此时此地之需要，力戒空言不切实际之时弊。在目前，出版生产计划尤当力求与二期抗战中之民众动员工作及地方建设事业相配合，此其二。在民众文化水准低落之我国，文化工作普及尤重于提高，故本社编辑出版计划首先竭全力以求大众化中国化之实现，以后逐渐谋高深学术著作之编译刊行，此其三。①

从以上编辑方针可以看出，注重抗战宣传，推进文化普及，力求实现文化的大众化、民族化、中国化是文化供应社文化工作的主要目标。在这一方针的指导下，文化供应社在不同的阶段有不同的编辑重点。在建社初期，为配合抗战建国、宣传动员民众、推进普及教育和群众文化运动的需要，以广大城乡工、农、兵、学生为主要对象，编辑了大量面向大众的通俗读物。

（一）图书出版

文化供应社最先推出的一套丛书是“国民必读”。这是一套64开本的小册子，因为计划为广西全省各地的文化室编印，所以又名为“文化室图书”，内容包括抗战常识、社会科学知识、农业生产知识以及自然科学基础知识，形式上有可供阅读或演唱的文艺作品，还有挂图、地图和《国民字典》等工具图书，全套共206种。接着，又由曹伯韩等主编了通俗期刊《新道理》和其他一些书籍。同时，运用地方行政力量，发动广西全省基层组织普遍建立起文化室，购置这些书刊，开展宣传教育活动。随着后方民众读物需求量的增大，这些通俗读物逐渐扩大发行到全国各省，对大众文化的普及、进步思想的传播具有深远的意义。

其后，由于广西地方建设事业的需要，文化供应社编印了干部训练及“抗战建国”必须的工具图书。其中“干部训练丛刊”包括黄旭初的《干部政策》（实为杨东

---

① 陈劭先. 文化供应社自我介绍［J］. 文化杂志，1941，1（1）：66.

莼代写），以及《怎样做基层工作》《怎样做民众运动》《县以下各级行政机构与党（团）之联系》等，在配合广西的“抗战建国”宣传方面，有《抗战的形势》（杨东莼）、《抗战形势讲话》（肖敏颂）（见图 3-2）、《抗战建国纲领释义》（乔光鉴），以及《抗战建国手册》《抗战三年形势图》等。

图 3-2 《抗战形势讲话》封面、版权页[①]

为提高青少年的知识水平，文化供应社还编刊了“青年新知识丛刊”“青年自学指导手册”“青年文库”等面向青少年的通俗读物丛书。率先编印的是“青年新知识丛刊”，该套丛书以浅近的语言介绍时政、历史和文学艺术常识，编辑的数量颇多，其中时政文史类的包括刘准的《国民精神总动员》、郭家文的《日本是什么国家》、李声玄的《日本侵略中国的经过》《帝国主义侵略中国的经过》、千家驹的《帝国主义是什么》、杨荣国的《封建社会是什么》、李嘉人的《奴隶社会是什么》、李鳌《中国革命运动》、柳庄的《三民主义提要》等，学习指导类的有伍敏的《怎样学习》、杨承芳的《怎样学习外国语文》、林楚的《怎样研究历史》、林之原的《怎样写作》、柯天的《新闻工作基本常识》、郭家文的《怎样写信》、骆何民的《怎样编壁报》等，文艺类的知识读物包括丰子恺的《艺术修养基础》《图画常识》、何鹏的《文艺常识》《抗战文艺诸问题》、夏林的《戏剧常识》、温涛的《木刻常识》、正思《歌唱常识》等，以及有关青年健康生活的《青年心理》《恋爱新编》和《青年问题》。

① 图片来源：民国图书数据库。

青年新知識叢刊

青年新知識的寶庫

帝國主義是什麼	千家駒著	三角半
封建社會是什麼	楊榮國著	三角半
我們的宇宙	陳[illegible]泉著	三角
憲政運動	宗[illegible]著	二角半
抗戰的形勢	楊東蓴著	四角半
怎樣寫信	郭家文著	三角半
青年問題	沈[illegible]泉著	三角半
戀愛新論	[illegible]林著	三角半
圖畫常識	豐子愷著	三角半
文藝常識	何鵬著	三角半
戲劇常識	夏林著	三角半
資本主義是什麼	楊榮國著	三角半
唯物論與唯心論	李仲融著	三角半
婦女問題	嚴明著	四角
游擊戰	[illegible]前著	三角

文化供應社印行 已出三十餘種

图 3－3 文化供应社“青年新知识丛刊”书目①②

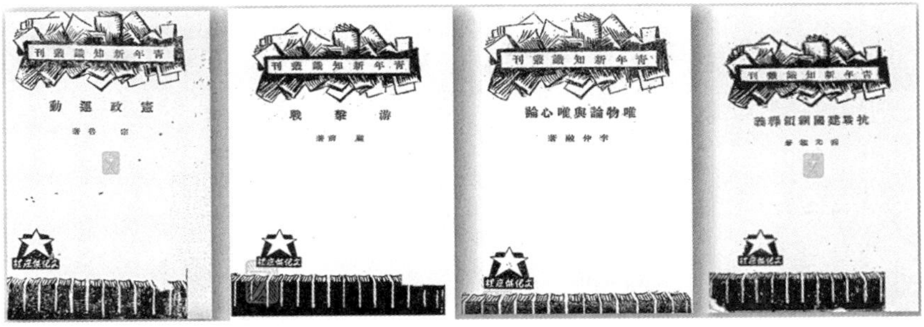

图 3－4 文化供应社“青年新知识丛刊”部分图书封面③

“青年自学指导手册”是一套以青少年读者为对象的普及性文化读物，包括艾芜的《文学手册》、杨承芳的《英文手册》、冼群的《戏剧手册》、野夫的《木刻手册》、廖庶谦（又名廖伯华）的《珠算手册》等。该套书都以“手册”为名，并多次在报纸、期刊上通过出版广告予以推介，无疑对青年读者有极强的号召力和吸引力。

图 3－5 文化供应社“青年自学指导手册”部分图书封面④

① 出自《文化通讯》1941 年 7 月 1 日第 14 期第 16 页。

② 图片来源：全国报刊索引数据库。

③ 图片来源：民国图书数据库。

④ 图片来源：民国图书数据库。

随着青年读物的热销，文化供应社同人又策划了“青年文库”系列读物，率先出版的有唐旭之翻译的《在和平劳动之国》和王祥珩翻译的《世界漫游记》（见图 3-6），在 1942 年以后又编印了金仲华的《世界战争中的印度》、唐兆民的《徭（瑶）山散记》、钱耕莘的《科学趣话》、傅彬然的《励志集》、肖敏颂译的《大人物小故事》（又名《巨人细事》）、邵慎之的《地图的秘密》、王祥珩的《气象讲话》、田惜庵的《科学修养》，以及曹伯韩为破除迷信观念而写的《谈鬼神》等 10 多种。[①]

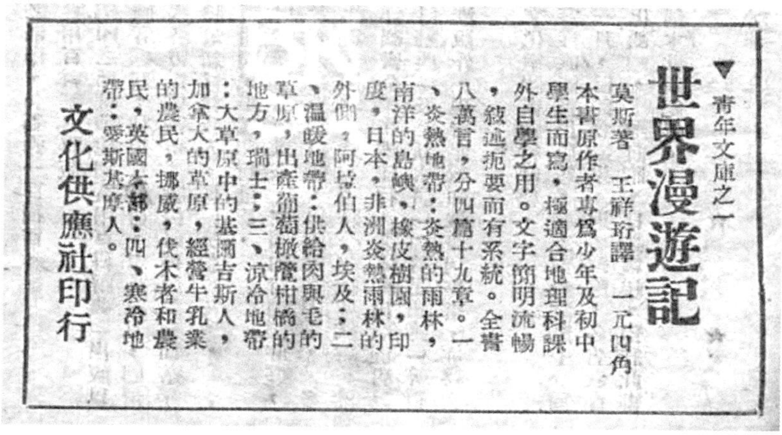
▼青年文庫之一

世界漫遊記

莫斯著 王祥珩譯 一元四角

本書原作者專爲少年及初中學生而寫，極適合地理科課外自學之用。文字簡明流暢，敍述扼要而有系統。全書八萬言，分四篇十九章。一、炎熱地帶：炎熱的雨林，南洋的島嶼，橡皮樹園，印度，日本，非洲炎熱雨林的外側，阿拉伯人，埃及；二、溫暖地帶：供給肉與毛的草原，出產葡萄橄欖柑橘的地方，瑞士；三、涼冷地帶：大草原中的基爾吉斯人，加拿大的草原，經營牛乳業的農民，挪威，伐木者和農民，英國本部；四、寒冷地帶：愛斯基摩人。

文化供應社印行

图 3-6 文化供应社“青年文库”之《世界漫游记》介绍[②③]

由于战时学校教材之缺乏，1940 年末，文化供应社依据教育部最新颁布之修正中学课程标准，开始编刊中学教材和教辅。“初中精读文选”是由叶圣陶校订，王任叔、宋云彬、辛德培、孟超、傅彬然、曾伯韩、叶苍岑、蒋仲仁、操震球等参与编辑的一套语文学习用书，初编时分为 6 册，后在香港扩编为 12 册。其中《语体文选》6 册，《文言文选》3 册，《语法篇》1 册，《文章作法篇》1 册，《实用文篇》1 册。这套书籍当时在国内多用作补充教材和自修读本，同时在新加坡成为许多中学的正式课本，打破了当时所谓“国定本”的垄断。

此外，还有不少青年读物的单行本和其他学术书籍，其中史地类有邓初民的《中国社会史教程》、曹伯韩的《中国现代史读本》、宋云彬的《中国文学史简编》、张毕来的《欧洲文学史简编》、阎宗临的《欧洲文化史论要》、张荫桐译的《日本历史教程》，教育类的有王士略的《教学原理》、张栗原的《教育生物学》、林砺儒的《教育危言》，科普类的有邓初民的《社会科学基础讲话》、石兆棠的《科学概论》、张先辰的《科学与自然科学》，其他书籍还包括萨空了的《科学新闻学概论》、周伯

① 据《文化通讯》1942 年 9 月 1 日《文化供应社本版图书目录》整理。

② 《文化通讯》1941 年 7 月 1 日第 14 期第 6 页。

③ 图片来源：全国报刊索引数据库。

棣的财政学分册《租税论》、李方进的《经济学教程》、徐中玉的《文艺学习论》等学术著作[1]，以及翟凤銮的《怎样学习国文》、欧阳予倩编的《谭嗣同书简》(见图 3-7)、宋云彬辑录的《鲁迅语录》等大众读物。

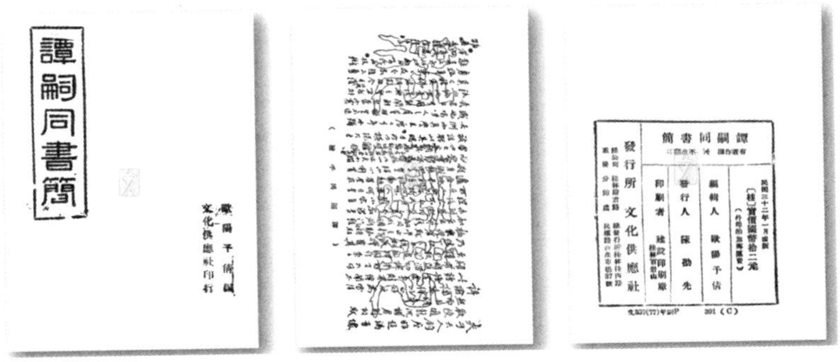

图 3-7　《谭嗣同书简》(1943 年版) 封面、扉页、版权页[2]

在战时文化“大众化”的时代背景下，文化供应社的“编辑工作力求实现大众化、民族化”，生产计划“力求与宣传发动群众开展抗日救亡活动相结合”[3]，从 1939 年 10 月至 1941 年 8 月，文化供应社共出版图书近 500 种，印行近 200 万册 (见表 3-3)，平均约 6—7 天出版 1 种书刊，在抗战出版业最低迷的时期[4]逆势而生，达到了出版事业发展的高峰。

表 3-3　文化供应社出版书刊分类统计表 (1939 年 10 月—1941 年 8 月)[5]

一类	二类	编辑种数(种)	已印行数量(册)	备注
通俗读物	文化室图书全套	206	1364000	包括书籍 178 种，已印行 1175000 册；连环木刻图书 16 种，已印行 104000 册；挂图 12 种，已印行 85000 张。全部再版
	文化室特种图书	46	100000	包括少年读物 20 种，已印行 40000 册；士兵读物 14 种，已印行 60000 册；妇女读物 12 种，编印中
	国民实用书	23	44000	已出版 3 种，印行 44000 册；印刷及编撰中 20 多种
	通俗文库	12	9000	分为文学、艺术、社会、自然、健康、生产 (六类)。已出版 2 种，印行 9000 册；印刷中 10 多种
	定期刊物《新道理》	25	113500	已出版至第 25 期，发行数量 113500 册

① 其中《教学原理》《教育生物学》《租税论》等部分教育、学术著作后期列入了“大学用书”系列。

② 图片来源：民国图书数据库。

③ 陈劭先. 文化供应社自我介绍 [J]. 文化杂志，1941，1 (1)：66.

④ 据吴永贵在《民国出版史》的《抗战时期出版业的衰落及出版人的努力》一文中统计：“从 1939 年下半年到 1941 年，是抗战阶段出书最少的时期，1941 年全国出书不过 1890 种，为抗战以来最低谷。”

⑤ 该表格根据陈劭先《文化供应社自我介绍》(《文化杂志》，1941 年创刊号) 整理。

续表

一类	二类	编辑种数（种）	已印行数量（册）	备 注
青年读物及少年读物	青年自学指导手册	18	10000	已出版 1 种，印行 10000 册；印刷中 4 种，编撰中 13 种
	青年新知识丛刊	54	160000	已出版 32 种，印行 160000 册；印刷中 12 种，编撰中 12 种
	青年文库	3	8000	已出版 2 种，印行 8000 册；印刷中 1 种
	少年文库	20		印刷中 20 种
一般图书及学术书	一般图书	10	50300	已出版《中国近百年史教程》及《社会科学入门》等 8 种，印行 50300 册；印刷中 2 种
	西南文化丛书	2		印刷中 2 种
	学术丛书	3		已收稿 3 部
	世界大战丛刊	10	3000	已出版 10 种，印行 3000 册
	时事问题丛刊	4	12000	已出版 4 种，印行 12000 册
工具图书	百科辞典	1	10000	已出版百科辞典 1 种，印行 10000 册
	年鉴	1	3000	已出版年鉴 1 种，印行 3000 册
	宪政图解及抗战形势图	3	13000	宪政图解及抗战形势图共 3 种，印行 13000 册
干部训练丛书		4	12000	已出版 3 种，印行 12000 册；编撰中 1 种
初中课本		8	5000	已成稿 7 种，出版 1 种，印行 5000 册
合计		455	1916800	

从陈劭先对文化供应社的介绍之中可见，从创社至 1941 年文化供应社的出版活动是稳定增长的状态，且大众读物“文化室图书”的印制和销售是企业出版的核心任务，占所有印行图书量的 71%，可见这套丛书强大的行销实力。

（二）期刊出版

期刊是充分依靠传播刊物和读者之间的长期互动而形成一种稳定而明确的出版传播模式，在出版的运作上，文化供应社采取了一般大书局“书刊并举”的策略，并取得了较好的收效。1940 年，文化供应社创刊了《文化通讯》和《新道理》杂志，1941 年 8 月，又创刊了《文化杂志》，这些杂志各具特色，很好地利用了桂林的文化资源，建立了出版社、作者、读者之间沟通的桥梁。

1.《文化通讯》：文化讯息园地。

《文化通讯》创刊于 1940 年 2 月 1 日，是文化供应社创刊的第一本刊物，原每册 48 开本，从第 14 期开始每册改为 32 开本，平均在 16 个页码/期，每月 1 期，属于出版报道性的内部刊物，随邮购赠阅。胡愈之希望“通过这个刊物，各地文化工作者能够加强联系，能够多明了些彼此间的情况，文化供应社的读者能够得到一些图书杂志出版的消息，和有一个彼此交换学习研究经验的园地，各地同业可以借此明了一些出版界的情形，作为营业的参考”[1]。刊物最初为了谋求文化工作者之间的联络，内容着重于文化工作报道与工作经验交换，从第 14 期改版，主要目标为替全国读者服务，内容着重于书刊的介绍与批评，每期附有新出版图书汇报，并经常刊登与读者的书信往来，为读者解决购书疑难，并指导读者阅读。这一方式，有效地拉近了与读者的距离，既为出版社赢得了声誉，也巩固和扩大了文化供应社的读者群。《文化通讯》的核心栏目有《广播台》《介绍与批评》《文化资料》《通讯》《新书杂志汇报》《文化消息》等。一些栏目资料对于文化研究有较高价值，如第 14 期（1941 年 7 月 1 日出版）《文化资料》栏目刊登了《德侵苏联论文及资料索引》，就是一份颇有价值的研究史料索引。从《文化通讯》所刊登的邮购信息及读者书信来看，文化供应社的邮购业务覆盖了西南三省，以及湖南、浙江（沦陷区除外）和广东部分地区，这在交通极为困难的抗战时期，每天还能有百数十封的往来邮件实为不易，也可见书刊互动的模式所产生的行销效果。

文化通訊
從讀書談到學習
第十八期·非賣品

图 3－8　文化供应社《文化通讯》第 18 期封面[2]

2.《新道理》：大众通俗期刊。

文化供应社的通俗读物系列中除了非常有影响力的“文化室图书”以外，《新道理》是通俗读物最具影响力的期刊。《新道理》创刊于 1940 年 7 月 1 日，由曹伯韩、林山、温涛负责编辑，1941 年春曹伯韩、林山离桂后，由林涧青接编，陈劭先为发行人，是为广大士兵和大众编印的通俗半月刊，抗战期间共出 68 期。《新道理》创刊的三年间大量发行于西南各省的农村和军队中，深受读者喜爱，有关《新道理》的期刊内容分析本章下文将做详细分析，此不赘述。

---

① 编者．编者的话［J］．文化通讯，1942（14）：16．

② 图片来源：全国报刊索引数据库。

3.《文化杂志》：文化学术理论阵地。

《文化杂志》创刊于1941年8月15日，是文化供应社最具进步性和影响力的一本综合性的学术杂志。该刊由邵荃麟负责主编，32开本，每月1期，每卷6期，一共出了三卷16期。刊物以自由研究的态度介绍批评并讨论各种学术思想，以促进学术中国化、理论现实化为宗旨。常设栏目有《评论》《学术论著》《文艺》《国内外文化动向分析》《文化通讯》等；内容上以学术文化为主，包括一般政治、经济、哲学、社会学、教育学、历史、文艺、科学理论的专著、翻译、研究报告、名著介绍、批评及读书笔记等。《文化杂志》是在生活书店出版的《理论与现实》杂志（沈志远主编）停刊后创办起来的刊物，延续了其犀利的文化批判风格。当时，为《文化杂志》撰稿的文化人还有郭沫若、何香凝、茅盾、艾芜、骆宾基、梁漱溟、宋云彬、千家驹、臧克家、欧阳予倩、聂绀弩、沙汀、金仲华、李四光等文化名人，第3期的销售量高达1万份，影响力极大，后文也将对该刊内容进行文本细读。

期刊与图书相比更具时效性快和延续性强的特点，更有利于文化信息的传播，书刊的联动，既有利于整合文化资源，更好地联系作者与读者，也有利于图书与杂志在营销宣传上的彼此渗透，从而有助于建立品牌，显现了文化供应社这一时期做大做强的文化心态。

二、发展与转型（1942—1944年）：以文艺类书籍为主的书刊生产

1941年太平洋战争爆发后，大批文艺作家由香港撤回桂林，桂林文艺类图书的出版又活跃起来。文化供应社在延续原有出版方针的同时，也开始把出版方向转向文学书籍，出版了艾芜、骆宾基、司马文森、陈白尘等一些作家的作品和外国名著译作，在1942年至1943年期间，出版的文艺类书籍达到74种（见表3-2），在当时产生了很好的社会影响。

建社初期，文化供应社文艺类的图书主要为面向大众的通俗文艺作品和以青少年为对象的文艺类通俗读物，如“大众文艺读物”“连环画图”系列，以及“少年文库”“中学略读文库”等，邵荃麟到任编辑后，加强了文学书籍的出版，主编了“文学创作丛刊”“英汉对照小丛书”以及一些文学单行本，丰富和提升了文化供应社文艺类书籍的品类。

“少年文库”这套丛书从1941年底开始出版，是面向少年们的通俗文艺读物，被认为是“少年儿童们的知识宝库”，其目的是“想补救目前少年精神食粮匮乏的缺陷”①。这套丛书体裁丰富，主要包括小说、诗歌、童话、故事、剧本、游记等各类文艺作

① “少年文库”广告［J］. 文化杂志，1942，3（1）：83.

品，也有涉及社会科学与自然科学的读物。据时任营业部主任赵晓恩回忆，"少年文库"每辑 10 册，至 1942 年 10 月出版了 17 种，一共出了 30 多种[①]。这套少年读物与那些外表精美、内容参差敷衍的青少年读物不同，文章力求清新生动，不仅具有丰富的知识性和趣味性，而且还具有深刻的教育意义，每册图书还附有精美的木刻插图多幅，给少年儿童以美的享受和文学的熏陶，深受少年儿童的喜爱和欢迎，销量可观，几乎所有的作品在出版不到一年的时间都再次出版，成为文化供应社当时的畅销书。

"中学略读文库"是提供给中学生阅读的文艺作品选。与其他文艺作品选不同，这套丛书精选了优秀的文学作品，在每篇作品末后，附有内容说明、作者介绍、学习要点和注释，有利于初中学生课后自学，得到了青少年学生群体的欢迎。"文学创作丛刊"从 1941 年底开始设计出版，其中包括茅盾、艾青、艾芜、陈白尘、聂绀弩、沙汀、邵荃麟、骆宾基、司马文森等作家的作品。率先出版的是陈白尘的话剧《大地回春》、欧阳予倩的历史剧《忠王李秀成》[②]、艾芜的小说集《荒地》，以及邵荃麟的小说集《英雄》等。这些图书在市场上获得了很好的反响，紧接着又出版了艾青的新诗集《黎明的通知》，宋云彬的杂文集《浅草》，茅盾的散文集《见闻杂记》[③]，沙汀的报告文学《同志间》，聂绀弩的杂文集《婵娟》、散文集《沉吟》和长篇童话《杜鹃花》等，到 1943 年已出版了 18 种文学书籍。"英汉对照小丛书"在 1943 年陆续出版，见于市的有 6 种，包括柳无垢译的《铁蒂姨母》《天性的研究》，邵荃麟译的《意外的惊愕》，肖敏颂译的《名人逸事》，彦英译的《男性的友情》，黄药眠译的《永逝了的菲比》等。这些文学类的书籍成为文化供应社在这一时期的文化招牌，极大地推动左翼文学在国统区的传播。

1942 年底，因蒋介石的恶意收编，文化供应社被迫改组，为了保护出版阵地，在书籍的编辑上也出版了一些中间性质的读物，包括陈劭先的《中山文选》、钱实甫的《三民主义概要》，以及朱荫龙选辑的《五种遗规辑要》等，但总体来说数量较少，依然以进步图书的编辑出版和销售为主。在 1943 年底，文化供应社的图书出版上新书较少，丛书上只与广西教育厅策划了"国民教育丛书"。

值得一提的是，文化供应社的出版物大多是以"丛书"的方式进行出版的。在这些丛书中，有关注战争局势、普及抗战知识的"时事问题丛刊""世界大战丛刊"，有面向青少年的"青年新知识丛刊""青年自学指导手册""少年文库""青年文库"

① 赵晓恩．抗日战争时期的桂林文化供应社始末［M］//龙谦，胡庆嘉．抗战时期桂林出版史料：桂林文史资料　第 38 辑．桂林：漓江出版社，1999：612．

② 欧阳予倩的《忠王李秀成》之前为单行本，后列为"文学创作丛刊"丛书系列。

③《见闻杂记》由文化供应社的二线机构文光书店出版，文化供应社负责发行。

等，以及集结了抗战文学创作精品的"文学创作丛刊"和指导教育的"国民教育丛书"等（见表3－4）。

表3－4 文化供应社出版丛书一览①

丛书名	初版时间	种数（种）	丛书名	初版时间	种数（种）
文化室图书	1940年	206	少年文库	1941年底	32
时事问题丛刊	1940年	5	文学创作丛刊	1941年底	18
世界大战丛刊	1940年	11	中学略读文库	1942年	8
青年新知识丛刊	1940年	50	青年文库	1942年	14
广西建设研究会丛书	1940年底	11	初中精读文选	1943年初	12
青年自学指导手册	1941年	9	英汉对照小丛书	1943年中	6
学术丛书	1941年	2	国民教育丛书	1943年底	12
西南文化丛书	1941年	2	新儿童丛书	1951年	5
干部训练丛刊	1941年底	4			

在期刊出版方面，这一时期文化供应社的期刊内容也发生一定的转向。《文化杂志》在1942年1月第一卷第5号上刊登了《对当前文化界风气的感想》系列文章，叶圣陶、田汉、傅彬然、黄中廑、谢扶雅等文化学者针对当时大后方文化界所呈现的若干混乱现象在文中进行了批判，提出了要提高文化的批判精神，建立批评工作，坚持战斗精神，改革研究和学习的风气。《新道理》从1943年11月的第7卷1期之后改为了"中学生读物"月刊，一直出至1944年4月7卷4期后停刊。

三、收缩与转移（1944—1953年）：以重版为主的维持性生产

1944年秋，桂林大疏散，文化供应社的编辑出版活动也近乎休止，只是在撤退途中销售已版的书籍和期刊。但1945年返回桂林重建后，出版活动再日趋恢复起来。重建后的文化供应社逐渐将编辑出版业务向香港及上海转移。特别值得一提的是，文化供应社出版同人依旧没有放弃对文化传播事业的执着，不仅在此期间依然有部分新书出版，而且在撤退和重建时期还创刊和参与复刊了两种期刊：

其一，是《艺文志》。该刊是赵晓恩与朱光暄、赵文廉在1944年桂林大疏散撤退到重庆后，在重庆文化供应社与聂绀弩、朱希等同人创办的文艺性月刊。《艺文志》于1945年1月创刊（见图3－9），由聂绀弩担任主编，郭曙南为发行人，是文学类专门刊物。栏目设置有散文、杂文、报告、随笔、速写、通讯、学术札记、游记、译文等，内容多属于记载和描述抗战后期大后方等地的人物与事件。茅盾、老舍、夏衍、冯雪峰、杨晦、孙伏园、凤子、穆青、蔡仪、吕荧、柳亚子、葛琴、秦

① 丛书详目参见附录二《文化供应社股份有限公司编印书籍目录》。

牧、艾芜、沙汀、张恨水等都是该刊物的作者。遗憾的是，因没有得到国民党重庆当局的批准而被迫于同年 3 月停刊，共出版了 2 期。

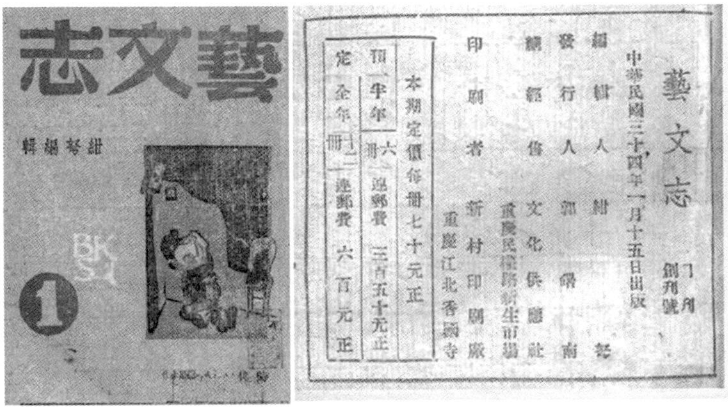

藝文志
創刊號
中華民國三十四年一月十五日出版
編輯人 紺弩
發行人 郭暢南
總經售 文化供應社 重慶民權路新生市場
印刷者 新村印刷廠 重慶江北香國寺
本期定價每冊七十元正
預定 半年 六冊 連郵費 三百五十元正
全年 十二冊 連郵費 六百元正

图 3-9 《艺文志》创刊号封面及版权页①

其二，是《半月文萃》。1945 年秋，文化供应社在桂林重建，为了沟通国内民主运动的讯息，推进桂林民主运动的开展，张锡昌提议复刊一个文摘性的综合刊物——《半月文萃》。1946 年 1 月 1 日，《半月文萃》在桂林复刊（见图 3-10）。刊物由宋云彬主持编务，内容包括国际问题、政治、经济、文学、艺术等诸方面，有随笔、纪录、报告、通讯、论文、札记、传记、小说、诗歌、速写、戏剧等体裁。撰稿人有郭沫若、茅盾、柳青、欧阳予倩、曹伯韩、张友渔、孙起孟、老舍、思慕、曹禺、田汉、柳无垢、姚雪垠、林焕平、陶行知、戈宝权、袁水拍等。该刊由文化供应社出版发行，分销至广州的兄弟图书公司、梧州的良友图书公司、柳州的国新书局、文化供应社八步营业处，以及南宁的各大书店。同样遗憾的是同年 3 月 15 日出至第 3 期之后被迫停刊。

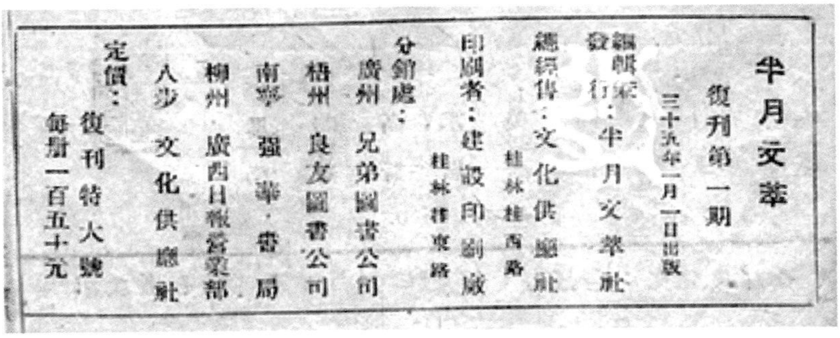
半月文萃
復刊第一期
三十五年一月一日出版
編輯兼發行：半月文萃社
總經售：文化供應社 桂林桂西路
印刷者：建設印刷廠 桂林桂東路
分銷處：
廣州 兄弟圖書公司
梧州 良友圖書公司
南寧 強華·書局
柳州 廣西日報營業部
八步 文化供應社
定價：復刊特大號
每冊一百五十元

图 3-10 《半月文萃》复刊第一期版权页②

① 图片来源：全国报刊索引数据库。
② 图片来源：全国报刊索引数据库。

小结

在抗战期间，文化供应社在文化的大众化、通俗化、民族化方面做出了巨大的努力，为民众提供了丰富的精神食粮，而且绝大部分是进步性的书刊，这在抗战时期国统区政治气氛紧张、文化发展低迷、大批进步出版机构被迫停业的情况下，是难能可贵的，对桂林“文化城”抗战文化的发展和传播做出了积极的贡献。由其编创的 5 种期刊中，《文化通讯》是服务读者沟通业界的资讯内刊，《新道理》是面对广大民众的通俗刊物，《文化杂志》是面向精英阶层的思想性期刊，受众定位精准，充分利用了桂林的文化资源，形成了一个完整的期刊架构，有力地推动了文化供应社的整体经营，提升了企业影响。同时《艺文志》和《半月文萃》则体现了文化人在恶劣的战争文化环境下前仆后继开展传播活动的文化品格，为我们留下宝贵的精神遗产。

第三节 “文化室图书”与《新道理》：“大众化”传播语境下的通俗读物

从 1939 年至抗战胜利，文化供应社的出版物根据抗战局势的变化和文化运动的开展积极配合文化的生产与传播。通过对文化供应社出版物的文本细读，进一步地剖析文化供应社在不同阶段抗战文化传播的内容特征。

一、大众文化传播的空间布局：“文化室图书”

“文化室图书”的设计是胡愈之对抗战时期文化“大众化”现实需求的具体实践，是为配合国民精神总动员，帮助政治经济军事动员而对文化进行的空间上的布局。

（一）“文化室图书”的编辑构想

1939 年 6 月，在广西建设研究会担任文化部副主任的胡愈之提出了在广西建设 24000 个村街文化室的动议。他在《筹设村街文化室的刍议》一文中提出，“文化室”不是死的图书馆，而是基层文化中心，“应承担乡村或城市中的文化建设和军队的文化教育工作”，“应该是从最底层唤起民众，组织民众的机构”，“是最普遍实施民众训练，民众教育的机构”，是“行政教育军事生产机构”，是“村乡青年知识分子可以开展民间文化工作”的阵地①。作为推广民众文化的基层机构，文化室应深

① 胡愈之. 筹设村街文化室的刍议 [J]. 建设研究，1939，1 (4)：13 - 14.

入部队和乡村，在军队的每一个连队，在后方的每一处村街，至少要设立一个文化室，形成由“下到上的普及组织”。文化室可以通过举办各种各样的民众娱乐事业，提高军民的文化智识和战斗激情，文化机构也可以通过文化室将“文化食粮从都市输送到穷乡僻壤”①。可以说，在文化“大众化”的传播语境下，如何打破信息传播的空间制约，打通信息流通的渠道是抗战文化传播亟待解决的一大问题，而胡愈之的“文化室”设计构想，恰好适应了这一时期“大众化”文化普及的需求，既满足了政治诉求，也推进了文化建设。

在“文化室”的建设与文化生产的嫁接上，胡愈之认为，文化室的基本配置要包括书籍、画图和其他文化用品，其中书籍“要有 100 册左右的小册子”②，包括精神读物、识字读本、民众读本、国民必读、抗战故事、章回小说（节本）、诗词、唱本、歌曲及新旧剧本、大众字典、日用宝典、文化室工作指南等。③ 由此可见胡愈之的策划思路是通过行政的力量为书籍的受众建设直接的传播渠道，再为终端机构生产所需的产品。这一巧妙的构思既符合“推进通俗教育”的方针，又为文化供应社增加了稳定批量的业务。从文化供应社 1939—1942 年的图书生产情况上看，基本遵照了胡愈之所设计的“村街文化室—图书编印”这一联动模式，并取得了显著的收效。

图 3-11　文化室图书广告④⑤

① 胡愈之．筹设村街文化室的刍议［J］．建设研究，1939，1（4）：16．
② 胡愈之．筹设村街文化室的刍议［J］．建设研究，1939，1（4）：16．
③ 胡愈之．筹设村街文化室的刍议［J］．建设研究，1939，1（4）：13-16．
④ 文化供应社：文化室图书全部出齐了！［J］．新道理，1940（12）：16．
⑤ 图片来源：全国报刊索引数据库。

1940 年，文化供应社开始连续出版“国民必读”丛书，专门为“国民教育用，文化室用”，共出了 100 册，其中公民读物 24 册，抗战读物 23 册，史地读物 20 册，技术读物 33 册①，并在重庆《大公报》等媒体上刊登了广告：“本社编印全套大众士兵宣传教育用品，以备乡村及军队文化室、中山室、中正室、救亡室采购。计划及目录在印刷中，各界团体即寄奉。”至 1940 年底，“国民必读”拓展为“文化室图书”，共出了 189 册，多为 48 开本或 64 开本的小手册，包括精神读物（8 种）、国民必读（100 种）、通俗文学（56 种）、连环图画（16 种）、日用必备书（7 种）、工作指导书（2 种）；17 种肖像挂图等，包括肖像（3 张）、挂图（12 张）、地图（2 张）。同时，配套发行的还有“少年读物”（20 册）、“士兵读物”（14 册），以及“妇女读物”等文化室特种用书。

（二）“文化室图书”的编辑内容及发行策略

在内容编辑上，作为“推行通俗教育的利器”的“文化室图书”，以“宣传三民主义，阐扬抗建纲领，灌输科学知识，指导生产知能，提高政治水准，激发民族意识”② 为编辑目标，从内容构成和出版物形态上都力求达到大众化的亲民效果。在文化通俗化运动的影响下，“文化室图书”在内容上贴近政治时局的需要，以图文并茂的形式推广抗战文化，如：“国民必读”中的《国民字典》与《国民辞典》，搜集了当时的新名词近千条，加以简明恰当的解释，包括“兴亚院”“以战养战”“以华制华”等等一般大辞典未载有的抗战以来的新名词③；在“通俗文学”中有《兄弟从军记》《曹大娘送子从军》《砍不断的头》《保家乡》《国难记》等等作品，以口语化、人情化、趣味化的语言风格讲述抗战小故事；“连环画图”里有《老当益壮》《刘力士当兵》《火烧敌机场》《王伯伯打游击》《襄河圣血》《抗战必胜》等等小手册，以木刻画的形式生动表现了抗战故事，宣传抗战精神。从价格上看，“文化室图书”也体现出了低廉的亲民售价。1941 年 3 月 20 日，48 开本的“精神读物”8 册（种）售价 2 元，平均 0.25 元/册，64 开本的“国民必读”100 册（种）售价 8.5 元，平均 0.085 元/册；64 开本的“通俗文学”56 册售价 6.3 元，平均 0.11 元/册。而同期文化供应社其他系列的图书，如“少年文库”单册价格均在 1 元以上。与之相比，不足 1 元 1 册的图书售价确实费用相当低廉。“文化室图书”无论在内容编辑上还是售价上都以适应抗战时期文化知识的普及与推广为目标，体现出了大众性与实效性，表现了文化供应社出版同人服务抗战的使命感与责任感。

---

① 文化供应社广告［N］. 大公报（重庆版），1940-06-06.

② 文化供应社广告［N］. 大公报（桂林版），1941-03-20.

③ 编者. 工具书《国民字典》宣传语［J］. 文化通讯，1941（14）：8.

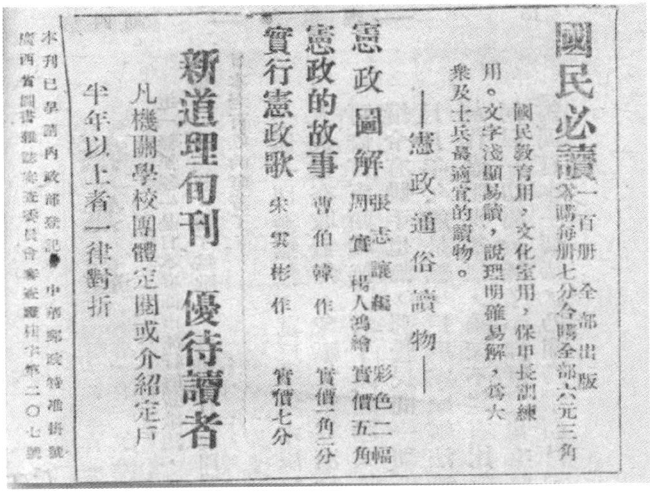

图 3-12 国民必读、宪政通俗读物、《新道理》旬刊广告[①]

在发行策略上，“文化室图书”以“套装”的形式进行销售，不仅有通俗读物、挂图，还包括连续出版物《新道理》。从这一点看，“文化室图书”不是狭义上的“丛书”，而是包含了多种出版物形态的文化“套餐”。胡愈之的策划思路中，还为这套书设计了专门书箱，配以挂图和地图，打开书箱就是书架，即可展览阅读。在最初的发行上，“文化室图书”主要由广西省教育厅以预支一部分稿费为条件进行公费订购，分发给全省的乡村小学。随着影响力的增大，文化供应社倡导军警团队、国民学校、民众教育馆、伤病医院、儿童教养院、乡镇村街、工厂合作社，以及个人积极筹建文化室推进通俗教育[②]。对创建文化室的机构，文化供应社还给予购书八折的特别优惠，并预先免费寄送部分样书/刊阅读。1939 年，胡愈之提出了“在广西建设 24000 个村街文化室”的动议，到 1940 年图书全部出齐后，文化供应社提出了建设“一百万个文化室”[③] 运动，并计划在《新道理》杂志上刊登《文化室通讯》栏目[④]。这一运动得到了广大读者的响应，有读者“单人独马发起，已建立了一个文化室，数日内忙着写通信，印收条，结果捐款还是超出了预定数目以上”[⑤]。1941 年 7 月，文化室图书再版后一个月内销售过半[⑥]，各部队、教育机构以及文化团体

① 图片来源：全国报刊索引数据库。
② 文化供应社．“文化室图书”广告［N］．大公报（桂林版），1941-03-20．
③ 文化供应社．一百万个文化室［M］．桂林：文化供应社，1940．
④ 1940 年 10 月 15 日《新道理》杂志第 11 期刊出《文化室通讯》征稿启事，但因篇幅所限，于 1940 年 11 月 1 日《新道理》杂志第 13 期中刊出了不开辟此专栏的启事。然而，在《新道理》的“信箱”栏目中依然有诸多关于咨询有关文化室如何设立及给文化室提出意见和建议的书信往来内容刊登。
⑤ 编者．通信［J］．新道理，1940（13）：22．
⑥ 编者．文化室图书销行旺盛［J］．文化通讯，1941（14）：5．

纷纷函购，创造了文化供应社图书的销售纪录。“文化室图书”的成功出版和运作不仅满足了广西抗战文化“大众化”的需求，还解决了文化供应社创社之初出版经费困难的问题，成为文化供应社创社初期最核心的一套大众读物。

二、大众文化传播的时间延展：《新道理》杂志

为了贯彻文协桂林分会“文章下乡”“文章入伍”的号召，文化供应社在“文化室图书”推出的同时配合发行了通俗连续性刊物——《新道理》。如果说“文化室图书”是胡愈之大众文化传播在空间上的布局，那么期刊《新道理》以其连续性、短频率、小开本、通俗化的特征，成为“文化室图书”设计中唯一具有时间延展性的出版物。

（一）《新道理》的刊物定位及编辑理念

《新道理》的最先设计，是以民众和士兵为读者对象的通俗半月刊。从第 1 期至第 13 期为旬刊，每期 16 页左右，编者曹伯韩、林山、温涛都是抗战时期文艺通俗化、大众化运动重要的推动者。他们在 1940 年 7 月 1 日的创刊号《开场白》中围绕“新道理”的内涵向读者传达了《新道理》的定位和期望：“《新道理》是一本讲道理的书册子，每十天出一本，所讲的也无非是人人能听懂的道理，若是大家有不懂的道理，还可以写信问我们。总之，人人懂新道理，讲新道理，照着新道理行事，世间一切事就有办法了。”① 从这浅近的几十个字，可见编者对受众的语言传递方式已几近口语化的通俗表达，力求能够让最基层的民众读懂和理解。主编曹伯韩作为语言学家，对中国汉语言文字有精湛的研究，但在抗战时期他并没有做“理论体系”上的钻研，而是落脚到文化大众化的推广上，他“研究中国文字，为的是搞中国文字改革，搞汉字简化，搞汉语拼音方案。他研究中国语言，为的是搞推广普通话运动。他研究中国语法，为的是让工农群众掌握这个工具来提高运用语言的能力”②，由于曹伯韩在通俗文艺上的实践，他被称为“‘小册子’主义者”③。林山也是文艺通俗化、大众化积极的倡导者之一，他曾撰文指出，“为了担负起与完成历史所给予文艺的任务——鼓动、宣传、教育与组织广大民众”，文艺通俗化、大众化的问题被提出来了，“而且成为抗战文艺的中心工作”④。为了推广通俗文化，他还为文协桂林分会举办的“文艺讲习班”主讲《文艺的通俗化问题》的课程，并出版了《通俗文艺的基本问题》（文化供应社，1943 年版）等专著。温涛是资深的左翼版画家，

---

① 编者．开场白［J］．新道理，1940，(1)：2.

② 林山，周有光，等．悼念曹伯韩同志［J］．文字改革，1959 (5)：7-10.

③ 曾常红．湘籍近现代文化名人：语言文字文学家卷［M］．长沙：湖南师范大学出版社，2011：241.

④ 林山．文艺民族形式［M］//文化供应社．现阶段的文化运动．桂林：文化供应社，1940：5.

他为《新道理》以及文化供应社的其他通俗读物创作了大量的贴近传播内容的封面和插画，在文化供应社还出版了《木刻常识》一书，为文化作品以更为活泼、直接的方式走向大众付出了努力。

（二）内容与形式“大众化”的文本呈现

《新道理》的编辑在通俗化导向的影响下，在栏目设置上也力求贴近现实，传播最新时事、战时科学常识，激励民众抗战，主打的栏目有《天下大事》《三言两言》《短论》《小新闻》《评坛》《社会科学常识讲话》《文艺》《歌曲图画》《十日消息》等，同时穿插有文化供应社的新书资讯、图书简评等内容。编辑内容包括通俗文艺、政治常识、社会常识、科学常识、民众生活、儿童园地、评论通信等。时政、短评类的内容多为文化供应社自身的编辑或资深记者、评论家撰稿，如曹伯韩（柏寒）、胡愈之、杨承芳、谷斯范、杨人鸿、王贵滨（易今）等。文艺类型的内容多为向民间约稿，体裁多样，其中不乏一些生动有趣又贴近抗战的歌谣、唱词，如湖南土剧《娘送女》（第 2 期）、儿歌《月亮出来》（第 2 期）、湘剧《风云会》、昆明童谣《蚊烟蚊烟》（第 8 期）、江西民歌《送郎去当兵》（第 12 期），还有许多广西地方的歌谣，如《桂南山歌》（第 4 期）、《灌阳山歌》（第 6 期）、花鼓《说南宁》（第 13 期）等等。其中刊载最多的是力夫的《歌谣画图》小栏目，多以配图的小短诗呈现，如第 13 期刊登的《打得鬼子叫连天》（见图 3－13）：

月光光，月亮亮，
哥哥起来背上枪，
嫂嫂起来煮早饭，
哥一碗，嫂一碗，
我和妹妹共一碗，
鬼子不得吃，
空着肚皮来打枪，
抢了鸡来又没米，
昏头跌下水塘边，
哥哥拿枪嫂拿刀，
打得鬼子叫连天。①

图 3－13 力夫的《打得鬼子叫连天》②

代表性的诗歌还有刘准的《抗战四字女经》（连载）、龚亦群的《新三字经》（连载）、林山的街头诗《誓戒》等。从通俗化的角度看，短小的配以图片的歌谣、短诗能够较为直接地传达作者所描绘的抗战生活景象，一时间，这一形式为普通作家所

① 力夫．打得鬼子叫连天［J］．新道理，1940（13）：15－16．

② 图片来源：全国报刊索引数据库。

争相创作，稿源过剩。因此，《新道理》在第 10 期刊登了有关投稿的指导：“我们收到的稿子，歌谣唱词占大半，因篇幅限制，有许多不能发表，请作者原谅。另一方面，希望大家多写一些短故事，和切实具体的生活报告。我们甚需要这类稿子。”①此后，又多出现了通俗小说的连载，如王鲁彦的《胡蒲妙计收伪军》，邵荃麟的《喜酒》，向真的《木龙龙》《中秋节》《美丽的书包》等。

1940 年 11 月 1 日，《新道理》第 13 期推出了“革新号”，改为半月刊。编者对改刊一事的说明中道出了其中缘由：“因为读者来信，多说新道理文章太少，要求多登一些文章。但十日刊页数太少，不能满足读者的要求。只好改成半月刊把每三期合成二期，这样一来，页数就增多了，文章就可多登了。”② 改刊后的《新道理》扩充到 20—30 个页码，不仅可以多刊登“读者习作”，《信箱》栏目还可以登载编者回复读者的短信，在时间上半月刊和旬日刊相差不多，可见这一革新为《新道理》与读者之间互动交流提供了更大的空间。

在编刊的形式上，《新道理》的内容多采取图文并茂的形式呈现，从封面的设计上就可见一斑（见图 3 - 14）。

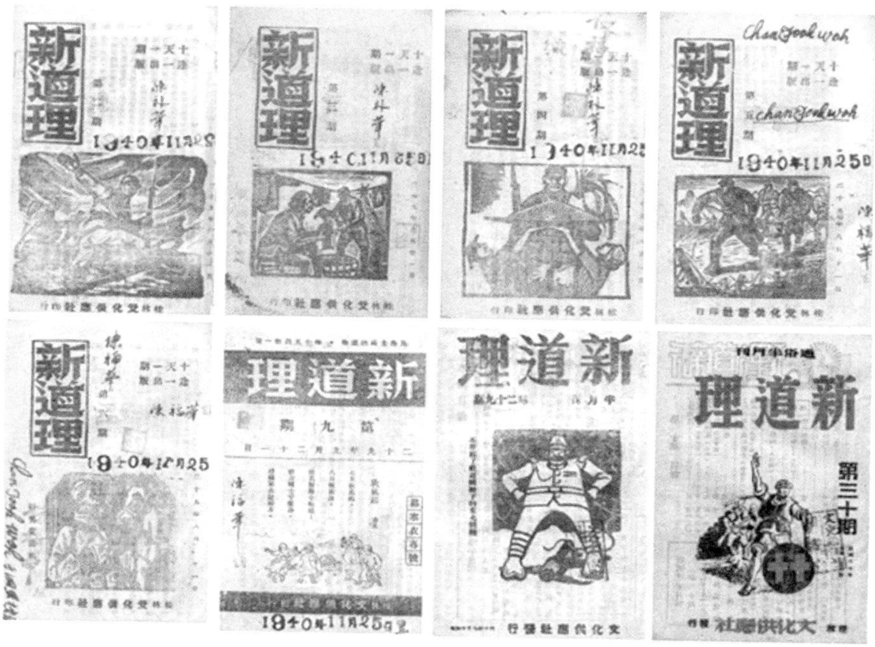

图 3 - 14　《新道理》第 2、3、4、5、6、9、29、30 期封面③

① 编者. 给投稿者［J］. 新道理，1940（10）：3.
② 编者. 改为半月刊告读者［J］. 新道理，1940（13）：4 - 5.
③ 图片来源：全国报刊索引数据库。

从符号传播的角度上说，图像符号对人视觉的冲击要大于文字符号，图像不仅能够形象地呈现传播内容的意义，而且相对于文字能够传递更为丰富的内涵。《新道理》的封面所传递的内容基本上是为了配合每期的重点文章，如第 4 期的封面配合了杜庚的文章《踊跃参加秋收献谷运动》，第 9 期“募寒衣专号”的封面以力夫的配诗漫画号召后方民众捐赠衣物支持前方抗战，以图文并茂的形式强化了文本的内容信息。《新道理》创刊的三年间大量发行于西南各省的农村和军队中，虽然通俗化的形式缺乏艺术上的审美价值，但在抗战非常时期，以通俗的文字、图片向广大受众传递抗战观念是出版由精英转向大众的必由之路。

（三）抗战后期《新道理》的转型

1941 年春，曹伯韩、林山离桂后，由林涧青接编《新道理》。1943 年 11 月，《新道理》改为“中学生读物”月刊，并从第 7 卷开始改革，在这一期上编者说明了改刊的原因：

现在《新道理》改版了，改版的原因是为了更切合读者的需要。过去《新道理》虽然以民众士兵为对象，但多数的民众士兵不但文字能力差，不能直接阅读，而且也没有订阅杂志的习惯。这中间还得有一个媒介：通过小学教师、基层工作干部、农村知识分子，部队中的政工人员和识字的士兵同志传达给他们。

……今后本刊的重心放在各科补充读物上……我们的刊物，介绍一篇新颖详尽的材料，以补课本之不足。①

由于长时间的市场反馈，《新道理》编辑发现刊物的主要读者是乡村里的教师、基层工作干部和中小学生，再加上多年战事影响，因此，刊物进行了更为精准的定位。改刊后的《新道理》每期 40—50 个页码，主要栏目有“文艺”“习作选萃”“读物介绍”“通讯问答”等，内容以少年文艺作品、史地科普常识为主，作者有李静远、王祥珩、柳无垢、钱实甫、周绍康等。至 1944 年 4 月，第 7 卷一共出版了 4 期。抗战胜利后，《新道理》于 1947 年 1 月 1 日复刊，栏目有“短评”“青年修养”“报告与通讯”“专论”等，内容包括人物传记、农艺常识、读报常识、新书介绍、学校通讯等，主要作者有张毕来、温涛、梁耀文、秦于夫等。但出至 1947 年 4 月第 5 期，未见后续。

小结

20 世纪 30 年代末至 40 年代初的抗战文化经历了轰轰烈烈的“大众化”运动，出版的通俗读物洋洋大观，一定程度上推动和适应了战时动员大众的需求，而“运动”式的规模化生产，导致了内容与形式的“八股化”，受众被持续地刺激之后精神上也进

---

① 林植．卷头语：今后的本刊［J］．新道理，1943，7（1）：2－3.

入一种倦怠期。同时因物资紧缺，编印粗糙，大量的书籍“在擦洋灯、抹桌子、包花生等等之下散佚了”[①]。“文化室图书”赶上了这股热潮，而《新道理》在 1943 年的转型，又说明了传播者出版意识上的转变。抗战文化传播受众定位与预想的差距，使战时的《新道理》对刊物定位进行了调整，以锁定刊物实际的受众，增强了时代的适应性。

第四节 从“大众文艺读物”到“文学创作丛刊”：抗战文艺向深处挖掘之路

文学作为文化的重要组成部分，文化的“大众化”必然以文学艺术的大众化作为推广的重心。文化供应社以推进文化的大众化、民族化作为编辑出版的方针和目标，抗战常识类的通俗读物是建社初期的出版重点，随着编辑工作的深入推进，以文学的内容和形式传播抗战文化，逐渐成为其出版物的核心。从 1939 年建社，到抗战胜利，短短的几年间，因战局的变化、文化的高压和经济的衰弱，出版同人的编辑思路同步发生了变化，抗战文艺作品的生产也愈发深入。在抗战文艺创作的问题上，邵荃麟曾在《文化杂志》上发表了《向深处挖掘》一文，提出了作家的创作要“向深处挖掘”的口号，即“抛弃以浮（肤）浅的惊人题材去眩惑读者的庸俗倾向，从伟大的历史场面中去探求人生、社会和宇宙的基本问题”“对现实的深刻认识，对于生活的战斗的实践，对于真与爱的热烈追求，这三者的结合下，我们才能达到艺术思维一致的境界，才能完成现象的本质的认识”[②]。文化供应社文艺类出版物在这一时期的变化，一定程度上也体现了邵荃麟文艺思想的实践。

一、“大众文艺读物”的生产

文化供应社成立的时代是文化“大众化”运动开展得如火如荼的时代，“大众化”的文艺读物成为出版业生产的主流。作为实力派的地方出版机构，文化供应社必定要走在这股洪流的前端。为了生产的需要，在建社后不久，文化供应社便大范围地展开了“大众文艺读物”的征稿活动。一则刊登在《国民公论》上的征稿启事，可见其出版构想：

---

① 杨中．大后方的通俗文艺［M］．成都：四川教育出版社，1990：5.
② 邵荃麟．向深处挖掘［J］．文化杂志，1941，1（6）：46－47.

文化供应社大众文艺读物征稿条例①

大众文艺读物，今天已成为实际的迫切需要了。前线成千成万的将士，后方广大的民众，都感到精神食粮的恐慌。因此制造大批抗战的现实内容，而形式又为民众与士兵所能了解与接受的大众文艺读物，就成为一种迫切而又重要的工作。这工作的担负，今天全国文艺界是义不容辞的。本社力量虽微小，也愿尽一部分的责任。因此，决定开始编辑一部大众文艺读物，包括各种新旧形式，册数不定，有合宜的稿子即行采用。除约稿外，热烈欢迎投稿！条例如下：

（一）大众文艺读物之对象为一般识字之民众与士兵。

（二）大众文艺读物之内容重在提高民族意识，加强抗战情绪。

（三）大众文艺读物之取材为前后方民众与将士之生活，及其英勇事迹，历史上的民族英雄之故事，以及敌人暴行，汉奸丑态等。

（四）大众文艺读物之体裁分小说、戏剧、故事、传记、诗歌、歌曲、弹词、小调、连环图画等。

（五）大众文艺读物之形式，不拘新旧，可由作者自由选择，但必须尽可能做到通俗易懂、具体生动，为一般大众所能了解与接受。

（六）每册字数约三千至一万字（诗歌、歌曲等，可由若干篇集成一册），特别好的稿子例外。

（七）每册或每篇希望能附通俗插图。

（八）报酬：现金购稿或抽版税由作者选择。

（九）来稿本社有修改权，不愿修稿者，请声明。

（十）来稿希望用原稿纸抄写清楚，切勿两面写，或用铅笔抄写。

（十一）稿子如不合用，本社负责退还。

（十二）来稿请寄桂林施家园五十八号文化供应社编辑部。

征稿启事中提供的信息非常完备。文化供应社编辑“大众文艺读物”丛书的受众定位明确为“一般识字之民众与士兵”，其编辑的目的“提高民族意识，加强抗战情绪”也体现出抗战时期重要的文化诉求。在内容上选取了“后方民众与将士之生活，及其英勇事迹，历史上的民族英雄之故事，以及敌人暴行，汉奸丑态等”符合抗战主题的题材。在通俗化的表现手法上，以“小说、戏剧、故事、传记、诗歌、歌曲、弹词、小调、连环图画”为主要的体裁。由此可见，这一时期，文化供应社的文学编辑思路紧扣时代话语，以积极配合的姿态适应文化“大众化”的抗战传播主流。经过各方的捐助投稿，1940 年 6 月，文化供应社出版了一批通俗文学类的

---

① 文化供应社. 文化供应社大众文艺读物征稿条例［J］. 国民公论，1939，2（10）：372.

“大众文艺读物”，其中有司马文森的故事书《砍不断的头》《保家乡》，沈同衡的《兄弟从军记》《国难记》；唱本有《岳州汉奸李老板》、冼群的《小钟匠》；连环画有《抗战必胜》《刘力士当兵》《火烧敌机场》《死里求生》《两兄弟》等。

图 3－15　文化供应社通俗文学部分图书封面①

基于通俗化的编辑方针和民众读物出版的需要，文化供应社始终未停止过对民间文本的征集工作。1941 年，为更进一步收集民间各种旧有通俗读物以供编辑参考，又展开了对民间旧有通俗读物的征集活动。此次征集包括民间流通的旧有通俗书本、图画等，类型更为丰富，内容更为广泛，涵盖了“文学”“艺术”“教育”“风俗”“应用书册”“研究资料”六类资料，其中文学类包括唱本、戏本、鼓词、演义、小说、谚语、传记等，艺术类包括连环画册、年画、游戏、工艺、体育等（书册或单页），教育类包括启蒙课本、宗教宣传小册等，风俗类包括各地之风俗、习惯、礼节等，应用书册类包括医药单方、天文、地理、日用便览等，以及其他有关民间文学研究的资料和目录。② 从此次对民间通俗读物的征集中可见文化供应社在通俗读物编辑上依旧不遗余力地开展工作。但由于多数民间的故事和资料都为大众的口传，战争环境也难以对民间文学进行实地的田野工作，对于大众文艺读物的编辑确实存在不小的难度。

二、通俗文学单行本的流行

《新水浒》和《忠王李秀成》是文化供应社在建社初期编印的通俗文学单行本，《新水浒》是由谷斯范创作的长篇通俗小说，出版于 1940 年 5 月；《忠王李秀成》是欧阳予倩的五幕话剧，创作于 1941 年 6 月，相比“大众文艺读物”的小册子，这两部作品更为成熟，体现了当时通俗文学的较高水平，是文化供应社在建社初期影响最大、销售最广的文学类书籍。

① 图片来源：民国图书数据库。

② 参见文化供应社资料室征集民间旧有通俗读物启事［J］. 文化通讯，1941（16）：9.

（一）《新水浒》与谷斯范“民族形式”的自觉尝试

《新水浒》是文化供应社出版的第一部文学作品，也是以章回体形式描写抗日战争的长篇小说。小说最初于 1938 年 8 月 1 日开始在上海《每日译报》副刊《大家谈》上连载，原名《太湖游击队》，以江南敌后抗日游击战争为背景，描述了华东沦陷区太湖流域太平桥镇一支游击队斗争生活和自身改造发展的过程。在《每日译报》上连载三个月之后，作者谷斯范感到力不从心，于 1938 年 10 月底离开上海，这部连载小说也就此半途夭折。1939 年 10 月，谷斯范开始续写这部小说，11 月底基本完成。不久谷斯范将修改完的《新水浒》誊抄一份寄给时任文化供应社编辑部主任的胡愈之，请其介绍书店出版，而原稿则寄给了远在新疆的茅盾，请他就这部长篇小说提出一些意见。[①] 在胡愈之的推荐下，1940 年 5 月，文化供应社把《新水浒》（见图 3 - 16）作为出版社的第一部文学作品出版，并请倪小迁先生画上旧形式的插图，由胡愈之作序，予以推介。书名仍用《新水浒》，但里面加上了“第一部　太湖游击队”，可见作者仍有意延续写第二部、第三部作品。全书共 24 回，情节紧凑，“没有一般抗战文学所难以避免的公式主义与纲领化的弊病”[②]。胡愈之在序言中肯定了这部小说出版的意义：“这一本书的出版，至少是向文艺界提出一个关于民族形式的实例。我想，今天我们所需要的作品，应该是能够教人笑，也叫人哭；叫人读着感觉轻松，但也感觉紧张；应该提出问题，但同时也暗示一些答案。民族形式的作品似乎也不能忽略这些条件。因此《新水浒》这本小说是应该有它的地位的。”[③] 小说出版几个月后就于年底再版，此后又多次再版，到 1942 年 3 月就出了第五版，一时间成为大后方影响较大的畅销书。

图 3 - 16　《新水浒》（1940 年版）封面、版权页[④]

---

① 谷斯范.《每日译报》忆旧：雨丝风片录　四［J］. 新文学史料，1992（2）：140 - 155.
② 谷斯范. 新水浒［J］. 文化通讯，1941（14）：3 - 4.
③ 胡愈之.《新水浒》序［M］//谷斯范. 新水浒. 长沙：湖南人民出版社，1985：3 - 4.
④ 图片来源：民国图书数据库。

《新水浒》问世期间，正值整个中国抗战文学和 20 世纪中国文学调整与转换期。这次文学调整与转换，是以“民族形式”讨论为开端的。这部小说在民族化、大众化方面做出了可喜的尝试，采取旧有的章回小说的形式装载抗战题材，一经出版便得到了读者的广泛欢迎和文化界的普遍关注。茅盾在阅读了书稿后，在 1940 年延安出版的《中国文化》杂志上发表了 6000 字的书评《关于〈新水浒〉——一部利用旧形式的长篇小说》以评析和推荐，认为小说“在通俗化这点上，作者是做到了。用语、句法、结构，都是中国式的”，“在利用旧形式的实践过程中，将是一部值得纪念的作品；它的成功与失败之处，将是可宝贵的经验与借镜”①。同时，也有评论家提出“一个好的内容，被作者所采用的表现方法，所谓通俗的形式所限制，这种内容与形式相游离的结果是使作品失却了活的生命”②，认为新的内容不能迁就形式的“通俗”，使内容“削足适履”，不能把“民族形式”单纯地理解为形式问题。1938 年至 1941 年间，随着抗战形势的发展，客观上需要更高的形式和内容，复杂的现实状况要求作家运用新的创作方法适应读者的迫切需要，于是“民族形式”被提出来了。中国抗战文艺界对“民族形式”的讨论，集中于一点，即是民族意识的弘扬和民族传统文学回归的呼唤，立足于中华民族传统文学，创造出中国老百姓喜闻乐见的具有中国作风与中国气派的文学。谷斯范的《新水浒》，从文本意识的角度上说，无疑是这一召唤的自觉回应，是这次文学调整与转换中的一次文学创作尝试。③ 且不论这一小说在形式上继承与创新的成败，单从其对这一大时代背景中的抗战文艺而言，“《新水浒》作者的勇敢尝试是值得尊敬的”④。《新水浒》的出版和发行还影响了新一代作家。通俗小说《新儿女英雄传》的作者孔阙说，他是受了谷斯范作品的影响才开始写通俗小说的。直到 1985 年，湖南人民出版社还重印了这本《新水浒》，第一次印刷就达 124000 册⑤，让读者重温了这部抗战时期通俗小说的扛鼎之作。

（二）《忠王李秀成》与抗战戏剧展演的互动

如果说，文化供应社把《新水浒》作为第一部文学作品出版体现了其对青年作家的扶持和对通俗文艺的重视的话，那么《忠王李秀成》的出版表现了文化供应社对老作家著作出版和传播的关注。⑥《忠王李秀成》完成于 1941 年 6 月，是欧阳予

① 茅盾．关于《新水浒》：一部利用旧形式的长篇小说［J］．中国文化，1940，1（4）：38－40.

② 杨洪．“新水浒”：谷斯范著［J］．现代文艺（永安），1940，1（5）：221－224.

③ 苏光文．论谷斯范《新水浒》的批判意识与更新意识：兼论《新水浒》的文学历史意义［J］．西南民族学院学报（哲学社科版），1999，20（6）：115－119.

④ 程云．书报介绍：“新水浒”（谷斯范）［J］．皖南人，1940，1（5）：21－22.

⑤ 谷斯范．新水浒［M］．长沙：湖南人民出版社，1985：版权页.

⑥ 佘爱春．抗战时期桂林文化城的文学空间［D］．南京：南京大学，2011：192.

倩抗战时期创作的唯一的一部历史剧，这部剧也代表着其抗战期间话剧创作的最高成就。该剧于1941年5月30日至8月18日《大公报》（桂林版）的文艺副刊上连载，1941年10月30日由广西省立艺术馆话剧实验剧团在桂林首演，1941年10月10日文化供应社将《忠王李秀成》作为对“第四届戏剧节”的献礼之作出版单行本。在出版广告中这样写道：“欧阳予倩先生在戏剧方面有很多贡献，但他所写作的剧本，却没有印行过。这个剧本是他最近的力作，也是他著作中最先印行的一部。”[①] 欧阳予倩在《〈忠王李秀成〉自序》中也谈道：“我从来写戏，很少出版，因为不敢自信。这回文化供应社把这篇戏印出来，并非说有自信的把握，不过在这剧本荒的时候，聊备一格而已。”[②] 由此可见，《忠王李秀成》单行本的出版是文化供应社同人极力促成的结果。

《忠王李秀成》是五幕历史话剧。话剧以太平军定都天京（南京）后，遭清朝将领曾国荃进袭，天国处于存亡之秋为背景，描述了李秀成在太平天国的内部斗争中牺牲的故事。太平天国末期的李秀成，经过十余年鏖战，屡建奇功，但是洪秀全却仍然对李秀成猜忌不已，奸臣贼子也采用种种卑劣手段，争权夺利，分裂革命力量，使李秀成挽救太平天国的一个个计划均无法实行，只能在日益颓败的形势下坚持苦斗，直至天王自杀，天京陷落，李秀成被俘，最后壮烈牺牲。欧阳予倩以炽热的感情讴歌李秀成的雄才大略、忠贞坚定，他“既善治军，又善治民。他公忠体国，又能体贴民情，是一个特出的人才。无怪当他死后，他部下的兵有1万多人聚而自焚，无一降者，而南京苏州一带的百姓，甚至于罢市哭奠，使后人展读太平天国史料，读到李秀成的事迹，也没有不感奋叹息，表示崇敬的”[③]。正如田汉在《谈欧阳予倩同志的话剧创作》一文中所指出的，“予倩同志这个五幕剧在写李秀成的政略战略，写他对天王、对人民、对同辈战友和部下，对敌人和俘虏以及对他母亲妻子和兄弟等方面，都很能传出忠王可敬爱的风貌”[④]。同时，作者采用强烈的对比手法描摹和谴责了那些掣肘李秀成的“皇亲国戚”和奸臣们。一场震撼的太平天国革命运动失败了，其失败从根本上来说，“不是败于清朝和帝国主义之手，而是败于它内部的分裂，败于奸臣贼子们的挑拨离间、霸道当权、鱼肉民众，以至民怨兵叛。这是贯穿于全剧的中心思想，是主题”[⑤]。对于这一主题的解读，欧阳予倩也同样认为“革命者要有殉教的精神，支持民族国家全靠坚强的国民，凡属两面三刀、可左可右、投机取巧的分

---

① 文化供应社．庆祝双十节出版界联合广告［N］．大公报（桂林版），1941-10-10.

② 欧阳予倩．《忠王李秀成》自序［J］．文艺生活，1941，1（2）：36-37.

③ 欧阳予倩．《忠王李秀成》自序［J］．文艺生活，1941，1（2）：36-37.

④ 田汉．谈欧阳予倩同志的话剧创作［M］//苏关鑫．欧阳予倩研究资料．北京：中国戏剧出版社，1989：366.

⑤ 韦昌英，黄今．谈《忠王李秀成》［J］．文艺生活，1941，1（2）：38-40.

子，非遭唾弃不可。我写戏奉此以为鹄的。《忠王李秀成》也就根据这意义写成”[①]。

皖南事变发生后，国民党统治区风雨如晦，进步舆论受到钳制，进步文化人处境尤艰，爱国的作家们对现实的黑暗腐朽却不能正面直言，因此“不得不以历史的曲笔来表现他们对现实的思考，于是出现了历史剧的勃兴”[②]。郭沫若、阳翰笙、阿英、吴天右、夏征农等剧作家先后创作了一批有影响的历史剧。欧阳予倩也同样以极大的创作热忱投入“剧运”当中，以史为鉴，他希望“通过对李秀成英雄事迹的表彰，来鼓励全国抗战军民的民族气节，使之投入轰轰烈烈的抗日救国运动”，尽管“倭寇的劫夺和现今日本帝国主义的侵略，性质完全不同，用倭寇作题材写成的戏，来反映目下的抗日战争，绝不能吻合无间。但是用征倭寇的斗争情绪来刺激我们敌忾同仇之心，是很有意义而自有作用的”[③]。

《忠王李秀成》完稿后不久，便在桂林、重庆等地上演，尤其在桂林，在欧阳予倩的亲自执导下曾经三度重演，共演出 23 场，场场爆满，观众高达 3 万多人次，轰动了桂林剧坛。而《忠王李秀成》的出版，某种程度上可以说是配合演出的“同期书”，随着演出的火爆，《忠王李秀成》的销售情况也非常可观，出版不够一年就于 1942 年 9 月修订后再版。而 1943 年第二次再版时却因图书审查严密，勒令作者改动 30 处，删去 50 多处，再加上文化供应社的负责人员的调整，书稿送审时未能通过，就此搁置。抗战胜利后，该书以“文学创作丛刊之一”继续由文化供应社出版（见图 3－17）。

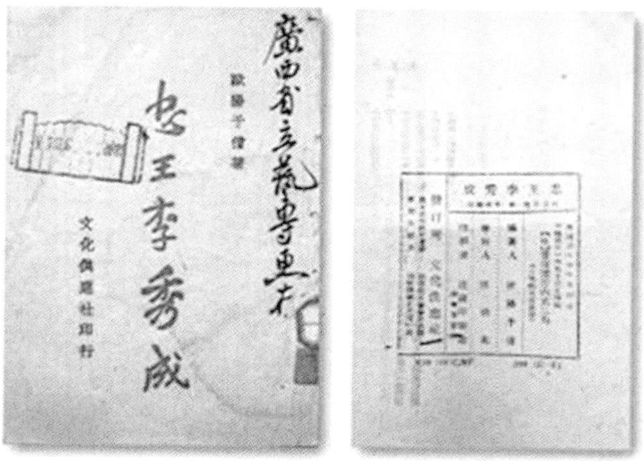

图 3－17　《忠王李秀成》（1942 年版）封面、版权页[④]

① 欧阳予倩.《忠王李秀成》自序［J］. 文艺生活，1941，1（2）：36－37.
② 董健. 论陈白尘的话剧《大地回春》［J］. 抗战文艺研究，1984（2）：17.
③ 欧阳予倩.《忠王李秀成》自序［J］. 文艺生活，1941，1（2）：36－37.
④ 图片来源：李建平。

三、青少年文艺类丛书的普及

在文化供应社出版的文学书籍中，销量较大的还是普及性的青少年文艺读物。当时，文化供应社连续推出了“少年文库”“中学略读文库”“青年自学指导手册”“青年文库”“英汉对照文艺丛书”等几套丛书，产生了广泛的反响，其中“少年文库”“中学略读文库”“青年自学指导手册”影响最大，销售最多，多次再版。

（一）“少年文库”：战时的儿童世界与时代隐喻

“少年文库”是面向少年们的通俗文艺读物，被认为是“少年儿童们的知识宝库”，从 1941 年开始陆续出版，先后有 30 余种见之于市，战后重新整理分为 3 辑出版，第 1、第 2 辑各 10 种，第 3 辑 5 种，是文化供应社众多丛书中出版数量较多的一类（见表 3-5）。在 1941 年的《文化通讯》记录了“少年文库”的刊行旨趣：“在于补救少年群的精神食粮的饥馑”，“将儿童们解放出来”①。“少年文库”的体裁多样，包括小说、童话、剧本、诗歌、游记等各类文艺作品，以及有关自然科学、社会科学的通俗读本，每本图书为 2 万—3 万字的小册子。

表 3-5　文化供应社“少年文库”图书目录②

辑次	书名	编著（译）者	初版时间
战时出版	菲菲岛梦游记	司马文森（著）	1941 年 12 月
	敌后的故事	桂　生（著）	1942 年 1 月
	火线上的孩子们	聂志孔（著）	1942 年 1 月
	喜酒	邵荃麟（著）	1942 年 1 月
	在内蒙古草地上	童　常（著）	1942 年 1 月
战后再版第一辑	鹦鹉和燕子	骆宾基（著）	1941 年 12 月
	小蛮牛	雷石榆（著）	1943 年 5 月
	北极新天地	陆　洛（著）	1942 年 4 月
	偷火者的故事	谢加因（著）	1942 年 1 月
	生活的故事	左　林（著）	1942 年 5 月
	地球和宇宙	陈大年（著）	1942 年 5 月
	速算故事	孙士仪（著）	1942 年 11 月
	星的故事	陈希真（著）	1943 年 5 月
	孩子耶夫雪加的奇遇	黎　穆（译）	1944 年
	黄金河的出现	陆　洛（著）	1944 年 2 月
	三个奇异的国家	维　加（著）	1944 年 2 月

① 佚名．介绍与批评：介绍“少年文库”[J]．文化通讯（桂林），1942（19）：3-5.

② 该表格根据《大公报》（桂林版）“文化供应社书报联合广告”、《文化通讯》“少年文库”广告，以及《广西文史资料　第 23 辑　陈劭先纪念专辑》附录“文化供应社图书目录”（战后整理版）制作而成。

续表

辑次	书名	编著（译）者	初版时间
战后再版第二辑	魔鞋	马特维也夫（著），梁琼（译）	1942 年 1 月
	空气、阳光、水	陈润泉（著）	1947 年
	水和它的亲族	陈大年（著）	1942 年 4 月
	幸运鱼	塔拉科夫斯加（著），梁琼（译）	1941 年 12 月
	苏联儿童诗集	波尔多等著，陈原（译）	1942 年 5 月
	渔夫和鱼	司马文森（著）	1942 年 11 月
	高尔基的故事	孙士仪（著）	1944 年
	诗人雪莱的故事	郑清文（著）	1947 年
	小铁匠	甦　夫（著）	1942 年 6 月
	小姑娘们	彭　慧（译）	1947 年
战后再版第三辑	少年时代	托尔斯泰（著），蒋路（译）	1947 年
	森林中的宝藏	拉节夫斯卡（著），洪江普若（译）	1949 年 11 月
	带臂章的人	杲　岚（著）	1944 年
	耶夫雪加奇遇记	黎　穆（译）	1944 年
	猫仔的审判	胡树明（著）	1947 年
	光明的呼号	方　里（著）	1949 年
	礼物	胡明树（著）	1949 年

丛书内容丰富，文笔清新生动，不仅具有知识性和趣味性，还有深刻的教育意义。在形式上每册图书还附有多幅精美的木刻插图，给少年儿童以美的享受和文学的熏陶，深受少年儿童的喜爱和欢迎，几乎所有的作品在出版不到一年的时间都再次出版，成为当时的畅销书。

在丰富活泼的形式外衣下，书中同样紧扣着抗战救国的时代主题，如：儿童话剧集《喜酒》里容纳了《喜酒》《爸爸的棉袄》《校长老师》3 个独幕剧，剧中儿童天真可爱，在与成年人的互动矛盾中体现出了支持抗战救国的同情心；小说类的游记《菲菲岛梦游记》以生动的笔风叙述了在小朋友安安的梦境里，菲菲岛沦为米米和牙牙两个帝国主义国家的殖民地以后的悲惨命运，有着对国家历史的隐喻；《火线上的孩子们》《敌后的故事》《在内蒙古的草地上》同是报告文学，是由一个少年团体集体写作而成，记载着抗敌初期活跃在壮烈的火线上、广大的敌人后方、辽阔的内蒙古大草原的中国新少年配合军民作战的英勇姿态，以及他们所目睹的各地人民抗敌的故事；《鹦鹉和燕子》是一篇类似散文的长篇童话，作者通过叙述鹦鹉和燕子友情的始末和不同的命运，提倡对自由生活的追逐和对劳动生命的崇尚；《北极新天地》是一本具有趣味性的新闻性质的报告，记载了苏联三位空中英雄加洛夫、巴达哥夫、贝利亚哥夫用飞机开发北极的首创功绩；《水和它的亲族》是一本趣味横生的故事化科学小品，书中描绘自然界雷、电、云、雨的现象，水的形态以及它的来源、归宿和功用。

图 3－18　“少年文库”部分图书封面、扉页①

高尔基认为，“儿童读物的‘主题’的问题，即是关于儿童的社会教育方针的问题”，教育者要“改革文化”，要“将儿童们解放出来”②。在民族救亡的历史语境下，具有民族使命感的出版机构对于青少年的思想引导也扣紧了时代的主题，在文本的构建上，童话、诗歌、戏剧等形式都自觉地为社会主流意识形态服务，而形成了抗战时期特有的少儿读物的文化特征。正如文化供应社的出版同人所希冀的，“这套文库不会遗弃时代，在激剧变化的抗战急流中，它到底或多或少地投下了些智慧可喜的影像”，将“那种看不见的巨大的东西，能够炼成强心或者补血的注射剂，强迫注些到少年群的血液里，未始不是裨益于国家民族的善举吧”③。

（二）“中学略读文库”：中学生课外文艺精品

“中学略读文库”是以“中学生的课外读物”面目出现的一种文学图书。从 1942 年开始共出版了 8 册，包括邵荃麟选注的《创作小说选》，艾芜选注的《翻译小说选》，文宠选注的《话剧选》，葛琴选注的《散文选》，林举岱选注的《游记选》④，莫一庸选

---

① 图片来源：民国图书数据库。

② 佚名．介绍与批评：介绍“少年文库”[J]．文化通讯（桂林），1942（19）：3－5．

③ 佚名．介绍与批评：介绍“少年文库”[J]．文化通讯（桂林），1942（19）：3－5．

④ 关于《游记选》选注者，从现有的资料看有两种说法，一种是林举岱，一种是葛琴；事实上，这两种说法都没错，从现有资料可知，文化供应社出版“中学略读文库之一”《游记选》有两种版本，一种是抗战时期桂林出版的，这是由林举岱选注的（参见《文化杂志》3 卷 1 号的“中学略读文库”已出目录广告）；一种是在抗战胜利后，1947 年 10 月由文化供应社在香港出版的，这是由葛琴选注的（参见葛琴选注：《游记选》，香港文化供应社 1947 年 10 月版）。

注的《书信选》，赵家晋、张声智选注的《名人传记》，李志曙选注的《现代名人演讲录》等。编者在谈到出版这套丛书时提道：

现行教育部颁布的中学国文课程标准中，都规定着"略读"这一个作业项目。拿什么来做略读的材料呢！这就颇费一般国文教师的脑筋了。其实略读文选一类书刊，一般坊间未始没有，可是不是嫌文字太艰深，就是嫌内容太陈旧。本社为想填补这个缺陷，特地编刊了这一个文库。担任编辑工作的都是富有教学经验的中学国文教师或文学家。选文内容务求精审新颖，并且适合于中学生的程度。每篇选文之后，附列着"学习要点"和详明的"注释"，尤其便于自学。本文库之刊行，我们相信对于中学生国文学习，也许会有相当帮助的。①

这套丛书，除了在广告介绍中所说的有"学习要点"和"详明的注释"外，还有一个鲜明的特点，就是每本书都有编者撰写的指导性和介绍性的长篇序言，对每种文体的发展概况、主要特点、如何欣赏、如何写作等都有介绍和说明，这对青年学生来说是非常重要的，不仅对青年学生的学习和写作起到了很好的指导作用，同时拉近了与读者的距离，为图书的销售延揽了更多的潜在读者。

图 3-19 "中学略读文库"部分图书封面②

在这 8 册读物中，以邵荃麟选注的《创作小说选》内容最为翔实，影响最大。《创作小说选》于 1942 年 6 月初版，于 1943 年 4 月再版，创造了青少年文学读物的

① 文化供应社."中学略读文库"广告［J］. 文化杂志，1943，3（3）：98.
② 图片来源：民国图书数据库。

销售高峰。《创作小说选》体现出邵荃麟这时期编辑图书的一个基本价值取向，选取了抗战以来较完整的10个短篇，包括萧军的《职业》、丁玲的《县长家庭》、张天翼的《新生》、沙汀的《艺术干事》、艾芜的《回家后》、刘白羽的《枪》、聂绀弩的《姐姐》、吴组缃的《某日》、立波的《麻雀》、谷斯范的《至尊》等，均为左翼作家的作品。邵荃麟除了详尽地解释所选取的作品外，还在各篇指出了“本文主题”，在篇末列举了“学习要点”，指出作者所要表现的思想过程是什么、所创造的艺术形象是什么等内容，而且还针对文艺青年如何阅读欣赏小说专门写了一篇指导性的序言，他认为“文学不仅是表现人生、反映人生的，并且是创造人生的；不仅是供人欣赏的，并且是社会革命实践的一种有力武器”[①]，还指出当今的青年对小说的欣赏还停留在较浅的层面，缺乏深入探求作品本质的社会意义的理解，对于这一现象，需要作家和青年一道去努力克服它。因此，邵荃麟在《序言》中指导青年在阅读之时要把握小说的“现实性”“真实性”“形象性”三个基本条件，即“首先应该去认识这篇作品的主题是什么，就是说，作者在这篇小说中所诉说的中心思想是什么。这种主题有时并不是看过一遍就能明白，需要再三细读始能领悟的”[②]。邵荃麟的《序言》对青年进一步理解抗战时期文学的社会效用，以及帮助青年自我学习起到了很好的引导和启发作用。

葛琴选注的《散文选》也是一部很有影响的作品选。该书选注了9篇散文，都是现代知名作家的作品，包括茅盾的《白杨礼赞》、曹白的《我的路》、巴金的《伤害》、郭沫若的《由日本回来了》、夏丏尊的《猫》、靳以的《狗》、萧红的《黑夜》、陆蠡的《私塾师》、萧军的《一只小羊》。与其他选集一样，在该书中，葛琴不仅在每篇作品之后都对作者进行了介绍，列举了学习要点和注释，也为该集写了长篇序言。在序言中，对什么是散文、散文的主要特点以及当前散文创作中所存在的不良倾向等进行了分析和论述，指出散文写作中两个重要条件：一是真实的情感，二是朴素，并认为“今天不是行吟诗人的时代了，也不是陶渊明唱归去来兮的时代了，今天我们还是在战斗中间，在最艰苦的反法西斯战斗中间。我们是需要强健的生命，呼吸，需要对未来的广阔瞭望。我们需要强韧的健康的坚毅的战斗的情感——而这又必须是现实的。因此，在散文的写作上，同样在诗和其他一切文学的创作上，我们要求作家们特别是青年作家们，更努力地从实际生活战斗中，去培养我们的情感和思想力。把这些转化为时代的花朵——文学”[③]。

从书中艾芜选注的《翻译小说选》、文宠选注的《话剧选》，以及赵家晋、张声

① 邵荃麟. 邵荃麟评论选集：下［M］. 北京：人民文学出版社，1981：460.
② 邵荃麟. 邵荃麟评论选集：下［M］. 北京：人民文学出版社，1981：460.
③ 葛琴.《散文选》序［M］//周红莉. 中国现代散文理论经典. 苏州：苏州大学出版社，2008：357.

智选注的《名人传记》，李志曙选注的《现代名人演讲录》等也均得到了青年们的喜爱，既能帮助和提高中学生的阅读欣赏水平，又促进了新文学的传播，对引导文艺青年从事文学创作有重大的意义。

（三）《文学手册》："青年自学指导手册"中的文学类畅销书

艾芜的《文学手册》（见图 3－20）是文化供应社"青年自学指导手册"丛书刊行的第一本文学类指导手册，同时也是艾芜最有影响的文学理论著作之一，被誉为"是写作的最宝贵的指针"[①]。该书共分四个部分，就文学的本质、学习文学与创作的方法以及当时文学运动思潮等问题，结合文学名著做了详细的分析和叙述，其"目的在帮助文学爱好者，从事文学修养的基本工作"[②]，是一本普及性的文学理论书。关于该书的写作，艾芜在重印版的《后记》中回忆道："有时觉得人家说的好，就随手记了下来。有时报纸杂志要我谈谈写作经验，便也把古今中外作家的谈话，写去发表。后来桂林文化供应社要我写本文学入门一类的书，我就用平素的笔记、报纸杂志上的文学短论，加以系统化，再研究一次，又充实一些材料进去，便成了《文学手册》。"[③]《文学手册》于 1941 年 3 月初版，印数为 5000 册，不到 4 个月就销售一空；7 月再版又印 5000 册，销路仍然很好，接着又第三次、第四次再版[④]。在一年时间里再版四次，这在抗战时期的图书出版中极为罕见，毫无疑问，《文学手册》已成为当时名副其实的畅销书，也是文化供应社在这一时期销量最大的图书。

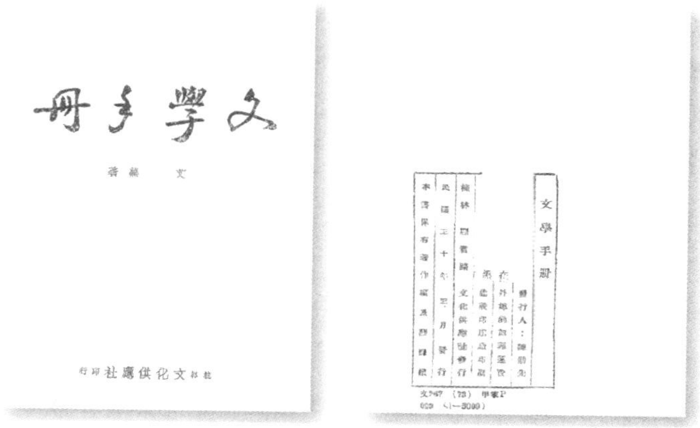

图 3－20 《文学手册》（1941 年版）封面及版权页[⑤]

① 文学手册（增订五版）广告［J］．文化杂志，1942，3（1）：84．

② 艾芜．文学手册［M］．桂林：文化供应社，1941：134．

③ 艾芜．文学手册［M］．长沙：湖南人民出版社，1981：216．

④ 龚明德．昨日书香：新文学考据与版本叙说［M］．台北：秀威资讯，2010：171．

⑤ 图片来源：民国图书数据库。

《文学手册》如此受读者欢迎，出乎艾芜和文化供应社的意料。此时艾芜也决定对《文学手册》进行进一步的修订再版。修订后增订本从原来的 7 万多字增加到 13 万字，添补最多的是关于语言的部分，内容编排上也由原来的四篇改为三篇，于 1942 年 10 月以"增订五版"的名义印行。增订本《文学手册》依然非常畅销，文化供应社连续印了两次，至 1943 年 12 月《文学手册》已印行至第七版。抗战胜利后，文化供应社出版同人携带该书纸型于 1946 年 4 月、1947 年 9 月在香港加印两次，又于 1948 年 10 月、1949 年 4 月由上海文化供应社以"青年自学指导手册"的丛书名印了"新三版"和"新四版"。在新中国成立后，1951 年 3 月，《文学手册》在北京最后一次以"文化供应社"的名义加印，印数为 1500 册。《文学手册》的成功得益于文化供应社的精密策划，以及推动文化大众化的出版理念的影响，满足了广大青年读者对精神食粮的渴求。它的出版不仅对文艺青年的文学创作起到指导作用，促进了文学新人的成长，也昭示文化普及与畅销书的成功经验，对我们今天的文学出版也有着启示意义。

四、"文学创作丛刊"的问世

"文学创作丛刊"是文化供应社在抗战时期唯一出版的一套纯文学创作丛书。该丛刊由文化供应社的专任编辑邵荃麟主编，1941 年 11 月 15 日在《文化杂志》第一卷第 4 号刊上刊出了"文学创作丛刊"出版预告，预告中写道："文学青年伴侣——'文学创作丛刊'"。第一辑 12 册自 1941 年 12 月起陆续出版，并刊出了即将出版的书目，包括陈白尘的剧本《大地回春》、沙汀的报告文学《同志间》、蒋牧良的长篇小说《从大别山到唐河》、艾芜的短篇小说集《荒地》、茅盾的游记《见闻杂记》、艾青的诗集《黎明的通知》、邵荃麟的短篇小说集《英雄》、宋云彬的杂文集《浅草》、骆宾基的中篇小说《吴非有》、聂绀弩的长篇童话《杜鹃花》、葛琴的短篇小说集《伴侣》、司马文森的短篇小说集《蠢货》等 12 册。从"文学创作丛刊"预告的 12 册书的体裁看，各种体裁的作品都有，既有诗歌、小说、戏剧、杂文，又有报告文学、童话、游记，而以小说最丰；从作者看，是清一色的中共党员作家和非共产党员左翼作家，并且大都在大后方非常活跃、知名度很高。对于图书出版而言，作家及作品选择是极其重要的，即挑选什么作品来出版能获得最大的经济效益和社会效益。这就对编者或出版商提出相当高的要求，一方面他必须"对可能存在的读者大众想看的书和将要购买的书做出事实性判断"，另一方面要"对可能成为读者大众欣赏趣味的东西做出价值判断"[①]。从预售书目可看出，这套文学丛书的出版体现出邵

---

① 罗贝尔埃斯卡皮．文学社会学［M］．杭州：浙江人民出版社，1987：43.

荃麟扩大左翼作家影响力政治意图和提升文化供应社书籍品质的文化诉求。由于种种原因，这套丛书当时并未能按计划全部出版，从目前所掌握的史料看，到 1943 年春邵荃麟离开文化供应社时，只出版了陈白尘的剧本《大地回春》、丁西林的四幕喜剧《妙峰山》、艾芜的短篇小说集《荒地》、艾青的诗集《黎明的通知》、邵荃麟的短篇小说集《英雄》、骆宾基的中篇小说《吴非有》、葛琴短篇小说集《伴侣》、司马文森的短篇小说集《蠢货》、茅盾的《见闻杂记》[①] 和没有在预告书目中的聂绀弩的杂文散文集《婵娟》，共 10 种。1944 年还出版了黄药眠的《再见》和《美丽的黑海》，之后还将已出版的欧阳予倩的《忠王李秀成》和战后出版的聂绀弩的《沉吟》列入其中。从见知于市的书籍来看，都是这些作家在当时创作的重要作品，在一定程度上展示了左翼作家的创作实绩。这些作品出版后几乎都再版，为出版社赢得了声誉与效益，从中也体现出邵荃麟独到的编辑策划才能。

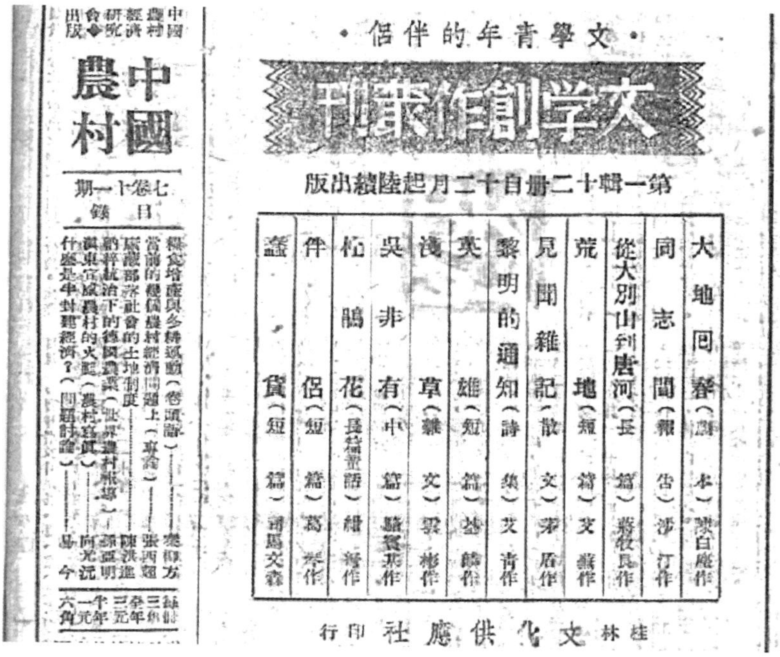

图 3-21 “文学创作丛刊”书目[②]

丛书最先刊行的是陈白尘的《大地回春》，该书被誉为“剧坛五年来第一部抗战

① 佘爱春的《抗战时期桂林文化城的文学空间》一文中提出茅盾的《见闻杂记》由桂林文光书店 1943 年 4 月出版，而不是文化供应社出版的，事实上文光书店是文化供应社 1943 年成立的二线出版机构，因此也应视为文化供应社的出版物之一。

② 图片来源：全国报刊索引数据库。

史诗"[①]，是这一时期剧坛上反映现实生活的诸多优秀剧本中颇有独到之处的一部作品。剧本以乐观的态度表现了中华民族和祖国大地在抗日战火中"回春"的主题，是作者自我在经历磨难之后创作生命"回春"的明证[②]，是陈白尘抗战时期戏剧创作中具有特殊意义的五幕正剧。《大地回春》全剧以爱国民族资本家黄毅哉一家的生活命运为中心展开，描写了抗战中民族工业的艰苦斗争过程，揭示民族资产阶级的历史命运，抨击了那些不顾民族利益、发国难财者的罪恶，概括了抗日战争年代丰富复杂的社会内容。剧中的女主人公冯兰说："抗战是一把火，我们每个人都会被它烧得变了样子的！"剧中的青年游击队队长洪春峰说："抗战是国家民族和个人挣脱历史上的压迫，获得自由光明的'生死关头'！"通过对黄毅哉、冯兰、洪春峰等人物的塑造，展开了在抗日战争时期的种种矛盾，"表现了中国在抗战三年中的激变，告诉我们新的人、新的典型是怎样成长的，而腐烂的、动摇的、不死不活的等又走着怎样的毁灭道路"[③]。该剧本在1941年10月由中华剧艺社和新中国剧社在重庆和桂林同时公演，取得了较好的反响，

图 3-22 《忠王李秀成》《大地回春》广告[④]

董健在《陈白尘创作历程论》指出："在抗战戏剧中，把这种激情（指民族复兴的希望）和历史眼光结合得较好，表现得有一定深度的，当首推陈白尘的《大地回春》。"[⑤] 1941年12月，桂林文化供应社以《大地回春》为"文学创作丛刊"第一集

① 原载1941年10月21日《时事新报》，转引自董健．陈白尘创作历程论［M］．北京：中国戏剧出版社，1985：180.

② 陈白尘．大地回春·代序：给巴人［J］．戏剧岗位，1941，3（3）：17-19.

③ 李天济．论《大地回春》的主题［J］．戏剧岗位，1942，3（5）：6-7.

④ 图片来源：作者扫描自《大公报》（桂林版）。

⑤ 董健．陈白尘创作历程论［M］．北京：中国戏剧出版社，1985：178.

出版[①]，在广告中文化供应社认为是“近来剧本荒中一巨大贡献”[②]。该书出版后非常畅销，不到4个月的时间于1942年3月就再版，之后又再版了几次，1948年8月由上海文化供应社出版了新一版本，可以想见该剧在当时影响之巨大。戏剧作品中还有丁西林的四幕喜剧《妙峰山》，出版于1942年2月，剧中作者以其一贯的幽默作风，描写抗战中大学教授以及大学生们的“游击”故事。含义深刻，结构严谨，是抗战时期不可多得的喜剧佳作。

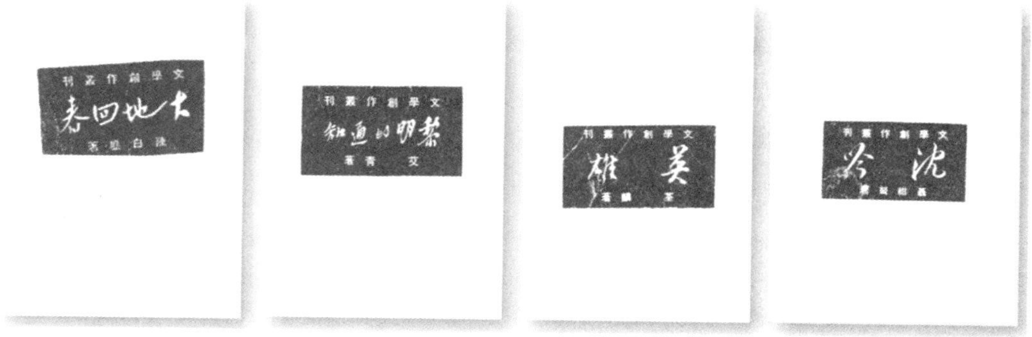

图3-23 “文学创作丛刊”部分图书封面[③]

在这套丛书中以小说居多，尤其是短篇小说，其中艾芜、司马文森、邵荃麟、葛琴等在抗战时期的桂林都创作了数量颇丰的短篇小说作品。《荒地》是艾芜在桂林时期出版的多部短篇小说集中影响较大的一部，一共收集了13个短篇，根据内容性质不同分成四辑：第一辑里包括《梦》《信》《某城纪事》3篇，讽刺了战时大后方几种丑陋的类型人物；第二辑包括《意外》《山村》《荒地》3篇，反映了几位壮丁的不幸遭遇；第三辑包括《外套》《乡下的宴会》《友谊》3篇，指出了一些青年的苦闷与不幸；第四辑包括《母亲》《散兵》《父亲》《锄头》4篇，4篇里的主人公都是有着极强固的传统的保守性，而现实给予了新的观念——使他们正确认清，哪类

---

① 关于《大地回春》初版时间，在董健的《陈白尘创作年表》和陈虹、陈晶的《陈白尘年谱（二）》中认为是1941年7月，但从1941年9月15日出版的《文化杂志》第一卷第2号“《大地回春》出版预告”和1941年11月15日出版的《文化杂志》第一卷第4号“文学创作丛刊”第一辑出版预告，1941年12月16日的《大公报》（桂林版）“文化供应社最近新出版”广告，以及1941年11月出版的《戏剧岗位》第三卷3、4期合刊上发表陈白尘的《〈大地回春〉代序》等文献可看出，在11月15日之前该书并没有出版，在1942年1月20日《大公报》（桂林版）的“文化供应社书报联合广告”中可见《大地回春》开始公开发售，售价为5.6元。由此判断，《大地回春》应该是在1941年12月下旬至次年1月间才正式出版的，1941年7月应该是陈白尘创作《大地回春》的时间而不是出版的时间。

② 《大地回春》广告［N］. 大公报（桂林版），1941-10-10：1.

③ 图片来源：民国图书数据库。

人是该爱的，哪类人是该憎的。[①] 在这些小说中，作者一方面以讽刺嘲笑手法揭露了国民党统治区黑暗现实和种种卑琐丑态，另一方面则以悲悯、愤慨的笔调叙写了下层民众的辛酸艰苦的生活处境。正如他在《序言》中写道："不幸写作这些短篇的时候，无边无际的这种荒凉景色，总围绕在我的周遭""我跳起来，我要把周遭的荆棘、茅草、刺藤、尽量拔去，虽然茅草、刺藤、荆棘，是那样地多，但我并不退缩，反而一面流汗，一面笑了起来。我写《信》《梦》《某城纪事》的时候，便是有这样的心情。但这笑也不是常有的。在荆棘里面看见长不起来的残弱果树，在茅草里看见受不着阳光的稻粱，在荆棘里面，看见宛转可怜的小花，我就不能不十分愤慨。我写《山村》《荒地》《意外》《锄头》《乡下的宴会》《母亲》等的时候，的确是一点也笑不起来"[②]。这个集子最为明显地展示了艾芜抗战小说创作的转变，即从抗战初期对民众抗战的歌颂转向对社会现实黑暗的讽刺和暴露。司马文森的短篇小说集《蠢货》收入了《路》《蠢货》《回乡》《王英和李俊》《花开时节》等中短篇小说，虽然不是当时作者最有影响的作品，但小说中对抗战时期知识青年的精神风貌和成长过程的展示，对激励青年一代的抗战热情和磨炼他们的战斗意志起到积极的教育作用。对邵荃麟来说，抗战时期是他小说创作的高峰时期，而《英雄》则是最能代表他小说成就的短篇小说集。该集子共收入《客人》《英雄》《海塘上》《吉甫公》《欺骗》《多余的人》《雨天》《新居》8 个短篇。这些作品所描写并不是悲壮慷慨的英雄，而是我们日常生活中所熟悉的卑微人物，正如他在题记中所说："几乎全是一些社会上最委琐最卑微的人物"，而所谓的英雄"倒并不是得天独厚的了不起的人物，他们原是从平凡生活中挣扎出来的"。[③] 在这些小说中，作者并未追求壮烈辉煌的史诗题材，而以极大的热情和悲悯之心关注小人物的悲惨处境，感受他们的爱与憎、愤怒与欣悦，以朴实生动的笔法展现他们意识的矛盾，在战争中的新生和没落、孕育和变化，真实地反映了战争时期社会变革的现实，具有很强的现实性和真实性。葛琴的短篇集《伴侣》出版于 1942 年，收入了葛琴抗战以来发表的短篇小说，包括《客地》《伴侣》《缴卷》《斗士》《雪夜》《吕克宁》《守夜人》《父子俩》[④]。骆宾基的小说《吴非有》1942 年 1 月在重庆初版，是这一时期"文学创作丛刊"中的唯一的中篇小说，虽然尚不是很成熟，但在骆宾基创作生命历程中有着独特意义，被认为

---

① 路迦. 介绍与批评：荒地［J］. 文化通讯（桂林），1942，（20）：3－4.

② 艾芜. 荒地［M］. 桂林：桂林文化供应社，1942：1－2.

③ 邵荃麟. 邵荃麟评论选集：下［M］. 北京：人民文学出版社，1981：418.

④ 张伟，马莉，邹勤南. 中国文学史资料全编：现代卷　葛琴研究资料［M］. 北京：知识产权出版社，1990：153.

是骆宾基的“小说创作向成熟期过渡的一个中间环节”①。

同时“文学创作丛刊”中也不乏优秀的杂文、散文和诗歌作品。聂绀弩的《婵娟》是一部杂文散文集，是作为“文学创作丛刊”第四辑推出的。该书共分五辑，收入了19篇文章，包括《阉狗记》《范蠡》《废话》《梦读天书记》4篇对话体杂文，《韩康的药店》《兔先生的发言》2篇寓言体杂文，以及《在汽车上》《黄牛》《飞机木刻号》《给战死者》《婵娟》《我与文学》等13篇散文、随笔、杂感。《婵娟》可以说是聂绀弩在这时期出版的作品集中内容最为全面丰富的。其中《韩康的药店》就是一篇脍炙人口的名篇，在当时产生了强烈的反响。诗人艾青的诗集《黎明的通知》是在延安期间创作的较有影响的作品，于1943年5月出版，该诗集收入了艾青1939年2月至1942年1月所创作的诗歌33首，抒写了一个为“悲苦的种族争取解放、摆脱棚锁的歌手”②，对于民族光明而自由的明天所发出的至诚祝祷与预言，给人以无限的安慰与鼓舞。这些作品无论是对于作者还是当时的抗战文坛来说，都是相当重要的，文化供应社以丛书的形式把它们聚集起来相继出版，既展示了左翼文人的抗战文学实绩，扩大了影响，加强了与左翼文人的联系，又提升了自身在新文学出版中的地位，获得必要的经济资本和文化资本。

同时，文化供应社还出版或再版了一些颇具有影响力的文艺作品，其中诗集有艾青的长诗《火把》、王健先（王统照）的《横吹集》、刘雯卿的《战地新歌》、陈树勋的《竹庐诗存》等；剧作集有田汉的《秋声赋》、陆静山的《幼稚园歌剧选》、温涛的《乐园的创造》（傀儡戏）、何其芳的《刻意集》（小说戏剧集）等；小说集有韦燕章的《回到第一次收复的名城》（又名《劫后还乡记》）（见图3-24）、艾芜的《南行记》、巴人的《一个东家的故事》、维加的《三个奇异的国家》（童话）、徐西东的《西东习作》等；杂文、散文有陈阵的《名城杂记》、李仙根的《岭南书风》等；报告文学有马宁的《南洋风雨》（又名《谁又能绕着圆桌走到天堂》）、韦齐语编的《战地散记》、郑伯华的《烽烟缅甸》（传记）等；译著有歌德著的《赫曼与窦绿苔》（郭沫若译）、斯托姆著的《迟开的蔷薇》（巴金译）、兴笃斯著的《俄罗斯的母亲》（胡仲持等译）、托尔斯泰著的《少年时代》（蒋路译）、赛珍珠的《永生》（唐纳译）、里尔巴托夫著的《三天》（秦似译）、A. 桑宋著的《山·水·阳光》（陈占元译）、普列查特著的《文艺鉴赏论》（胡仲持译）、R. 阿尔培特等著的《西班牙诗歌选译》（黄药眠译）、J. 维尔丁著的《重见天日——一个间谍的自供》（林友兰译）、瓦希列夫斯卡著的《孤儿》（汤弗之译）等。同时还出版了鲁迅和关于鲁迅的一些书籍，如

---

① 韩文敏．现代作家骆宾基［M］．北京：北京燕山出版社，1989：45．

② 艾青．艾青选集：第3卷［M］．成都：四川文艺出版社，1986：56．

鲁迅的《故事新编》、《鲁迅自述》（左群辑录），欧阳凡海的《鲁迅的书》，景宋、巴人等著的《鲁迅创作方法及其它》，何干之的《中国和中国人的镜子》，孙伏园的《鲁迅先生二三事》，以及宋云彬辑录的《鲁迅语录》（见图 3－25）等，都产生了很好的反响。在文学创作和文艺理论方面有茅盾的《创作准备》、徐中玉的《文艺学习论》、林山的《通俗文艺的基本问题》、丰子恺的《艺术修养基础》、宋云彬的《中国文学史简编》、谭丕模的《中国文学史纲》、张毕来的《欧洲文学史简编》、以群的《新文学教程》，等等，这些读物也都得到了青少年读者的喜爱，产生了广泛的影响。

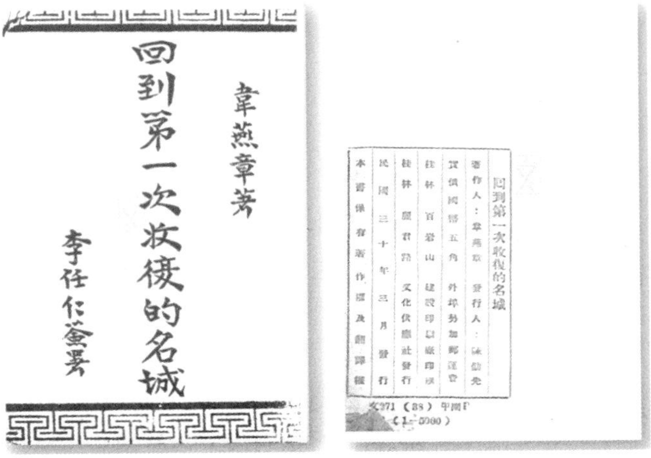

图 3－24 《回到第一次收复的名城》（1941 年版）封面、版权页①

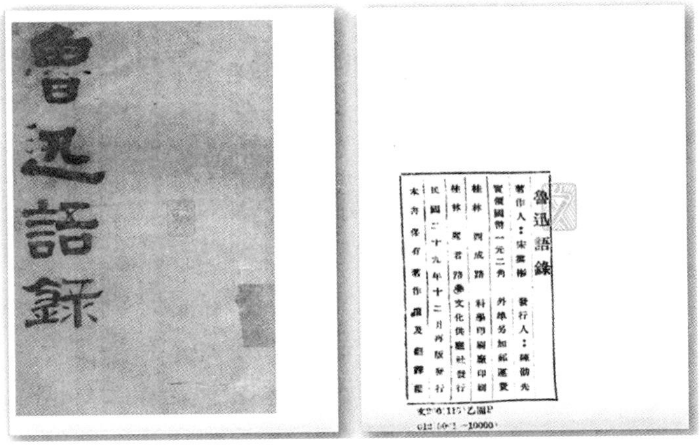

图 3－25 《鲁迅语录》（1940 年版）封面、版权页②

① 图片来源：民国图书数据库。
② 图片来源：民国图书数据库。

小结

从文化供应社出版的文艺类书籍可见，作为一个以推进文化大众化与民族化为职志的出版机构，文化供应社没有追求文学出版的精英化和纯文艺化，而是将抗战的现实需求融入文学出版中，以通俗的、民族的、战斗的、启蒙的内容与体裁建构了一个特殊的文学场。这既是战时社会特定的精神需求，也是文学主体民族意识高扬的自觉性实践。因此，文化供应社出版文学书籍不仅满足了广大军民对精神食粮的需求，获取了良好的经济效益与社会效益，而且还大力推动了抗战文学在民众中的传播，激发了他们的爱国意识和民族意识，实现“抗战建国”的神圣使命，推动了桂林“文化城”文化运动的发展。

第五节 《文化杂志》月刊：学术理论的阐扬与抗战文艺的传播

文化供应社除了出版图书外，还编辑出版了《文化通讯》《新道理》《文化杂志》等几种期刊，其中影响最大的要数《文化杂志》。该刊于1941年8月10日创刊，由邵荃麟担任主编，陈劭先为发行人，每期大小为16开本，约66页，12万字左右，由科学印刷厂、国光印刷厂和建设印刷厂分期承担印刷，至1943年5月1日第三卷第4期止，共出3卷16期。虽然刊行的时间不长，但出版后在当时产生了巨大的影响，被誉为是“重庆出版、沈志远主编的《理论与现实》停刊后，国统区最重要一份杂志”①。发行量一路飙升，成为抗战时期为数不多的发行量超1万份的刊物。与文化供应社创社初期大众化、通俗化出版路线所不同的是，《文化杂志》是以学术研究与文艺创作为主的大型综合性月刊，重在传播政治、经济、科学、历史、哲学、文艺等领域的研究成果，特别是对抗战文化建设进行了理性的思辨，是文化供应社这一时期文化思想的集中体现，也是文化供应社在出版结构上重要的补充。

① 彭燕郊．荃麟：共产主义圣徒［J］．新文学史料，1997（2）：83－95．

图 3-26 《文化杂志》第一卷第 2 号、第二卷第 1 号、第三卷第 1 号封面[1]

一、《文化杂志》的创刊与编辑内容

1941 年皖南事变之后，整个国民党统治区大后方的抗战文化运动一度陷入困境，生活书店出版的《理论与现实》杂志（沈志远主编）也被迫停刊。1941 年初，邵荃麟依照周恩来的指示来到桂林，与张锡昌、狄超白组成桂林文化工作小组，邵荃麟任组长，以文化供应社专任编辑的身份领导党与非党左翼的文化工作。为了使进步文化事业得到继续发展，重振抗战文化运动，提高研究和创作的自由风气，同时保障进步文化人士的生活收入，文化供应社同人决定创办一个大型的综合性学术刊物，并由邵荃麟着手筹办。文化供应社在文化作者星散、纸张印刷成本高涨、运输困难的情况下，历任一个多月的创刊筹备，同步在《文化通讯》上刊登了《文化杂志》的征稿启事，在《大公报》（桂林版）等媒体上多次刊登出版预告进行宣传。在 1941 年 7 月 1 日出版的《文化通讯》中，编辑部以回复读者书信的形式初步对《文化杂志》的定位与内容进行了预告和介绍：

《文化杂志》是政治，经济，科学，文艺的综合性的月刊，以“自由研究的态度，介绍讨论各项学术思想，分析当前现实问题”，这是在征稿函中说明白了的。这与每期的内容，主要有下列几项：（一）学术专门问题的研究；（二）各部门基本理论的阐释与介绍；（三）文化运动的检讨；（四）国际国内各种实际情况的报道与分析；（五）文艺创作与介绍，每期分短评、专论（关于国内外政治经济军事文化等问题的分析与论述）、学术论著（政治、经济、史地、社会、哲学、科学、艺术等各种问题的专门研究）、文艺创作（小说、诗歌、散文、戏剧、杂文等）、现代智识讲座（关于各种学术基本理论与学习方法的阐述）、通讯、书评等栏，注重学术中国化的原则，文字也力求通俗活泼，深入浅出。[2]

---

① 图片来源：全国报刊索引数据库。
② 关于《文化杂志》的一封信［J］. 文化通讯，1941（14）：13.

为了使刊物内容更能体现编辑的理想，《文化杂志》从创刊之初就不断调整、完善、强化编辑方针。1941 年 8 月 10 日《文化杂志》第一卷第 1 期正式出版，在创刊号“编后”和“征稿办法”中，明确指出了创办该杂志的目的：“只是想在这学术空气消沉的时候，来提倡研究和创造的风气”[①]，“以自由研究的态度介绍批评并讨论各项学术思想，提高研究风气，以期促进学术中国化理论现实化的运动，而为建立民族新文化尽一部分责任”[②]。在此目的指导下，《文化杂志》确立了研究与创造新思想的编辑方针。这一思想在邵荃麟的《我们对于现阶段文化建设的意见》（代发刊词）一文中得到了更明确的阐释，文章指出了“民族文化必须具有其一定的时间与空间的意义，必须具有其现代的世界内容，必须具有其适应于民族生活的独特的形式与独创性”[③]，这样民族文化才有进步的意义，才能真正服务于抗战。同时提出，文化建设必须在“对外坚持独立自主的抗战国策，对内要求团结御侮与建设自由平等的三民主义新国家”[④] 的总前提下，通过文化来动员民众，坚定人民抗战的意识和信念，推进文化的大众化、民族化，在精诚合作、相互切磋的氛围中提高文化创造的自由。这是邵荃麟所代表的文化供应社同人对当时文化建设的思考意见，也暗示着杂志的编辑方针。

在这一编辑方针的指导下，《文化杂志》在创刊初期基本确立了以下编辑内容：

本志内容以学术文化为主，包括：（一）一般政治、经济、哲学、社会学、教育学、历史、文艺、科学理论专著、翻译、研究报告、名著介绍、批评及读书笔记；（二）关于西南文化（史地、民族发展、文化发达……）的专著、翻译、研究报告、重要资料、名著介绍及批评。学术文之外，设（一）论评，（二）国内外文化动向分析及重要文化消息报道，（三）文化通讯及事件三栏。[⑤]

而事实上，纵观创刊号所刊发的文章，除了“征稿办法”中提到内容之外，还刊登了许多文艺作品，与“编辑及征稿办法”并不完全一致。对此《文化杂志》在第 2 期上特刊登《重要启事》对创刊号上的“编刊及征稿办法”予以勘误与更正，特意申明。《文化杂志》主要包括“学术论著”“文艺”“现代知识讲座”“文化通讯”“大事记”等栏目，每期还有“编后”；但这些栏目在刊行过程中除了“学术论著”“文艺”固定不变外，其他栏目都有变化，“文化通讯”“大事记”只开设了创刊号和第 2 号两期，“现代知识讲座”只开设了第一卷中的 6 期。经过第一卷的编辑，《文

---

① 编者．编后［J］．文化杂志，1941，1（1）：56．
② 编者．文化杂志编刊及征稿办法［J］．文化杂志，1941，1（1）：68．
③ 邵荃麟．我们对于现阶段文化建设的意见［J］．文化杂志，1941，1（1）：4－13．
④ 邵荃麟．我们对于现阶段文化建设的意见［J］．文化杂志，1941，1（1）：4－13．
⑤ 编者．文化杂志编刊及征稿办法［J］．文化杂志，1941，1（1）：68．

化杂志》在第二卷第 1 期又进一步调整了内容，减少文艺篇幅，增加轻松活泼的作品，并取消“现代知识讲座”，增加新知识的介绍及读者论坛。[①]

自第二卷第 5 期起，《文化杂志》同人为了打破学术思想界的沉闷，纠正当时大后方文化界所呈现的若干混乱现象，提倡学术上的批判风气，特开辟了“学术论辩”栏目，并在这一期刊登了《对于当前文化界的若干感想》和《权力意志的流毒》两篇文章昭示批评精神（见图 3 - 27）。第三卷第 2、第 3 期又新开辟了“史料”“国内外大事纪要”“资料室”等栏目。

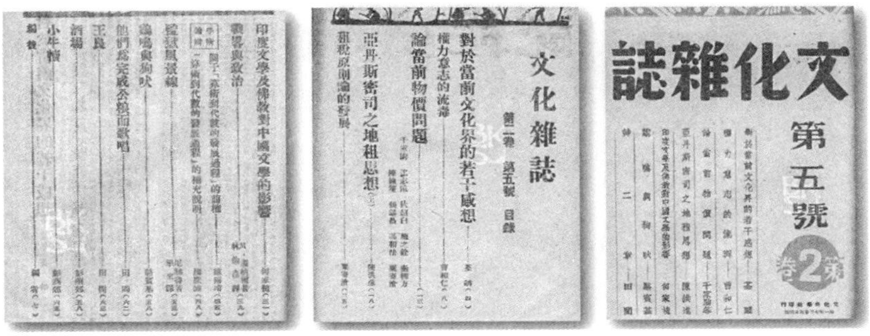

图 3 - 27 《文化杂志》第二卷第 5 号封面目录[②]

一年之后，《文化杂志》在 1942 年第三卷第 1 期的《本刊一周年》一文中又进一步深入阐明了编辑方针，即“文化的任何部口，必然而且必需与反法西斯这一总任务相配合，始能获得其真实的内容，世界文化如此，中国文化亦如此。本刊既为文化战线上一哨卒，自应把握这一基本原则，作为今后编刊总的方针”[③]；同时，文中还具体提出了相应的三方面指导思想：其一是“发扬及建立理性与科学的文化”，同时“能多方面开展学术的辩论与批判，以达到真理愈辩而愈明之目的”；其二，“提倡对具体问题作理论的研究与讨论，使学术理论的发展适应于当前人类与民族解放战争，以及将来世界与中国建设的需要”；其三，提出反法西斯是当前文化运动最重要的任务，是我们每一个中国人所应承担的责任。[④] 由此可见，进行民族文化建设和开展文化上的反法西斯斗争是《文化杂志》进一步强化的编辑方针。

为了凸显刊物的文化定位，《文化杂志》在第三卷加大且加重了国际政治类的分析文章，如《一年来太平洋战争的总结》（第三卷第 2 期），《一九四三年的世界新形势》《一九四三年的世界战略》（第三卷第 3 期），《北非战争的局势影响》（第三卷第

① 编者. 编后［J］. 文化杂志，1941，2（1）：53.
② 图片来源：全国报刊索引数据库。
③ 编者. 本刊一周年［J］. 文化杂志，1942，3（1）：6 - 7.
④ 编者. 本刊一周年［J］. 文化杂志，1942，3（1）：6 - 7.

4期）等。表3-6中对《文化杂志》从创刊至结束的250篇文章进行了分类统计，更为直观地展示了刊物编辑内容的变化过程。

表3-6 《文化杂志》各类文章篇目数量统计①

分类	卷次			文章数量小计	文章占比
	第一卷（1941年8月10日—1942年2月25日）	第二卷（1942年3月25日—1942年9月10日）	第三卷（1942年11月10日—1943年5月1日）		
文化	15篇	15篇	10篇	40篇	16.00%
经济	13篇	9篇	11篇	33篇	13.20%
国际/政治	6篇	10篇	15篇	31篇	12.40%
历史	4篇	6篇	11篇	21篇	8.40%
哲学/科学	6篇	6篇	5篇	17篇	6.80%
文艺	40篇	30篇	13篇	83篇	33.20%
其他	3篇	10篇	12篇	25篇	10.00%
各卷文章数量小计	87篇	86篇	77篇	合计数量250篇	—

通过对《文化杂志》中的文章进行分类统计可见，该刊的学术研究内容主要涉及政治、经济、哲学、科技、军事、文艺等学科门类（具体篇目内容详见附录三《文化杂志》分类目录索引）。从内容刊行的比例上看，学术研究是刊物编辑内容的重点，不仅有较大篇幅的各个领域的学术文章刊载，还在“编后”中作为重点推荐；同时，《文化杂志》中文学创作和文艺理论的内容也占据了“半壁江山”，每期都有将近一半的篇幅刊载骆宾基、艾芜、司马文森等作家的作品，从中可以看出作为作家和文艺评论家的邵荃麟对文学的重视，而为了更好地表达文化和学术的理性精神，第二卷第1期之后刊物才逐渐减少了文学创作作品的比例，但总体来说文学作品依然占总篇目的33.99%。可以说，《文化杂志》在内容一方面阐扬自由批判的学术思想，为抗战文化运动建言献策，另一方面也成为抗战文学传播的重要平台，对当时的社会经济文化建设和抗战文艺的传播都具有重要的意义。

为了实现“发扬学术风气，文化创造水准”这一编辑思想，邵荃麟组织了当时知名的文化人为《文化杂志》撰稿，从作者阵容上看，在学术领域有：政治家、社会学家李达、石兆棠、邓初民、吴泽、金仲华、张友渔、张铁生、杨承芳、黄中廑、蒙达坦，经济学家萧以章、千家驹、周伯棣、秦柳芳、沈志远、狄超白，哲学家梁

① 根据《文化杂志》第一卷、第二卷、第三卷目录进行分类统计，后记、声明、广告不计入统计篇目内。《文化杂志》分类目录总表参见附录三《文化杂志》分类目录索引。

溦溟、纪玄冰、胡绳，以及科学家李四光、人类学家唐兆民，等等；在文艺领域既有郭沫若、茅盾、柳亚子、欧阳予倩、胡风、艾青、丰子恺、臧克家、蒋冰之（丁玲）、沙汀、艾芜、何家槐、葛琴、宋云彬、司马文森、易庸（廖沫沙）、蒋牧良、以群等老作家和中年作家外，也有袁水拍、彭燕郊、骆宾基、秦似、韩北屏、田间、SM（阿垅）、厂民、林林、曾卓、田涛、严杰人、麦青、方栩等青年作家，其中有不少是来自延安和各抗日根据地的作家，如丁玲、田间、厂民。虽然刊物曾有公开声明："来稿凡有价值的一律刊载，绝不存门户宗派之见，亦无名家与非名家之分"[①]，但从这份名单上看，在文学创作方面大部分为左翼作家，包括“七月派”的诗人，由此可见，主编邵荃麟是有意识地利用文化供应社的“官方背景”和《文化杂志》的合法地位，把它打造成左翼作家的大本营和言论阵地。但也正因如此，《文化杂志》一出版就受到国民党当局的“高度关注”，虽然有文化供应社官办背景和陈劭先、李任仁的掩护，也摆脱不了被停刊的命运。

二、文化建设的反思与学术理性的阐扬

发扬学术风气，建立理性与科学的文化是《文化杂志》创办的初衷和主要目标。在刊行的一年多时间里，《文化杂志》配合抗战需要，以抗战现实问题为中心，从政治、经济、文化、历史、哲学、自然科学、社会科学等方面发表了很多有分量的论文，阐扬自由、理性的学术思想。

（一）对文化建设的反思与批判精神的倡导

在《文化杂志》的学术研究文章中，有关文化建设的研究文本居多，3 卷共 40 篇，占各类文章的 15.81%（见表 3－6），其中包括邵荃麟的《我们对于现阶段文化建设的意见》（代发刊词）（第一卷第 1 期）、《论新人道主义》（第一卷第 6 期）、《向深处挖掘》（第一卷第 6 期）、《对于当前文化界的若干感想》（第二卷第 5 期），宋云彬的《辛亥革命前的中国文化运动》（第一卷第 3 期），杨承芳的《保卫人类文化的战争》（第一卷第 2 期），艾芜的《文艺与反映现实》（第一卷第 3 期），庞敦志的《现阶段广西文化建设》（第二卷第 1 期），以及在 1942 年新春刊中由黄中廑、叶圣陶、田汉、莫宝坚、傅彬然、谢扶雅等发表的《对当前文化界风气的感想（新年笔谈）》（第一卷第 5 期）等。这些文章对如何在抗战时期进行文化建设，推动抗战文化运动的发展都提出了重要的见解。其中，邵荃麟的《我们对于现阶段文化建设的意见》《论新人道主义》《对于当前文化界的若干感想》反响最大，最具指导性。

---

① 编者．编后［J］．文化杂志，1941，1（2）：65.

《我们对于现阶段文化建设的意见》[1] 作为《文化杂志》的发刊词，既确立了刊物的编辑方针，也是当时从事文化建设的纲领性的指导文件。文章不仅指出了抗战对文化的一些要求，而且还从“大众化工作”“学术研究与创造工作”“学校教育工作”“文化粮食流通问题”“爱护与保障文化人才与事业”“文化工作者应有的态度与作风”等方面分别提出了具体的意见，指出“现阶段中国文化运动是文化的启蒙运动，因此大众化的工作必然是这一运动的核心，只有从提高国民文化水准与充实国民文化生活的过程中，才能改造国民的精神生活和发扬民族的革命潜力”[2]。文章认为“学术研究与创作，必须以服务于抗战建国为前提，必须具有充分的革命现实性与实践性”[3]，号召文化界人士积极发扬“重气节、尚廉耻、辨忠奸、明是非”，以民族与人民的利益为文化工作新的内容和标准，以“服务于抗战建国”为前提，坚持学术研究的“革命性”“现实性”“实践性”。

抗战时期，桂林出版界曾出现过一股暗流，少数出版商为追求利润，印行一些低级庸俗甚至是淫秽的书刊。对这股暗流，进步文化人进行了严肃的批判，邵荃麟在1942年参加文化工作研讨会上发言，并在《文化杂志》上发表了《对于当前文化界的若干感想》一文批判了这些消极现象。邵荃麟说：“市侩主义又抬头了，他们所出的书刊不是为了整个文艺运动，而是为了他们利益”[4]，“商业势力控制了文化生产，利润的追求成为文化生产事业的目标，出版界成为小市民阶级低级欲求的尾巴，处处讲究‘生意经’，讲究适合市民阶级读者的脾胃……市场的评价，掩盖了文化的评价，于是浅薄无聊的小册子和低级趣味的刊物到处风行，而学术巨著反因产销困难而为出版商所冷视……商业势力不仅支配了文化的生产，并也影响了文化的创作活动”[5]，指出：抗战以来文化界的问题，“不在量的过剩（实际上是不足），而在文化的质赶不上量的发展”，变成了“文化上的虚胖病”，而要治疗这种“虚胖病”，最主要的一点“是在充实我们文化的思想内容”，即“第一，要提高文化的批判精神，建立批评工作，发扬学术的空气；第二，要坚持韧性的战斗精神，以应付这持久抗战的种种艰难；第三，要切实改革我们的研究和学习风气，从概念的认识深入到具体事物的理解，从而来发展我们的思想方法”[6]。这篇文章针砭时弊，其观点对抗战文化建设的健康发展无疑起到积极的指导作用。

---

① 邵荃麟. 我们对于现阶段文化建设的意见［J］. 文化杂志，1941，1（1）：4－13.
② 邵荃麟. 我们对于现阶段文化建设的意见［J］. 文化杂志，1941，1（1）：4－13.
③ 邵荃麟. 我们对于现阶段文化建设的意见［J］. 文化杂志，1941，1（1）：4－13.
④ 邵荃麟，等. 1941年年文艺运动的检讨［J］. 文艺生活，1942，1（5）：4－5.
⑤ 邵荃麟. 对于当前文化界的若干感想［J］. 文化杂志，1942，2（5）：4－7.
⑥ 邵荃麟. 对于当前文化界的若干感想［J］. 文化杂志，1942，2（5）：4－7.

同时，文化杂志社还通过组织座谈、笔谈等方式，组织文化工作者和作家们对抗战中的文化问题进行探讨与交流，促进抗战文化建设。如在 1941 年 9 月 26 日组织召开了“文学创作上的言语运用问题”集体讨论会①，并在第一卷第 5 期刊登了《文学创作上的言语运用问题》一文，将学者讨论的内容进行刊载，对青年在创作中如何使用语言给予积极指导和帮助。1942 年伊始，杂志社还举办主题为“发表对当前文化界风气的感想”的讨论会，会后由编者整理刊载了《对当前文化界风气的感想》②（第一卷第 5 期）一文。其中，黄中廑提出了文化运动的三字经：“真”“实”“公”，即说真话，重实用，讲公道。叶圣陶针对教育问题指出了教育上的“量”与“质”的区别，认为学校在所授的和所受的问题上要做到“货真价实”。田汉对戏剧进行了总结与展望，他认为，剧作没有赶上时代的需要，主要是因为“中国封建斗争还不彻底，某些社会层对于旧剧乃至一般戏剧的成见依然存在；过去职业剧人私生活上以及戏剧表演在教育意义上的缺憾和新的戏剧工作者主观的努力不够”，而且还需要克服小团体主义和各种宗派主义，努力追求戏剧的新形式。莫宝坚对于国内外新闻报道发出感叹，“除了事件本身足以动人闻听外，大都比较乏味”，而造成这样原因是“我们的作者对于写作态度不够严谨，做学问功夫不够认真，是治学态度上出了问题”。傅彬然则以“文人相轻”和“我不能相信”为小标题对当时的文化气象做了描述，并强调“堂堂正正，为真理而争辩”并不在“相轻”之列，同时指责“列祖列宗所传下来的‘昏乱分子’”的卑劣行径——否认科学。谢扶雅分析了当时文化界鼎立的三条歧途：“功利主义或实用主义”“文化的武化”“民族本位（或新国粹派）”，而且这三条路线又是互相水火不容。这些笔谈总结和反思了抗战时期的文化建设，为文化运动的进一步开展提供了参考和指导，同时又促进了文化界互相策励风气的形成。

以纪念专题的形式表达文化思想，推进抗战文化建设，也是《文化杂志》文化内容上的一大特色。在刊物中总共有 6 个相关专题、10 篇文章。1941 年 8 月 10 日《文化杂志》创刊号的出版时间与 8 月 20 日“廖仲恺先生殉国的纪念日”相近，在这一期上就刊载了何香凝的《廖先生被囚》一文以示纪念。该文以深情的笔墨表现了廖仲恺先生坚贞不屈的革命精神，以及何香凝对丈夫的缅怀之情，对于现今而言该文也是宝贵的文献资料。1941 年 9 月 21 日是“吴检斋先生殉国两周年的纪念日”，在 9 月 15 日的第一卷第 2 期中刊登了宋云彬的《纪念与回忆——纪念吴检斋·回忆许地山》，这是宋云彬继 1940 年发表《吴检斋先生成仁一周年》后的又一

---

① 该会于 1941 年 9 月 26 日下午 1 时召开，邵荃麟任主席，参加讨论的有艾芜、聂绀弩、何家槐、葛琴、杨晦、钟敬文、彭燕郊、傅彬然、宋云彬、杜麦青、罗嘉和文彬。

② 黄中廑，等. 对当前文化界风气的感想（新年笔谈）[J]. 文化杂志，1942，1（5）：42-46.

篇纪念文章，文中对吴先生临危不惧、杀身成仁的民族气节再一次给予了歌颂和褒扬。1941 年 10 月 19 日为“鲁迅逝世五周年纪念日”，在 10 月 15 日出版的第一卷第 3、第 4 期上就刊登了《未发表的鲁迅先生遗札》，以及聂绀弩的历史神话小说《第一把火》和胡风的《作为思想家的鲁迅》三篇文章作为纪念。1941 年 11 月 12 日为“托尔斯泰逝世三十周年纪念”，《文化杂志》第一卷第 4 期又特辟“纪念托尔斯泰 30 周年特辑”，发表了袁水拍译的《托尔斯泰对文艺的见解》、庄寿慈译的托尔斯泰的《论艺术》两篇文章，对托尔斯泰对文学与艺术的见解予以了介绍。为纪念五四文化运动二十三周年，1942 年 5 月，杂志的第二卷第 2 期头版头条发表了宋云彬的《五四运动时期之反儒家运动》，并重刊了五四运动时期重要的文献——胡适的《新思潮的意义》。同期还发表了茅盾的杂感《仍是纪念而已》，文中批判了否定五四运动的论调，指出“‘五四’所提出的课题，一向就没有作完篇。今天还不是否定‘五四’传统的时期”，当今社会出现的弊病是因为科学化和民主化不够，提出还须继续发扬五四精神。[①] 这些以纪念为专题的文章，以重大文化事件和知名人士的精神、品格与学识来激励和启迪国人，对抗战文化建设和民族文化的创造起到了积极的作用。

（二）学术理性的阐扬

除了对文化建设问题的探讨，由于“抗战建国”的时代主题的影响，解读时政、研究历史、传播科学内容的文章也是《文化杂志》主要的编辑内容。

关于政治与抗战研究方面的文章是这一时期学术关注的重点，相关文章共 31 篇，占总篇目的 12.25%，其中包括：杨承芳的《论纳粹德国的战争》（第一卷第 1 期）、《论太平洋战争》（第一卷第 5 期）、《论东方被压迫民族解放运动》（第二卷第 2 期）等 6 篇；金仲华的《星洲陷落后世界战争的动向》（第二卷第 1 期）等 3 篇；张铁生的《西战场的检阅》（第二卷第 6 期）等 3 篇；张友渔的《五年来日本政治的演变》（第二卷第 4 期）等 3 篇。同时还刊发了国外研究学者的文章，包括：杜德著、巴达译的《印度对英国战略上的重要性》（第二卷第 2 期），M. 温纳尔著、林伦彦译的《战略与政治》（第二卷第 5 期）、爱泼斯坦的《香港战争的几个教训》（第二卷第 4 期），以及鹿地亘的《远东侵略战争与日本人民革命》（第三卷第 3 期）等。这些文章向读者介绍了国内外的时事信息，预测了战争未来的走向，给予读者激励与希望。

在经济研究方面，刊物云集了萧以章、千家驹、秦柳芳、周伯棣、郑克伦等著名经济学家研究的文章，探讨了关于产业、货币、租税，以及经济建设等重要的问

① 茅盾．仍是纪念而已［J］．文化杂志，1942.2（2）：63.

题，共计33篇，占文章总数的13.04%，其中周伯棣的《法币的本质与价值》（第一卷第2期），秦柳方的《关于货币上的几个问题》（第一卷第6期），以及萧以章、徐日洪的《上海的法币》（第三卷第3期）等文章，为读者进一步了解货币本质和经济与物价的问题提供了理论支撑。萧以章的《民国三十年国内经济之总结》（第二卷第6期）、《民国三十一年国内经济的报告》（第三卷第4期）有丰富的官方数据佐证，是两篇珍贵的史料性论文，成为当代学者研究当时社会经济各领域发展状况的参考。郑克伦撰写的《沦陷区的殖民地化的经济（产业篇与金融篇）》（第二卷第6期、第三卷第1期），有助于民众对沦陷区经济状况的了解，也是一份极为重要的历史文献。从这些研究文章中，我们看到现代知识分子的强烈社会责任心和严谨务实的研究境界，他们对时代问题的研究成果，在现今都成为历史研究珍贵的史料。

在历史研究方面，主要有吴泽的《中国社会发展史纲（1—4）》[①]（第一卷第4、第5、第6期，第二卷第1期），张健甫的《汉唐宋明之朋党》（第一卷第3期），邓初民的《夏殷时代的中国奴隶社会》（第二卷第2期），黄中廑的《中印交通史的考察》（第二卷第4期），柯瓦列夫著、徐嘉然译的《关于奴隶社会的几个问题》（第二卷第6期）和柳亚子《辛亥革命外史》（第三卷第1期）。在《中国社会发展史纲》中，吴泽认为"我们今日全民族的神圣的抗战实践，并不是少数英雄主义的发挥，而是适应着客观社会历史法则和全民族真理要求，变革现实，改造现实，创造新历史，解放全民族的变革社会的伟绩"[②]。在第三卷第2期之后，《文化杂志》开设了"史料"栏目，刊载了《英美放弃在华治外法权的声明》《二十五年来的苏联外交》《美国共和党新政纲》《"加强统治物价方案"报告书》《"加强统治物价方案"报告书》《十中全会宣言》等资料，对历史研究具有一定的参考价值。

在社会思想观念方面，《文化杂志》秉持大胆批判的作风，发表了一些反思性强，言语犀利的文章。如胡适的《新思潮的意义（重刊）》（第二卷第2期）、林砺儒的《精神剃须论——成年人凭什么而指导青年》（第二卷第4期）、曹和仁的《权力意志的流毒》（第二卷第5期）、傅彬然的《论革新政治风气》（第二卷第6期）等。其中，由林砺儒撰写的《精神剃须论——成年人凭什么而指导青年》指出，青年的运动"一不是凭权威部勒，二不是凭笼络操纵，也不是只凭同情亲切，乃是凭透彻的、正确的了解"[③]，论述中直指国民党对青年的"部勒统治"，引起了国民党当局的疾视。此后，《文化杂志》步步维艰，在1943年5月出至第三卷第4期后，

① 吴泽的《中国社会发展史纲（1-4）》先是连载于《文化杂志》"现代知识讲座"栏目，第二卷第1期之后，该栏目取消，文章独立发表。

② 吴泽．中国社会发展史纲［J］．文化杂志，1941，1（4）：62-65.

③ 林砺儒．精神剃须论：成年人凭什么而指导青年［J］．文化杂志，1942，2（4）：35-39.

邵荃麟被迫辞职，杂志也从此停刊，结束了文化生命。

此外，《文化杂志》中还有李四光的《论国防科学化》（第三卷第 2 期），里森科著、于卓译的《遗传理论的新发展》（第二卷第 3 期），A. N. 粤巴灵著、孙亚明译的《关于生命起源问题的研究》（第三卷第 2 期），欧阳琦的《关于“算术到代数的发展过程”的商榷》（第二卷第 5 期），梁漱溟的《理性与宗教之相违》（第三卷第 2 期）、《理性与理智之分别》（第三卷第 3 期），张先辰的《科学认识的客观性与真理性》（第一卷第 3 期），唐兆民的《广西大藤山徭（瑶）族名类的探索》（第一卷第 2 期）等各个领域的研究成果，对战时的学术研究发展都有着极为重要的贡献。

三、“文艺”栏目的设置与抗战文学的传播

“文艺”栏目是《文化杂志》中内容最丰富、也最有活力的主打栏目，在 3 卷中篇目数量最多，高达 86 篇。正因为有“文艺”栏目的存在才使得《文化杂志》有别于其他学术研究刊物，呈现出鲜活、生动气息。如果说对学术研究的重视体现了《文化杂志》营造学术研究自由空气、建设和推动民族文化健康发展的探索与努力的话，那么对文学作品的推广则表现了其对左翼文人现实主义文学创作的偏爱。[①] 从篇目和作家群的构成上看，“文艺”栏目是邵荃麟为推动左翼文学发展而打造的有力阵地，为抗战进步文学的传播提供了平台。

在《文化杂志》3 卷共 16 期的“文艺”[②] 栏目中就刊载了 83 篇不同体裁的文学作品和文艺研究的文章，其中小说 19 篇，诗歌 30 首，散文或杂文 16 篇，文艺研究类文章 18 篇（详见附录三）。这些文学类的作品，都具有强烈的时代感和战斗性，有力地配合了文化战线上的反法西斯斗争。

（一）小说

在这些文章中，小说所占的篇幅最多，影响力最大，其中不仅有知名作家在抗战时期的作品，如葛琴的《客地》（第一卷第 1 期），艾芜的《梦》（第一卷第 1 期）、《穿破衣的人和他的亲戚》（第三卷第 3 期），邵荃麟的《欺骗》（第一卷第 3 期）、《宿店》（第二卷第 2 期），蒋牧良的《父与女》（第一卷第 2 期），司马文森的《回乡》（第一卷第 2 期），聂绀弩的《第一把火》（第一卷第 3 期），丁玲的《夜》（第一卷第 3 期），沙汀的《艺术干事》（第一卷第 4 期），何家槐的《雨夜》（第一卷第 5 期）；同时也有青年作家的作品，如韩北屏的《花素琴》（第一卷第 6 期）、《魔术的

① 余爱春. 抗战时期桂林文化城的文学空间［D］. 南京：南京大学，2011：192.

② 《文化杂志》从第一卷第 1—6 期和第二卷第 6 期，以及第三卷第 1—4 期中的文艺作品部分明确注明了“文艺”栏目，第二卷第 1—5 期文艺作品部分未明确注明“文艺”栏目。因此本文所统计的文艺作品包括“文艺”栏目中的文章以及涉及文艺研究的小部分文章。

医道》（第三卷第 4 期），骆宾基的《鸡鸣与狗吠》（第二卷第 5 期）、《仇恨》（第三卷第 1、第 2、第 3、第 4 期），以及田涛的《血泊中》（第二卷第 4 期）和方栩的《旅途中》（第二卷第 3 期）。这些小说题材和内容丰富多样，以各种方式从不同的侧面描写了在抗战背景下民众的生活状态以及社会的黑暗现实。葛琴的《客地》讲述了一个客居异乡的孩子的悲惨生活，展现了大后方世态炎凉的现实；韩北屏的《花素琴》通过描述了花素琴从一名农村妇女被骗入城里当妓女的苦涩命运，鞭挞了日军肆意践踏中国妇女的罪恶；邵荃麟的《宿店》则通过叙述一支运输部队夜宿旅店时发生的故事，揭示了国民党下层军官荒淫腐化的生活；艾芜的《梦》对大后方那些挖空心思发国难财的卑俗小人进行了嘲讽；田涛的《血泊中》讲述的是退下阵来的士兵在途中经历的战后破败的村落以及与敌人在后方激战的故事；何家槐的《雨夜》以纪实的手法，揭示了日军对刘家村农民的血腥罪行和汉奸的欺骗手段。这些小说都以战争为题材，通过对不同人物、故事的描绘展现了战争给中国大地带来的灾难，同时也暗示读者要团结一致、坚持战斗，才能取得胜利的曙光。

在“文艺”栏目刊登的小说作品中也有表现抗战时期青年知识分子与旧思想做斗争的，如：《父与女》《回乡》《艺术干事》《金笔》。蒋牧良的《父与女》以抗战中知识分子生活状况为题材，描写了保守顽固的父亲何老太爷与女儿橘云的冲突，父亲以各种手段使儿子不用上前线抗战，而女儿橘云却参军走上了抗战的道路，批判了自私、虚伪的旧意识，倡导了青年投入抗战洪流的时代精神。司马文森的《回乡》则通过描写一位女青年在求学归来后，满怀希望归乡参加抗日救国工作，但遭地方封建势力和落后群众偏见与围攻，理想破灭的遭遇，抨击了封建恶势力对抗战生机的扼杀。沙汀的《艺术干事》则讲述了一对生活在大后方的青年夫妇怀着为抗战服务的信念，以我行我素的生活方式对抗着世俗世界，而又无实际抗战行动的故事，对青年人耽于空想而无所作为的现象进行了反思和质询。这些反映知识分子战时生活状况的作品，直指现实，描绘了新生代知识分子的进步观念的同时，也揭露了社会环境对新生文化的排斥与压制，体现了作家对中国战时社会的焦虑与反思。

同时，小说作品中还不乏一些积极向上的作品。聂绀弩为纪念鲁迅先生逝世五周年而写的《第一把火》是他历史神话小说的代表之作，小说以古希腊神话为题材，通过塑造普洛美休士（普罗米修斯）的英雄形象，热情赞颂了为人类的幸福不惜献身的英雄，极大地鼓舞了民众的抗战精神。小说《夜》通过对主人公何华明的工作、情感、家庭关系等问题的描写，赞扬了解放区农村党员干部克己奉公的奉献精神。这部小说构思精巧、剖析深刻，是丁玲在延安时期描写农民的代表作之一。

此外，骆宾基的《仇恨》、茅盾的《太平凡的故事》、邵荃麟的《欺骗》等小说都从不同的侧面描绘了抗战生活的现实状况，是作家对战时生活的深刻体验与思考的再现，丰富了抗战文艺的创作。

（二）诗歌

“文艺”栏目中的诗歌作品虽然没有小说的影响大，但数量最多，总计有30首，这些诗歌同样是以抗战为题材，描绘了战争的残酷，抒发了诗人对和平的追求和希冀。诗歌中以青年诗人的作品居多，包括彭燕郊的《牝牛的生产》《晚归》（第一卷第2期），《诗二章》（第一卷第5期），《酒场》《小牛犊》（第二卷第5期）；麦青的《岩上树》《狼犬》《旅途》（第一卷第4期），《致不能发声的痛苦者》（第二卷第6期）；SM（阿垅）的《炸土桥》（第二卷第1期）和《盲者》《萤》（第二卷第3期），田间的《他们为完成公粮而歌唱》《王良》（第二卷第5期）等。曾卓、严杰人、王晨牧、姚奔、厂民等年轻诗人也发表了优秀的诗作。其中以彭燕郊的诗歌作品最多，从中可看出《文化杂志》主编邵荃麟对培养文学新人的重视。据彭燕郊回忆，《文化杂志》创刊时邵荃麟向他约稿，并对他诗歌中的不足给予了鼓励和帮助，邵荃麟说，“现实生活是丰富多彩的，诗也应该丰富多彩，新现实主义的天地是最广阔的”①，不仅把彭燕郊的诗作在《文化杂志》上多次刊载，还特意发表了聂绀弩为诗集写的长篇序言《彭燕郊的〈第一次爱〉》，对他予以隆重推介。

在这些诗歌中，也有柳亚子、臧克家、艾青等著名诗人的作品，如：柳亚子的《香港战事诗四首》（第二卷第6期），臧克家的《运输大队》《金钱》（第三卷第1期），以及艾青的《街》（第三卷第3期），这些诗歌都从不同的角度反映了抗战现实生活。艾青的《街》创作于1939年末，与他之前所创作的大量富有战斗性的诗歌不同，这首写于湖南新宁的诗歌表现的则是“电杆和电线”“疾驰的车辆”等现代文明对农村和荒野的侵袭和占据，写出了城市兴起和农村衰败的主题，表达了诗人对现代文明的深刻反思。

同时还不乏优秀的译作，如袁水拍译的《军火在西班牙》《眼睛》（第一卷第1期），吕荧译的《妲姬雅娜之梦》（第一卷第6期），穆木天译的《巴赫契沙莱伊的水泉》（第二卷第6期），邹绛译的《惠特曼诗抄》（第三卷第1期）。

（三）散文、杂文与文艺研究

在散文、杂感、随笔以及文艺研究性论文方面，“文艺”栏目中也有不少精品力作。相比小说的沉重与悲怆，散文以优美的文字和舒缓的节奏如一股清流刷洗着饱受战乱之苦的灵魂，其中代表性的有葛琴《旷地上》（第二卷第1期）、《寄一位不相识的难友》（第三卷第1期），郭沫若的《小麻猫的归去来》（第二卷第4期），以群

---

① 彭燕郊．荃麟：共产主义圣徒［J］．新文学史料，1997（2）：83-95.

的《歌声》(第二卷第 2 期)，文诺的《江上》(第一卷第 3 期)，罗嘉的《秋之忆》(第一卷第 5 期) 等。葛琴的《旷地上》通过对旷地上孩童的单纯与周遭环境的格格不入，以及对一匹脱缰的小马的描绘，传递了一种对生命忧郁、悲苦却无法挣脱的情绪。《寄一位不相识的难友》以一位在灾难中狼狈爬行的难友为隐喻，暗示了苟且存活才是人生的灾难。文诺的《江上》描绘了清新秀丽的江上风光中突然出现被敌机炸毁的沉浮尸体的情形，战争与自然的极不和谐，表达了作者对战争的愤懑之情。罗嘉《秋之忆》以缠绵悱恻的文风怀念了一位湖边的少女，少女的美好与被敌人凌辱的命运成为作者对黑暗现实痛恨的表达。与以上反映战争中压抑情绪和悲苦现实的文风有所不同，郭沫若的《小麻猫的归去来》和以群的《歌声》则有一种扑面而来的清新和希望。《小麻猫的归去来》描写了一只家养小猫的遗失与回归以及与白猫“北京人”相处的过程，语言清丽，描绘了和谐平静的生活状态，激发人们对新生活的向往。《歌声》描绘了在战火中传来的《义勇军进行曲》，在硝烟弥漫的苍茫大地，歌声带给人们精神上的力量与胜利的召唤。

与感性的散文相对应，《大题小解之二》《向深处挖掘》《文艺与反映现实》等杂文和研究论文则发出文艺工作者对文学创作的理性思考。其中茅盾的《大题小解之二》(第一卷第 1 期)，对中国文学尤其是新文学作品中的“人物类型”进行了简单论述，并提议理论家和批评家对新文学优秀作品中的各色人物进行归类、比较，认为文艺“应更加地联系实际，从现实出发，即什么身份的人物应当以什么样的面目出现，这都需要作家深入哪些群体当中，做细致的研究”[①]。艾芜《文艺与反映现实》(第一卷第 3 期) 以蒲松龄和巴尔扎克的创作为对比例证，认为成功的文学是“把主观的见解去接受现实的纠正，同时还用自然科学家的态度去接近现实”。在人物刻画上要注重个性的挖掘和典型性的塑造。邵荃麟的《向深处挖掘》(第一卷第 6 期) 则直接表达对抗战文艺的“新现实主义”追求，认为所谓“抗战现象，革命本质”，如果“不能从革命本质上去反映和分析抗战的真现象，则我们就无法全部把握历史的真实，也就无法发挥抗战文学最大的战斗作用。所谓与抗战有关无关的问题……是表示在作品的主题是否把握着抗战现象的本质东西”[②]，提出了“向深处挖掘”的口号，即“抛弃以肤浅的题材去眩惑读者的庸俗倾向，从伟大的历史场面去探求人生，社会和宇宙的基本问题”，以描写出时代的典型，创作抗战题材史诗性的作品。邵荃麟的这一创作思想在抗战文化的低潮时期有着很好的激励和启发意义。

---

① 茅盾. 大题小解之二 [J]. 文化杂志，1941，1 (1)：45－46.
② 邵荃麟. 向深处挖掘 [J]. 文化杂志，1942，1 (6)：46－47.

在有关文艺的杂文和研究论文中也有不少关注到作家及作品研究的论文，如邵荃麟的《也谈阿Q》（第一卷第1期）、胡风的《作为思想家的鲁迅》（第一卷第4期）[①]，以及冼群的《曹禺作品研究》（第一卷第1、第2期）等。胡风的《作为思想家的鲁迅》是研究鲁迅的一篇代表性的作品，该文是为纪念鲁迅逝世五周年而撰写的文章，该文从思想家的高度对鲁迅予以了褒扬，较早归纳出“鲁迅先生一生所走的思想路线，是由进化论发展到革命论”[②] 的论断。邵荃麟的《也谈阿Q》对鲁迅作品中典型的人物形象——阿Q进行了独到的评述，认为阿Q是“现代的中国的浮浪性贫农的典型”，他既是现代中国的也是世界的，“具有人类中被压迫在最底层的奴隶生活的特征”，该文是论述阿Q这一现代文学经典人物形象的重要论文。冼群的《曹禺作品研究》[③] 则是当时研究曹禺作品文章中较为全面深刻、颇有见地的论文，该文从世界观和创作方法的角度，运用比较的方法，对曹禺的《雷雨》《日出》《原野》三部剧作做了深入的分析和评述，认为《雷雨》不是一部现实主义作品，而是“一部带着自然主义（或客观主义）倾向”的作品，是一部命运悲剧；《日出》较之《雷雨》进步，标志着曹禺剧作“跨入一个新阶段”；而《原野》无论在题材处理上、主题积极性上、人物塑造上还是技巧上都超过了《雷雨》和《日出》。冼群的这些见解是比较精辟独到的，对于我们今天理解曹禺的剧作仍有积极的指导意义。无垢的《悼萧红：为她未完的生命和寂寞的死亡》则是对女作家萧红的悼亡之作，文章不仅叙述了萧红生命最后阶段的生活情况和精神状态，为我们了解最后的萧红提供了一些宝贵的资料，而且对她短暂的一生给予了高度的评价，指出萧红“叫出了在这个社会制度下女人的苦痛与悲哀。萧红的一生，也便是中国女人的苦痛的历史的累积”[④]，在悼怀萧红的同时，对黑暗的“吃人”的社会制度进行了有力的批判，发出了继续关注女性命运的深切呼唤。

同时，茅盾的《谈自杀者的盛装新衣的心理》《仍是纪念而已》，易庸的《增补儒林外史》，柳亚子的《更生斋随笔》，何家槐的《拐脚和虚胖》等都是杂文中不可多得的优秀之作。

小结

《文化杂志》作为一个综合性的学术性刊物，始终以理性和冷静的态度关注抗战

---

① 该文本因在第一卷第3期的《纪念鲁迅逝世五周年》专题中刊发，但因邮寄延误，推迟到第一卷第4期发表。对戏在《文化杂志》第一卷第4期的《编后》有说明。

② 胡风．作为思想家的鲁迅［J］．文化杂志，1941，1（4）：56．

③ 刊登在《文化杂志》第一卷第1号和第2号。

④ 无垢．悼萧红：为她未完的生命和寂寞的死亡［J］．文化杂志，1942，3（2）：66－69．

社会，传播客观、科学的见解。它以开放的姿态，为桂林“文化城”和大后方开辟了一个自由研究的学术交流空间，它对文艺的重视，促进了左翼作家作品在国民党统治区的传播，对重振皖南事变之后桂林及大后方抗战文化运动，指引抗战文化运动的健康发展发挥了重大的作用，同时也为我们考察抗战时期“文化城”的学术、文化发展提供研究的范本。

第六节　地方性出版物：权力场的借势与平衡

作为广西当局入资的出版机构，文化供应社一方面能够获得优势的资金、选题、渠道资源迅速发展出版业务，另一方面也需要为广西当局的地方文化教育建设服务。从“文化室图书”开始，文化供应社的出版物就与广西的地方行政有千丝万缕的联系，因此，文化供应社的出版发行业务除了有明显的进步性，地方性也是不能忽视的重要一面。从人事构成上看，其董事长李任仁，董事雷沛鸿、苏希洵都曾任广西教育厅厅长一职；在董事成员中邱昌渭时任广西民政厅厅长，阳叔葆为国民党广西省临时党部宣传部秘书，孙仁林是广西省政府秘书长等，均为战时广西的军政要员，这些都是强势的地方行政资源。文化供应社在获取地方资源支持，大力发展进步出版产业的同时，为了平衡与地方之间的关系，也出版了与地方建设相关的一些文教类书籍。

一、《干部政策》：广西地方建设干部学校的教材出版

为了适应抗战建设的需要，广西当局提出了“革新政治风气”“行新政，用新人”的口号，结束了传统的“广西民团干部学校”，创办一所适合战时需要的“广西地方建设干部学校”（以下简称“干校”），并由杨东莼负责筹办。杨东莼接受这一任务后，向黄旭初提出了“‘干校’的人事都由我向你负责，不受掌管人事部门的牵制”“‘干校’的训练计划、训练内容、训练方法和训练措施均由我向你汇报”[①] 的条件，得到了黄旭初的应允，便担任了“干校”教育长一职。杨东莼在旅桂文化人中有很高的声望，他在“干校”任教育长期间，团结和邀请了大量进步文化人

① 汤有雁．“广西地方建设干部学校”的回顾［Z］//中国人民政治协商会议广西壮族自治区委员会文史资料研究委员会．广西文史资料选辑：第 17 辑．1983：40.

士开展工作。如聘请了周钢鸣、司马文森、姜君辰、操震球、蔡冷枫（蔡北华）、黄新波、屠天侠、路伟良、林路、林云峡、叶方、成庆生等担任学校指导员，聘秦柳方、张海鳌等负责教务工作[①]。同时还邀请李任仁、沈钧儒、胡愈之、千家驹、程思远、黄药眠、张铁生、范长江、夏衍等进步民主人士开展“时事座谈会”和主题讲座。由于“干校”任用了这样一批民主人士和进步青年为教育骨干，这使其成为抗战时期广西的一个强大的进步集体。从1939年2月6日创立至1940年12月“干校”先后培养了广西基层干部1400多人，培训村（街）长4000—5000人[②]，被称为“南方抗大”。

“干校”教学工作需要大量教学辅导材料。杨东莼是文化供应社的发起人及董事之一，他与李任仁、陈劭先、陈此生等关系密切，当时“干校”许多课程的教材如肖敏颂的《抗战形势讲话》、张健甫的《中国近百年史教程》、姜君辰的《社会科学概论》等，都由文化供应社正式公开出版。文化供应社还配合“干校”教学，编印了“干部训练丛刊”丛书，包括《干部政策》《怎样做基层工作》《怎样做民众运动》《县以下各级行政机构与党（团）之联系》等。其中，《干部政策》（见图3-28）是1939年6月杨东莼在隐居期间，用辩证唯物主义和历史唯物主义的观点与方法写成，上篇重在说明如何用人或被用于人的道理，下篇重在说明如何做人做事的道理。该书以黄旭初之名在《建设研究》上连续发表后，由文化供应社出版发行至广西县一级干部学习。《怎样做基层工作》收入的各篇文章都是训练班讲课的教材或基层干部的实践总结。全书分上下两编，上编包括《做人与做事——黄旭初在干训班学员中的训词》《立业处事的作风——杨东莼讲》《宪政问题》《怎样促进地方自治》《怎样领导干部》《怎样办兵役》等16篇文章；下编由杨东莼亲自撰写，内容包括基层工作的重要、试论集权与集事、处事问题、论事务与政治之不可分、论工作与进修之不可分等。[③] 文化供应社与“干校”密切配合，推进了广西进步青年干部的培养，巩固了中共在广西的统一战线阵营。

---

① 严沛．杨东莼与广西地方干部建设学校［M］//桂林文史资料委员会．桂林文史资料：第17辑　人物专辑．桂林：漓江出版社，1991：137.

② 汤有雁．“广西地方建设干部学校”的回顾［Z］//广西文史资料研究委员会．中国人民政治协商会议广西壮族自治区委员会文史资料选辑：第17辑．1983：53。据王福琨主编的《中国共产党在桂林抗战文化形成和发展中的作用》（广西人民出版社，2007年版，第30页）记录1939年3月—1940年12月在干校培养了1400余名干部，“1940年夏秋，干校派干部分别到柳庆区、浔梧玉区、邕龙区开办干部或村街长训练班共五期，训练人员达2000余人。”而《广西大百科全书·历史·下》（广西大百科全书委员会编，中国大百科全书出版社，2008年版，第723页）记录干校4期共毕业1405人，“1940年先后开办龙色保区、邕武区、柳庆区、浔梧郁区、平桂区村街长特训班7期，训练在职村街长4000余人；开办甲长训练班3期，受训甲长200多人”。确凿数据有待进一步核实。

③ 杨东莼．杨东莼文集（论文卷）［M］．武汉：华中师范大学出版社，2014：593.

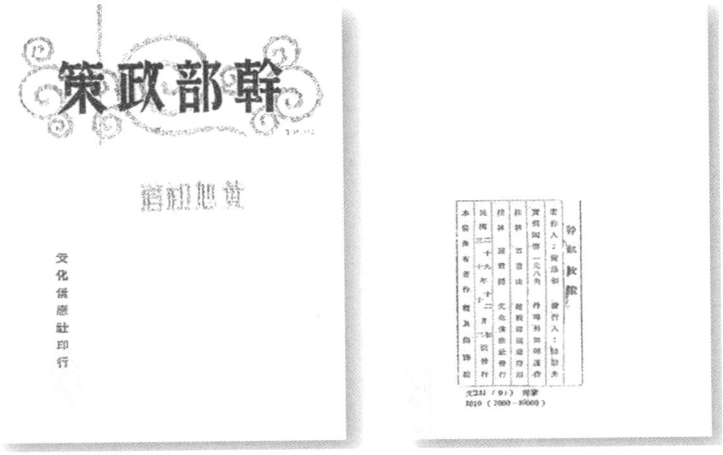

图 3-28 《干部政策》(1940 年版)封面、版权页[1]

二、"国民教育丛书":广西"新县制"下的国民基础教育指导书

国民基础教育运动是广西普及义务教育事业中的一件大事,同时也是 30 年代广西建设的一项重要内容。自"三位一体"[2] 制度实行后,广西教育获得了飞跃发展,从 1933 年至 1940 年,乡镇、村街基层单位普遍设立了国民基础学校。据 1941 年统计,全省已受基础教育的儿童有 3332363 人,占同龄人口的 80.87%;受教育成人 4083977 人,占同龄人口的 86.69%,基本上扫除了文盲。[3] 1943 年 12 月,文化供应社为配合"新县制"下的广西国民基础教育需要,与广西省教育厅、教育研究所合编"国民教育丛书"。丛书由广西省教育厅负责主编,执笔者均为国内从事国民基础教育的专家学者,包括《国民教育概要》(卢显能)(见图 3-29)、《儿童班各科教材及教学法》(金开山)、《成人班教材与教学法》(裴本初)、《学习心理》(傅彬然)、《校务行政处理法》(操震球)、《学生生活指导》(陆静山)、《社会生活指导》(梁上燕)、《中心学校的辅导工作》(戴自俺)、《学校图书之管理及其推广方法》(赵建勋)、《科学教育》(陈润泉)、《劳动生产教育》(徐锡珩)、《健康教育》(操震宇)等 12 册。其中,卢显能著的《国民教育概要》在介绍教育的历史发展及各国教育情况的基础上,详述了"新县制"背景下的国民教育情况及前程,是极具价值的研究民国时期的教育体制的史料。

---

① 图片来源:民国图书数据库。

② 三位一体制,就是将军事建设、文化建设和政治建设融为一体,即由乡(镇)长兼民团后备大队长和乡(镇)中心国民基础学校校长,村(街)长兼民团后备队长和村(街)国民基础学校校长,这是广西地方自治的一大特色,后为中央所效仿。(参见余俊著《民国时期广西地方自治实施研究》,人民出版社,2015 版,第 168 页)

③ 雷坚. 雷沛鸿传 [M]. 南宁:广西人民出版社,1997:128-129.

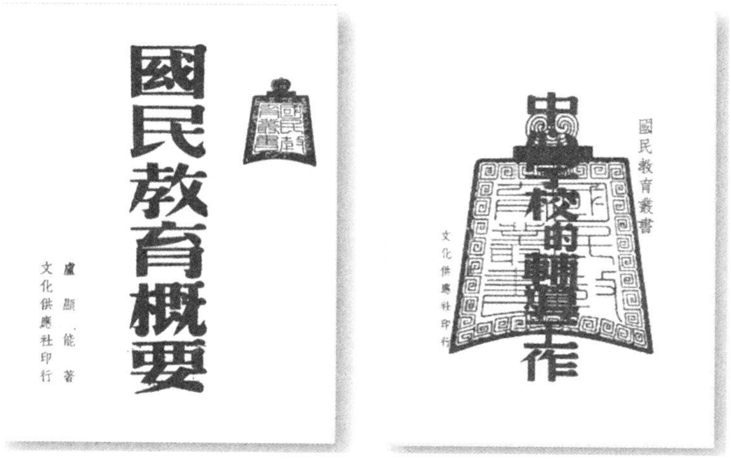

图 3－29 “国民教育丛书”部分图书封面①

三、其他广西地方性书籍及学术书籍的出版

基于地方性的出版资源，文化供应社还出版了不少有关广西的读物，有关于“新县制”解读的《广西县政》（见图 3－29）、《县政建设实施概论》等，其中《广西县政》是时任民政厅厅长邱昌渭的专著，全书有 11 章，共 30 万字，内容关于广西地理环境、建设方针、县制改革、县各级组织、人事制度、县教育经济、财政设施、民团制度、地方自治等方面，是“新县制”推进之际，全国从事行政工作人员的参考书；有配合广西宪政运动出版的“宪政通俗读物”，包括《实行宪政歌》（宋云彬）、《宪法的故事》（曹伯韩）、《宪法的基础认识》（张映南）、《宪政图解》（张志让著，周实、杨人鸿绘），以及《宪政与妇女》（文化供应社编）等；还有关于广西地方经济、地理、民族文化等方面的书籍，如莫一庸的《广西乡土地理》《广西乡贤文选》《广西地理》，张先辰的《广西经济地理》（见图 3－30），唐兆民的《徭（瑶）山散记》，谢家晋的《龙胜风光》等。其中，《徭（瑶）山散记》是广西著名学者唐兆民的代表作之一。该书是他 1934 年至 1939 年期间到桂平县主持“开化”大瑶山教育工作的考察记录。其间，他的足迹遍历全瑶山 90%以上的村寨，对大瑶山瑶族生活习俗和民族人口做了具体的论述，形成了珍贵的研究资料。1941 年 10 月，文化供应社出版了他的《徭（瑶）山散记》一书，同期在《文化杂志》上刊载了他的学术论文《广西大藤山徭（瑶）族名类的探索》（第一卷第 2 期、第 3 期），对广西的民族研究提供了参考资料。

① 图片来源：民国图书数据库。

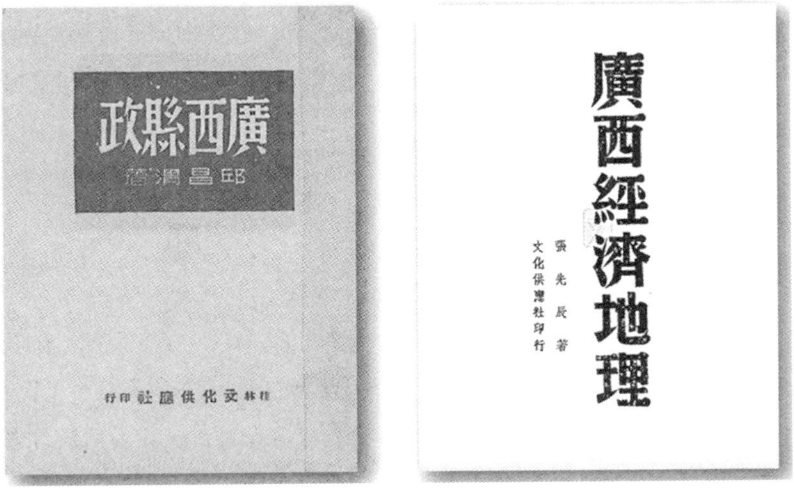

图 3-30 《广西县政》《广西经济地理》封面①

同时，文化供应社还为旅桂的社会学家、科学家、教育学家等出版了他们的学术著作，如社会学家邓初民的《中国社会史教程》，石兆棠的《科学概论》，李仲融的《形式伦理学和辩证法》《唯物论与唯心论》，张先辰的《科学与自然科学》，林砺儒的《教育危言》，王士略的《教育原理》，张栗原的《教育生物学》，萨空了的《科学新闻学概论》，吴泽的《中国原始社会史》《中国社会史大系》，阎宗临的《欧洲文化史论要》、张荫桐译的《日本历史教程》、周伯棣的财政学分册《租税论》，李方进的《经济形态论》《经济学教程》等。这些在文化供应社出版的学术著作，为抗战时期的广西积累了宝贵的文化遗产。

小结

“本土化”是文化适应的方式之一。文化生产要获得当地社会系统的认同，是需要主动与本地文化相融合，求同存异、共同生长的。文化供应社地方性书籍的出版，可视为文化机构为适应当时社会环境的一种生存策略。这部分地方文教类书籍的出版在助推广西的教育事业的同时，也成为文化供应社鲜明的时代标签。

① 图片来源：民国图书数据库。

本章小结

在出版媒介场域的生成过程中，出版物、创作者、阅读者等几个不可或缺的关键因素，共同构建了一个完整的信息传播系统，而创作者主导着文化传播的信息内容。在抗战时期，文化场的生产活动受到各种复杂关系力量的影响，文化生产者所力求的思想内容上的自主性与非常时期的权力场互相博弈。尤其是在全民抗战这一特殊的文化语境下，文化“大众化”运动的浪潮推动着出版界以通俗化的形式与内容对大众进行舆论的刺激。但在政治局势发生转变之后，文化的生产和传播活动又陷入了另一种困境，可以说，社会环境的变化影响着文化供应社出版物发展的脉络，或者说从文化供应社出版物的变化也可反观抗战时期的历史文脉。

首先，非常态化环境下文化供应社的文化生产与时代需求的适应性。文化供应社创社初期，作为在文化“大众化”思潮影响下的新兴出版机构，以服务“抗战建国”为目的，为了满足战时社会普遍认定的受众层，与地方行政力量合作，大规模地出版了通俗化的读物。不可否认，“文化室图书”在策划运作上是成功的，但随着文化市场同质化读物的饱和，以及在短时间内无法改善受众层的实际文化程度、无法完全接受以文字和图片符号为信息载体的出版物的现状，大众读物最终的传播效果事实上是打了折扣的。在文化环境陷入迷茫期时，文化供应社对出版走向进行了一定的调整——增加文学和学术类书籍的出版比重，以及《新道理》的转型和《文化杂志》的诞生——这一转变可以说是对前期“大众化”出版活动的反思和对抗战中后期文化建设新探索的实践。

其次，文化生产者作为“把关人”的自主性。出版物是出版机构总体编辑思想的体现，而编辑思想也是文化“把关人”意志的集中反映，从文化供应社书刊的内容上看，抗战时期的出版物也是胡愈之与邵荃麟两代出版人编辑思想的具体呈现。作为出版家的胡愈之不仅是文化“大众化”的倡导者，还是这一运动的执行者，出于对政治的敏锐洞察以及出版运作的多年经验，他成功地利用了新桂系政府的行政力量和资本，运作了适应战时文化需求的通俗读物系列。可以说胡愈之在出版活动上是一位具有全局观和策略意识的操盘手。相比胡愈之，邵荃麟更像一位执着于理想型文化空间构造的浪漫主义者，从他主持策划的“文学创作丛刊”与《文化杂志》中都能看出他的文化追求与批判视野。同时，邵荃麟在文化困境中对自身文化观念的坚守，也体现出一名文化生产者的自主意识和无畏精神，正是这种精神才使得文化供应社在中后期产出了意义深刻的文化精品。

总之，文化供应社作为统一战线的出版新军，始终站在抗战建国、文化普及和民主进步的立场上开展出版工作，它不仅建立了一套战时畅销书的出版模式，还通过新文学书籍的出版，提升了文艺青年的文学素养和写作水平，促进了左翼文学在国民党统治区的生长，指引和推动了现实主义文学的发展，对抗战文化的传播起到了重要的作用。

第四章 文化供应社战时的发行策略与话语权的斗争

传播学意义中的“渠道”指的是信息传递的媒介形式，即传播过程中传播者和受传者之间相互进行信息交换的途径、手段和方式。传播渠道是信息流通过程的重要环节之一，也是传播效果得以实现的基本条件。不同的传播渠道需要与不同的传播媒介相配合，而不同的传播媒介又对不同的传播渠道加以塑形。

在电子媒介尚未发达的20世纪30年代，纸质媒介的流通较多地依赖于交通运输来完成，再通过书店或邮递的方式到达读者手中。抗战时期的图书流通工作遇到了政治压制、交通不便、通邮艰难、物价暴涨的困境，大量的进步出版机构和中小出版商的传播渠道也因此被压缩甚至被封锁，直接导致了抗战中后期出版业萧条的局面。逆境中的文化供应社执着于文化救亡事业，为了打破渠道的空间限制，以村街文化室对“文化室图书”展开了全渠道布局；为了弥补纸质媒介传播的短板，以培养宣教团队的方式推广抗战文化；为了突破纸媒单向传播的局限，不惜在增设版面加强与读者间的通信互动；为了保证舆论空间的自由与平等，积极组织与参与反查禁斗争。一个有社会担当的媒介组织，不仅是在现有传播条件下树立“公信力”的组织，更是不畏现实困境不断创造传播生存机会延续正义内容生产的组织。一个媒介组织的生存与发展，也不能仅温存于历史提供的机遇，更多还在于主体本身在夹缝中求生的欲望和能量。

第一节　文化供应社发行渠道的建设与拓展

文化人云集的桂林“文化城”，因书刊编辑出版的活跃，书刊发行业也相当繁荣。当时大部分的出版机构都开展书刊发行业务，一些大的出版单位也是大的发行单位。文化供应社的发行业务是随着企业出版业务力量的增强而建设起来的。在短短2—3年的时间里，文化供应社与其他书店一起，汇成一支浩荡的发行大军，广泛深入地将大量进步书刊发行到省内乡村、前线，甚至远销至全国各地和海外国家，为大众和士兵送去抗日斗争的精神食粮，成为“文化城”书刊发行的主力军，实现了社会效益和经济效益的双效发展。

一、1939—1941 年：发行部门的草创与发展

1939 年创社之初，文化供应社主要以编辑出版工作为重，在有限的资金和人力的条件下，只有总务部与编辑部两个部门。编辑部门的工作在胡愈之的主持下，以推进大众文化教育运动为中心，首先编印了一套通俗读物“国民必读”，之后将“国民必读”拓展为“文化室图书”，并运用地方行政力量，发动广西全省基层组织普遍建立起文化室，将这些书刊发行到广大民众和士兵手中。“文化室图书”的策划运作获得了极大的成功，多次再版，随后这些书刊，逐渐扩大发行到其他各省。随着业务量的增大，1940 年 2 月，文化供应社在第二次董监会决议扩充股本之后，在总务部下设立了营业处，地址位于太平路 8 号[①]，从此开始了自主发行的业务。

1940 年，胡愈之因政局变化被派往香港之时，带上了谷斯范的《新水浒》、杨承芳主编的《抗战建国实用百科辞典》以及张健甫的《中国近百年史教程》等一些书籍的纸型，请当时在香港《华商报》工作的赵晓恩为之代印，委托星群书店发行海外。[②] 皖南事变后，为了转移进步书刊的发行阵地，文化供应社与新知书店在香港设立了南洋图书公司，该公司除了经营文化供应社、新知书店两家出版机构的发行业务之外，还以较为隐蔽的方式承担了中共的进步书刊在港澳和海外的发行业务，包括延安出版的《解放》杂志和重庆新华日报社出版的《群众》杂志，直至太平洋战争发生、香港沦陷时为止。

由于文化供应社在香港发行能力的增强，一些教学类书籍也广泛输出到香港和东南亚等地，如叶圣陶校订的“初中精读文选”就在中国香港和新加坡成为不少中学的正式课本，打破了“国定本”的垄断。由此可见文化供应社在海外的行销力量之强大。

1941 年皖南事变后，为保存进步出版力量，经李克农与陈劭先、李任仁紧急商议，将新知书店桂西路 35 号的门市部改设为文化供应社营业处兼总发行所，朱执诚（朱希）任营业处主任。[③] 同时，文化供应社还暗中接收了从新知书店转移的欧阳文彬、陈永年（树穗），以及生活书店、读书生活出版社的出版工作者，大大充实了文化供应社的编辑和发行力量。为了进一步将图书发行到西部地区，1941 年 8 月，文

---

① 据《新道理》1940 年 7 月 1 日创刊号版权页登载文化供应社营业处位于太平路 8 号；而据 1940 年 12 月 21 日《大公报》（重庆版）“文化供应社出版图书广告”登载的地址信息营业处地址为“榕荫路姚家巷”，1941 年 3 月 20 日的《大公报》（桂林版）“文化室图书广告”，总发行所的地址为“桂西路 35 号”，7 月 27 日的“文化供应社书报联合广告 5”中文化供应社的营业处地址已改为“桂西路（35 号）”，由此可推断，文化供应社营业处的地址经历了从太平路 8 号到榕荫路姚家巷再到桂西路 35 号的搬迁，1941 年 7 月左右营业处、门市部和总发行所都位于桂西路 35 号。

② 赵晓恩. 抗日战争时期的桂林文化供应社始末［M］//龙谦，胡庆嘉. 桂林文史资料：第 38 辑 抗战时期桂林出版史料. 桂林：漓江出版社，1999：609.

③ 赵晓恩. 抗日战争时期的桂林文化供应社始末［M］//龙谦，胡庆嘉. 桂林文史资料：第 38 辑 抗战时期桂林出版史料. 桂林：漓江出版社，1999：610.

化供应社在重庆民权路新生市场 37 号设立了分销处（后改为营业处），由严希纯负责，承担本版图书的运输、重印和发行工作，为四川、山西、甘肃、湖北、河南等各地的读者服务。营业部除了门市销售本版图书之外，还广泛发行各地同业书店书刊，这一时期的文化供应社“营业范围很广，对整个大西南及部分西北地区的书店或出版社都有联系”①。至此，文化供应社的发行不仅覆盖了香港及海外国家，还延伸到了陕甘宁边区及沦陷区，成为抗战时期文化沟通的桥梁。

文化供應社成立
重慶分銷處啓事
本社在桂創立，已逾四載，自設編譯、印刷、總發行所等機構，刊行各種圖書雜誌不下四百餘種，頗承各方贊許。惟因運輸困難，向來未能大量運銷西部各地。茲爲便利川、陝、甘、鄂、豫各省同業及讀者起見，特在重慶設立分銷處，運輸或重印本版圖書在渝發售。各地同業及讀者惠顧，無任歡迎。
地址：重慶民權路新生市場三十七號

图 4－1　文化供应社成立重庆分销处启事②

二、1942—1943 年：发行业务的壮大与延伸

1942 年底太平洋战争爆发后，许多文化人来到桂林，在桂林办起了不少新的小型出版社、杂志社，出版了大量书刊。那时，许多出版单位需要借助文化供应社的发行渠道发行书刊，从而促使了文化供应社发行业务进一步发展。赵晓恩在此时也从香港撤回桂林，经黄洛峰的介绍在文化供应社担任营业部主任兼总发行所经理的职务③，刘宗乙任副经理，同时增设了会计室，聘孙源为主任。赵晓恩在图书发行营销上有多年的从业经验，曾在生活书店协助徐伯昕开展图书的宣传推广工作，而当时生活书店的推广科在徐伯昕的直接兼管之下只有赵晓恩一名工作人员。名师出高徒，在徐伯昕的言传身教之下，生活书店的图书营销发行活动开展得有声有色，特别是“联合广告”的模式，成为民国时期书业广告的典范。赵晓恩进入文化供应社之后带领全社营业人员积极适应业务发展需要，大力开拓书刊发行业务，以本版图书的发行为主，兼销其他出版单位的书刊，特别是进步书刊。为了开展发行业务，他们大力改进经营方式和服务方法，除了做好门市部销售外，还努力开展批发和邮购业务。特别是邮购发行，订户的分布很广，除了覆盖广西省内各乡镇，

---

① 万仲文．回忆文化供应社［Z］//中国人民政治协商会议广西壮族自治区委员会文史资料研究委员会．广西文史资料选辑：第 11 辑．1981：22.

② 图片来源：全国报刊索引数据库。

③ 在龙谦撰写的《建国前广西最大的地方出版发行企业——文化供应社简介》（《广西出版史料（第八辑）》，1993 年版）中提到 1940 年 3 月以后文化供应社总务部下设营业处，聘赵晓恩为负责人，而根据赵晓恩的《抗日战争时期的桂林文化供应社始末》（《桂林文史资料（第 38 辑　抗战时期桂林出版史料）》，1999 年版）一文的陈述，自己在 1941 年太平洋战争爆发之前在香港《华商报》工作，太平洋战争后回到桂林，由黄洛峰介绍进入文化供应社担任的营业部主任及发行所经理一职，因此营业处设立之时营业处主任一职应为刘宗乙或另有其人。

省外还覆盖到重庆、四川、贵州、陕西、甘肃、湖南、浙江、江西、安徽、福建等各省。汇入生活书店“血液”的文化供应社，吸取了其战前在上海办理邮购业务的经验，为更大区域的读者服务。同时，为了应对国民党顽固派对进步出版业的摧残扼杀，出版家黄洛峰到重庆联合新兴出版业组织“联营书店”，地处桂林的文化供应社率先同意参加，赵晓恩代表文化供应社参与了筹划与组织，在桂林与黄洛峰遥相呼应、互相促进，共同推动国民党统治区出版业的反查禁工作。此时的文化供应社已成长为国民党统治区出版业的一支劲旅，在抗日战争大后方出版活动中，起了积极的作用。

1943年初，文化供应社被迫改组，陈劭先等几位骨干自动离职，但在这场变动中，赵晓恩所领导的营业部、发行所则是原班人马不动，在逆境中坚守岗位，仍然坚持开展书刊的正常发行工作，使国民党顽固派企图扼杀文化供应社的阴谋未能得逞。在这场进步文化与黑暗势力的较量中，中共南方局周恩来指示，要求进步文化出版业以隐蔽方法，积极组织二、三线机构，保存实力，以待时机。赵晓恩、邵荃麟等筹集资金与陆梦生、陆联棠、汪允安等进步文化人，积极筹组了桂林文化供应社的二线机构——文光书店，为保护进步文化出版事业做出了努力。

三、1944—1953年：抗战末期发行工作的转移与战后的重建

1944年秋，桂林全市大疏散，文化供应社分两路撤退，一部分去往重庆营业处，一部分去往广西昭平一带。赵晓恩、朱光暄、赵文廉等少数几个人前往了重庆文化供应社的营业处，在那里他们继续开展进步书刊的出版发行工作。其间，赵晓恩曾与聂绀弩、朱希等同志编印了几期《艺文志》，后因未得到国民党重庆当局的批准而停刊。

大部分工作人员和物资，在陈劭先、万仲文的带领下撤往了桂东南的平乐、昭平一带，此时由覃展负责营业处的具体工作。撤退路上，文化供应社出版同人一直未停止过书刊销售，以维系生计。在《八步书业一瞥》一文的回忆中记录了当时撤退中书业萧条的景象：

我们自离开桂林逃难以来，首先见到的现代化都市，要算是八步了。它——八步，繁荣之速好像暴发户似的。街上行人之多有如桂林十字街口那样拥挤，很多方面的热闹不下于桂林？惟在桂林很热闹的书店，到这儿后都是很萧条。随着八步的繁荣，疏散在桂东地区的各书店，也大都集中到这繁荣的小都市——八步来了。这儿原先除有一家先锋书店外，再就是去年桂林第一次疏散来的，学艺、远方、三户实学合办的——兄弟图书公司。随后由昭平迁来的有文化供应社，开明、世界、南光、北新、文化生活出版社、中央图书文具公司、明月社等。

由于八步的繁荣，做门市生意的房子不易找到，又因为开门市的开支浩大，所以开明、世界、文化生活出版社、明月社等家都没有做门市。其他几家虽设门市，但要靠兼营副业——文具，才能勉强维持得下去，大多数还是靠吃老本。惟有文化供应社是纯靠卖书为业，收入的不足就要靠卖过去准备印书的存纸来维持生活了。[①]

在颠沛的流亡生活中，书业经营惨淡，文化供应社人员在万仲文、覃展等人的带领之下，深入乡村，推销进步书刊、宣传抗日主张，还通过文化供应社的销售站来联络当地的进步青年，包括青年学生，小学教师等。因桂东南地处偏僻，青年们对从来没有看到过的一些书籍，甚为喜爱，黄荣芳回忆此事时说道，“我们（文化供应社成员）和平乐中学师生来往较多，课余，他们常来门市看书和租书”[②]，这些书刊也很好地启发了年轻人的进步思想。在撤退期间，虽然文化供应社内本身营业的活动并不多，但以文化供应社为据点参加的各种进步活动却增多了，包括合办《广西日报》（昭平版）、参加群众性的武装抗日机构、筹组“国民党民主促进会”等等。其中，以《广西日报》（昭平版）的复刊和发行影响最大。同时，覃展也主编了一张十六开的《民主》小报，在内部销售。在非常时期的非常情况下，文化供应社的出版同人见缝插针，不遗余力地坚守宣传阵地，直至抗日战争胜利，对传播抗战文化、鼓舞民众御敌起到积极的作用。

1945年抗战胜利后，文化供应社在陈劭先的带领下回到桂林开始了重建工作。此时，赵晓恩也带领重庆营业部的同人一道从重庆回到桂林，与其他出版同人一起在太平路和桂西路上迅速盖起了文化供应社的宿舍和门市部，使文化供应社得以重新开业。为了尽快恢复机构运转，文化供应社多方开发业务，兼营了重庆的《新华日报》和读书、生活、新知等进步出版机构在桂林的图书报刊发行业务，以及开明书店在桂林的特约经销业务，终于又兴旺了起来，成为桂林唯一一家能够输送进步书报的机构，蒋烈奇的《桂林的书市》一文描绘了文化供应社这一战后重建的情况：

胜利后书店的复业是很困难的。书业的中心仍在桂西路（已改为正西路），只有寥寥可数的几家，不能再称为文化街了。规模最大生意最好的一家，仍是文供。文艺创作与翻译，像《战争与和平》《静静的顿河》，老舍的《四代同堂》，巴金的《激流》等都受读者的欢迎。杂志很齐全。[③]

战后的中国，出版社和书店都大大地减少了，原集中在重庆、桂林等地的出版

① 羽鸿．八步书业一瞥［J］．文化通讯，1945（2）：15．
② 黄荣芳．我所知道的文化供应社［M］//罗标元，左超英．桂林旧事．桂林：漓江出版社，1989：250．
③ 蒋烈奇．桂林的书市［J］．读书与出版（复刊），1947，2（7）：51-53．

机构也陆续迁回上海。但战后市场的荒寂阻止不了文化供应社出版同人重建的信念，肩负发行重任的赵晓恩根据战后全国书刊市场变化和形势需要，扩建和调整了发行网点，将原设在重庆市的营业处撤销，先后在南宁、上海、广州设立了门市部和营业处。同时，为了销售一些不便在文化供应社门市公开陈列出售的书刊，在欧阳予倩、张锡昌、徐寅初、周匡人、覃展等的筹划下开办了“秀峰书店”，以扩大文化供应社的部分业务。秀峰书店于 1946 年 2 月在桂西路正式成立，由岳平担任经理，其余 3 名店员都是文化供应社派驻的。书店所陈列的书刊包括原来在文化供应社内部销售的部分进步书刊，以及香港《华商报》《正报》和桂林、昆明、重庆出版的《民主》报刊。“过去，这些书刊都不便展现在读者面前，这次，真是机会难逢，购书的非常之多。”但在“较场口事件后”，为避免遭受国民党顽固派的破坏，秀峰书店于同年 4 月自动停业关门，全部存书又暗中转回文化供应社。

在日趋恶劣的政治环境下，陈劭先对新桂系的反动面目深感失望，1946 年初，他指定赵晓恩为文化供应社的代理总经理，并派遣其带着社内还可以继续出版的图书纸型到香港去找人合作、另谋发展。在香港，赵晓恩得到了《华商报》社长萨空了的帮助，又从国际新闻社负责人高天处租到了房子，还通过胡愈之在新加坡筹到爱国华侨陈嘉庚资助的一笔资金[①]，由宋云彬担任总编辑，成立了香港文化供应社。在编辑方面，香港文化供应社重印和新出版了之前旺销的图书，还编印了一套南洋小学教科书；在发行上，通过设于香港皇后大道的批发处兼门市，面向东南亚一带发行书刊，同时通过广州营业处，把香港出版的进步书刊，秘密运回内地销售。不久后，陈劭先提出与黄洛峰、徐伯昕、沈静芷合作在香港开办书店。由赵晓恩代表文化供应社到上海与读书、生活、新知三家出版机构的领导人共同商议，定由文化供应社与三联书店各出资一半，由赵晓恩负责在香港筹建一个出版机构。但因解放战争的爆发，此事被搁浅。1948 年冬，赵晓恩被三联书店总管理处派往华北解放区工作。香港文化供应社的发行工作交给开明书店的章士敏负责，直至 1949 年营业归并到三联书店。

小结

在整个抗战时期，文化供应社的发行工作随着战争形势的发展，既有过吸收生活、读书、新知进步出版力量“化零为整”的壮大时期，也有开设各个分支机构和

---

① 胡愈之 1947 年 4 月 7 日给宋云彬的信中提到“说到香港文供社的事，真是糟糕。本来去年陈嘉庚答应帮忙，说得停停当当了。从 10 月开始，本来每月可寄 5000 元，用作稿费、印刷费，出版南侨编译社丛书，以售出的书价拨归文供社作为投资。但后来给南侨编译社闹翻了，连第一个月经费的收据都不给。”因此，陈嘉庚的这笔资金后来应该并未到账。

二线书店“化整为零”分散经营的转型时期，这种适应非常态社会环境的发行策略，是延续战时出版生命的重要保障。下表将文化供应社整个时期所建设的发行网点进行了整理，较为清晰地展现了文化供应社发行工作的脉络（见表4-1）。

表4-1 文化供应社股份有限公司发行网点建设一览表（1940—1953年）

建设时间	网点名称	负责工作	备注
1940年2月	营业处	开展自主发行业务	
1940年	门市/总发行所	开展自主发行及代销业务	接手新知书店门市
1941年初	南洋图书公司	负责港澳及海外发行	与新知书店合作
1941年8月	重庆分销处	负责四川、山西、甘肃、湖北、河南等地的印发工作	
1943年	文光书店	发行文化供应社不便出版的进步书籍	二线机构
1944年底	昭平、北陀、八步营业处	向桂东敌后区域大众发行书刊	
1945年	南宁营业处	发行本版书及代销业务	
1945年	广州营业处	秘密发行香港出版的进步书刊	
1945年	上海文化供应社	编辑、发行书刊	
1946年2月	秀峰书店	负责不便在文化供应社门市公开出售的书刊	二线机构
1946年	香港文化供应社	与海外合作编辑、发行书刊	
1949年	加入了三联书店领导的“新出版业联营书店”成为会员店，营业活动并归三联书店		
1953年	所有资产并入新华书店系统		

在这些网点中，南洋图书公司、重庆分销处的设立帮助文化供应社在发展期将书刊发行拓展到西北、华中地区及海外市场；文光书店、桂东南各地营业处和秀峰书店的设立保障了文化供应社在转移时期出版传播活动的正常开展。在整个发展的过程中，文化供应社始终力图将出版物发行到力之所及的最大区域范畴，体现出文化传播者的使命和担当。

第二节　文化供应社的发行方式

抗战时期图书的发行方式主要有四种：门市发行、批发发行、邮购发行、流动发行。① 门市发行是直接以门店面向读者售卖图书的方式。当时驻桂林的许多出版社和书店都在桂西路、中山路等主要街道设立书刊门市部，书刊销售活跃，使这些路段成为著名的“文化街”。批发是图书出版机构面向书刊经销商或学校、机关单位等大宗购书者发行的方式。邮购发行，是出版机构通过邮政系统向读者寄发书刊的一种跨地域的发行方式。一些出版机构虽不开设门市部，但集中力量开展批发、邮购业务，也能获得了很好的社会效益和经济效益。流动发行，是出版机构或书店携带书刊走出店门到学校、机关、前线等有书籍需要的地方进行流动销售，主动将书籍送到读者中的发行方式。因战时条件的限制，大部分的出版机构或书店很难将图书的策划编辑、印刷出版与发行业务并举，一些能够承担发行业务的机构也很难用尽所有的渠道和方式拓展书刊流通业务，但文化供应社是一家不仅能够集编、印、发于一身，且能够将店销、批发、邮购、流动销售等发行方式广泛开展，本版、外版图书同时发售的大型图书发行企业。

一、门市与批发

1942 年，文化供应社将新知书店桂西路 35 号的门市部改为了营业处兼总发行所，在这里开展了门店销售与批发业务。

当时，在桂林开设的书店和出版社共 160 多家，与文化供应社有业务往来的就有 40 多家，此外，文化供应社还与重庆新华日报社营业部、香港新民出版社建立业务往来，销售的书刊共计 1000 多种。除销售本版书外，文化供应社还大量销售进步的外版图书，如：鲁迅的作品《狂人日记》《孔乙己》《药》《呐喊》《彷徨》《祝福》《阿 Q 正传》《故事新编》《而已集》《三闲集》《二心集》《南腔北调集》《伪自由书》《准风月谈》《花边文集》《且介亭杂文》《且介亭杂文二集》《且介亭杂文末编》《集外集》《集外集拾遗》《野草》《朝花夕拾》等；郭沫若的作品《青铜时代》《十批判书》《甲申三百年祭》《屈原》《棠棣之花》《虎符》《南冠草》《女神》等，译作《浮

---

① 龙谦，胡庆嘉. 抗战时期桂林出版史料：桂林文史资料　第 38 辑 [J]. 桂林：漓江出版社，1999：85.

士德》《少年维特之烦恼》；茅盾的著作《蚀》《幻灭》《动摇》《追求》《三人行》《路》《林家铺子》《春蚕》《秋收》《残冬》《子夜》《腐蚀》《霜叶红似二月花》《清明前后》《白杨礼赞》等；巴金的著作《灭亡》《雾》《雨》《电》《死去的太阳》《家》《春》《秋》等；老舍的著作《老张的哲学》《牛天赐传》《骆驼祥子》《四世同堂》等；还有朱自清的《背影》，冰心的《寄小读者》，曹禺的《雷雨》《日出》，欧阳予倩的《桃花扇》《梁红玉》《木兰从军》，夏衍的《心防》《法西斯细菌》，田汉的《戏剧春秋》《大雷雨》，黄谷柳的《虾球传》，艾思奇的《大众哲学》等。外国文学名著有《钢铁是怎样炼成的》《战争与和平》《被开垦的处女地》《安娜·卡列尼娜》《时间呀！前进》《马丁伊登》《母亲》《人世间》《复活》《死魂灵》《静静的顿河》《高老头》《茶花女》等。有段时间还销售《四大家族》《窃国大盗袁世凯》《评中国之命运》等。一些图书在门市部不能公开销售，文化供应社冒着风险，让读者内部联系购买。这些内部销售的图书包括：《联共（布）党史简明教程》《列宁传》《列宁文选》《列宁主义问题》《进一步，退两步》《国家与革命》《做什么?》《帝国主义是资本主义最高阶段》《共产主义运动中的“左派”幼稚病》《整风文献》《论联合政府》《论持久战》《论新阶级》《在延安文艺座谈会上的讲话》《新华日报》的《群众》杂志等。文化供应社除了销售外版图书外，还销售了受读者欢迎的外版杂志，如《野草》《文学创作》《文艺杂志》《文艺生活》《十日文萃》《工作与学习》《中国诗刊》《中国青年》《戏剧春秋》《国民公论》《中国诗坛》《新儿童》等。①

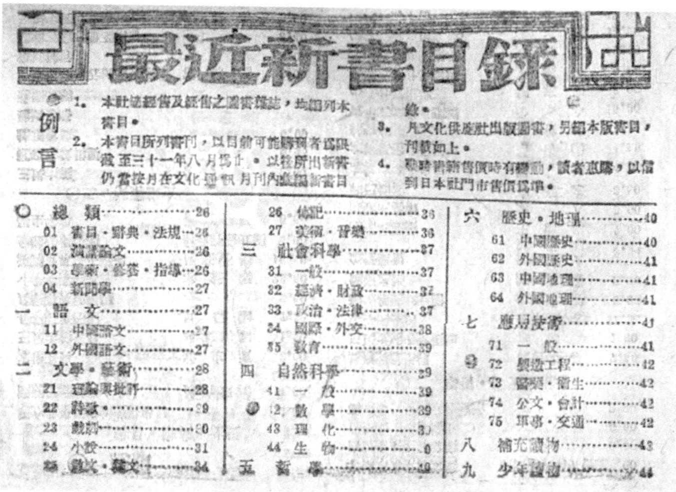

最近新書目錄

例言

1. 本社經售及經售之圖書雜誌，均編列本書目。
2. 本書目所列書刊，以目前可能購到者爲限，截至三十一年八月爲止。以後所出新書仍當按月在文化雜誌月刊內彙編新書目錄。
3. 凡文化供應社出版圖書，另編本版書目，刊載如上。
4. 戰時書籍售價時有變動，讀者惠購，以信到日本社門市售價爲準。

〇 總類……26
01 書目·辭典·法規……26
02 演講論文……26
03 學術·修養·指導……26
04 新聞學……27
一 語文……27
11 中國語文……27
12 外國語文……27
二 文學·藝術……28
21 理論與批評……28
22 詩歌……29
23 戲劇……30
24 小說……31
25 散文·雜文……34
26 傳記……36
27 美術·音樂……36
三 社會科學……37
31 一般……37
32 經濟·財政……37
33 政治·法律……37
34 國際·外交……38
35 教育……39
四 自然科學……29
41 一般……39
42 數學……39
43 理化……[illegible]
44 生物……[illegible]
五 哲學……[illegible]
六 歷史·地理……40
61 中國歷史……40
62 外國歷史……41
63 中國地理……41
64 外國地理……41
七 應用技術……41
71 一般……41
72 製造工程……42
73 醫藥·衛生……42
74 公文·會計……42
75 軍事·交通……42
八 補充讀物……43
九 少年讀物……44

① 黄荣芳. 我所知道的文化供应社［M］//罗标元，左超英. 桂林旧事. 桂林：漓江出版社，1989：247.

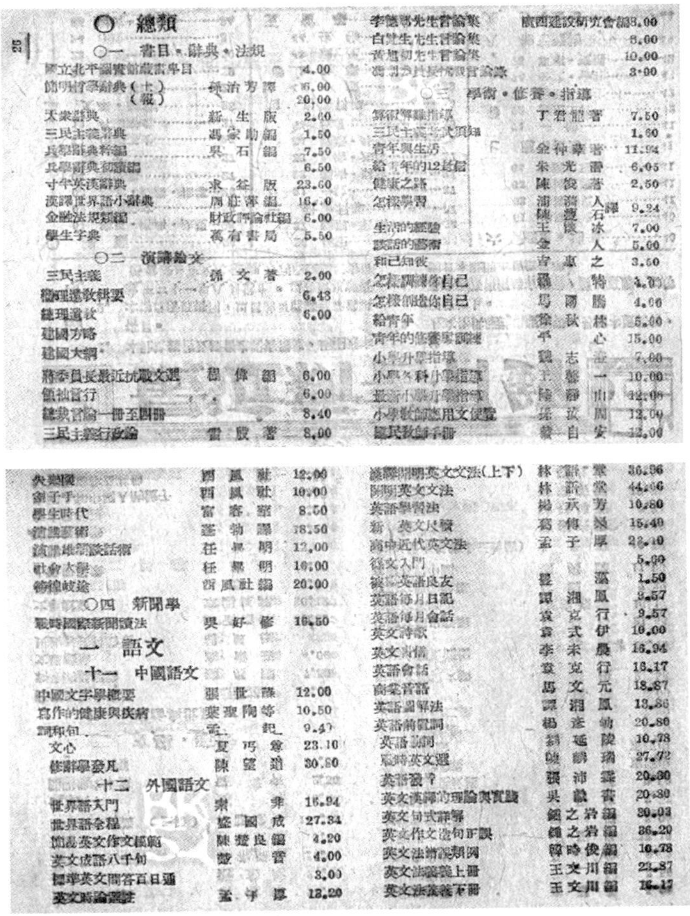

图 4－2 文化供应社经售外版图书目录（总目）及部分图书目录①

在门店服务方面，文化供应社十分重视服务质量和读者购书体验。当时，读者对象主要为学生、教师、社会青年、工人以及部分机关单位的职员，特别是桂林两江师范学校的师生，书店门市的图书为这些读者开架销售，任由翻阅。店员们也都热情地接待读者，主动宣传推荐，耐心地指导其购书、订阅报刊。对一些爱看书而又无钱买书的穷学生，店内则以包容的态度对待，他们在书店一次看不完的书本，可以折上一页作为记号放回书架，下次再来看，直到看完为止。1940 年生活书店被国民党顽固派下令封闭后，该店在重庆和桂林的存货发行经销业务，都移交给文化供应社，使其成为进步书籍重要的销售阵地。据史料记载，文化供应社的"门市部是当时最有规模的书店，生活、新知等书店出版的书籍，都有出售；如果是熟人，

① 图片来源：全国报刊索引数据库。详见文化供应社. 最近新书目录［J］. 文化通讯，1942（23）：25－27.

也可以买到‘违禁’的书。经理是一位年轻的朋友，听说曾是生活书店的职员，轻轻地向他说个书名，他就从里面把书包好递给你了”[①]。因良好的购书环境，文化供应社的门市部每天下午 4、5 点以后总是挤满了购书和看书的人群，陈劭先看到门市部兴旺的景象也高兴地说：“我们的门市部真是‘门庭若市’，那一家（指中国文化服务社的门市部）是‘门可罗雀’”[②]。文化供应社的用心经营和对读者热心周到的服务也赢得了读者的信赖和支持，一些店员与读者成为知心朋友，甚至结为终身伴侣；一些读者逐渐成为文化供应社的职员，一些则直接走上了参加革命的道路。如读者秦孟津，参与了文化供应社的流动供应服务，协助将部分书刊输送到桂北游击队；张胤昌曾是文化供应社的忠实读者，经常到书店帮忙，1946 年终于成为文化供应社的一员，参加门市的售书工作；读者龙澍在看了黄谷柳的《虾球传》以后，参加了桂北游击队。[③]

在图书的批发业务上，文化供应社有规范的制度和严谨的交易原则，如针对同业间的批发就有如下规定：

文化供应社批发简章

一、本社出版图书杂志，同业批发一律八折，外版图书另定。

二、同业每次添货，均需现款交易，概不欠账。

三、同业所添之货，一经发出，概不退换。但敝社自动发出试销之图书，本埠得于一个月内退回，外埠得于两个月内退回。又退书破碎污损者不收，退书邮扎费由推销同业自理。

四、寄发外埠各货，另加挂号邮费及包扎费。如有收不到事情，本社可代为查询，不负赔偿责任。

五、外埠同业结款，请购银行及邮局汇票。邮汇不同处邮票贷款亦可通用，惟以五角以上邮票为限。

六、同业经售本社出版图书，应照本社定价出售，外埠的加邮运费。

七、本社经售图书目录，函索即寄，图书订价时有更动，以门市定价为准。

八、本简章以后如有更改，当随时通告同业。[④]

对于积极建立文化室或开展读书会的团体或个人，文化供应社都以支持的态度予以优惠。因战时物价上涨，印刷物资紧缺，书价也日益攀升，有青年读者提出希

---

① 徐铸成．报海旧闻［M］．北京：生活·读书·新知三联书店，2010：360.

② 杨承芳．怀念劭老［Z］．中国人民政治协商会议广西壮族自治区委员会文史资料研究委员会．广西文史资料选辑：第 23 辑　陈劭先纪念文集．1986：66.

③ 黄荣芳．我所知道的文化供应社［M］//罗标元，左超英．桂林旧事．桂林：漓江出版社，1989：247.

④ 编者．文化供应社批发简章［J］．文化通讯，1941（16）：6.

望获得更大的优惠，文化供应社则贴心地提出了可以联合多位朋友集体团购的建议，这样“不但节省费用，享受优待折扣，就是在交替传阅这一点上，已可使读者节省书费，而且，集体的阅读，可以共同研究或商讨，对问题的了解也更深刻”①。正是文化供应社与同业和读者间的良好互动关系，图书的发行工作卓有成效，大部分图书均发行未及一年而重版数次。

二、邮购业务

邮购发行是图书发行的另一主要渠道。文化供应社建社之初就充分考虑到邮购业务对图书销售的重要作用，1940 年 6 月 6 日其在《大公报》（重庆版）首次刊发的图书广告上就明确了：“现于发行伊始，自 5 月 4 日起至七七抗战建国纪念日止，凡向本社直接购买及邮购，权收九折特价，以实优待，各地同业批发，待遇从优。另印书目及批发简章邮购简章，函所即寄。”② 此时因发行工作刚刚开始，邮购业务归由营业部统一受理。随着订单数量的增大，1941 年 6 月，文化供应社特在营业处下专门设置了邮购科③，并在《大公报》（桂林版）上刊登了详尽的《邮购简章》：

邮购简章

一、学校、社团、图书馆、个人购买本社出版、经售之书刊或委托代办全国图书，竭诚欢迎。

二、委托图书或订阅刊物，如在发售预约，特价或廉价期间，本社也照特价或原出版处同样优待。

三、购书人及收件人之姓名、地址，均请用正楷详细写明，国外并加写西文。图书杂志之名称，著译者、定价、起讫日期及出版处，均请一一注明。

四、邮寄书款，请照各书实价另加邮寄费汇寄本社。书籍须挂号、快递，或汽车运者，邮费另加。本社收到信件后，当快速将书籍及发票或订单寄上，如有余款则存于邮购存款账内，并掣给邮购往来摺，以备日后购书之用。

五、书款可委托银行钱庄汇划，或购邮局汇票。邮汇不通各地，可用邮票代款，十足收用，但以三角以上者为限（限省用邮票不收）。

六、寄纸币须用邮局特制保险信封，但以法币为限。

七、附有邮票之信件，须用坚厚信封慎密固封，挂号邮递。

---

① 编者．通讯：书价高了怎么办？[J]．文化通讯，1942，（18）：10.

② 文化供应社．文化供应社图书广告［N］．大公报（重庆版），1940－06－06.

③ 据《大公报》（桂林版）1941 年 6 月 29 日“文化供应社新书文具联合广告”上刊登的信息中为“本社特设邮购部”，而在之后的《文化通讯》的“通信”栏目中均以“邮购科”为署名，故从营业部与邮购科的从属关系上，应称该部门为“邮购科”。

八、各界如欲本社代为选购书刊，可预存款项于本社，并指明购书范围，本社即当负全责，代为选购寄上。

九、委购书刊如日久尚未收到，而来函查询，请叙明原函寄出日期，附款数目，邮局挂号凭单号码，并用与前信同样之具名，以便本社负责查询。

十、书籍寄出后，除缺页及装订颠倒外，概不退换。

十一、战时书价邮费常有变动，当以信到时门市定价为准。①

文化供應社
郵購簡章
總發行所・桂林桂西路三十五號

图 4－3　文化供应社邮购简章及订购书报单②

为了更好地推进邮购业务，推广本社书刊，文化供应社还编印定期刊物《文化通信》（后更名为《文化通讯》），内容登载该社事业概况、关于战时文化工作意见，以及各地文化工作报道和图书目录。该刊面向各地文化机关团体及文化工作者赠送，只要留下地址，当即按期邮寄。这一办法不仅扩大了文化供应社图书的影响力，还成为各地图书同业信息交流的平台。

在皖南事变之前，生活书店拥有的邮购客户最多，共 8000 多户，遍及内地及港澳等地，管理上也有一套科学的办法。在生活、新知等进步书店被查封停业转入文化供应社之后，这些进步书店的客户资源和成熟的邮购管理经验也都流向了文化供应社，壮大了社内的邮购业务。随着邮购业务量的增加，邮购上所反映出的问题也日益增多，文化供应社邮购科的工作人员每天都要处理数百封的来信。对于这些来信，邮购科都予以认真的阅读和回复，并在《文化通讯》的“通讯”栏目中详细刊登了部分来信和回复的内容。

对于读者关心的邮费计算问题，文化供应社列举了详细的清单和计算办法（见图 4－4），并在之后的刊物上还详解了其中的单位换算和各种运送方式的特点等。由于战时印刷工料价格的不断上涨和交通的阻塞，许多现有的杂志出版者担心成本和运输风险不愿意接受读者的预订。为了使读者能够更便利地订阅杂志，文化供应社创造性地设立了活动性质的“自由订户”：

---

① 文化供应社．文化供应社新书文具联合广告 1：邮购简章［N］．大公报（桂林版），1941－06－15．
② 图片来源：全国报刊索引数据库。

怎樣計算書籍的郵運費？

十一月一日起，信件郵費增加了百分之五十，關於書籍郵費的計算法，讀者一定很關心的，現列在下面，給郵購讀者作個參考：

100公分		.04
100—250公分		.08
250—500公分		.16
500—1000公分		.24
1000—2000公分		.48
汽車運寄100—1000公分	本省	.20
	外省	.40
1000—2000公分	本省	.40
	外省	.80
如需掛號另加掛號費		.25

图 4-4 《文化通讯》刊登的运费计算办法[②]

自由订户手续很简单，只要读者将姓名地址和一定的款额寄来，我们就可以按期将所需的刊物寄去，不管能否直接代订，不论甲地或乙地出版的，只要我们能力所能做到的，我们无不尽力代读者效劳，这是第一点好处。如果读者对所订的杂志不满，可随意转订其他杂志，不订亦可随时通知停寄退款，不受杂志停刊的影响而损失了定费，这是第二点好处。不限款额，款尽时由我们通知续订。自由灵活，这是第三点好处。总之，自由订户的设立，完全是为了读者的便利。[①]

“自由订户”的设立给战时有阅读需求的读者极大的便利，体现了文化供应社处处为订户着想的服务精神。

战时交通的不便直接影响到邮购的工作，与各地是否通邮的问题残酷地摆在邮购科面前。各省通邮的条件还不太一样，除桂林到湖南、浙江、江西三省可以使用大包互邮，到广东可以用 500 厘米的小包邮寄外，到四川、贵州、陕西、甘肃、安徽、福建等省的邮包都不能超过 100 厘米，而且每户每天只能邮寄一个包裹。重庆邮寄到桂林的包裹可以是大包，但桂林寄到重庆则必须分成 100 厘米/包寄递。杂志是作为新闻纸寄到各省的，但超过 100 厘米的杂志需要通过出版处寄出。这些有关通邮的细节，文化供应社都向邮购读者做了具体说明，为了使这些不同的地区客户能够如期地收到书籍，文化供应社采纳了读者建议，对于过重的包裹采取“撕开分寄”的办法进行所谓的“补救”，并热心回复“只要读者愿意，虽然在我们的工作上要增加更多的麻烦，但一经通知后，我们还是乐于代办的”[③]。同时，对于自愿成立文化室、开办读书会的个人或团体，文化供应社都以最大的折扣给予支持。

文化供应社邮购科给予读者的信件中充满了同理心，针对读者问题的回复都十分认真，从以下一则回复信件中可以深切感受到战时图书邮购发行业务的不易与出

① 文化供应社邮购科. 通讯：邮费和自由订户 [J]. 文化通讯，1942（18）：10.

② 图片来源：全国报刊索引数据库。

③ 文化供应社邮购科. 通讯：关于邮包寄递 [J]. 文化通讯，1942（21）：9-10.

版人与读者间以书为友的感情：

从每天数百封的来信中，我们知道你们渴望着新的知识、新的文化食粮，然而，不幸你们周围荒草蔓生，或是满目凄凉，看不到图书的影子。真的，到处需要食粮，到处是饥荒，你们感到痛苦，我们也一样难受；因此当我们接到你们来信的时候，对于你们等待新书到手的心情，了解得特别亲切，也为此，我们加班工作着。虽然，有时为了一个要求解答的问题，或是为了一本不易找到的书籍，到处去跑；有时为了要我们介绍书籍的内容，不得不在冗忙中抽出时间，来找寻书中的主意；但是我们无时不希望尽快地配好书，打好包寄出，途中不致耽搁，平安地达到你们手中。因为你们的等待，是我们的不安；你们得到书的愉快，也是我们的快乐时！①

三、流动发行

流动发行也是战时重要的一种发行方式。出版机构的流动发行员把图书运送到读者比较集中的单位、公共场所或圩镇上，临时设置摊点销售图书，以主动上门的方式为读者服务。战时的桂林“文化城”不少发行出版机构或书店都是带书走出店门开展流动供应工作。文化供应社特别注重做好流动供应工作，常派流动发行员到学校、机关去发行图书，常去的有桂林两江师范、桂林师范学院、逸仙中学等 9 所学校，还在枪林弹雨中奔赴前线送书到中共桂北游击队，为游击队员提供精神食粮。在撤退到贺县八步镇的时候，为了方便读者购书，文化供应社的工作人员还到临江中学流动供应图书，受到学校师生的欢迎。战时上门供应图书的书店还不多，由于买书的人多，临江中学还派师生协助卖书。② 这一方式不仅有针对性地为学校和单位等教育、文化机构直接送去了精神食粮，在过程中更使读者感受到便捷与尊重，增加了读者对企业（机构）的信任度与忠诚度，为文化供应社的图书销售渠道建设奠定了良好的基础。

小结

陈劭先在《文化供应社自我介绍》一文中曾提道：“惟值兹抗战艰苦时期，造货成本日昂；印刷力量微弱，运输邮递，尤多阻梗，物质上之种种困难，克服殊匪易事。抑文化为社会所公有，本社虽由私人集资而成，然用意原在寓生产于文化，以辅助公家之不逮，他日倘有溢利，大部分仍当用之于文化公益事业，与纯以营利为目的之私人企业，迥不相同。”③ 文化供应社以一种大公无私的服务心态，在有限的战时条件下克服重重困难，通过多种发行方式，成就了广大读者与书籍的相遇。

---

① 文化供应社邮购科．通信：敬告邮购读者［J］．文化通讯，1942（19）：8.

② 黄荣芳．我所知道的文化供应社［M］//罗标元，左超英．桂林旧事．桂林：漓江出版社，1989：250.

③ 陈劭先．文化供应社自我介绍［J］．文化杂志，1941，1（1）：66.

第三节　文化供应社的营销策略

即便是在非常时期，书籍的生产与流通依然是在商品经济的环境下进行的，书刊在市场的销售如何，除了书籍本身的质量，也要靠持续有力的宣传推广。对于商品营销而言，产品的质量是基础，渠道是关键，营销推广是刺激消费的手段。品牌的知名度、产品的质量、市场价格、促销活动都是商品营销环节必备的要素。含着“金钥匙”诞生的文化供应社虽然有较强的地方背景，但没有完全依赖地方行政的资源，凭借自身优质的出版物和经验丰富的营销团队，积极参与市场竞争，从企业品牌打造到每一本图书的面市都不遗余力地进行宣传，在抗战文化的低潮时期点燃了人们精神世界的火炬。

一、品牌形象的建立

民国时期崛起的近代出版业在商业竞争上已有成熟的营销意识，对于企业品牌形象的塑造和图书的营销推广都非常重视，从战前的《申报》和战时的《大公报》书业广告中都显示出书业市场活跃的状态。在企业品牌的建设上，体现为视觉识别系统的建立，包括出版商标记（LOGO）的设计，刊物标准字、标准色的统一，店招等的设计，以及在媒介（主要是纸媒）上对企业正面形象的内容传播；而书刊营销则体现为采用多种媒介刊登广告、书评，以及赠阅免费的定期书讯刊物等方式推动销售。

视觉符号的构建与企业品牌形象传播密切相关。文化供应社从建社起就以较高的水准要求自己，从书刊生产战略性的规划到企业品牌形象的打造都精心策划与实施，没有因战事纷扰、政局的动荡、资金的紧张而忽视和放弃自身品牌建设，体现出做大企业的雄心壮志。

（一）企业标记设计与广告语

文化供应社首次在《大公报》（重庆版）刊登的图书广告上，赫然印刷着文化供应社的标记。标记设计虽然简单，但很巧妙。主体部分是一个五角星，象征着革命与胜利，也隐喻与八路军办事处的关系。图案的背景是一座黑色的石碑，碑座上印有“文化供应社”的行书字体，有脚踏实地，建立丰碑的寓意。因印刷技术所限，标记的主色为黑白两色，这也更为突出五角星的造型，让人心生对光明和希望的向往。这一标记很好地传达了文化供应社在抗战年代的文化定位，即通过有进步思想和革命性书刊的传播，激发大众的民族意识和战斗精神，照亮抗战胜利的前程。

在标准字的使用上，“文化供应社”一开始采用的是加粗的黑体行书，在1940年底使用的是仿宋的手写体，1941年3月的《大公报》（桂林版）刊登使用的是加粗的大宋体，该标准字一直沿用到抗战结束。

图4－5　文化供应社股份有限公司企业标识[①]

《大公报》（重庆版）1940年文化供应社广告字体

《大公报》（桂林版）1943年文化供应社广告字体

《广西日报》1946年文化供应社广告字体

《广西日报》1947年文化供应社广告字体

图4－6　文化供应社报纸字体[②]

基于建社的出版定位和发展目标，1940年，创社之初的文化供应社提出了“西南文化界的火炬，战时出版业的新军”[③]广告口号，从口号中“战时”与“西南”两个定语词汇，传达出文化供应社创社在时间与空间上的信息，而“文化界的火炬”和“出版业的新军”可见文化供应社“初生牛犊”的雄心壮志。1941年6月15日，文化供应社在《大公报》（桂林版）上刊出了“文化供应社新书文具联合广告”，第一期的广告语修改为“文化界的火炬，出版业的新军”[④]，或因排版需要，抑或因为时间和空间的限定语已经束缚了企业未来发展的志向，“西南”和“战时”两个定语从广告语上消失了。1941年6月29日，文化供应社刊出了第二期联合广告，广告语改为了“读者作者间的桥梁，出版界的联合贡献”[⑤]。这是文化供应社对于“联合广告”性质理解后的迅速反应，在此之前

① 图片来源：作者扫描自《大公报》（重庆版）。

② 图片来源：作者扫描自《大公报》（重庆版）、《大公报》（桂林版）、《广西日报》。

③ 文化供应社. 文化供应社广告［N］. 大公报（重庆版），1940－06－06.

④ 文化供应社. 文化供应社新书文具联合广告1［N］. 大公报（桂林版），1941－06－15.

⑤ 文化供应社. 文化供应社新书文具联合广告2［N］. 大公报（桂林版），1941－06－29.

的广告语更多的是为树立企业的品牌形象和文化理念而提出，“联合广告”体现了文化供应社在同业间的号召力与经营影响力业务，广告语的内容更突出了出版机构作为“桥梁”的功能性与“联合”的团结。从创社之初至1941年“联合广告”的推出，这一期间文化供应社的广告语不仅体现了文化供应社在出版事业上的迅速发展，同时也是文化供应社品牌建设历程的有力作证，而在《大公报》（桂林版）持续发布的70多期①“文化供应社新书文具联合广告”，则加强了文化供应社在业界的口碑影响，为文化供应社的品牌形象的传播与提升，以及在书籍的销售上都起到了关键性的作用。

（二）企业口碑的塑造

产品的销量与企业品牌的市场影响力也有密不可分的联系。首先，文化供应社的品牌建设立足于优质出版物的策划，在出版运作上迥异于一些随波逐流一味追求经济利益的出版机构，打造了一系列有社会影响力的读物。其“文化室图书”“时事问题丛刊”“世界大战丛刊”等抗战通俗读物类丛书的策划不仅体现了服务“抗战建国”的社会责任，同时丛书的出版更能体现出版社的编辑实力，也利于创建品牌书系。“初中精读文选”拓展了文化供应社在教材教辅领域的市场，“国民教育丛书”则进一步深化了文化供应社在教育书系类的内容策划。青少年是求知需求最为迫切的群体，对此文化供应社策划的“少年文库”“青年文库”“青年新知识丛刊”“青年自学指导手册”等系列丛书，拉近了与青少年群体的距离，在青少年中形成了广泛的影响。以《新水浒》《忠王李秀成》，以及“文学创作丛刊”为代表的文艺类书籍，使现实主义抗战文学得到了更大的推广。《中国近百年史教程》《中国社会史大系》《中华民族发展史纲》《欧洲文化史论要》等学术类书籍的出版也强化了文化供应社建设文化精品的品牌目标。在连续出版物上，《新道理》与《文化杂志》两种不同定位的期刊，抓住了大众与精英两个不同的文化受众群体，特征鲜明地传播抗战文化，而《文化通讯》则更凸显出在出版界书刊与读者间的桥梁作用。以胡愈之、邵荃麟、叶圣陶、宋云彬、傅彬然、张志让、杨东莼、茅盾、欧阳予倩、陈白尘、艾青、聂绀弩、艾芜、骆宾基、司马文森、黄药眠、葛琴、谷斯范、丰子恺、萨空了、金仲华、王士略、石兆棠、李四光、张先辰、张栗原、柳无垢等等为代表的编辑和作家群体都是这一时代的“舆论领袖”，也是构成文化供应社企业品牌影响力的重要组成部分。以上种种都体现出文化供应社在产品结构与质量上所追求的高标准与高品质。

其次，在舆论宣传上，文化供应社通过自办媒体和其他各大媒体塑造积极正面的文化形象。在本版图书销售上，通过售前的预告、售中的书评和售后的销量数据公布等方式在媒体上对图书进行全程的跟进，为本版图书的销售起到极大的促进作

① 从现有史料上统计的《大公报》（桂林版）至1943年5月28日，文化供应社共刊登了73期联合广告。

用；在代理批发业务上，文化供应社不仅利用自身渠道为广大的出版机构服务，同时通过“联合广告”形成长期的市场影响，建立了在图书营销上的品牌地位，这一成功的广告模式后文将做详细介绍与分析；在社务活动上，文化供应社经常组织和参与支持抗战、服务大众的活动，这些活动大部分也都见诸各大媒体，树立了良好的公益形象。如 1939 年 12 月 25 日刊发的《战地知识》第一卷（第 11—12 期）中就刊登了桂林文化供应社向前线送书，协助抗战广西动员工作的报道。

最后，文化供应社强烈的文化责任意识和读者服务意识也为文化供应社形成了良好的口碑效应，一则对当年桂林书市的回忆，很好地证明了抗战前后文化供应社在出版界的地位与影响：

桂林在战时是仅次于重庆的文化城。民廿七年、八年时，除旧有的桂海、文海、唐文南、典雅、强华而外，从上海、南京、武汉各处来开设了生活、读生、开明、北新、商务、世界，中华等近二十家的分支店，统统挤在桂西路及中南、中北等正街；桂西路成了文化街。此后又成立了广西官商合办的桂林文化供应社（简称文供），除代售全国书刊而外，并自己编印图书。文供的资力雄厚，营业发达，到几家新书店被封闭或改组后，差不多为桂林第一家。日寇攻占桂林，城内变做一堆瓦砾场，这些书店自然也遭了难。

胜利后书店的复业是很困难的。书业的中心仍在桂西路（已改为正西路），只有寥寥可数的几家，不能再称为文化街了。规模最大、生意最好的一家，仍是文供。①

对于文化供应社营销推广上的策略及办法，下文将做详尽分析。

二、行政力量推广

行政力量是出版物营销的重要资源之一。具有“官方背景”的文化供应社，依托广西建设研究会的资源，广泛开展抗战图书的发行业务。

胡愈之策划的“文化室图书”就是依靠行政力量发行的最好明证。之后，杨东莼负责的“干校”的许多课程的教材，如肖敏颂的《抗战形势讲话》、张健甫的《中国近百年史教程》、姜君辰的《社会科学概论》等，都由文化供应社正式出版发行。文化供应社还配合“干校”教学，编印了“干部训练丛刊”等。1943 年 12 月，文化供应社为配合“新县制”下的广西国民基础教育的需要，与广西省教育厅、教育研究所合编“国民教育丛书”。丛书由广西省教育厅负责主编，执笔者均为国内从事国基教育之专家学者，较好地为广西的基础教育事业提供了服务。

官方渠道推广虽然便捷、高效，能很快积累建社资本，但同时也存在着巨大的

---

① 蒋烈奇．桂林的书市［J］．读书与出版（复刊），1947，2（7）：51－53.

政治风险。在皖南事变之后，文化供应社利用行政力量开展发行的可能性日趋微弱，而依托自身实力建立的推广平台和市场渠道便成为图书营销的重要阵地。

三、自办期刊推广

书刊互动是民国时期一些较有实力的出版机构常用的出版模式。期刊以其连续性、时效性强的特征成为这些机构推广自身书籍的平台，如开明书店的《中学生》杂志，除了刊登教辅内容，在前后的封面、封底以及扉页等部分都大量刊登了该社出版的书籍广告。文化供应社也同样沿用了这一出版推广模式，《新道理》《文化通讯》《文化杂志》上都有不少文化供应社本版图书或代销图书的广告，这些从现在看来是我们研究文化供应社出版物的重要史料，而在当时则是书籍重要的营销推广载体。在文化供应社的期刊中，《文化通讯》是文化供应社最早的连续性刊物，也是专门推荐本版图书的刊物。该刊创刊于 1940 年 2 月 1 日，虽然为免费赠阅的内部刊物，但其结构和内容上与正式期刊无二，是文化供应社联系各地出版业，宣传自身文化出品的重要推广平台。《文化通讯》办刊目的任务前后略有变化，开始主要是为谋求全国文化工作者的联络和合作，内容着重于文化批判，文化工作报道和实际工作经验的交换。1941 年 7 月 1 日，《文化通讯》进行了改版，在《编者的话》中说明了改编缘由：

本刊从这一期起，改成三十二开本，因为这样，广告的地位可以略为缩小，而文章可以增多，同时，大家保存起来也比较便利。但因为改版的原因，迟出了十几天，这是要向读者致歉的。

我们这个刊物，难说是带一些推广品的成分，但我们是极力避免广告化的。这一点可以从本期广告与文章的比重上看出来。我们希望通过这个刊物，各地文化工作者能够加强联系，能够多明了些彼此间的情况；文化供应社的读者能够得到一些新书杂志出版的消息，和有一个彼此交换学习研究经验的园地；各地同业能借此明了一些出版界的情形，作为营业的参考。

……这一点可以说是本刊的旨趣所在。[①]

改版后的《文化通讯》主要任务改为替全国读者服务，内容着重于书刊的介绍与批评，每期附有新出版图书汇报，并经常为读者解决各种困难。期刊的内容丰富，常设栏目有“小言论”“本社事业概况介绍”“书价”“通讯”“新书汇报”“文化消息”“问题解答”“书籍名词解释”等，不仅有文化供应社出版本版图书以及代售的外版书籍的宣传与介绍，还有对战时文化工作的意见、各地文化工作的指导等文化内容。其中“通讯”栏目成为读者与编辑联系的纽带，刊登了大量读者来信与编辑

---

① 编者. 编者的话［J］. 文化通讯，1941（14）：16.

的回复，这一栏目弥补了图书的单向性的传播模式，通过与读者间的互动交流，掌握读者对阅读的反馈，从而改善和提高了图书销售的服务质量。

《文化通讯》在第 29 期之后将 14 期前后的目的合而为一，以谋求与全国文化工作者的联络合作以及为读者忠诚服务，内容既着重探讨当前文化运动和出版业的迫切问题，报道各地文化界动态，交换实际工作经验，又注意为读者着想，介绍和评价新书刊，帮助读者解决读书时所遇到的疑难，并指导读者阅读。在现今，诸多抗战时期的出版物被焚毁或散佚，而《文化通讯》则成为抗战出版研究的珍贵史料。

四、广告宣传推广

（一）报纸媒体广告推广

使用纸质媒体，特别是报纸媒体进行广告宣传，是民国时期出版界通用的手段。抗战爆发后，《申报》在沦陷区陷入困境，同为主流大报的《大公报》成为图书期刊广告宣传重要平台。文化供应社成立后，1940 年 6—12 月先后在《大公报》（重庆版）刊登了 4 期广告，主要刊载了“国民必读”系列、“青年知识丛刊”，以及《中国近百年史教程》《抗战形势讲话》《新水浒》《鲁迅语录》等书籍的广告，并对“文化室图书”进行了征订预告。1941 年 3 月 15 日，《大公报》（桂林版）正式开始印行，3 月 20 日文化供应社便在《大公报》（桂林版）上刊登了图书广告，此后《大公报》（桂林版）成为文化供应社书刊宣传的主要报纸媒体，且都占据报头位置。1941 年 6 月，文化供应社刊登了第一期“文化供应社新书文具联合广告”，加上其他单行本或节日促销广告在内，文化供应社从 1941 年 3 月至 1943 年 5 月，共在《大公报》（桂林版）上刊登了 85 次广告，其中“联合广告”72 次，由此可见《大公报》（桂林版）成为文化供应社广告营销最为重要的报纸媒介。同时《广西日报》《国民公论》《文艺生活》也都刊登过文化供应社的图书广告与书评。

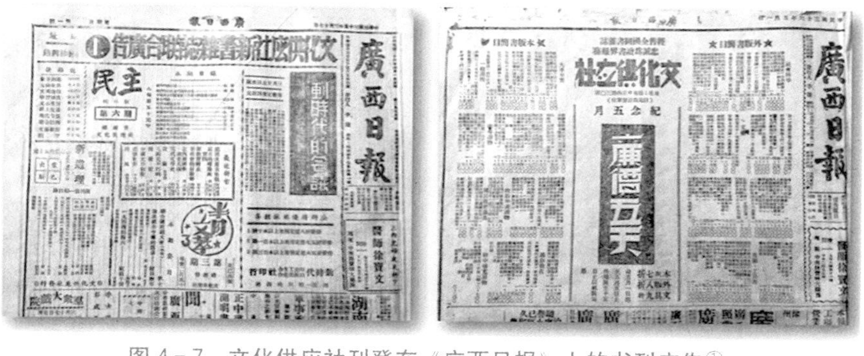

图 4－7　文化供应社刊登在《广西日报》上的书刊广告①

① 图片来源：作者扫描自《广西日报》。

（二）本版图书前后扉页广告推广

作为媒介的图书，本身就具备信息传播功能，在已印行的书刊上登载新书或重版图书广告以其低成本、高效用的特点成为书业最为普遍的广告营销手段。文化供应社所印行的书刊，均是最佳的图书产品传播媒介，几乎在能够使用的空白页上都用于本版图书的宣传。如 1941 年的《民国三十年实用国民年鉴》一书中就刊登了 8 个页面的图书广告，推荐的书刊包括“文化室图书”、“青年新知识丛刊”、《最新初级中学教本》、《鲁迅语录》、《实用百科辞典》、《干部政策》、《社会学入门》、《广西经济地理》，以及广西建设研究会的定期刊物《建设研究》《时论分析》。

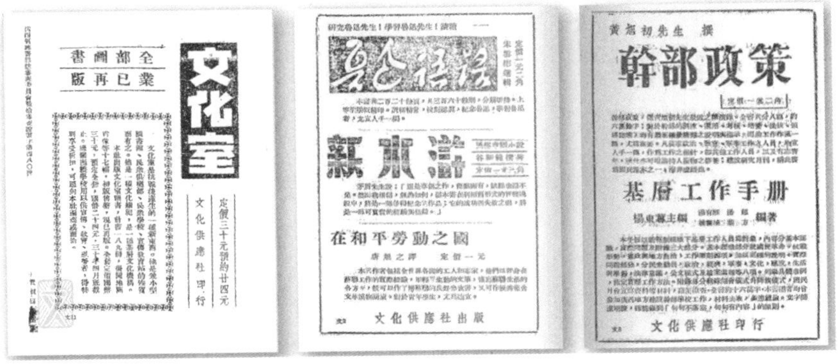

图 4-8　文化供应社刊登在《民国三十年实用国民年鉴》一书上的部分图书广告[1]

（三）书评等软性广告推广

以书评的方式进行书刊的营销，是出版界又一惯用图书推广方式。《新水浒》《忠王李秀成》《英雄》《喜酒》《文学手册》等文化供应社的优秀图书，都在多种报刊上有过书籍介绍与评论。其中《新水浒》就在《中国文化》《现代文艺》《东亚联盟》《浙江青年》《皖南人》等期刊上有多篇书评发表，茅盾认为“这是一部值得纪念的作品”。上海的《学习》杂志“学习与播音栏目”也专门刊登了《新水浒》出版的消息，称之为“单行本的通俗小说中最大的

图 4-9　茅盾在《中国文化》杂志（1940 年第一卷第 4 期）上发表的关于《新水浒》的书评[2]

---

① 图片来源：民国图书数据库。
② 图片来源：全国报刊索引数据库。

一本”①，颇为值得注意。在文化供应社自办的《文化通讯》上还开设了“介绍与批评”栏目，向读者详细推荐值得关注的新书刊。通过媒体对书籍的详尽推荐，能够帮助读者进一步了解图书内容，帮助读者理解与阅读，从而促进了图书的销售与再版。

五、书刊促销策略

有好的宣传渠道，也需要配合持续有效的营销策略。文化供应社在书刊的促销上以读者为本，在战时纷扰、物价高涨的时期，经常以纪念日、节日或书籍重版预订等契机开展特惠活动，以最为优惠的价格促进读者购买阅读。从《文化杂志》《文化通讯》，以及《大公报》（桂林版）等媒体刊登的通讯及广告上看，文化供应社在1942年共开展过3次大型的打折促销活动，包括门市成立周年、“抗战建国”五周年、文化供应社创业三周年等纪念日的促销活动，折扣范围在八至九折（见表4-2）。

表4-2　文化供应社股份有限公司1942年主要促销活动一览表②

促销时间	促销主题	促销内容	备　注
3月6日至12日	文化供应社门市成立周年优待读者	1. 自3月6日至12日，本版图书一律八五折，外版图书一律九折优待（外埠读者函购，以邮戳为准） 2. 自3月6日起至3月底止，凡预订《文化杂志》月刊及《新道理》半月刊者，一律照定价九折收费 3. 本社特备优待券一种，自即日起，凡外埠读者同本社购书满五元者，赠送一张，至本年6月底以前，读者以此券寄来本社购书，可享九折优待 4. 本社特制1942年美术星期历二种（同时可作书签之用）在优待期间赠送读者。但印数有限赠完为止。本外版书目，函所即奉	参见1942年3月1日、6日、9日、11日、12日的《大公报》（桂林版），以及第一卷第6期《文化杂志》
7月7日至9日	纪念“抗战建国”第五周年文化供应社优待读者三天	优待办法：本版新书八五折，外版新书九折。零设特价部陈列书刊逐日更换敬请选购	参见1942年7月7日《大公报》（桂林版）
11月1日至3日	文化供应社创业三周年纪念特价三天	本版图书八折，外版九折。尚有特种廉价书籍售价一折起；外埠读者凡于11月15日以前函购图书一律依照特价优待	参见1942年11月1日《大公报》（桂林版）

同时，“文化室图书”以及《新道理》、《文化杂志》在预订期间文化供应社也给予读者八折左右的优惠政策。这些持续性的营销刺激，使读者对文化供应社产生消

① 编者．学习与播音［J］．学习，1940（1）：12．

② 该表格根据《大公报》（桂林版）广告发布内容统计。

费上的黏性，极大地促进了文化供应社的图书销售。

小结

从现代营销学的观念上来看，产品的营销推广是一个系统工程，从市场分析到产品差异化的定位，从品牌识别系统的建立到媒体整合推广，营销者不仅要有长期经营的意识，还要能够提出适用于市场的策略。这些对于一个处于 20 世纪 40 年代还在启蒙阶段的中国企业来说，文化供应社在书刊营销上所采取的渠道策略、广告策略、买赠策略，甚至于产品的品牌策略，依然可用于现代的出版活动。在广告策略上，“联合广告”的模式还略带有今天的“平台营销”的推广意识。

第四节 “文化供应社书报联合广告”与战时桂林出版生态

报纸广告一直是民国时期书业营销的主要阵地。对于抗战时期的出版史研究而言，因战火导致了大量史料的失佚，而这一时期的出版营销广告则成为研究抗战出版文化的重要切口。学者吴永贵提出：“要想说明一个时期书业广告繁荣与否，可从两个方面入手：第一，可从一个时期进入公共信息领域的出版信息总量与书刊出版品种数的百分比情况进行考察；第二，可从一个时期书业部门对广告媒体利用的敏感度与广度去进行衡量。”① 这为我们提供了一种出版史的研究路径，也给抗战文化研究者思路上的启发。

《大公报》是民国时期最具影响力的报纸之一，抗战期间，《大公报》先后发行津、沪、汉、港、渝、桂各版。《大公报》（桂林版）于 1941 年 3 月 15 日创刊，由王文彬担任发行人兼副经理，1944 年 5 月桂林沦陷后停刊。作为一份“不党”“不卖”“不私”“不盲”的报纸，《大公报》一直坚持独立经营的准则，因此《大公报》（桂林版）对广告的重视也是不言而喻的。“一方报纸上之告白，可以觇一方实业之兴衰”②，抗战时期的桂林因出版业的繁荣有着“文化城”的美誉，《大公报》（桂林版）上的出版广告可谓一道文化风景，是这一时期出版盛况的见证者与记录者。而该报上的出版业广告多以“联合广告”的模式呈现（见图 4 - 10），每隔 2—3 天报

---

① 吴永贵．民国出版史［M］．福州：福建人民出版社，2011：338.

② 方汉奇．大公报百年史：1902 - 06 - 17—2001 - 06 - 17［M］．北京：中国人民大学出版社，2004：53.

纸上都能看到刊登于头版的书业联合广告。且当时较为醒目的联合广告有“文化供应社书报联合广告”“科学书店图书杂志联合广告”“集美书店联合广告”“中国文化服务社联合广告”，以及新生广告公司代理的“图书杂志联合广告”等。其中“文化供应社书报联合广告”从 1941 年 6 月到 1943 年 5 月共刊发 73 期，“科学书店图书杂志联合广告”从 1941 年 5 月至 1943 年 5 月共刊发 82 期，是两个持续发布时间较长，数量较多的出版业联合广告。

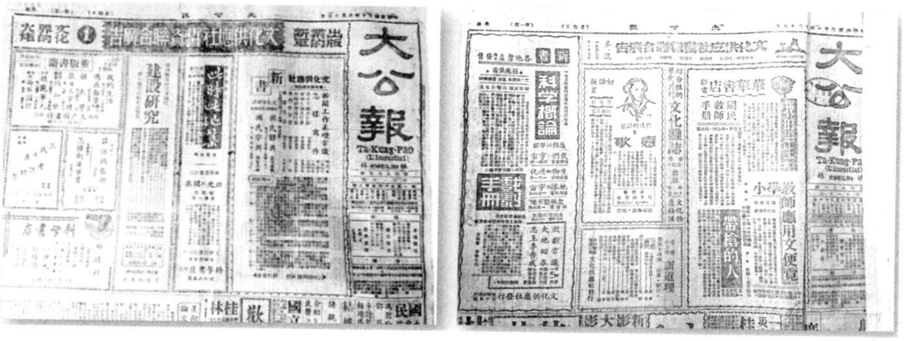

图 4－10　《大公报》桂林版文化供应社联合广告[①]

书业联合广告的模式是由生活书店的徐伯昕首创的，做法是把报纸的“第一版全版包下来，经过编排设计，把它分成若干长方形格，邀集委托书店经售其出版物的中小新出版业者参加，广告费按所占面积照报馆收费标准分担。”[②] 联合广告的模式优势明显，能够“传播新文化于为同业服务之中，既起到团结和扶持新出版业的作用，又为自身取得开拓业务的助力，做到互惠互利”[③]。除了商务、中华、正中等书局会独立刊发广告外，《大公报》（桂林版）上的出版广告几乎都沿用了“联合广告”的模式刊登书刊信息。这一广告模式通常由实力较强出版企业或图书发行代理机构进行组织（类似于“广告代理商”），由刊登单位共同集资刊发，联合广告的组织机构会为联合单位提供广告版面联络以及“代设计”“代撰稿”“代绘图”“代制版”[④] 等服务。

“文化供应社书报联合广告”从 1941 年 6 月 15 日开始刊登第一期，当时名为“文化供应社新书文具联合广告”，刊发了文化供应社、三户图书社、科学书店等印行或代售的图书广告。1943 年 7 月 27 日刊登的第三期改名为“文化供应社书报联合广告”，一直沿用。文化供应社刊登联合广告的时间通常为每周五，少数在周日或

① 图片来源：作者扫描自《大公报》（桂林版）。

② 《生活书店史稿》编委会．生活书店史稿［M］．北京：生活书店出版有限公司，2013：78.

③ 《生活书店史稿》编委会．生活书店史稿［M］．北京：生活书店出版有限公司，2013：78.

④ 文化供应社．“文化供应社书报联合广告”广告词［N］．大公报（桂林版），1941－06－05.

周二，刊发时间的固定性一方面反映了桂林的时局和文化资源能够使出版业维持相对稳定的文化生产；另一方面也反映《大公报》（桂林版）广告经营节奏上的策略，即周末的报纸会刊登“文艺”副刊，图书广告与版面内容之间形成了良好的互动性，同时稳定的广告周期对于读者而言易于培养阅读思维的惯性，使其产生对出版信息需求的期待。在版面安排上，“文化供应社书报联合广告”始终占据着《大公报》（桂林版）最为显著的位置——头版报名下方，这一位置是任何报纸媒体视觉效果最好、价值最高的广告位置。1942 年 5 月 27 日至 8 月 14 日期间的《大公报》（桂林版）广告价目中，报名下十寸的价格为 200 元（国币），是甲等广告位置的一倍，但以联合广告的形式对广告费用进行分担后，每家出版机构的广告费用约为 30—50 元（依据刊登广告的机构数量分摊）。这种化零为整的出版业联合广告模式不仅在视觉上夺人眼球，也使出版业广告成为独特的文化新闻，展现桂林出版界活跃的文化气息。

一、多元性的广告主体

书业广告的主体是出版机构。1939—1944 年期间，重庆与桂林作为国民党统治区的两大出版中心，产生了大量的出版机构，出版业都相当活跃。而将《大公报》（重庆版）与《大公报》（桂林版）1942 年 8 月的书业广告主体进行共时性的对比研究，可见《大公报》（重庆版）书业广告主体多为国民党领导下的出版机构，如：文信书局（10 次）、中国文化服务社（9 次）、正中书局（5 次）、中央周刊（5 次）；《大公报》（桂林版）中各个性质出版机构刊登的广告频次分布较为均衡，且多为进步出版机构，如：文化供应社（9 次）、三户图书社（7 次）、北新书局（5 次）等（见表 4－3）。

表 4－3　1942 年 8 月《大公报》重庆版与桂林版出版业广告发布机构比较①

排序	广告发布单位	1942 年 8 月《大公报》（重庆版）广告刊登次数（次）	排序	广告发布单位	1942 年 8 月《大公报》（桂林版）广告刊登次数（次）
1	文信书局	10	1	文化供应社	9
2	中国文化服务社	9	2	天下书店、三户图书社	7
3	正中书局、中央周刊社	5	3	科学书店、文献出版社	6
4	国讯书店、商务印书馆	4	4	北新书局、中央周刊社	5
5	财政评论社、四达书局	3	5	国风书店、集美书店、良友图书社、扈江图书公司	4
6	越新书局、新华日报、高等教育季刊社、航空建设双月刊	2	6	中华书局、大华图书、东方书店、会文堂书局、立体出版社、新工人月刊社、远方书店、正风书店	3

① 根据 1942 年 8 月《大公报》（重庆版）与同年 8 月《大公报》（桂林版）所刊登的书业广告统计。

续表

<table>
<tr><th>排序</th><th>广告发布单位</th><th>1942 年 8 月《大公报》（重庆版）广告刊登次数（次）</th><th>排序</th><th>广告发布单位</th><th>1942 年 8 月《大公报》（桂林版）广告刊登次数（次）</th></tr>
<tr><td rowspan="2">7</td><td rowspan="2">大江出版社、读书出版社、光华出版社、建新书店、蜀立出版社、上海杂志公司、商务日报社、文化新闻社、文风书店、文摘出版社、文化生活出版社、文化供应社、正风书局、自主书店、国文杂志社、黄埔季刊、诗创作社、时与潮社、文学理论批评月刊社、中苏文化半月刊社、中国边疆月刊社、再生旬刊社</td><td rowspan="2">1</td><td>7</td><td>实学书局、国文杂志社、华华书店、华联书报社、立信会计图书用品、文林书店、万有书局、中国图书文具公司</td><td>2</td></tr>
<tr><td>8</td><td>大公书店、大时代书局、国华编译出版社、今日文艺出版、南天出版社、时与潮社、时代书局、学艺出版社、育文出版社</td><td>1</td></tr>
</table>

从上表广告分布与广告主体上可见，桂林有着更为多元的出版生态格局，“若从某种意义来说，桂林在抗战文化中所起的作用甚至超过重庆”①。出版作为意识形态宣传的组成部分，其发展不仅需要文化资源的支撑，也会受到文化政策的影响和制约。战时的重庆在国民政府的直接管辖之下，书报杂志的审查甚为严苛，而桂林作为广西省政府的所在地，新桂系这一时期宽松的文化政策，为进步文化生产提供了生存的空间，也因此才有了文化供应社的生存与发展。

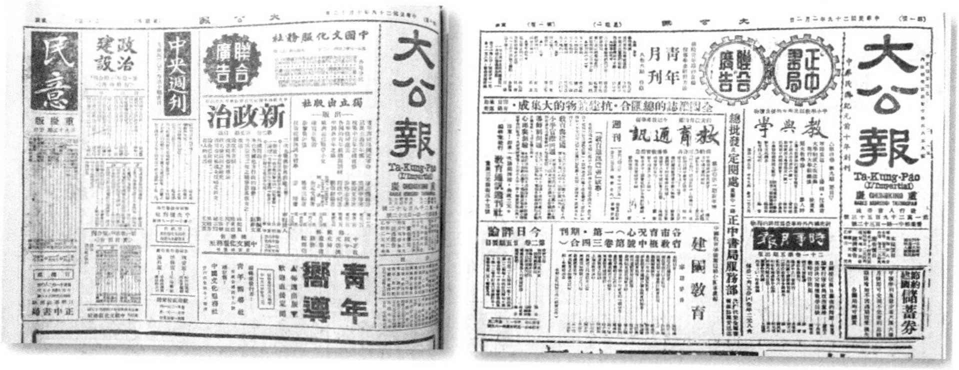

图 4－11 《大公报》（重庆版）联合广告②

据统计，在 1941 年 6 月至 1943 年 5 月期间“文化供应社书报联合广告”中刊登过广告的出版机构共 58 家（见表 4－4），其中 1942 年广告机构增加最快，达到了

① 千家驹. 在桂林的八年［Z］//中国人民政治协商会议广西壮族自治区委员会文史资料研究委员会. 广西文史资料选辑：第 27 辑. 1989：154.

② 图片来源：作者扫描自《大公报》（重庆版）。

34家。在这些广告主体中，既有由中共直接领导的三户图书社、远方书店、实学书局、新光书店等进步出版机构（包括文化供应社）；也有在中共影响下以进步文化人和中共党员为骨干的出版单位，如：科学书店、文献出版社、良友图书社、上海杂志公司、大时代书局、文化生活出版社、白虹书店、北新书局、光明书局、立信会计图书用品社、艺术书店、华华书店、耕耘出版社、集美书店、立体出版社、开明书店和文光书店；同时还有一些中间性的书店，如：时代书局、南国书店、文林书店、实用出版社、万有书局等；甚至包括国民党领导下的国防书店。总体而言，进步书店的广告比重较大，相比重庆版的“中国文化服务社联合广告”“正中书局书刊联合广告”更具有广泛性和进步性，体现出抗战时期桂林“文化城”包容的出版环境与先进的文化传播生态。

表4-4 “文化供应社书报联合广告”广告发布机构统计①

（1941年6月至1943年5月）

序号	发布单位	总发布次数（次）	备注
1	科学书店	9	1941年度联合广告刊登单位
2	广西建设研究会	13	
3	三户图书社	3	
4	国防书店	5	
5	少年之友（杂志）社	4	
6	野草（杂志）社	1	
7	时代书局	1	
8	文献出版社	27	
9	良友图书社	4	
10	上海杂志公司	7	
11	大时代书局	4	
12	中国农村经济研究社	3	
13	南国书店	1	
14	文摘出版社	1	
15	文化生活出版社	2	

① 根据《大公报》（桂林版）1941年6月至1943年5月的“文化供应社书报联合广告”统计。因资料库保存这一时期的报纸有所缺漏，“文化供应社书报联合广告”系列中缺少第21、22、24、26、37、53、54、55、56、57、61期，因此该统计表数据未能精确，仅供参考。

续表

序号	发布单位	总发布次数（次）	备注
16	新建设出版社	1	1942 年度新增广告刊登单位
17	文林书店	1	
18	实用出版社	1	
19	万有书局	4	
20	中国工业月刊社	9	
21	桂林英文选辑社	1	
22	上海光明书局	1	
23	白虹书店	1	
24	实学书局	11	
25	远东书局	1	
26	青年读书生活社	1	
27	文化通讯社	1	
28	远方书店	14	
29	新赣南出版社	1	1942 年度新增广告刊登单位
30	北新书局	8	
31	光明书局	4	
32	财政评论社	1	
33	立信会计图书用品社	3	
34	艺术书店	1	
35	华华书店	5	
36	新光书店	1	
37	东方书店	2	
38	书报用品社	1	
39	耕耘出版社	2	
40	国文杂志社	2	
41	集美书店	1	
42	立体出版社	2	
43	桂林东方书店	1	
44	南天出版社	1	
45	大华图书公司	1	
46	开明书店	2	
47	桂林国文杂志社	1	
48	丝文出版社	1	
49	真理出版社	1	

续表

序号	发布单位	总发布次数（次）	备注
50	现实出版社	1	1943 年度新增广告刊登单位
51	进修出版教育社	1	
52	文光书店	1	
53	天下书店	1	
54	成都英语周刊社	1	
55	侨兴出版社	1	
56	新时代书局	1	
57	河山出版社	2	
58	越新书局	1	

二、主题化的广告内容

从“文化供应社书报联合广告”发布的书刊种类来看，在 1941 年至 1943 年这几年间，书籍的出版类型随着战争局势变化和民众的阅读需求不同而发生了比重上的波动（见表 4－5）。在 1941 年 3 月 15 日《大公报》（桂林版）创刊至 1941 年 4 月 15 日期间，军事类图书是图书广告中比重最高的。大时代书局的“二次大战小丛书”系列，国防书店的《兵学辞典粹编》《现代战争理论与实际》《闪电战概论》，前导书店的《战争论》《战时教育》等是其主推的图书。文化供应社的通俗阅读小手册“文化室图书”也是这一时期广告上的“常客”。除此之外，其他类型的书籍内容均会涉及有关抗战的时代主题，如教育类图书《非常时期模范作文》（东方图书公司经售），即是“为抗战时期高级小学因缺乏良好国语读本而着手编成，内容为浅近战时小品、散文、传记、诗歌等等”①。抗日战争期间，战局即时局，“文化抗战”是这一时期出版业传播的主旋律，因此在这一时期涌现了形式多样的抗战通俗读物。“可以这么说，1942 年前的出版，在突发其来的战争大变局面前，是一种非常态性的出版”②。

表 4－5 “文化供应社书报联合广告”书刊内容抽样分类统计③

时间段	内容分类									
	军事（种）	政治（种）	经济（种）	教育（种）	史地（种）	科学（种）	哲学（种）	文艺（种）	其他（种）	杂志（种）
1941 年 3 月 15 日至 4 月 15 日	20	4	1	14	3	0	2	7	5	3

① 《非常时期模范作文》广告词［N］. 大公报（桂林版），1941－03－24.

② 吴永贵，王静. 抗战时期大后方书刊出版概览［J］. 出版发行研究，2007（7）：77－79.

③ 根据《大公报》（桂林版）1941 年 3 月 15 日（创刊号）—1941 年 4 月 15 日、1941 年 8 月 1 日—31 日、1942 年 8 月 1 日—31 日、1943 年 5 月 1 日—31 日的出版业广告内容进行分类统计。其分类办法根据重庆《出版界》月刊第一卷第一期《三十一年度全国出版图书区域暨分类统计表》进行统计，分类标准参考书名及图书内容介绍。

续表

时间段	内容分类									
	军事（种）	政治（种）	经济（种）	教育（种）	史地（种）	科学（种）	哲学（种）	文艺（种）	其他（种）	杂志（种）
1941 年 8 月 1 日至 31 日	9	2	1	7	2	5	1	5	1	6
1942 年 8 月 1 日至 31 日	0	1	6	39	2	0	1	28	3	5
1943 年 5 月 1 日至 31 日	0	1	4	18	5	2	5	102	10	22

1942 年以后，《大公报》（桂林版）中直接以军事为主题的图书广告减少了，教育类和文艺类图书的推广增多起来。其中，教育类的图书在 1942 年达到了 51 种，广告刊发次数较多的包括文化供应社的《中国近百年史教程》《中国社会史教程》，科学书店总经销的《学习手册》，北新书局的《小朋友升学指导》《小学各科试题集解》，万有书局的《新编童子军初、中、高级课程》等。文艺类的书刊广告在 1942 年之后大幅度增加，1943 年 5 月就有 104 种文艺类书籍和 24 种期刊在《大公报》（桂林版）上进行推广。其中，文学类的丛书包括文化供应社的“文学创作丛刊”“少年文库”，集美书店发行的“野草丛书”，三户图书社的“诗创作丛书”，良友图书社的“良友文学丛书”等，夏衍的《愁城记》、萧红等作的《山下》、秦黛的《荒城》、巴金的《利娜》、高尔基的《苦命人巴威》等书籍都常居文学广告的显要位置；艺术类的包括丰子恺的《艺术的修养》《画中有诗》《客窗漫画》《音乐初阶》，薛良等编的《世界民歌集》等；戏剧类的包括欧阳予倩的《忠王李秀成》，陈白尘的《大地回春》，丁西林的《妙峰山》，田汉、洪深、夏衍合作的《风雨归舟》等。期刊广告中也以文艺类和教育类的期刊为主导，除了《野草》《宇宙风》等生命力较长的期刊持续做宣传外，1942—1943 年新创刊的刊物也较多，仅 1943 年 5 月就创刊了《文学报》《文学杂志》《中山文化》《艺丛》《自学》5 种期刊。

出版内容的变化是出版主体和受众社会心态转变的反映。太平洋战争爆发后，战事进入相持阶段，以抗战为主题的书刊趋于饱和，同时大量从广州、香港撤到桂林的文艺工作者增加了桂林的文学创作力量，掀起桂林文化运动的第二次高潮，“从出版物的内容与品种结构上看，基本上恢复了常规性的出版状态”①。

三、亲民的图书价格

在出版广告内容构成中，除了书名、内容简介、广告词之外，书籍的价格也是重要的传播信息。不同类型的书籍采取了不同的价格策略，而价格的变化趋势也反映了文化市场的变化。在抗战初期出版的《非常时期之出版事业》一书中曾提出：

① 吴永贵，王静. 抗战时期大后方书刊出版概览［J］. 出版发行研究，2007（7）：77－79.

“出版的大众化也是非常时期出版事业所应该注意的事情。出版的大众化可分为两方面，即作品的大众化和书籍的大众化。前者指内容而言……后者即对书价而言”①。抗战时期，中国人民的文化水平不高，文盲多，要实现抗战文化传播的最大功效，出版物须以大众化的内容，低廉的售价，普及到民众及军队中。在这一时期，通过各种形式宣传抗战建国的通俗读物盛行，最具代表性的是文化供应社的“文化室图书”系列，在1941年7月的广告中可见：48开本的“精神读物”8册（种）售价2元/套（平均0.5元/册）；64开本的“国民必读”100册（种）售价8.5元/套（平均约0.09元/册）；64开本的“通俗文学”56册售价6.3元（平均约0.11元/册）②；“青年知识丛刊”的价格也相当亲民，丛刊中的《帝国主义是什么》《抗战建国纲领释义》《抗战文艺诸问题》《日本侵略中国的经过》等书籍的售价均为0.35元/册③。而同一时期文学类的图书价格则一般都在1元以上，如“西风社丛书”《天才梦》售价3元/册，《大地的叹息》售价2.4元/册，《彷徨歧途》售价5.2元/册④。由此可见战时的出版业为配合抗战宣传在图书策划和价格策略上的适应性调整。

但因常年战乱通货膨胀，出版物资紧缺和物价高涨，出版业面临着巨大的生存压力。作为大众媒介的报业也迫于经营压力也屡次提高售价和广告价格（见图4－12）。

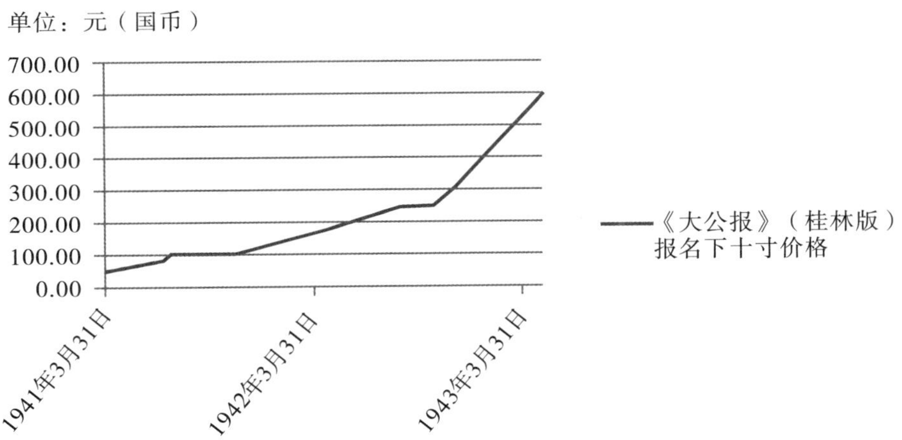

图4－12 《大公报》（桂林版）广告价格趋势（1941年3月—1943年5月）⑤

水涨而船高，出版广告上一些常销书（刊）的价格也呈现了价格暴涨的趋势（见表4－6）。如文化供应社的《中国近百年史教程》1940年售价2元/册，1943年

① 金溟若．非常时期之出版事业［M］．上海：上海中华书局，1936：86.
② 文化供应社“文化室图书”再版特价发售预约启事［N］．大公报（桂林版），1941－03－27.
③ 文化供应社新书文具联合广告3［N］．大公报（桂林版），1941－07－13.
④ 文化供应社新书文具联合广告3［N］．大公报（桂林版），1941－07－13.
⑤ 根据1940年3月15日—1943年5月31日《大公报》（桂林版）广告价目统计。

再版之后售价为 27 元/册，约上涨了 13 倍；期刊中由广西建设研究会出版的《建设研究》杂志在 1941 年中至 1942 年底多次进行价格调整，1941 年 0.4 元/册，1943 年上涨到 3 元/册，售价增长了 6 倍多。而相比之下，通俗读物和通俗期刊的增长幅度较小，如 1940 年创刊的《新道理》同期涨幅只有 5 倍。出版机构为了维护长期培育的大众市场，在通货膨胀时期采取了让利维持的策略，而以新书（刊）的推出来提高经济效益。1942 年，桂林市的年人均收入为 765 元（国币）①，但生活费指数高出薪金指数两倍多，大米的价格从 1941 年的 0.67 元/市斤涨到 2.4 元/市斤②，一双胶鞋的价格为 70.83 元③。面对物价高涨、成本提高、运输困难、邮资过重、捐税负担以及严苛的出版审查等重重压力，出版业不得不通过调整价格以适应市场，坚守文化阵地维持生存。

表 4－6 “文化供应社书报联合广告”部分书刊价格变动表（1941 年 3 月至 1943 年 5 月）④

<table>
<tr><td rowspan="4">图书类</td><td rowspan="2">中国近百年史教程</td><td>时间</td><td>1940 年 12 月 21 日</td><td>1942 年 3 月 12 日</td><td>1942 年 9 月 4 日</td><td>1943 年 5 月 7 日</td></tr>
<tr><td>价格</td><td>2.0 元/册</td><td>6.0 元/册</td><td>12.0 元/册</td><td>27.0 元/册</td></tr>
<tr><td rowspan="2">国民辞典</td><td>时间</td><td>1941 年 6 月 15 日</td><td>1941 年 11 月 12 日</td><td>1942 年 3 月 11 日</td><td>1943 年 5 月 7 日</td></tr>
<tr><td>价格</td><td>1.0 元/册</td><td>1.2 元/册</td><td>1.4 元/册</td><td>6.0 元/册</td></tr>
<tr><td rowspan="6">期刊类</td><td rowspan="2">建设研究</td><td>时间</td><td>1941 年 6 月 15 日</td><td>1941 年 12 月 16 日</td><td>1942 年 4 月 24 日</td><td>1942 年 11 月 13 日</td></tr>
<tr><td>价格</td><td>0.4 元/册；
2.3 元/半年；
4.5 元/全年</td><td>1.2 元/册；
7.0 元/半年；
13.8 元/全年</td><td>2.0 元/册；
11.0 元/半年；
20.0 元/全年</td><td>3.0 元/册；
17.0 元/半年；
33.0 元/全年</td></tr>
<tr><td rowspan="2">文化杂志</td><td>时间</td><td>1941 年 8 月 15 日</td><td>1942 年 2 月 13 日</td><td>1942 年 6 月 5 日</td><td>1943 年 2 月 26 日</td></tr>
<tr><td>价格</td><td>1.2 元/册；
7.0 元/半年</td><td>2.0 元/册；
12.0 元/半年</td><td>2.5 元/册；
15.0 元/半年</td><td>5.0 元/册</td></tr>
<tr><td rowspan="2">新道理</td><td>时间</td><td>1941 年 5 月 16 日⑤</td><td>1941 年 10 月 9 日</td><td>1942 年 4 月 3 日</td><td>1942 年 9 月 11 日</td></tr>
<tr><td>价格</td><td>0.15 元/册；
1.6 元/半年</td><td>0.25 元/册；
2.5 元/半年</td><td>0.3 元/册；
3.5 元/半年</td><td>0.8 元/册；
9.6 元/半年</td></tr>
</table>

小结

“广告绝不仅仅是经济营销现象，而是一种经济、文化、社会现象的综合。”⑥出版作为一种商业文化，广告是其商业过程中重要的组成部分。而作为一种文化商

① 编者．抗日战争时期的物价（1937—1945 年）[M] //广西壮族自治区物价局．广西物价志．1990．11．
② 编者．抗日战争时期的物价（1937—1945 年）[M] //广西壮族自治区物价局．广西物价志．1990．15．
③ 编者．抗日战争时期的物价（1937—1945 年）[M] //广西壮族自治区物价局．广西物价志．1990．16．
④ 根据 1940 年 3 月 15 日至 1943 年 5 月 31 日《大公报》（桂林版）抽样统计。
⑤ 该价格为刊物版权页上的售价，《大公报》（桂林版）未刊登这一期《新道理》广告。
⑥ 刘泓．广告社会学 [M]．武汉：武汉大学出版社，2006：50．

业，出版广告不仅具有商业属性，还承载着重要社会文化信息。《大公报》（桂林版）的“文化供应社书报联合广告”这一模式犹如一面镜子，折射了抗战时期桂林“文化城”的出版面貌和社会文化。因处于非常时期，书业广告除了营销的功能，还在宣传抗战的舆论环境下承担了启发民智，传播抗战文化的功能，体现了抗战时期出版业的自觉营销意识。联合广告的模式既彰显了桂林出版业的包容与团结，又实现了广告文化上的增值。在战争与政治斗争交织的复杂社会环境下生存的桂林出版业，其社会使命感和强大的适应能力值得当今出版界学习。

第五节 抗战文化的多形式传播与进步“话语权”的斗争

诺曼·费尔克拉夫认为，话语不仅反映和描述社会实体与社会关系，话语还建造或“构成”社会实体与社会关系；不同的话语以不同的方式建构各种至关重要的实体，并以不同的方式将人们置于社会主体的地位。[①] 通过各种媒介机构传播权力组织的政治观念、争夺意识形态的话语权，是社会斗争时期典型现象。抗日战争时期，交织着中日之间、国民党与共产党之间复杂的意识形态博弈，在这复杂的社会环境下，中国共产党领导下的进步出版机构遭到国民党顽固势力的压制与扼杀，但进步文化人前仆后继，在国民党统治区以多种形式传播进步的抗战文化，并与国民党的“查禁”行动展开了积极的斗争。

一、形式多样的抗战文化传播形式

所谓文化抗战，就是通过文化宣传、文化鼓动，调动抗战热情、激发抗战动力、传播抗战知识和发布抗战成果。作为抗战文化传播的使者，文化供应社不仅在编辑、出版和发行业务上履行了自己的职责，还以各种形式，传播抗战的思想。

（一）深入抗战一线供应精神食粮

为了能够使抗战的精神食粮到达更多的读者手中，文化供应社不仅开展了流动供应服务，将图书直接送到学校和单位去，还多次向前方的作战部队及各内地的救亡工作团体捐赠编印的书籍，在救亡的实际工作中贡献了不少力量。1939 年，日军登陆钦南一带，战事告急，文化供应社协助广西动员会进行动员工作，“使动员工作

---

① 诺曼·费尔克拉夫. 话语与社会变迁［M］. 殷晓蓉，译. 北京：华夏出版社，2003：3.

很顺利的进展，颇使该地救亡工作者钦佩兴奋”[①]。同时还通过热心读者秦孟津给桂北游击队送去学习资料，为游击队员提供精神武器。以下史料记录了抗战时期文化供应社积极参与的捐书活动：

1940 年 2 月 9 日，广西省抗敌后援会主办、桂林文化供应社编制、廖冰兄绘画、陈仲纲刻版的《抗战必胜连环图画》印就，大批运往前线散发。

1940 年 11 月 24 日，征集书报谈话会在桂林青年会礼堂召开。到会的有桂林市新闻、出版、书报业及三青团代表二十余人，会议推定三青团、桂林市新闻记者公会、文化供应社、桂林市书业公会五团体负责征集工作。

1940 年 12 月 19 日，桂林文化供应社响应捐书运动，捐献《日寇在沦陷区的经济掠夺》《从北欧到西欧》《现阶段的新文化运动》等 4650 册。[②]

从史料中，我们看到了文化供应社自诞生后就积极响应抗战救国的各种行动，其出版的读物源源不断地输送到前线以及社会大众的手中。在陈劭先的《文化供应社自我介绍》中曾经提到“（文化供应社）他日倘有溢利，大部分仍当用之于文化公益事业”，文化供应社此举体现了媒介机构在国家危亡之时强烈的社会责任感。

（二）开展多种形式的抗战宣传教育工作

1944 年，桂林大撤退后，文化供应社在昭平的沙子镇和贺县八步镇设立了门市，开展售书和租书的业务，但因流亡人口的经济水平处于温饱线下，无力再购买和阅读书籍，门市的营业活动并不多，但以文化供应社为据点的各种文化传播活动却增多了。

在文化教育方面，总经理万仲文兼任了昭平国民中学校长，营业部的覃展兼任该校政治课老师，云健鹏专任黄姚中学老师，还收容了一些中共人士和进步人士，如吴师光、黄韬、刘彦邦、李伯纪等等。他们借职务的便利对青年学生和老师进行民主抗日宣传教育，同时开展中共地下党和进步青年的活动。

在民间抗日武装建设上，陈劭先则按照李济深的意图，与欧阳予倩、张锡昌、千家驹、莫乃群等几位进步文化人组织了武装抗日机构——“昭平县抗日自卫委员会”（又名青年教导队，以下简称教导队），以民众团体的名义来推动昭平县党政军各方面的民主改革活动，实际上是中共领导下的统一战线的一个半官方组织。教导队共有 80 多人，包括文化供应社的云健鹏、毛羽鸿、朱典纯、黄荣芳、裘士林和朱劲夫等，田汉领导下的原县抗日文艺宣传队的队员，以及其他从外地疏散到昭平的青年。教导队的学习内容为“三分军事七分政治”：军事方面，要求队员进行军事基

---

① 编者. 桂林文化供应社协助广西动员工作［J］. 战地知识，1939，1（11－12）：28.

② 龙谦，胡庆嘉. 抗战时期桂林出版史料：桂林文史资料　第 38 辑［M］. 桂林：漓江出版社，1999：35.

本动作操练；政治上，陈劭先亲自担任政治教官，负责讲授精神讲话和新三民主义，千家驹负责讲授经济地理、张锡昌负责农村经济、许昭明负责军事地理等。此外，队员还要上街宣传，出墙报揭露日寇侵华野心，动员群众抗日。① 教导队成立于1944年底，1945年3月日军攻入桂东时疏散，个别队员还参加了桂东游击队。

（三）支持《广西日报》（昭平版）出版

《广西日报》（昭平版）也是在文化供应社同人撤退到桂东的时期所开办的。随队伍撤退的广西建设印刷厂和西南印刷厂携带了印刷设备，在昭平期间却无事可做，经济收入濒于断绝，而文化供应社也还携带了一部分纸张。于是，陈劭先、张锡昌会同桂东的文化界人士千家驹、欧阳予倩等，奔走筹借资金，借助于广西教育厅电化教育科的收发报机收录各通讯社电讯作为新闻来源，利用建设印刷厂、西南印刷厂的设备和文化供应社存纸，创办了《广西日报》（昭平版）。

为了规范报社管理，陈劭先、欧阳予倩、张锡昌、莫乃群、千家驹、胡仲持、徐寅初、周匡人等出版同人组建了《广西日报》社务委员会，推选陈劭先为主任（因战事迁到黄姚后，改由欧阳予倩为社务委员会主任），胡仲持为总编辑，莫乃群为主笔兼发行人，徐寅初为经理。社务委员会下设编辑、印刷、营业和经理四个部门。1944年11月1日，《广西日报》（昭平版）正式出版。但因常受敌人侵扰，1945年1月27日迁至距昭平40公里的黄姚镇，于2月21日又在黄姚继续出版。在出版方面，由胡仲持带领许多进步青年每天收听新华社播出的消息，全部登在《广西日报》（昭平版）上，宣传中共抗日民主的主张。此时的桂东地区没有新闻检查，记者和编辑也能放手写稿，报纸上宣传的内容有浓厚的进步色彩，“有人说等于延安的《解放日报》一样，桂东南一带群众都抢着要看”②。

在发行方面，桂东山区不通汽车，从黄姚到八步全靠发行员用双脚步行传递运送。尽管条件艰苦，在当天下午报纸就能迅速发行到八步一带人口较多的地区，还流传到湖南的江华、临武和粤西的连县、怀集等地，每天能发行近3000份。据千家驹回忆，《广西日报》（昭平版）“畅销桂东南一带，对鼓舞士气、坚持抗战，起过积极的影响，这是许多人所公认”③。张锡昌在《广西日报》（昭平版）创刊号上曾发表了《保卫桂东南的号角响了》一文，文中提到，《广西日报》（昭平版）“要负起保卫桂东南的伟大任务；要报道正确消息；要号召动员群众；要提高山城文化；要指引广大民众走向胜利、团结、进步的大道；要发扬世界民主潮流、打击法西斯残害

① 黄荣芳．我所知道的文化供应社［M］//罗标元，左超英．桂林旧事．桂林：漓江出版社，1989：250．
② 万仲文．桂系见闻谈［M］．桂林：广西师范大学历史系，1983：18．
③ 千家驹．在桂林的八年［Z］//中国政治协商会议广西壮族自治区文史资料研究委员会．广西文史资料选辑：第27辑．1989：182．

人类的思想。他应是桂东南的号角，也是桂东南的子弟击败日寇的精神武器”①。由此可见，《广西日报》（昭平版）是以中共的抗战方针为指导的敌后舆论阵地，在艰苦的抗战年代，出版人克服重重困难，坚守这一方阵地，直到1945年9月抗战胜利后才休刊。

二、进步“话语权”的斗争

在复杂的意识形态斗争场域，媒介资源的分配和话语权的占有决定了媒介组织参与社会建构能量的大小。抗日战争时期的桂林，是在国民党统治下，进步出版事业也和其他国民党统治区一样，被国民党监视、控制和迫害，共产党只能通过渗透的方式来竞争和夺取意识形态的话语权。所以进步文化出版业除了投入抗日救国斗争外，还要和国民党顽固派破坏抗日、迫害进步出版事业的行为作斗争，争取公平的资源对待和舆论自由。

（一）国民党反动势力对进步文化事业的打击

进步出版发行事业，在抗战前期十分兴旺，影响极大，给国民党造成强大的舆论压力，被其视作眼中钉，一再加剧压制和打击。1939年，国民党中央常务委员会和宣传部先后发布了一系列检查书店、查禁书刊、封闭书店、审查图书原稿、检禁邮递等一系列法令，如1939年3月发布的《图书杂志原稿审查工作纲要》，5月制发的《图书杂志查禁解禁暂行办法》等，加紧压制进步书刊的出版发行。除了在书刊原稿审查上多方刁难，无理查禁或没收已出版的书报外，国民党政府还派特务到营业部、门市部查禁书刊，盯梢读者甚至封店抓人，阻挠和破坏发行工作。

生活书店和各地分店遭到国民党残酷的打击和压制。至1940年6月，生活书店在各地的55处分支书店，被查封或停业的达44处，被捕工作人员达40多人。1940年9月，国民党中央党部给各省党部下达取缔中共刊物，捣毁其销售书店的密令。皖南事变后的1941年12月，国民党又发出密电，下令查封各地生活书店，不到半个月，残存的成都、贵阳、昆明、桂林、曲江5处分店也全被查封，重庆总管理处和重庆分店亦危在旦夕。1943年，国民党加紧对进步出版界的压制和破坏，7月21日，重庆图书杂志审查处召集各书店、出版社、杂志社负责人开会，会上宣布从7月15日起，各书店杂志出版预告，都需标明该处审查号数。之后中央图书杂志审查委员会又发出规定，从8月1日起，凡文化团体出版不公开发售的中、英文刊物，都需将原稿送审，在此期间大肆查禁书刊达500多种，文化供

① 转引自魏华龄，李建平．桂林文史资料：第42辑　抗战时期文化名人在桂林［M］．桂林：漓江出版社，2000：270.

应社的《在和平劳动之国》《婵娟》《黎明的通知》也先后被查禁。同时，文化供应社的出版活动也遭到了新桂系顽固派分子的暗中非正式审查，对其中的“左”倾、“亲共”的言论，划上黑线报送黄旭初核阅，黄旭初借此向陈劭先施压。巨大的政治压力依然没有动摇文化供应社原来进步的方针，进步书籍照常出版，其间也出版了少量中间性的书籍，如陈劭先的《中山文选》、万民一的《民生哲学的新认识》、阎宗临的《欧洲文化史论要》等。国民党重重严苛的出版审查制度，以及卑劣的封剿行径，严重影响了抗战文化和出版业的发展，引起了作家们和各地出版界的强烈反抗。

（二）皖南事变后对出版禁令的应对

皖南事变后，生活书店桂林分店、新知书店、读书生活出版社三家进步出版机构面临被查禁的厄运，中共南方局以分散、隐蔽、转移，化整为零的方式将部分出版资源转入文化供应社，使其成为桂林进步出版业最为坚固的阵地。站在先锋位置的文化供应社在保存进步出版力量的同时，还积极开展多项应对国民党当局审查制度的工作。1943 年初，出版界为反对国民党顽固派旨在限制进步出版业而发布的“战时图书原稿审查法”，文化供应社与《国民公论》杂志社、开明书店等 25 个单位集会签名，要求撤销这一法令。迫于战时舆论压力的国民党政府被迫撤销了该法令，但为了控制进步舆论，下达了禁止使用“马克思”“列宁”“解放区”等 53 个“谬误之词”的通知。为了应对这一残酷的出版环境，进步出版机构的编辑、作者们想出了一些既不影响文章内容，又能避开审稿官刀斧的新词，如用“卡尔”代替“马克思”，用“抗日军队”“人民的军队”代替“八路军”“新四军”等。同时，为了避免被国民党顽固派横加罪名迫害，作家们也经常变换笔名写作，如夏衍用过余伯约、黄子布、黄似等笔名；聂绀弩用过肖今度、耳耶、肖今雨、迈斯、澹台灭暗；秦似用过余土根、令狐厚、张筑、曹尚沂、水味、茹雯等[①]，躲过了国民党特务的耳目。为了应对国民党当局对进步期刊的限制和扼杀，进步的出版社就采取出丛书的形式代替出期刊，出版“连丛”“文丛”，如“新文学连丛”“现实文丛”“文学集林”等，用出版图书形式来达到出版期刊的目的。此外，对于一些禁止再版的图书，出版机构采取了再版时用同样的纸张照原样重印，不写明再版的版次和日期，以做掩盖。这种种应对压力的出版方式，体现了进步出版人在时代斗争中的革命性和战斗性。

---

① 龙谦. 抗战年代书作枪：桂林文化城抗战图书的出版［M］//刘寿保，魏华龄. 桂林抗战文化研究文集：五. 桂林：广西师范大学出版社，1997：354.

（三）新出版业的联合与反查禁工作的开展

1943 年 12 月 19 日，文化供应社参与了由黄洛峰、张静庐主持的“新出版业联合总处”，该组织以生活书店、读书出版社、新知书店、峨嵋出版社为核心，联合上海杂志公司、作家书屋、五十年代出版社、华中图书公司、文化生活出版社、群益出版社、国讯书店、教育书店等出版机构一起开展商业合作，在舆论上对国民党的文化统治和政治压迫开展斗争。赵晓恩作为文化供应社的代表，参与“新出版业联合总处”的各项活动，商讨解决新出版业面临的种种问题。1944 年 5 月，联营书店股份有限公司成立，文化供应社成为股东之一。

1944 年 5 月，重庆文化界集会商定由沈志远、黄洛峰、张静庐等人起草《重庆文化界对言论出版自由的意见书》，要求政府废除图书杂志原稿审查和戏剧演出审查制度，开放言论、出版、学术、研究及戏剧公演的自由，又在这份意见书的基础上，起草了一份给正在召开的国民党五届十二中会的请愿书，提出了取消图书杂志及戏剧演出审查制度，已出版书刊不得禁止发行、不得禁扣书刊，不得干涉演剧，保障言论出版自由等内容。文化供应社等 16 个出版单位及文化界、学术界的 78 名代表都在这份文件上签名。国民党在强大舆论面前，于 5 月 6 日通过其“中央社”发布消息称，主管机关正在征询意见，将改善审查制度，但原则为“凡不涉及军事外交的，出版前可免审原稿，但事后仍要送审，如不符审查标准要求，要依法课以责任”[①] 敷衍拖延，审查照旧。

为了进一步给国民党政府施加压力，1945 年 6 月 14 日，文化供应社与同为“新出版业联合总处”成员的 28 家出版社联名签署了在《大公报》上发表的《出版业的紧急呼吁》[②]，向政府提出四项要求：

一、请经济部明令日用必需品管理处对各出版家应一律供应平价纸张，以利文化事业。

二、印刷价格应由出版业同业公会会同印刷业同业公会公开评定，不得无限制自由狂涨，甚至巧立名目，制造黑市。

三、请交通部明令邮政当局恢复印刷品寄递办法。取消教育图书小包及一百公分小包，以减轻读者负担。

四、财政部明令各国家银行，设立出版业文化贷款，俾得周转资金，以延残喘。……

---

① 生活书店史稿编辑委员会编. 生活书店史稿［M］. 北京：生活·读书·新知三联书店，2007：286.

② 据载这份《出版业的紧急呼吁》的文章也曾找过商务、中华、世界、大东、开明、文通六家大书局，它们因是“七联”成员，都可以得到纸张、印刷、贷款的平价配给和便利，又无政治压迫，所以都没有参加连署。

上海杂志公司　生活书店　耕耘出版社　大时代书局　正风出版社　峨嵋出版社　中外出版社　北门出版社　国讯书店　五十年代出版社　光明书局　教育书店　文化供应社　作家书屋　华中图书公司　文化生活出版社　东方书社　复兴书局　文风书局　美学出版社　新知书店　文光书店　建国书店　群益出版社　文信书局　建中出版社　读书出版社　文聿出版社　南天出版社①

呼吁书发表后，得到了新闻界、文化界的同情与支持。《新华日报》连续发表了《民营出版业困难重重，国民党中宣部召集商谈，无任何结果》《民营出版业景况萧条，每天的收入不能维持伙食，职工生活苦不堪言，向有关当局呼吁，毫无反应》《大后方文化危机日益严重，出版业再作沉痛呼吁》等 6 篇长篇报道，从各个方面介绍新出版业面临的困境，明确指出困难的主要来源是国民党的统治文化的政策。张静庐、茅盾等进步文化人也撰写了《出版工作者往哪里去》《民族文化大危机》等文章表达对新出版业支持。

1945 年 2 月 22 日，由郭沫若起草了一份《文化界对时局进言》（简称《进言》），要求召开临时紧急会议，商讨战时政治纲领，组织战时全国一致的政府，以及废除一切限制人民集会、结社、言论、出版、演出等自由活动的法令；取消党化教育的设施，释放一切政治犯及爱国青年；取缔对盟邦歧视的言论等六项建议。《进言》向各界分别征求联署签名，赵晓恩代表文化供应社作为“新出版业联合出版总处”的股东代表在《进言》上签名。同时重庆文化界知名人士郭沫若、沈钧儒、陶行知、马寅初、周谷城、茅盾、巴金、夏衍、徐悲鸿、曹禺等 312 人均在《进言》上签名。该《进言》在《新华日报》上公开发表，震动国内外，给国民党舆论统治带来极大压力。

1945 年 8 月抗日战争胜利，国民党仍迟迟不宣布停止原稿审查。重庆进步出版界已无法再忍受文化政策的严苛统治，于 8 月 13 日开会决定自动停止送检原稿，成都、昆明等地纷纷响应拒检活动。8 月 31 日，重庆《中华论坛》《宪政月刊》《文汇周报》《民主世界》《国讯》等八大杂志决定从 9 月起不再送审。9 月 8 日，成都《华西日报》《华西晚报》《新中国日报》《现代周刊》《川康通讯社》等 17 家新闻出版单位也发表声明，拒绝送审。国民党统治区其他城市新闻出版发行界亦纷纷响应，掀起了声势浩大的拒检运动。在巨大的压力之下，国民党中宣部终于宣布从 10 月 1 日起，废止战时新闻出版检查制度。文化供应社与广大进步出版机构经历了长期艰苦的斗争，终于粉碎了文化的枷锁，取得了自由出版上的胜利。

---

① 生活书店史稿编辑委员会. 生活书店史稿 [M]. 北京：生活·读书·新知三联书店，2007：288-289.

小结

人类传播的形式与渠道从来都不是单向而行的。为了进步思想与大众的相遇，战时的文化人冲破了多重障碍以求对大众的精神动员。面对舆论封锁，文化人无畏强权为进步文化撕开了一个个的传播思想声音的口子。在烽火连天的岁月，唯有坚定的理想主义者的信念支撑着出版同人们在逆境中追求正义、追寻真理、追逐光明。

本章小结

出版媒介的传播有赖于渠道、权利、能力及机会。文化供应社在抗战时期构建的发行渠道，既有吸收生活、读书、新知进步出版力量“化零为整”的壮大，也有开设各个分支机构和二线书店“化整为零”分散经营的策略，既有以流动发行的方式让书籍主动与读者“亲密接触”，也有向海外拓展的国际视野，这是一种巧妙的、灵活的而又富有张力和战斗性的发行策略，这种策略不仅应对了战时动荡的政局保护了进步出版业，还为出版媒介的战时生存打通了“任督二脉”。

媒介资源的分配问题本质上是媒介话语权分配中的公平正义问题。居于权力中心的机构和政治力量影响着媒介的生存，而居于权力边缘的其他媒介机构在抗战时期没有屈从宿命，而是揭竿反抗，争取资源的公平和舆论的自由。

胡愈之在《文化通讯》的创刊号上，这样写道：“我们在桂林创办了‘文化供应社’，目的是要利用这小小的机构，为全国文化工作者，解决一部分的困难，至少也要做到全国文化工作者中间的一座桥梁，使他们能够通过这座桥梁而相互联合起来。”① 文化供应社这一平台网罗文化精英之众，出版书刊数量之多，发行覆盖范围之广，胡愈之先生预先设想的这一目的，也可以说得到了实践的检验。

---

① 胡愈之．文化工作者联合起来［J］．文化通讯，1940（1）：1.

第五章 文化供应社的出版传播成效、历史贡献及思考

传播与传承社会文化是出版业与生俱来的文化本质特性和社会功能，在社会文化的建设上被赋予了神圣的使命。从出版媒介独有文化特征上看，出版传播活动不仅具有“技术性品格”，同时还具有“学术性品格”，因此，“几乎没有任何一种其他的文化形式可以像出版文化那样具有浑厚的学术气息”①。战争情态下的文化供应社不仅有通俗文化的撒播实践，也有较高品质的文化生产，其所出版的书籍与刊物，在作者与读者之间架设了一座文化的桥梁，极大地推动了桂林“文化城”抗战文化传播场的形成。

对文化供应社传播效果的分析不能仅限于对其出版物数量、质量及社会影响的浅层认识，其在出版逆境中对进步文化的保护与传承，在抗战出版文化中所发挥的历史功用，甚至于其特殊环境下的媒介管理模式与构架，都是媒介价值重要的组成部分，给予当今的出版界深刻的思考与启示。

第一节　文化供应社出版活动的传播成效

对于抗战时期媒介组织出版物传播效果的分析，进行发行量化的统计是最为困难的一部分，出版机构资料存档散佚和大量出版物的损毁使研究工作难以收集到最为准确的数据。但从星散的资料和可查媒介的信息中依然可窥见文化供应社当年出版传播活跃的身影。

一、出版物的传播覆盖面与数量

基于文化供应社发行网络的建立和多种营销方式的推广，其出版物在国民党统治区、解放区，甚至沦陷区和海外各地都有覆盖和发售。建社初期的“文化室图书”通过行政力量发至了广西各基层县市和省外各地，不到半年的时间就重版，至 1941

① 李白坚. 中国出版文化的学术传统［J］. 新闻出版交流，1998（2）：6－9.

年 8 月就印行了 136.4 万册，同步发行的《新道理》的印行量也高达 11.3 万册[①]，这一发行数据在现今看来都是惊人的。

文化供应社除了在桂林开设门市部开展自主发行之外，还为了克服战时交通不便的地域限制，在香港和重庆分别设立了南洋图书公司和重庆营业处，发行范围向东南覆盖到了港澳地区及海外的新加坡、印度尼西亚等地；向西北覆盖到了国民党统治区的重庆、四川，解放区的山西、甘肃，甚至已沦陷的湖北、河南等省。

同时在邮购发行上，订户的分布更为广泛，除了覆盖广西省内各乡镇，省外还覆盖到重庆、四川、贵州、陕西、甘肃、湖南、浙江、江西、安徽、福建等各省市。通过发行渠道的铺设、图书营销的推广，文化供应社的图书销售节节攀升，从以下文化消息的记录中可管窥战时文化供应社出版物发行的盛况：

实用百科辞典再版[②]

本社编印之《抗战建国实用百科辞典》出版以来，备受读者欢迎，初版五千册，未及三月，即告销罄，现因各方需要甚切，特提前再版并一面着手增订，冀将最新材料收入，俾臻完备。

实用国民年鉴印行港版[③]

《国民年鉴》出版以来，在国内行销颇旺盛，海外读者纷纷来函订购，但因邮寄困难，致多向隅，本社为谋补救起见，特将全部纸型航空寄给香港，委托南洋图书公司在港印行，又本社图书除《实用百科辞典》及《新水浒》、《鲁迅语录》等书，已印有港版外，现青年新知识丛刊等书，亦将在港印行。

文化室图书销行旺盛[④]

文化室再版图书出版后，各方预约定购十分踊跃，不及一月，已销售过半，近各部队、各省教育机关、文化团体，来函订购，日必数起，预定此书销路，将创本社新纪录。

关于《文化杂志》的一封信[⑤]

《文化杂志》是政治、经济、科学、文艺的综合性的月刊，以“自由研究的态度，介绍讨论各项学术思想，分析当前现实问题”，这是在征稿函中说明白了的……

说到发行，如果邮递不受阻碍的话，大概国内各地都可发到（第一期准备印一万份）香港或另印数千份。

---

① 陈劭先．文化供应社自我介绍［J］．文化杂志，1941，1（1）：65－66.
② 编者．文化供应社　广播台［J］．文化通讯，1941（14）：5.
③ 编者．文化供应社　广播台［J］．文化通讯，1941（14）：5.
④ 编者．文化供应社　广播台［J］．文化通讯，1941（14）：5.
⑤ 编者．关于《文化杂志》的一封信［J］．文化通讯，1941（14）：13.

文化消息[①]

社出版之《国民写信》初集销行二万余册，已四版出书。二集亦已出版。又有《妇女书信》在印刷中，《儿童书信》在编辑中。

同时文化供应社的诸多书籍都创造了抗战时期的发行奇观，如谷斯范的通俗小说《新水浒》从 1940 年 6 月至 1942 年 3 月一年多的时间重印了五版；宋云彬的《鲁迅语录》1940 年 10 月初版就发行了 18000 册，1942 年 3 月再版又印了 3000 册，至 1942 年 5 月该书就印了第六版[②]；艾芜的《文学手册》于 1941 年 3 月初版，印数为 5000 册，不到 4 个月就销售一空；7 月再版又印 5000 册，销路仍然很好，接着又第三次、第四次再版[③]；欧阳予倩的《忠王李秀成》的销售情况也非常可观，出版不够一年就于 1942 年 9 月修订后又再版出售……

从文化供应社书刊的覆盖面和发行量可窥见其在抗战时期文化传播实践工作的高效用，这是文化供应社出版同人与作者共同努力的结果，也是战时社会对文化食粮强烈需求的市场体现。

二、传播受众的反馈与影响

如果说出版物的发行数量反映了文化供应社强大的市场行销能力，那么读者对文化供应社的反馈则从另一个侧面反映了文化供应社读物的质量水准和文化品格。

在传播技术尚未发达，“大数据”概念尚且遥远的抗战时期，《文化通讯》的“通讯”栏目、《新道理》的“信箱”栏目为我们保存了战争时期最原始的传者与受者的互动信息。文化供应社的邮购业务开展之后，每天都有数百封邮件需要阅读处理，一些读者反映得较为集中的问题，会刊登在“通讯”栏目之中，从这些信件中，我们看到了出版人的拳拳之心和读者们的殷殷期待：

书价高了怎么办？[④]

邮购科执事先生：

我们是在学的青年，是贵社忠诚的读者。我们的知识是从书本中得来的。在今天，假如说我们已经能大概地了解人类社会发展的必然趋向，事物进化的必然法则，那就是书本给我们的启迪。

但是，生活程度一天天提高的今天，校中一切生活开支已足够我们父兄们担负了，而书价又一天天提高……知识粮食的饥渴使我们感到恐慌。

---

① 编者．文化消息［J］．文化通讯，1941（16）：12．

② 龚明德．书生清趣［M］．长沙：岳麓书社，2005：210－218．

③ 龚明德．昨日书香：新文学考据与版本叙说［M］．台北：秀威资讯，2010：171．

④ 柳萍，何梅．书价高了怎么办？［J］．文化通讯，1942（18）：9．

先生是了解我们的，这点苦衷不单是我们，而且是无数青年一致感到的。先生能给我们一点帮助吗?

为解决读者的这一购书问题，文化供应社邮购科提出了“集体函购”的方案，在一个月后又收到了读者对这一方案的追问：

关于集体函购①

邮购科执事先生：

你们为读者忠诚服务，读者也一定报之以忠诚，为着这，我们有意见时便坦率地向你们提出；有问题时便无顾忌地来烦扰你们，因为我们希望你们的事业发展和工作健全，也正如你们自己一样。

……现在想请你们将其（指集体函购）好处和具体办法详细说明，以便实行采用……因为我们虽然生活在不同的地区，生活在不同的环境中，但我们却有一种共同的强烈欲求，那就是如何更好地获取新的知识，以赶上时代的步调。

面对渴求知识的读者，文化供应社的出版同人孜孜不倦地详尽解答了读者的来信，并鼓励以读书会或集体学习的方式来分享新书，降低成本。来信中，我们也看到了读者积极接受了文化供应社提出的建议，组织青年读书会：

关于邮包寄递②

敬爱的邮购科先生：

……大后方的出版界，在艰难困苦中制造出大量的文化食粮，这对于我国新文化事业的推进，实在是尽了很大的责任；尤其是对于我们这批求知欲旺盛的青年，更是给予了伟大的补益。

可是，事实上却有一个问题在阻碍着：就是邮局为什么不收外省邮包?

……最后，附带要报告先生们的，就是我们的读书会已经在最近成立，我们将买一批书，不知是否能给我们优待?

对于青年们成立读书会的集体采购，文化供应社还特别给予了8.5—9折的优惠服务。同时《新道理》杂志也出现了胡愈之一贯强调的与读者互动的“信箱”栏目，其中也不少对杂志和文化供应社出版物的评价：

新道理社的先生：

新道理都收到了，在我们第一次看到新道理的时候，就感到很高兴，因为真正能使老百姓看得懂的，适合老百姓需要的读物实在太少了，贵刊的出版，确实给老百姓们带来了福音……③

---

① 江川，雷平. 关于集体函购［J］. 文化通讯，1942（20）：8.
② 西源，夕帆. 关于邮包寄递［J］. 文化杂志，1942（21）：9.
③ 张先琪. 信箱［J］. 新道理，1940（12）：15.

同时也有给杂志提出意见和建议的来信：

编者先生：

《新道理》旬刊的确是最通俗了，不但适合全民众的阅读，就是我们基层工作同志，也是最喜欢阅读，而且在我们的学习上，工作上有很大的帮助的，这，因为过去很少接近新刊物的缘故。

《新道理》的内容，大家都认为是相当丰富的，在我也不否认，不过，在我个人方面（也有人同情），有点意见提出，希望采纳，在《新道理》上面，我以为要开辟一个栏，来替我们基层工作同志，解答工作中的困难问题。在我们工作进行中，每一遇到困难，可得以正确地解决，这，是我们真正天天在盼望着。

再有，《新道理》里面对于民众生活的写真，农村的实情还很少有，以后希望多写一点。[①]

若不是对一份读物有接触的情感和依赖，读者不会对读物的内容和发展提出建议和有所期待。诸如此类的往来信件不胜枚举，从中我们看到文化供应社同人的用心经营，他们的周到服务也赢得了读者的信赖和支持，同时一些读者也受到了出版物的影响改变了人生。据黄荣芳回忆，读者龙澍看了黄谷柳的《虾球传》以后，参加了桂北游击队，开始人生的革命道路。[②]

从对文化供应社出版传播质与量的分析中，我们不仅看到了战争时期文化供应社出版物的传播力，也体会到受众在硝烟中对文化如饥似渴的心情和文化供应社在他们心目中神圣的文化地位。在传播系统中，受众的接受是信息传播的终点，在社交媒介尚未发达的民国时期，出版传播活动更多体现为“单向性”撒播式的特点，但大部分出版人都有获取受众反馈的强烈意识，信件成为编辑与受众交流信息最重要的互动工具，“通讯”栏目呈现了出版传播编辑与受众之间的“双向性”交流，加强了编辑群体与读者群体之间的协商互动与身份认同，也为我们提供了传播效果研究中受众反馈的宝贵信息。

---

① 莫纯焯．信箱［J］．新道理，1940（11）：15.

② 黄荣芳．我所知道的文化供应社［M］//罗标元，左超英．桂林旧事．桂林：漓江出版社，1989：247.

第二节 文化供应社抗战文化传播的历史贡献

抗战时期，我国最大的政治目标是抗击日本帝国主义的侵略，挽救民族危亡。大敌当前，需要唤起千百万人民的觉悟，激发全民族的爱国主义精神，万众一心、奋起抗日，打败日本帝国主义。这就需要包括书刊在内的各种宣传工具，充分发挥其“团结人民、教育人民、打击敌人”① 的舆论导向作用。文化供应社就是为适应国民党统治区的政治历史需要而创办的媒介组织，通过这一组织团结了一批有名望的进步作家和主张抗战的爱国民主人士，出版大量利于抗战文化传播的书籍，保护了进步文化人和进步出版事业在国民党统治区的活动，为抗战时期桂林“文化城”的形成和抗战文化运动的开展做出了重要贡献。

一、团结和保护大量进步文化人，维系进步文化事业的开展

安定进步文化人生活，发展进步文化事业是文化供应社创社的初衷之一。在反共高潮时期成立的文化供应社，借助了新桂系民主派的力量，聘任了大批的进步文化人及中共党员，如曹伯韩、傅彬然、宋云彬、杨承芳、邵荃麟、林涧青、林山、温涛、朱光暄、欧阳文彬、赵晓恩、覃展、黄荣芳、朱执诚等等，其中一大部分都是皖南事变后从新知书店、生活书店等进步出版机构被停业查封之后转入文化供应社工作的人员。在民族矛盾与内部矛盾的双重压力之下，李任仁、陈劭先、陈此生等民主人士不避政治风险，以民族大义为前提，为文化供应社积极筹资、铺陈渠道，成为文化供应社在桂林发展的重要支柱。原文化供应社的成员之一黄荣芳回忆这段往事，说道：“文化供应社的几位主要领导十分爱护全社的工作人员，工作上予以妥善安排，政治上给予保护，生活上多方关心，学习上给予支持帮助。”② 为了让大家安心工作，陈劭先还曾在内部说：“国民党要抓人的话，先要经过我，我就顶住，不让他们抓，万一顶不住就通知你们跑。”③ 这便充分说明了国民党民主人士超党派的合作意识。在政局出现危机之时，李任仁、陈劭先两位先生还保护了许多进步文化

---

① 毛泽东．毛泽东选集：1—4 卷合订本［M］．北京：人民出版社，1964：805.

② 黄荣芳．我所知道的文化供应社［M］//罗标元、左超英．桂林旧事．桂林：漓江出版社，1989：244.

③ 胡耀辉．陈劭先先生与桂林文化供应社［Z］//中国政治协商会议广西壮族自治区文史资料研究委员会．广西文史资料选辑：第 23 辑　陈劭先纪念文集．1986：88.

人及中共党员，如八路军驻桂办事处的李克农同志，皖南事变后被国民党特务所包围，陈劭先凭借和李济深的关系向广西省政府借了黄旭初的汽车将李克农送上飞机；邹韬奋1941年由重庆突破国民党特务的封锁，秘密来到桂林时，也是在李任仁、陈劭先两位先生的掩护下去往的香港。太平洋事变后，何香凝、柳亚子、梁漱溟、金仲华等一大批进步人士从香港撤回桂林，同样得到了他们的掩护和照顾。1943年，在文化供应社面临“收编”改组的危急时刻，陈劭先等以退为进，主动辞职，以所谓的“改组”保留了文化供应社最核心的出版力量。1944年大撤退时，流亡路上文化供应社的出版同人依然没有懈怠，流动售书、组织抗日武装、创办《广西日报》（昭平版）等，只要是能传播抗战文化、鼓舞军民的宣传活动，都不遗余力地开展。从1939年创社到1944年大撤退，文化供应社几经风雨沉浮，却依然挺立前行，与国民党进步人士和中共文化人之间的团结合作密不可分。

二、在文化运动低潮时期繁荣了抗战文化与地方文化

抗战中后期，因国民党当局的抑制与扼杀，进步文化在重庆的发展岌岌可危，但在文化政策开明的桂林，尤其是文化供应社的成立，给进步文化带来了生机，使进步出版事业在国民党统治区得以“逆袭”。在战时文化“大众化”的时代背景下，作为出版领域统一战线机构的文化供应社，凭借强大的编辑力量和作者团队，始终站在“抗战建国”、文化普及和民主进步的立场上来从事图书杂志出版，为桂林“文化城”出版界树起了一面团结抗战、民主进步的旗帜。从1939年10月至1941年8月，共出版图书近500种，平均6—7天出版一种书刊，印行近200万册，在抗战出版环境最艰苦、物质条件最困难、出版活动最低迷的时期①，逆势而生，达到了出版事业发展的高峰，成为新书大本营。

一方面，文化供应社以推进大众文化为宗旨，出版了“文化室图书”“世界大战丛书”“时事问题丛刊”“青年新知识丛刊”等丛书和《抗战建国实用手册》《国民辞典》《国民字典》等大量的普及性读物，不仅满足了战时广大民众对文化知识的需求，普及和提升了他们的文化素养和知识水平，促进了大后方尤其是广西的抗战文化建设，培养了一大批处于社会各个阶层的读者群，还成功地建立起了一套战时“文化普及与畅销书”的出版模式，对战时的出版业乃至今天激烈市场竞争下的出版业起到了很好的示范和启示作用。另一方面，在配合广西地方文化教育及进步政治活动上，文化供应社也担当了社会精神文明建设推动者的角色。如配合“干校”编印的《干部政策》《怎

① 据吴永贵在《民国出版史》的《抗战时期出版业的衰落及出版人的努力》一文中统计，“从1939年下半年到1941年，是抗战阶段出书最少的时期，1941年全国出书不过1890种，为抗战以来最低谷”。

样做基层工作》《怎样做民众运动》，以及肖敏颂的《抗战形势讲话》、张健甫的《中国近百年史教程》、姜君辰的《社会科学概论》等既是很好的教材，同时也是提高大众文化认识，推动地方建设的著作。《广西县政》《广西乡土地理》《广西乡贤文选》《广西地理》《广西经济地理》等地方内容的出版物，都记录了抗战时期的广西政治、经济、文化情况，为抗战时期的广西积累了宝贵的文化遗产。

三、对抗战文化研究特别是抗战文学研究保存了丰富的史料

出版业与生俱来的文化本质特性及其首要的社会功能，是传播与传承社会文化，这是其在文化建设方面始终被赋予的神圣使命。在抗战文化史的研究上，始终需要大量的史料支撑，这些史料的来源基本上都是出版物，当时为宣传抗战的戏剧、音乐、诗歌等多种形式只有通过出版物才能流传至今，成为我们学习和研究的对象。因此，出版机构于当时的社会环境而言主要担当着传播抗战意识形态的功能，对于现代社会而言则是记录和传承抗战文化最为宝贵的精神资料。文化供应社出版的诸多大众通俗读物如《新道理》杂志，小说《新水浒》，剧本《忠王李秀成》《大地回春》以及诗集、杂文、连环画等出版物，是我们考察抗战文艺运动开展重要的文本。通过对这些文本的分析，既可以了解当时出版人的政治观念与编辑心态，同时又能对文化“大众化”推动下的出版物形式进行深入的解读。

在文化供应社的出版物构成中，文艺类的书籍是其最主要内容。通过对文学普及读物和新文学书籍的出版，不仅提升了文艺青年的文学艺术素养和写作水平，促进和发展了抗战文学的生产和传播空间，而且有效地加强了文化人尤其是左翼文人之间的沟通与联系，在展示左翼文人抗战文学实绩的同时，指引和推动了抗战文学尤其是现实主义文学的发展。同时，在地方行政的保护之下，文化供应社仍然能够坚守其出版方针和出版理想，通过《文化杂志》以及大量现实主义文学书籍的出版，抗衡和抑制了出版界与文化市场中的市侩主义倾向，为文化界树立了榜样。其中《文化杂志》中的《我们对于现阶段文化建设的意见》《文艺与反映现实》《对当前文化界风气的感想》《向深处挖掘》《论新人道主义》等名篇，为研究抗战时期的文艺思想留下了珍贵的史料，值得学者们进一步关注与研究。

四、为中国现代出版精神的建设提供历史参考

在研究爬梳史料的过程中，抗战时期坚守在文化战线上出版同人的故事屡屡使人心生敬仰。在抗战救国的民族精神支撑之下，陈劭先、李任仁、陈此生等不畏风险，全力支持统一战线工作，积极配合和保护进步出版事业。特别是陈劭先，他在抗战期间坚决主张抗战，主张与中国共产党合作抗日，反对蒋介石的消极抗战，政

治立场鲜明，多次营救和扶持进步文化人，并为文化供应社的生存多方奔走筹集资金，甚至将他夫人的私人储蓄借给文化供应社。在抗战胜利后，陈劭先还积极为文化供应社未来的发展寻求出路，请胡愈之、宋云彬、赵晓恩再次合作办起香港文化供应社，以文化供应社当家人的担当始终未放弃对这一进步文化阵地的支撑。而作为文化供应社设计者的胡愈之，则无私地将多年的出版运作经验嫁接到文化供应社，使其能迅速把握抗战时代的出版的脉动，通过诸多大众读物奠定了发展的基础。胡愈之对时政关系敏锐的洞察能力和对图书选题的运作与策划能力，以及对读者谦逊热心的服务意识都给当代图书策划编辑树立了很好的榜样。出版是理想主义者的事业，邵荃麟便是一位坚持出版文化品格的理想主义者，当市侩主义抬头之时，他提出“我们通常所谓作家生活，是包括作家的精神生活和物质生活，而在作家来说，精神生活尤其重要。因为写作乃一种精神劳动，作者所追求的，不是个人物质上的享受，而是人类历史的真实与真理，他们所欲创造的乃人类新的现实或国民的新的精神。因此，作家对他的写作是看作一种为了人类新的幸福生活的创造事业，并不是把它看作一种谋生的手段，一种职业”①。他以此提醒作家要认识其对社会所负的责任，以精品引导社会文化意识，这一思想对当今浮躁的文艺界依然有现实指导意义。

此外，傅彬然、王鲁彦、宋云彬、赵晓恩等等文化供应社的出版同人，以及杨东莼、千家驹、张铁生、赵家晋、李嘉人、邱昌渭、欧阳予倩、陈白尘、艾青、聂绀弩、艾芜、骆宾基、司马文森、黄药眠、葛琴、谷斯范、冼群、穆木天、林山、丰子恺等作家群体，在抗战最困难的时期，他们颠沛流离，甚至饥寒交迫，但依然没有放弃手中的笔，用生命筑起了抗战文化的长城。虽然对于他们来说，桂林文化供应社只是他们文化生涯中的一个驿站，但他们所留下的文化作品和文人精神都是中国文化界最为宝贵的财富。

第三节 文化供应社出版活动的历史局限

文化供应社是战争年代的产物，它在完成抗战文化传播历史使命的同时，也因特殊的历史环境影响而带着一些出版遗憾。

① 邵荃麟. 关于保障作家生活问题［J］. 半月文萃，1942，2（1）：32-33.

一、通俗读物的过剩与经典作品的缺乏

抗战时期的出版机构很大程度上受制于战争的政治形势，陷于民族危亡之境的出版人和作家们充分认识到抗战需要最大限度地动员民众参加，而通俗化的出版物恰是民众必备的精神食粮，能够最大限度激发受众的抗战热情。“大众化”的导向，促成了出版机构与现实文化语境的融合，使出版机构必然要选择大众化的“民间立场”和通俗化的文化生产，使通俗读物大规模地发行。桂林文化供应社在这样的历史语境中诞生，以大量的通俗读物生产来满足抗战前、后方的文化需求。而随着时间的积累，一方面，出版人越来越感觉到通俗读物重宣传而忽视艺术，而且通俗化出版物呈现出八股式的创作趋向，其结果肯定对文艺发展带来不良影响，其宣传的效果也会降低；另一方面，由于当时中国文盲的数量庞大，即使是浅显易懂的文字也未必能够认识和接受，在文化供应社的通读期刊《新道理》编辑风格的转变上也道出了这一问题：“多数的民众士兵不但文字能力差，不能直接阅读，而且也没有订阅杂志的习惯”[①]，需要识字的媒介来协助阅读，这无疑成为书籍在传播接受上最大的障碍。同时，也因物资紧缺，编印粗糙，大量的书籍“在擦洋灯、抹桌子、包花生等等之下散佚了”[②]。

出版物的生产与民众文化水平低下的矛盾，以及抗战意识形态斗争的复杂化带来的困局，加之战乱影响下的文化人难于在图书编辑上沉潜，都使这一时期出版机构的文化生产出现了通俗读物过剩而文化精品匮乏的现象。因此，相比商务印书馆有《四部丛刊》《万有文库》，中华书局有《四部备要》《古今图书集成》，生活书店有《共产党宣言》《国家与革命》，读书出版社有《资本论》《大众哲学》，文化供应社因时代的影响和政治的制约在高品质的社科类出版物上缺少了经典的作品，这不得不说是战争时代的遗憾。

二、权力场的博弈影响了出版生产的稳定

内外矛盾激化的非常时期，产业凋零、生灵荼毒、政治摇摆、物资飞涨，这一切都极大地挑战了媒介机构的生存能力，在战火中损失惨重的部分出版机构一部分整体西迁另择安身之处，一部分保留了技术和人力，在国民党统治区重创旧业。非常时期的政权组织作为社会管理、调控者，对外组织御敌，对内加紧控制舆论，利用媒介对民众和士兵进行大力的宣教，这也使其对出版机构一方面加强了舆论监管，另一方面给予大的舆论机构政策上的扶持与倾斜，使之为我所用。从这一角度上看，

---

① 林植. 卷头语：今后的本刊［J］. 新道理（复刊），1943，7（1）：2-3.

② 杨中. 大后方的通俗文艺［M］. 成都：四川教育出版社，1990：5.

在非常时期的出版机构为了生存，会更为依赖政权组织的保护，而获得政府资源的出版机构，也才能得以持续、稳定地发展。在这一点上，在重庆成立的“国定本中小学教科书七家联合供应处”就是典型的政权组织扶持的出版机构团体。在桂林成立的文化供应社也是得到了广西战时的政权组织——新桂系的支持。出版机构获取行政力量支持的优势在于在政权组织执政期内，可以依靠其获取更多的出版资源和地方保护，占据出版和发行上的有利位置，如文化供应社的“文化室图书”“国民教育丛书”等的出版和发行都是借助了行政资源。而文化资本的来源决定了文化内容的取向，对当权者的依赖也有一定的局限，在这一点上，虽然有陈劭先、李任仁的保护，文化供应社的出版相对还能以进步书籍为主，但我们也看到了一些中间性的书籍，如出版过陈宏谋的《五种遗规辑要》，印过《蒋委员长领导抗战》的昼报，广西建设研究会的“建设研究丛书”（包括《白健先生言论集》《地方政府总论》《广西之建设》《黄旭初先生言论集》《近代欧洲文化之研究》《李德邻先生言论集》《列国国势要览》《中国地方制度及其改革》《中国外交之史的分析》《中国租税制度及其改革》）和《建设研究》杂志等均是通过文化供应社的渠道发行的。但这类书比重很少，大量出版的还是进步书报。

媒介组织对权力场的依赖最为致命的劣势就是，当乱世中的当权者失去权力地位后，曾经的附庸在一定程度上也会灰飞烟灭，此乃媒介生存的政治局限。

三、战后未能延续文化生命服务地方出版事业的遗憾

在抗日战争胜利后，文化供应社在陈劭先、万仲文、赵晓恩的带领下返回桂林重新开始图书出版活动。但因国民党当局更为猛烈地绞杀，桂林的文化气候大不如前，陈劭先也开始在香港寻求合作与发展。1946 年，香港文化供应社成立后，主要是增订重印已有出版物，如扩编“初中精读文选”等书，还勉强出版了一些新书，如胡仲持译的《文艺鉴赏论》、胡愈之的《印尼蒙难记》和《少年航空兵》、冯玉祥的《我所认识的蒋介石》，还特约张铁生主编的《新民主实用百科辞典》等，以利于一些文化人的工作和生活。但又因解放战争的爆发，三联书店工作重心将转移到解放区，文化供应社与其在香港合办出版机构的计划又被搁浅。此时的桂林环境也阴霾笼罩，文化供应社的云健鹏、黄荣芳和建设印刷厂经理文彬等人被广西当局逮捕，处境困难、经济拮据，难以为继。中华人民共和国成立后，文化供应社迁往北京，送别了一个旧时代。1949 年初，陈劭先、陈此生、宋云彬等应中共中央邀请离港北上，迎接新政协的召开，经商议认为文化供应社已完成了历史任务，且其创社的大部分资本属于旧军阀所有，没有继续存在的必要，报请出版总署批准，于 1953 年办理结束手续，全部财产归由新华书店系统。作为抗日民族统一战线的产物，文化供

应社在抗日战争时期完成了保护进步文化传播抗战精神的历史使命，在社会变迁后却未能延续其文化生命，服务于地方出版业事业，为桂林“文化城”留下历史的印记，这不能不说是一种遗憾。

第四节　对文化供应社出版传播活动的思考

人类能够形成辉煌灿烂的历史文明，是无数思想家和科学家对社会、自然、历史现象不断质疑、总结、反思、实践的结果。无论是作为个体的人，作为集体的组织，在不断向前发展的社会体系中都会面临不同的选择，而历史给予我们最大的价值就是面临社会选择时的启示作用。

一、“压制还是包容”：文化体制的策略选择

文化体制是社会文化系统内部各文化组织、文化机构所设置及运转的具有特定内在逻辑关系的制度体系，文化系统各元素之间交往规范化、结构化和系统化表达，不同的制度通过不同的链接方式可以组成不同的文化体制。[①] 文化认同是文化体制建设的基础和前提，文化体制建设的根本目的也在于通过多种形式的文化渗透，以强化社会主体的情感归属与文化认同，维系和稳定社会系统的运转。大众传播媒介在社会系统中，通过传播共同规范和价值，凝聚零散的个体，整合差异性的社会元素，成为政权组织塑造文化认同不可或缺的工具。在詹姆·斯凯瑞看来，“传播的起源及最高境界，并不是指信息的传递与传播，而是建构并维系一个有意义、有秩序、能够用来支配和容纳人类行为的文化世界”[②]。因此，在社会文化系统中，“文化体制→文化媒介→大众→文化认同”之间有着复杂而密切的逻辑联系。

在抗战时期这一特殊的历史现象中，桂林“文化城”的形成固然有其战争背景形成的客观原因，但不可否认的是，新桂系与中共之间的政治认同——抗日民族统一战线的建立对广西地方的文化体制发挥着深刻的影响，以一种更为宽松、包容、开明的姿态给予进步文化更广阔的生存空间，才形成了桂林“文化城”繁荣的文化气候。抗战时期，中共的文化政策也是具有极大包容性的，以积极抗战的面貌和民

---

① 傅才武，陈庚. 三十年来的中国文化体制改革进程：一个宏观分析框架［J］. 福建论坛（人文社会科学版），2009（2）：105－115.

② 詹姆斯. 作为文化的传播［M］. 丁未，译. 北京：华夏出版社，2005：7.

主精神，团结了一大批不同阶级身份的知识分子，共同推动进步文化在国民党统治区的渗透，并逐渐形成了强大的政治气势。而当时掌握政权的国民党，采取消极抗战的策略，以压制、扼杀的制度手段限制异己文化的生存，与社会大众和广大知识阶层的独立、自由的民主文化的要求相背离，导致了战时重庆文化体系的单一和压抑。从出版的数量上看，重庆的出版种数不亚于桂林，但从内容构成上看，桂林“文化城”有更多元、更丰富的出版内容，形成了独特的文化气候。

社会整合是大众传播媒介的重要功能，媒介研究的一个重要的命题是大众媒介与国家认同的关系，而“国家认同则不仅与民族/族群认同相关，也与社会凝聚力、爱国主义、民族主义等相互交织”[①]。在非常态的社会环境下，“抗战文化”既具有抗战时期民族主义的文化内涵，同时也有大众传播意义上的工具理性内涵。在出版媒介场域的生成过程中，出版物、创作者、阅读者等几个不可或缺的关键因素共同构建了一个完整的信息传播系统。从文化供应社的个案研究中可发现，媒介组织的诞生有赖于新桂系开明的文化政策，使其内容生产掌握在进步文化“舆论领袖”的手中。但这并非断言文化场获得了绝对的自主性脱离了权力场的控制，只是权力场政治利益的诉求与文化场的内容生产达成了某一层面的“认同”，以相对较弱的体制控制达到自我文化发展的政治目的。

从社会历史发展的轨迹来看，总体而言，非常态的社会环境下政治权力对文化媒介实施的控制会比常态化的环境下更为紧缩，通过媒介的传播力引导和激发大众的情感认同，缓解非常态的社会秩序。而在抗战时期复杂的传播生态环境下，如何掌握“收”与“放”政策尺度，是极其需战略眼光和政治智慧的。对此，桂林“文化城”的特殊文化现象依旧值得文化传播学者们继续深掘和解读。

二、“顺为还是变革”：媒介组织的战时选择

媒介组织是一种具有“生命”特征的生机勃勃的开放系统，它通过自身的生命活力及其与社会大“生命”系统的信号和物质交流保持自己的生存、发展和相对的动态平衡，从而重建了媒介与社会各子系统之间的亲和关系。社会系统理论非常重视“如何影响”和“如何改变”的议题，即系统内部各要素之间以及与外部环境之间是通过不断地互动和能量交换而不断变迁的。

社会的政治系统、文化系统和经济系统都与媒介组织存在千丝万缕的联系，对媒介组织的生存、发展、变迁施加影响。在常态化的社会环境下，社会系统的机制较为稳定，媒介组织的发展也能够遵从其自然规律。在以战争、重大灾难、恐怖事

① 陆晔．媒介使用、社会凝聚力和国家认同：理论关系的经验检视［J］．新闻大学，2010（2）：14－21．

件为表征的非常态的社会环境下，政治系统社会控制力要更为集中和强硬，媒介组织服务于政治舆论的功能也会体现得更为明显。抗战时期，意识形态博弈下的出版机构，呈现了不同组织选择：商务印书馆、中华书局和世界书局在战时遭受重创之后辗转各地，最后迁至重庆成为国民政府“国定本中小学教科书七家联合供应处”中的一员，参与抗战时期的教材出版工作，它们在桂林也有分支，但在“文化城”里却影响平平，在中共的“进步”话语体系里也没有活跃的表现；以传播进步文化为主的生活书店、新知书店、读书出版社等庞大的发行体系在政治风向转变后屡被扼杀；而战时新生的文化供应社股份有限公司，通过统一战线的政治渗透，以一种柔性的、适应性的企业组织模式，有效整合了各方资源，平衡了地方与中央、政府与市场、资产阶级与无产阶级之间的博弈关系，在桂林文化战场上表现出了冲锋陷阵的“英雄”角色，延续了生活、新知、读书的进步血液。20 世纪的战争浩劫和制度悲剧，导致了媒介的工具化和行政化，可以说非常态社会环境下政治系统对媒介组织有更强的控制力，而媒介组织也更为依赖政治的保护以度过动荡的年代。不同的媒介组织、不同的战时选择，呈现了不同的生存状态和历史表现，从延续企业生命来说，如何求得生存是其本能，无论是文化供应社在桂林“文化城”的雄踞一时，还是商务、中华、世界在重庆的偏安一隅，都是企业组织在非常时期的适应性选择。但从选择的效果上看，积极变革的媒介组织更能适应极端社会环境的生存，尽管绚烂一时，但也在历史的天空留下了光照的痕迹。

三、“迎合还是引导”：传播主体的文化选择

文化传播的主体包括传播者（编辑、记者、作家群体）和受传者（受众群体），在文化传播系统中是传播的起点和终点。出版活动的传播者对文化内容有选择权与编辑权，决定了传播信息内容的价值观念、是非判断和文化品格。出版编辑的文化选择是在对各种文化样式和文化产品进行价值判断和价值选择的基础上，明确自身文化的发展道路，完善自身文化体系的行为与过程，其目的在于实现社会文化结构的最优化。[①] 相对于出版编辑创造内容具有的严谨性和逻辑理性而言，大众群体对出版物信息的选择与接受多是被动的、感性的，甚至是无意识的。因此编辑的文化选择在很大程度上决定了受众信息获得的真伪与价值，同时对社会整体的精神文明塑造产生关键性的影响。

在抗战文化风起云涌的时期，“大众化”成为政权组织与媒介组织共同的文化意识，以启发民智、刺激抗战情绪作为大众文化传播的旨归，媒介活动体现出强大的

---

① 张丽. 编辑选择与社会文化 [J]. 中国编辑，2009 (3)：74 - 76.

舆论引导力。在“大众化”的文化大潮中，诸多出版机构和出版同人都做出了有益的尝试和积极的贡献，小型化、通俗化、图像化都是出版物“大众化”的文化表征。但与此同时，也伴随着机会主义的出版倾向，如邵荃麟所批判的“市侩主义”。由于人本性中的情感宣泄需要和出版媒介本身具备的娱乐和情感刺激的功能，一些内容颓靡、低俗堕落、消闲猎奇的出版物表现出了强烈的“迎合”性。尽管布尔迪厄将“文学场”分为自主性的“纯生产”和满足广大受众需求的“大生产”两个次场，鼓励“文学场”的自主性，但社会是动态发展的，在极端的非常态社会环境下，以争取民族独立的文化大生产实践，是具有重要历史作用的。在为大众创作的“大生产”次场之中，也还有价值水准和品格层次的高低之分。抗战文化“大众化”的重点在于以大众化的形式倡导民族独立的精神观念，其内容的核心是有关于抗战的现实题材，而并非逾越这一领域的其他内容，这样的文化选择才具有社会文化的“引导性”。如果说出版机构的资本实力、出版数量与出版物文化质量分别代表了“做大”与“做强”的企业目标，那么抗战时期的文化供应社在企业组织和生产上奠定了“做大”的基础，更在出版的文化选择上显示了“做强”的姿态。它以抗战文化“大众化”的实践引导大众的同时，在抗战现实阶段的文化建设上也彰显了引导者的身份。

在中外历史中，一切的编辑出版活动就其本质而言，都是围绕着文化选择这一主轴展开和进行的。面对纷繁复杂的大众，出版的文化传播需要编辑报以对社会、对受众负责的态度，对精神产品择优汰劣，“做文化的使者、文化的守护者、文化的缔造者”①，才能完善自身文化体系，助力社会文明的向前发展。

① 于友先．现代出版产业发展论［M］．苏州：苏州大学出版社，2003：194．

附录一　文化供应社股份有限公司大事记

1939 年

7 月 28 日　文化供应社在桂林环湖路 19 号开会，曹伯韩、秦柳方、张健甫、张志让、张铁生、陈此生、胡愈之、王鲁彦、朱光暄、宋云彬等参会，会上决议分组办法，制订 8 月编书计划，确定专任编辑人数。会上定曹伯韩、张天翼、宋云彬为专任编辑，张天翼未到岗前由王鲁彦代理。①

8 月　经数度集议，文化供应社推选陈此生、胡愈之、陈劭先为筹备人，8 月 1 日在桂林施家园成立筹备处，并聘请张志让、宋云彬、王鲁彦、曹伯韩、杨承芳为编辑，开始编纂工作。②

10 月 22 日　文化供应社募足股本法币 12000 元，借广西建设研究会举行创立会，通过公司章程，选举万仲文、陈劭先、陈此生、李任仁、胡愈之、沈钧儒、方振武、杜重远、邱昌渭、孙仁林、林砺儒等 11 人为第一届董事，雷沛鸿、阳叔葆、苏希洵为监察人。在首次董事监察人联席会议中，各董事互选李任仁为董事长，聘定陈劭先任社长。陈劭先就职后，成立总务、编辑两部，聘陈此生为总务部主任兼秘书，胡愈之为编辑部主任。③

12 月 3 日　桂林文化供应社编辑部发起收集流传在广西各地的民间文艺作品的活动，内容包括：(1) 民间读物，如戏本、小调、画册等；(2) 民歌、山歌、传说、故事等；(3) 少数民族歌谣、传说、故事等；(4) 关于民族英雄刘永福的传说、故事及历史资料；(5) 关于太平天国的传说、故事及历史资料。④

1940 年

1 月　文化供应社第二次董监会议决议扩充股本额至 10 万元，规定 5 月底以前

---

① 宋云彬. 红尘冷眼：一个文化名人笔下的中国三十年 [M]. 太原：山西人民出版社，2002：41.

② 陈劭先. 文化供应社自我介绍 [J]. 文化杂志，1942，1 (1)：65－66.

③ 陈劭先. 文化供应社自我介绍 [J]. 文化杂志，1942，1 (1)：65－66.

④ 龙谦，胡庆嘉. 抗战时期桂林出版史料（桂林文史资料　第 38 辑）[M]. 桂林：漓江出版社，1999：25.

募足 5 万元。[①]

2 月 1 日 《文化通讯》创刊出版，该刊是以报道全国各地文化消息为主的小型刊物。[②]

3 月 文化供应社经董监会决议，出资 4 万元与九如堂合营建设印刷厂。同时增设出版部，聘请宋云彬为部主任，另增聘傅彬然为专任编辑，在总务部下设置营业处。自此，文化供应社所编书刊可自行印刷出版。[③]

5 月 文化供应社董监会决定筹资 2 万元，在丽泽门外购地建筑社址，计划 7 月竣工。[④]

6 月 6 日 文化供应社在《大公报》（重庆版）刊登了第一次广告，打出了“西南文化界的火炬，战时出版界的新军”的口号，介绍了文化供应社的企业宗旨、业务范围及发行办法。[⑤]

6 月 文化供应社出版了我国第一部以抗战为题材的长篇章回小说《新水浒》。[⑥]

7 月 1 日 通俗理论读物《新道理》旬刊创刊，该刊由曹伯韩、林山、温涛编辑，主要在西南各省的农村和军队中发行。[⑦]

7 月 26 日 文化供应社编辑部主任胡愈之因时局变化，由中共中央安排秘密离开桂林。[⑧]

8 月 13 日 文化供应社在丽君路新址举行落成仪式，同期举办纪念该社成立一周年出版物展览会。[⑨]

9 月 经济部核准文化供应社登记复文，发给“设字第三一二号”登记执照。[⑩]

10 月 胡愈之远赴海外，辞去编辑部主任一职，由傅彬然继任。[⑪]

10 月 宋云彬的《鲁迅语录》正式出版。该书相对全面地反映了鲁迅的思想。从 1940 年 10 月至 1942 年 5 月，《鲁迅语录》一共发行了 6 版，是文化供应社的畅销书之一。虽然，宋云彬的《鲁迅语录》在出版史上并非同类书籍中最早的[⑫]，但

---

① 陈劭先．文化供应社自我介绍［J］．文化杂志，1942，1（1）：65－66.
② 龙谦，胡庆嘉．抗战时期桂林出版史料（桂林文史资料　第 38 辑）［M］．桂林：漓江出版社，1999：27.
③ 陈劭先．文化供应社自我介绍［J］．文化杂志，1942，1（1）：65－66.
④ 陈劭先．文化供应社自我介绍［J］．文化杂志，1942，1（1）：65－66.
⑤ 文化供应社．广告［N］．大公报（重庆版），1940－06－06.
⑥ 龙谦，胡庆嘉．抗战时期桂林出版史料（桂林文史资料　第 38 辑）［M］．桂林：漓江出版社，1999：30.
⑦ 龙谦，胡庆嘉．抗战时期桂林出版史料（桂林文史资料　第 38 辑）［M］．桂林：漓江出版社，1999：30.
⑧ 宋云彬．红尘冷眼：一个文化名人笔下的中国三十年［M］．太原：山西人民出版社，2002：79.
⑨ 陈劭先．文化供应社自我介绍［J］．文化杂志，1942，1（1）：65－66.
⑩ 陈劭先．文化供应社自我介绍［J］．文化杂志，1942，1（1）：65－66.
⑪ 陈劭先．文化供应社自我介绍［J］．文化杂志，1942，1（1）：65－66.
⑫ 在出版史上，鲁迅先生的书摘最早是雷白文于 1937 年 5 月自印的《鲁迅先生语录》，宋云彬的《鲁迅语录》次之，在 1940 年 10 月出版。后续还有舒士心编辑的《鲁迅语录》于 1941 年 1 月由鲁迅出版社出版。

在抗战时期出版的诸多同类书中却是发行量最多和影响最大的。

11 月 28 日 借广西建设研究会举行股东年会，文化供应社改选李任仁、孙仁林、陈劭先、邱昌渭、陈此生、张任民、胡愈之、沈钧儒、黄维、万仲文、李章达等 11 人为第二届董事，苏希洵、阳叔葆，陈炳南为监察人。本届首次董监会议各董事互选李任仁连任董事长。①

12 月 19 日 文化供应社响应捐书运动，捐献《日寇在沦陷区的经济掠夺》《从北欧到西欧》《现阶段的新文化运动》等 4650 册书。②

1941 年

是年初 邵荃麟同志抵桂，按照周恩来同志的指示，由邵荃麟、张锡昌、狄超白三位同志组成桂林文化工作组，邵荃麟任组长，领导党与非党左翼文化工作。邵荃麟同志进入文化供应社，实际上直接领导该社工作。他对外的名义是专任编辑和《文化杂志》主编。因时局关系，原在文化供应社工作的曹伯韩、温涛、何鹏等人相继撤离，《新道理》杂志由林涧青接手。③

1 月 文化供应社因社务渐繁，聘请宾旭东为总务部主任，陈此生为专任秘书，先后增聘操震球、邵荃麟为专任编辑。④

2 月 陈此生离开文化供应社到了香港。⑤

3 月 20 日 文化供应社在《大公报》（桂林版）上第一次刊发了广告。⑥

3 月 为方便读者购书，适应营业发展的需要，文化供应社在桂西路（新知书店门市部旧址，现桂林市解放路）设立总发行。至此，文化供应社的机构已暂告完备。⑦

6 月 15 日 文化供应社在《大公报》（桂林版）刊登了第一次联合广告“文化供应社新书文具联合广告 1”，科学书店、建设研究会、三户图书社等在联合广告上刊登书刊资讯。⑧

8 月 10 日 《文化杂志》创刊出版，该刊由邵荃麟主编、陈劭先发行。⑨

---

① 陈劭先．文化供应社自我介绍［J］．文化杂志，1942，1（1）：65－66.
② 龙谦，胡庆嘉．抗战时期桂林出版史料（桂林文史资料　第 38 辑）［M］．桂林：漓江出版社，1999：35.
③ 赵晓恩．抗日战争时期的桂林文化供应社始末［M］//龙谦，胡庆嘉．桂林文史资料：第 38 辑　抗战时期桂林出版史料．桂林：漓江出版社，1999：611.
④ 陈劭先．文化供应社自我介绍［J］．文化杂志，1942，1（1）：65－66.
⑤ 飞鸿．胡愈之等人创办的文化供应社［J］．民国春秋，1994：54.
⑥ 文化供应社．广告［N］．大公报（桂林版），1941－03－20：1.
⑦ 陈劭先．文化供应社自我介绍［J］．文化杂志，1942，1（1）：65－66.
⑧ 文化供应社．广告［N］．大公报（桂林版），1941－06－15.
⑨ 龙谦，胡庆嘉．抗战时期桂林出版史料（桂林文史资料　第 38 辑）［M］．桂林：漓江出版社，1999：41.

9 月 26 日　《文化杂志》编辑部邀请部分作家举行座谈会，讨论“文学创作上的语言运用问题”。座谈会由邵荃麟主持，参加者有艾芜、聂绀弩、何家槐、葛琴、杨晦、钟敬文、彭燕郊、傅彬然、宋云彬、杜麦青、华嘉等人，讨论记录发表在《文化杂志》第一卷第 5 期上。[①]

10 月 15 日　《文化杂志》第一卷第 3 期出版，收录了鲁迅 1920 年 5 月 4 日《给宋知方的信》。[②]

12 月　邵荃麟主编的文学创作丛刊第一集 12 册由桂林文化供应社陆续出版发行，这是该社在抗战时期出版的唯一一套纯文学创作丛书。[③]

12 月　赵晓恩从香港《华商报》撤退到桂林，担任文化供应社营业部主任兼总发行所经理。刘宗乙改任副经理。成立会计室，孙源任主任。[④]

1942 年

2 月 25 日　《文化杂志》第一卷第 6 期出版，发表了邵荃麟的《论新人道主义》。[⑤]

3 月　文化供应社出版陈白尘的五幕话剧《长夜行》。[⑥]

3 月 1 日、11 日　文化供应社在《大公报》（桂林版）刊登“门市成立周年纪念优待读者”广告。[⑦]

3 月 6—20 日　文化供应社门市部成立一周年纪念，开展读者优惠活动。[⑧]

3 月 9 日　文化供应社召开股东常会，董事孙仁林代表董监会决议，报告增添股本情况，监察人阳叔葆报告本年度账务，社长陈劭先报告一年来社务进展状况及营业扩展情况，然后决议公司资本增加为 50 万元，并修改公司章程，最后选举李任仁、陈劭先、邱昌渭、张任民、徐启明、孙仁林、陈此生、万仲文、宋云彬、黄维、傅彬然等 11 人为董事；陈炳南、黄子敬、王逊志等 3 人当选为监察人。[⑨]

5 月　1942 年春节前后，陈此生、范长江、梁漱溟等潜离香港，于 5 月间回到

---

① 龙谦，胡庆嘉. 抗战时期桂林出版史料（桂林文史资料　第 38 辑）[M]. 桂林：漓江出版社，1999：42.

② 龙谦，胡庆嘉. 抗战时期桂林出版史料（桂林文史资料　第 38 辑）[M]. 桂林：漓江出版社，1999：42.

③ 龙谦，胡庆嘉. 抗战时期桂林出版史料（桂林文史资料　第 38 辑）[M]. 桂林：漓江出版社，1999（1）：44.

④ 赵晓恩. 抗日战争时期的桂林文化供应社始末［M］//龙谦，胡庆嘉. 桂林文史资料（第 38 辑　抗战时期桂林出版史料）. 桂林：漓江出版社，1999：613.

⑤ 龙谦，胡庆嘉. 抗战时期桂林出版史料（桂林文史资料　第 38 辑）[M]. 桂林：漓江出版社，1999：46.

⑥ 龙谦，胡庆嘉. 抗战时期桂林出版史料（桂林文史资料　第 38 辑）[M]. 桂林：漓江出版社，1999：47.

⑦ 文化供应社. 广告［N］. 大公报（桂林版），1942－03－01.

⑧ 文化供应社. 广告［N］. 大公报（桂林版），1942－03－01.

⑨ 文化供应社. 公告［N］. 1942 年 3 月 11 日《大公报》，1942－03－11.

桂林。陈此生恢复文化供应社的秘书工作，兼任编辑；孙源聘为财务处主任，赵晓恩为营业处主任。[①]

6月28日 文化供应社举行第三届二次董监会议，陈劭先、李任仁、徐启明等十余人参加，决议增募新股20万元。[②]

7月7日 文化供应社纪念抗战建国第五周年门市优待读者3天。[③]

10月 文化供应社出版了欧阳予倩新编历史剧《忠王李秀成》。《忠王李秀成》是欧阳予倩抗战时期创作的唯一的一部历史剧，这部剧也代表着其抗战期间话剧创作的最高成就。《忠王李秀成》作为对“第四届戏剧节”的献礼之作，是欧阳予倩剧目中最先印行的一部。[④]

11月1—3日 文化供应社创业三周年纪念特价3天。[⑤]

1943年

1月31日 文化供应社改组，秘书为陈此生，编辑主任为傅彬然，出版主任为宋云彬，《文化杂志》编辑部邵荃麟辞职。[⑥]

3月7日 文化供应社召开第三届股东大会，到会的股东有70余人，公推李任仁为主席，并选举王逊志、黄子敬、苏希洵为监察人。[⑦]

1944年

1月20日 文化供应社在广西建设研究会召开董监事联席会议，商讨本年度会务。[⑧]

是年底 文化供应社派云健鹏、毛羽鸿、朱典纯、黄荣芳、裘士林、朱劲夫参加昭平县抗日自卫委员会（又名青年教导队）。[⑨]

1945年

9—10月 文化供应社出版同人分批回桂林，从废墟上重建文化供应社。

12月 由覃展负责将疏散在昭平县和贺县的“文化供应社”人员、物资，人员

---

① 飞鸿. 胡愈之等人创办的文化供应社［J］. 民国春秋，1994：54.
② 文化供应社. 文化消息［J］. 文化通讯，1942（22）：12.
③ 文化供应社. 广告［N］. 大公报（桂林版）1942－07－07.
④ 龙谦、胡庆嘉，编著. 抗战时期桂林出版史料［M］. 桂林：漓江出版社，1999（1）：52.
⑤ 文化供应社. 广告［N］. 大公报（桂林版）1942－11－1：1
⑥ 龙谦，胡庆嘉. 抗战时期桂林出版史料（桂林文史资料　第38辑）［M］. 桂林：漓江出版社，1999：56.
⑦ 龙谦，胡庆嘉. 抗战时期桂林出版史料（桂林文史资料　第38辑）［M］. 桂林：漓江出版社，1999：58.
⑧ 龙谦，胡庆嘉. 抗战时期桂林出版史料（桂林文史资料　第38辑）［M］. 桂林：漓江出版社，1999：65.
⑨ 黄荣芳. 我所知道的文化供应社［M］//罗标元，左超英. 桂林旧事. 桂林：漓江出版社，1989：249.

复员回桂林，照旧经营销售进步书刊的业务。重庆分销处一直照常营业，由赵晓恩、张浩如负责。①

12 月 万仲文辞职离桂到广州重任中山大学教授后，文化供应社社务由陈劭先以常务董事的身份实际负责处理。②

1946 年

2 月 秀峰书店成立。该书店由欧阳予倩、张锡昌、徐寅初、周匡人、覃展等人倡议成立，目的是销售一些不便在文化供应社门市公开陈列出售的书刊。③

是年 因时局影响，陈劭先将文化供应社可以继续出版的图书纸型交由赵晓恩携往香港，找人合作、另谋发展，并写了请陈此生、萨空了相助的信函交给赵晓恩。赵晓恩先赴香港得到了萨空了的热情接待，后赴上海与黄洛峰、徐伯昕、沈静芷一起商量合作问题，最终商定由文化供应社和三联书店各出资一半，由赵晓恩负责在香港筹设出版机构，请陈劭先当董事长。④

1947 年

6—7 月 文化供应社文彬、云健鹏、黄荣芳等人先后被捕，文化供应社被迫暂停营业，后经陈劭先、李任仁向广西当局抗议之后恢复营业。⑤

1948 年

是年冬 由于赵晓恩回三联书店总管理处后被派往华北解放区工作，文化供应社商请开明书店调章士敏回社负责发行工作。⑥

1949 年

是年 文化供应社的营业活动归并到三联书店，由原文化供应社营业部主任赵晓恩参加联营后工作，香港文化供应社撤销，另由卢琼、秦志卿等在桂林市重新设

---

① 万仲文．回忆文化供应社［Z］//中国人民政治协商会议广西壮族自治区委员会文史资料研究委员会，广西文史资料选辑（第 11 辑）．1981：25．

② 万仲文．回忆文化供应社［Z］//中国人民政治协商会议广西壮族自治区委员会文史资料研究委员会，广西文史资料选辑（第 11 辑）．1981：25．

③ 黄荣芳．我所知道的文化供应社［M］//罗标元，左超英．桂林旧事．桂林：漓江出版社，1989：252．

④ 赵晓恩．抗日战争时期的桂林文化供应社始末［M］//龙谦，胡庆嘉．桂林文史资料（第 38 辑 抗战时期桂林出版史料）．桂林：漓江出版社，1999：616．

⑤ 黄荣芳．我所知道的文化供应社［M］//罗标元，左超英．桂林旧事．桂林：漓江出版社，1989：253．

⑥ 赵晓恩．抗日战争时期的桂林文化供应社始末［M］//龙谦，胡庆嘉．桂林文史资料（第 38 辑 抗战时期桂林出版史料）．桂林：漓江出版社，1999：618．

立一间较小的门市部经营一般书刊。[1]

1953 年

是年 陈劭先在北京同李任仁、陈此生、万仲文及在北京的与文化供应社有关人士商谈，认为文化供应社已经光荣地完成了它的历史任务，没有继续存在的必要。按照规定将文化供应社全部资财分别移交当地的国营新华书店接收，其附属的广西建设印刷厂则移交广西日报社接收，留下少数人员也由接收单位安排工作，从此，经历十余年的文化供应社宣告结束了。[2]

---

① 万仲文. 回忆文化供应社［Z］//中国人民政治协商会议广西壮族自治区委员会文史资料研究委员会，广西文史资料选辑（第 11 辑），1981：25.

② 万仲文. 回忆文化供应社［Z］//中国人民政治协商会议广西壮族自治区委员会文史资料研究委员会，广西文史资料选辑（第 11 辑），1981：25.

附录二　文化供应社股份有限公司编印书籍目录

表 1　丛书目录

丛书名	书名	编著者	出版时间
文化室图书	地图（2 张）	文化供应社　编	1940 年 5 月
	工作指导书（2 种）	文化供应社　编	1940 年 5 月
	挂图（12 张）	文化供应社　编	1940 年 5 月
	国民必读（100 种）	文化供应社　编	1940 年 5 月
	精神读物（8 种）	文化供应社　编	1940 年 5 月
	连环画图（16 张）	文化供应社　编	1940 年 5 月
	日用必备书（7 种）	文化供应社　编	1940 年 5 月
	通俗文学（56 种）	文化供应社　编	1940 年 5 月
	肖像（3 幅）	文化供应社　编	1940 年 5 月
学术丛书（2 种）		文化供应社　编	1941 年
西南文化丛书（2 种）		文化供应社　编	1941 年
时事问题丛刊	北欧争夺战	文化供应社　编	1940 年 5 月
	日寇在沦陷区的经济掠夺	沈敬亭　编	1940 年 9 月
	物价问题	千家驹　著	1940 年 11 月
	汪伪汉奸的分析	文化供应社　编	1940 年 6 月
	现阶段的文化运动	文化供应社　编	1940 年 6 月
世界大战丛刊	欧洲纵横谈	思　慕　著	1940 年 6 月
	第二次世界大战中的经济问题	爱因锡　著 杨承芳　译	1940 年 6 月
	抗战形势讲话	肖敏颂　著	1940 年 12 月
	论国际新形势	张铁生　著	1940 年 6 月
	欧战论	张志让　著	1940 年 6 月
	欧战与我国外交	胡愈之　著	1940 年 6 月
	欧洲外交战	李菊休　著	1940 年 6 月
	日本战时财政经济的危机	苏芗雨　著	1940 年 6 月
	日本政治的透视	王纪元　著	1940 年 6 月
	苏联外交政策研究	钱俊瑞　著	1940 年 6 月
	震荡中的波罗的海	杨承芳　著	1940 年 1 月

续表

丛书名	书名	编著者	出版时间
青年新知识丛刊	朝鲜和台湾	戈明 著	1942年6月
	帝国主义侵略中国的经过	李声玄 著	1940年6月
	帝国主义是什么	千家驹 著	1940年6月
	封建社会是什么	杨荣国 著	1940年12月
	妇女问题	严明 著	1941年7月
	歌唱常识	正思 著	1942年2月
	国民精神总动员	刘准 著	1940年6月
	军队政治工作	刘准 著	1940年12月
	抗战的形势	杨东莼 著	1940年12月
	抗战建国纲领释义	乔光鉴 著	1941年7月
	抗战文艺诸问题	何鹏 著	1941年7月
	科学概论	石兆棠 著	1942年7月
	恋爱新编	夏林 著	1940年9月
	民族问题	石永年 著	1940年12月
	木刻常识	温涛 著	1942年
	南洋	伍熊 著	1942年5月
	奴隶社会是什么	李嘉人 著	1942年6月
	青年问题	沈乡泉 著	1941年
	青年心理	朱智贤 著	1941年12月
	全世界被压迫民族问题	戈明 著	1942年3月
	日本侵略中国的经过	李声玄 著	1940年12月
	日本是什么国家	郭家文 著	1940年6月
	三民主义提要	柳庄 著	1940年6月
	社会学入门	姜君辰 著	1941年6月
	生物的进化	贾祖璋 著	1942年5月
	实用百科辞典	文化供应社 编	1942年7月
	图画常识	丰子恺 著	1940年12月
	唯物论与唯心论	李仲融 著	1940年12月
	文艺常识	何鹏 著	1941年7月
	电影常识	叶运升 著	1943年2月
	我们的宇宙	陈润泉 编	1940年12月
	物价与物价指数	周伯棣 著	1942年4月
	戏剧常识	夏林 著	1940年12月
	宪政运动	宗鲁 著	1940年9月
	新闻工作基础常识	柯天 著	1940年9月

续表

丛书名	书名	编著者	出版时间
青年新知识丛刊	形式伦理学和辩证法	李仲融　著	1940 年 6 月
	演讲雄辩谈话术	任毕明　著	1941 年
	艺术修养基础	丰子恺　著	1941 年 7 月
	印度	余　珉　著	1942 年 5 月
	游击战	顾　前　著	1940 年 12 月
	怎样编壁报	骆何民　著	1940 年 12 月
	怎样写信	郭家文　著	1941 年 6 月
	怎样写作	林之原　著	1940 年 9 月
	怎样学习	伍　敏　著	1941 年 12 月
	怎样学习外国语文	杨承芳　著	1942 年 3 月
	怎样研究历史	林　楚　著	1942 年 4 月
	战时法令要点	乔光鉴　著	1940 年 12 月
	中国的革命运动	李　鳌　著	1940 年 6 月
	资本主义是什么	杨荣国　著	1941 年 6 月
	自然与自然科学	张先辰　著	1942 年 7 月
青年自学指导手册	化学手册	唐锡元　著	1942 年
	木刻手册	野　夫　著	1943 年 10 月
	青年手册	文化供应社　编	1941 年 12 月
	生物学手册	贾祖璋　著	1942 年
	文学手册	艾　芜　著	1941 年 3 月
	物理学手册	顾均正　著	1942 年
	戏剧手册	冼　群　著	1942 年 7 月
	英文手册	杨承芳　著	1942 年 5 月
	珠算手册	廖伯华　著	1942 年 9 月
青年文库	地图的秘密	邵慎之　著	1943 年 11 月
	巨人细事	卡内基　著 肖敏颂　译	1944 年 1 月
	科学趣话	钱耕莘　著	1942 年 10 月
	励志集	傅彬然　著	1943 年 11 月
	气候讲话	王祥珩　著	1942 年 9 月
	世界漫游记	莫　斯　著 王祥珩　译	1941 年 6 月
	世界战争中的印度	金仲华　著	1943 年 1 月
	青年问题讲座	杨　纡　著	1943 年
	心理学常识漫谈	朱智贤　著	1943 年
	演讲术例话	尹德华　编	1943 年
	科学修养	田惜庵　著	1943 年
	谈鬼神	曹伯韩　著	1948 年 9 月
	傜（瑶）山散记	唐兆民　著	1942 年 10 月
	在和平劳动之国	唐旭之　译	1940 年 2 月

续表

丛书名	书名	编著者	出版时间
少年文库	菲菲岛梦游记	司马文森 著	1941 年 12 月
	敌后的故事	桂 生 著	1942 年 1 月
	火线上的孩子们	聂志孔 著	1942 年 1 月
	喜酒	邵荃麟 著	1942 年 1 月
	在内蒙古草地上	童 常 著	1942 年 1 月
	鹦鹉和燕子	骆宾基 著	1941 年 12 月
	小蛮牛	雷石榆 著	1943 年 5 月
	北极新天地	陆 洛 著	1942 年 4 月
	偷火者的故事	谢加因 著	1942 年 1 月
	生活的故事	左 林 著	1942 年 4 月
	地球和宇宙	陈大年 著	1942 年 5 月
	速算故事	孙士仪 著	1942 年 11 月
	星的故事	陈希真 著	1943 年 5 月
	黄金河的出现	陆 洛 著	1944 年 2 月
	三个奇异的国家	维 加 著	1944 年 2 月
	魔鞋	加·马特维也夫 著 梁 琼 译	1942 年 1 月
	空气、阳光、水	陈润泉 著	1947 年
	水和它的亲族	陈大年 著	1942 年 4 月
	幸运鱼	塔拉科夫斯加 著 梁 琼 译	1941 年 12 月
	苏联儿童诗集	波尔多等 著 陈 原 译	1942 年 5 月
	渔夫和鱼	司马文森 著	1942 年 11 月
	高尔基的故事	孙士仪 著	1944 年
	诗人雪莱的故事	郑清文 著	1947 年
	小铁匠	甦 夫 著	1942 年 6 月
	小姑娘们	班台莱耶夫 著 彭 慧 译	1947 年 11 月
	少年时代	托尔斯泰 著 蒋 路 译	1947 年
	森林中的宝藏	拉节夫斯卡 著 洪江普若 译	1949 年 11 月
	带臂章的人	杲 岚 著	1944 年
	耶夫雪加奇遇记	高尔基 著 黎 穆 译	1949 年 11 月
	光明的呼号	方 里 著	1949 年
	礼物	胡明树 著	1949 年
	猫仔的审判	胡明树 著	1947 年

续表

丛书名	书名	编著者	出版时间
文学创作丛刊	从大别山到唐河	蒋牧良　著	1941 年 10 月
	大地回春	陈白尘　著	1941 年 10 月
	荒地	艾　芜　著	1941 年 10 月
	同志间	沙　汀　著	1941 年 10 月
	忠王李秀成	欧阳予倩　著	1941 年 10 月
	伴侣	葛　琴　著	1942 年
	蠢货	司马文森　著	1942 年
	杜鹃花	聂绀弩　著	1942 年
	黎明的通知	艾　青　著	1942 年
	妙峰山	丁西林　著	1942 年 2 月
	浅草	宋云彬　著	1942 年
	英雄	邵荃麟　著	1942 年 8 月
	婵娟	聂绀弩　著	1943 年 2 月
	见闻杂记	茅　盾　著	1943 年 4 月
	吴非有	骆宾基　著	1943 年 2 月
	再见	黄药眠　著	1944 年
	美丽的黑海（游苏漫意）	黄药眠　著	1944 年
	沉吟	聂绀弩　著	1948 年 10 月
中学略读文库	创作小说选	邵荃麟　选注	1942 年 7 月
	翻译小说选	艾　芜　选注	1942 年 11 月
	话剧选	文　宠　选注	1943 年 3 月
	名人传记	赵家晋　等编 张声智　选注	1942 年 11 月
	散文选	葛　琴　选注	1943 年 11 月
	书信选	莫一庸　选注	1943 年
	现代名人演讲	李志曙　选注	1943 年 11 月
	游记选	林举岱　选注	1942 年 11 月
		葛　琴　选注	1947 年
初中精读文选	实用文篇	叶圣陶、叶苍岑、操震球、宋云彬、傅彬然等编校	1943 年 3 月
	文言文选　第 1 册		1943 年 3 月
	文言文选　第 2 册		1943 年 3 月
	文言文选　第 3 册		1943 年 3 月
	文章做法篇		1943 年 3 月
	语法篇		1943 年 3 月
	语体文选　第 1 册		1943 年 3 月
	语体文选　第 2 册		1943 年 3 月
	语体文选　第 3 册		1943 年 3 月
	语体文选　第 4 册		1943 年 3 月
	语体文选　第 5 册		1943 年 3 月
	语体文选　第 6 册		1943 年 3 月

续表

丛书名	书名	编著者	出版时间
国民教育丛书	成人班教材与教学法	裴本初 著	1943 年 12 月
	儿童班各科教材及教学法	金开山 著	1943 年 12 月
	国民教育概要	卢显能 著	1943 年 12 月
	健康教育	操震宇 著	1944 年 5 月
	科学教育	陈润泉 著	1944 年 3 月
	劳动生产教育	徐锡珩 著	1944 年 5 月
	社会生活指导	梁上燕 著	1943 年 12 月
	校务行政处理法	操震球 著	1944 年 4 月
	学生生活指导	陆静山 著	1943 年 12 月
	学习心理	傅彬然 著	1943 年 12 月
	学校图书馆之管理及其推广方法	赵建勋 著	1943 年 12 月
	中心学校的辅导工作	戴自俺 著	1943 年 12 月
英汉对照小丛书	名人轶事（又名《大人物小故事》《巨人细事》）	卡内基 著 肖敏颂 译	1947 年
	男性的友情	奥尔拉·芝尔 著 彦 英 译	
	天性的研究	考瓦德 著 柳无垢 译	1943 年
	铁蒂姨母	考瓦德 著 柳无垢 译	1943 年 9 月
	意外的惊愕	A. 诺维可夫·泼立薄罕等 著 邵荃麟 译	1943 年
	永逝了的菲比	德莱赛 著 黄药眠 译	1948 年 8 月
干部训练丛刊	干部政策	黄旭初 著	1941 年 10 月
	县以下各级行政机构与党（团）之联系	文化供应社 编	1941 年
	怎样做基层工作	广西地方建设干部学校 编	1941 年 10 月
	怎样做民众运动	刘 准 著	1940 年 10 月

续表

丛书名	书名	编著者	出版时间
广西建设研究会丛书一览	白健先生言论集	白崇禧　著	1941 年 7 月
	地方政府总论	陈柏心　著	1941 年 10 月
	广西之建设	李宗仁等　著	1939 年 10 月
	黄旭初先生言论集	广西建设研究会　编	1941 年 9 月
	三民主义行政论	雷　殷　著	1942 年 6 月
	近代欧洲文化之研究	阎宗临　著	1941 年 10 月
	李德邻先生言论集	李宗仁　著	1941 年 7 月
	列国国势要览	夏孟辉　著	1941 年 10 月
	中国地方制度及其改革	陈柏心　著	1941 年 10 月
	中国外交之史的分析	万仲文　著	1940 年 11 月
	中国租税制度及其改革	粟寄沧　著	1941 年 10 月
新儿童丛书	太阳照到西藏：地理讲话	齐　武　著	1951 年
	现代各国人民领袖	王　鸿　著	1951 年
	鞋：抗日故事	苗培时　著	1951 年
	写封喜信给毛主席	刘饶民　著 刘开申　绘	1951 年
	中国人	李　莊　著	1951 年

表 2　单行本目录

书名	编著者	时间
新水浒	谷斯范　著	1940 年 5 月
文化供应社纪要	文化供应社　编	1940 年 12 月
鲁迅语录	宋云彬　编	1940 年 12 月
保家乡	司马文森　著	1940 年 6 月
曹大娘送子从军	李文圃　著	1940 年 6 月
国难记	童振华　著	1940 年 6 月
砍不断的头	司马文森　著	1940 年 6 月
小神童	冼　群　著	1940 年 5 月
兄弟从军记	沈同衡　著	1940 年 6 月

续表

书名	编著者	时间
岳州汉奸李老板	童振华　著	1940 年 6 月
一个擦皮鞋的小鬼	华　嘉　著	1941 年 2 月（再版）
苍蝇的故事	文化供应社　编	1940 年 6 月
抗战必胜	廖冰兄等　著	1940 年 6 月
刘力士当兵（四种）	沈同衡　著	1940 年 6 月
国民公约及誓词	文化供应社　编	1940 年 11 月
好妙计	文化供应社　编	1940 年
火烧敌机场	文化供应社　编	1940 年
老当益壮	新　波　著	1940 年
老鼠的故事	温　涛　著	1940 年
两兄弟	沈同衡　著	1940 年
马的故事	林仰峥　著	1940 年
死里求生	刘建庵　著	1940 年
王伯伯打游击	文化供应社　编	1940 年
王大户	陈仲纲　著	1940 年
瞎子的笑话	文化供应社　编	1940 年
襄河圣血	张在民　著	1940 年
养猪的故事	温　涛　著	1940 年
朱文定	刘建庵　著	1940 年
民国三十年实用国民年鉴	胡愈之等　编	1941 年 6 月
经济学教程	李方进　著	1941 年 12 月
科学概论	石兆棠　著	1942 年 6 月
欧洲文化史论要	阎宗临　著	1944 年
中国社会史教程	邓初民　著	1942 年 6 月
日本历史教程	早川二郎　著 张荫桐　译	1943 年 5 月
教学原理	王士略　著	1943 年 11 月
教育生物学	张栗原　著	1944 年 2 月
学习心理学	阮镜清　著	1944 年 4 月
中国经济原理	王亚男　著	1944 年
中国文学史纲	谭丕模　著	1941 年

续表

书名	编著者	时间
租税论	周伯棣　著	1941 年
中国近百年史教程	张健甫　著	1940 年 5 月
中国文学史简编	宋云彬　著	1945 年 5 月
西洋现代史读本	杨荣国　著	1946 年 12 月
中国现代史读本	曹伯韩　著	1947 年 6 月
欧洲文学史简编	张毕来　著	1948 年 10 月
少年航空兵	沙平　著 刘漫　插图	1948 年 11 月
实用近代英文法	张月超　著	1947 年
孤儿（原名《阁楼》）	汪达·瓦希列夫斯卡　著 汤弗之　译	1948 年 12 月
最新初中国文（1—6 册）	叶苍岑等　编	1941 年 4 月
最新初中公民（1—3 册）	朱少希　编	1941 年 4 月
教育危言	林砺儒　著	1946 年 5 月
唱新年	十三兵团政治部文艺工作团　著	1949 年
五种遗规辑要	陈宏谋　著 朱荫龙　选辑	1942 年 11 月
龙胜风光	谢家晋　著	1943 年 1 月
广西地理	莫一庸　编	1944 年
广西乡贤文选	莫一庸　编	1944 年
广西乡土地理	莫一庸等　著	1944 年
英语教程	杨承芳　编译	1944 年
妇女的社会地位	文化供应社　编	1942 年 6 月
宪政与妇女	文化供应社　编	1942 年 6 月
抗日四字女经	文化供应社　编	1942 年 6 月
苏联的妇女	文化供应社　编	1942 年 6 月
国民辞典	王穆夫　编	1941 年
国民字典	郭家文　编	1941 年
抗战建国实用百科辞典	丁文朴等　编	1942 年 7 月
家庭幸福	方　敬　著	1943 年
传染病常识	郭耀鼎　著	1943 年 5 月

续表

书名	编著者	时间
国民卫生常识	张国强　著	1943 年 5 月
现行直接货物税法法规汇编	周伯棣　著	1944 年
新婚姻法问题解答汇编	王迺聪　编	1950 年
怎样作好人民文化馆工作	孟式钧　编	1951 年
科学的新闻学概论	艾秋飙（萨空了）　著	1944 年 3 月
高级珠算教程	廖伯华　著	1942 年 9 月
中国经济原论	王亚南　著	1944 年
新民主实用百科辞典	张铁生　主编	1947 年
经济形态论	李　达　著	1948 年
寻找知识的方法	邓初民　著	1949 年
新中国的人民铁道	齐　语　编	1951 年
社会科学常识讲话	邓初民　著	1949 年 4 月
新对联	文化供应社　编	1943 年 5 月
国民写信（初集）	文化供应社　编	1940 年
国民写信（二）	文化供应社　编	1941 年
妇女书信	文淑青　著	1941 年
儿童书信	查震青　编	1942 年
中国疆域拓展史	夏　威　著	1941 年 7 月
中华民族发展史纲	张旭光　著	1942 年 9 月
中国社会史大系（第一分册　中国原始社会史）	吴　泽　著	1943 年 3 月
第二次世界大战形势全图	杨人鸿、金端苓　绘	1943 年 4 月
中国文学史纲　第一分册	谭丕模　著	1947 年 1 月
岩石与造岩矿物学	李祖材　著	1940 年
中国地理基础教程	陈　原　著	1942 年
美帝排华史	张人羽　著	1951 年
回到第一次收复的名城	韦燕章　著	1940 年 3 月
重见天日——一个间谍的自供	J. 维尔丁　著 林友兰　译	1941 年 8 月
秋声赋（四幕剧）	田　汉　著	1942 年 10 月
通俗文艺的基本问题	林　山　著	1943 年 2 月

续表

书名	编著者	时间
竹庐诗存	陈树勋　著	1943 年 5 月
岭南书风	李仙根　著	1943 年 7 月
迟开的蔷薇	斯托姆　著 巴　金　译	1943 年 11 月
孩子们的图画	梁　洪　编绘	1944 年 2 月
少年画册	莫志恒　编绘	1944 年 2 月
图画手册	莫志恒　编绘	1944 年 2 月
南行记	艾　芜　著	1944 年 3 月
乐园的创造	温　涛　著	1946 年 11 月
英国现代文学的主流及其政治思想	林伦彦　著	1947 年 4 月
怎样学习国文	翟凤銮　著	1947 年 11 月
文艺学习论	徐中玉　著	1948 年 1 月
少年时代	托尔斯泰　著 蒋　路　译	1949 年 3 月
铁娃娃	李伯宁　著	1951 年 12 月
文艺鉴赏论	普列查特　著 胡仲持　译	1941 年
名城杂记	陈　阵　著	1942 年
群魔	王光乃　著	1942 年
现代名人传记	赵家晋、张声智　编	1942 年
幼稚园歌剧选	陆静山　著	1942 年
战地新歌（诗集）	刘雯卿　著	1942 年
普式庚评传	吉尔波丁　著	1942 年
国画常识	丰子恺　著	1942 年
火把（诗）	艾　青　著	1942 年再版
陈榕门之生平	高吉人　著 李任仁　校订	1947 年
战地散记	齐　语　编	1952 年
红色战斗员：江西土地革命时期的故事	胡　里　著 邢舜田　绘	1952 年
宪政的故事	曹伯韩　著	1940 年
现代名人讲演	李志曙　选注	1942 年 12 月

续表

书名	编著者	时间
宪法的基础认识	张映南　著	1940 年 4 月
宪法的故事	曹伯韩　著	1940 年 6 月
宪政图解	张志让　著 周实、杨人鸿　绘	1940 年 6 月
实行宪政歌	宋云彬　著	1940 年 7 月
英文法错误类例	韩时俊　著	1942 年 10 月
英文日用同语字	邹朝濬　著	1942 年 10 月
英文文法精义	葛传槼　著	1942 年 10 月
英文新闻例释	豪威・雅普　编	1942 年 10 月
英语的学习与研究	林语堂　著	1942 年 10 月
民生哲学的新认识	万民一　著	1940 年
三民主义概要	钱实甫　著	1940 年
从北欧打到西欧	杨承芳　著	1940 年 5 月
抗战建国手册	文化供应社　编	1940 年 11 月
谭嗣同书简	欧阳予倩　编	1943 年 2 月
中山文选	陈劭先　编	1943 年 4 月
县政建设实施概论	陈柏心　著	1943 年 10 月
新民主主义论	毛泽东　著	1940 年
抗战三年形势图	文化供应社　编	1941 年
论太平洋战争	羊　枣　著	1942 年
社会活动指导	梁上燕　编	1942 年
军事新闻概论	程仲清　著	1943 年
中国政治问题讲话	邓初民　著	1949 年
阶级・阶级斗争概论	邓初民　著	1950 年
怎样进行正确的领导——学习布尔什维克的工作方法	洪彦林，黄寿宸　辑	1951 年
平面几何画法	陈大年　著	1941 年
物理学的演进	莫一庸　著	1943 年
科学修养	田惜庵　著	1949 年
横吹集	王健先　著	1940 年
刻意集	何其芳　著	1940 年

续表

书名	编著者	时间
三民主义提要	柳　庄　著	1940 年
西东习作	徐西东　著	1940 年 8 月
山・水・阳光	A. 桑宋　著 陈占元　译	1941 年
烽烟缅甸	伯　华　著	1942 年
南洋风雨（又名《谁能绕着圆桌走到天堂》）	马　宁　著	1942 年
革命文豪高尔基	邹韬奋　译	1942 年
赫曼与窦绿苔	歌　德　著	1942 年
鲁迅创作方法及其他	景宋、巴人等　著	1942 年
鲁迅先生二三事	孙伏园　著	1942 年
鲁迅自述	左　群　辑录	1942 年
鲁迅的书	欧阳凡海　编	1942 年
三天	秦　似　译	1942 年
新文学教程	以　群　译	1942 年
西班牙诗歌选译	R. 阿尔培特等　著 黄药眠　译	1942 年
永生	赛珍珠　著	1942 年
中国人和中国人的镜子	何干之　著	1942 年
死魂灵	鲁　迅　译	1942 年
普式庚评传	吉尔波丁　著	1942 年
中国政治问题讲话	邓初民　著	1949 年

注：上述表格数据根据《大公报》（桂林版）“文化供应社书报联合广告”（1941—1943 年）和文化供应社编辑的《文化通讯》、《新道理》、《文化杂志》（1940—1943 年）中的图书广告；龙谦、胡庆嘉《桂林文史资料（第 38 辑　抗战时期桂林出版史料）》（漓江出版社，1999 年），《广西文史资料（第 23 辑　陈劭先纪念文集）》（1986 年），《广西通志（出版志）》（广西人民出版社，1999 年），周勇、章开沅的《中国抗战大后方历史文献联合目录》（重庆出版社，2011 年）中的抗战时期出版图书目录；以及中国历史文献总库民国图书数据库、中国国家图书馆、广西壮族自治区图书馆、桂林市图书馆、重庆市图书馆、华中师范大学图书馆、武汉大学图书馆等数据库系统等几方面信息资料来源进行统计、核对、整理而成。

附录三　《文化杂志》分类目录索引

表 1　《文化杂志》第一卷（1—6 期）分类目录索引

类型	篇名	作者	期数
国际/政治	论纳粹德国的反苏战争	杨承芳　著	1
	英美苏对我贷款之分析	千家驹著	1
	美国的海防	汉森．鲍德温　著 肖敏颂　译	3
	从开国到建国	陈劭先　著	3
	历史的悲剧与悲剧的历史——论苏德战局	杨承芳　著	4
	论太平洋战争	杨承芳　著	5
经济	论中国统治经济的实施	西　超　著	1
	中国社会发展迟滞的原因	李　达　著	2
	法币的本质与价值	周伯棣　著	2
	略论今后的地方财政	秦柳芳　著	3
	生产力的诸基本因素	布尔什维克杂志社　编著 亚　明　译	3
	经济学理论的新发展（上）	沈志远　著	4
	经济学理论的新发展（下）	沈志远　著	5
	货币底现实形态与观念形态	狄超白　著	5
	地理环境在社会发展中的作用	奥蒙斯基　著 王易今　译	5
	论中国工业化的前途	张锡昌　著	6
	古典派政治经济学的评价（上）	德布宁　著 洪　济　译	6
	关于货币上的几个问题	秦柳芳　著	6
	民国三十年国内经济之总结	萧以章　著	6

续表

类型	篇名	作者	期数
历史	汉唐宋明之朋党	张健甫　著	3
	中国社会发展史纲要 1	吴　泽　著	4
	中国社会发展史纲要 2	吴　泽　著	5
	中国社会发展史纲要 3	吴　泽　著	6
哲学/科学	黑格尔逻辑提要	三枝博音　著 石兆棠　译	4
	略论概念论上的形式逻辑残余	冬　青　著	5
	科学认识的客观性与真理性	张先辰　著	6
	社会科学与自然科学之关系	石兆棠　著	1
	关于科学大众化	吴藻溪　著	4
	算数到代数的发展过程	廖庶谦　著	6
文化	我们对于现阶段文化建设的意见	本社（邵荃麟）　著	1
	章太炎的学术思想及其影响	宋云彬　著	1
	中国语文改革问题（上）	曹伯韩　著	1
	中国语文改革问题（下）	曹伯韩　著	2
	保卫人类文化的战争	杨承芳　著	2
	考证学的新趋势	陈守实　著	2
	论新人道主义	邵荃麟　著	6
	辛亥革命前的中国文化运动	宋云彬　著	3
	士权论（上）	杜克劳斯　著 万湜思　译	3
	士权论（下）	杜克劳斯　著 万湜思　译	4
	中国教育往何处去	傅彬然　著	3
	释学	谢扶雅　著	4
	论大学风气	黄中厪　著	4
	新岁献辞	李任仁　著	5
	对当前文化界风气的感想	叶圣陶等　著	6

续表

类型	篇名	作者	期数
小说	梦	艾　芜　著	1
	客地	葛　琴　著	1
	父与女	蒋牧良　著	2
	回乡	司马文森　著	2
	第一把火	聂绀弩　著	3
	夜	蒋冰之　著	3
	欺骗	邵荃麟　著	3
	艺术干事	沙　汀　著	4
	金笔	V. 卡泰耶夫　著 秦　似　译	4
	雨夜	何家槐　著	5
	花素琴	韩北屏　著	6
诗歌	军火在西班牙	律格斯·华纳　著 袁水拍　译	1
	眼睛	袁水拍　译	1
	牝牛的生产	彭燕郊　著	2
	晚归	彭燕郊　著	2
	北欧初雪	袁水拍　著	3
	岩上树	麦　青　著	4
	狼犬	麦　青　著	4
	旅途	麦　青　著	4
	诗二章	彭燕郊　著	5
	妲姬雅娜之梦	普希金　著 吕　荧　译	6

续表

类型	篇名	作者	期数
散文/杂文	拐脚和虚胖	何家槐　著	1
	谈自杀者的盛装新衣的心理	茅　盾　著	1
	“波西列斯和茜哲斯孟德的旅行”序	M. 西万提斯　著 徐　激　译	2
	江上	文　诺　著	3
	秋之忆	罗　加　著	5
	奇趣的享受	静　闻　著	4
	关于人生	B. 吉田弦二郎　著 林　林　译	6
	也谈阿 Q	邵荃麟　著	1
文艺研究	大题小解之二（创作思想）	茅　盾　著	1
	向深处挖掘（创作思想）	邵荃麟　著	6
	文学创作上的言语运用问题（集体讨论）	集体讨论	5
	纪念与回忆——纪念吴检斋．回忆许地山	宋云彬　著	2
	未发表的鲁迅先生遗扎	编　者　著	3
	作为思想家的鲁迅	胡　风　著	4
	托尔斯泰对于文艺的见解	袁水拍　译	4
	论艺术	托尔斯泰　著 庄寿慈　译	4
	曹禺作品研究（上）	冼　群　著	1
	曹禺作品研究（下）	冼　群　著	2
	文艺与反映现实	艾　芜　著	3
现代知识讲座	宣传的内容与技术	萨空了　著	2
其他	文化供应社自我介绍	陈劭先　著	1
	廖先生被囚	何香凝　著	1
	广西大藤山猺（瑶）族名类的探索	唐兆民　著	2

表 2 《文化杂志》第二卷（1—6 期）目录索引

类型	篇名	作者	期数
国际/政治	星洲陷落后世界战争的动向	金仲华 著	1
	论东方被压迫民族解放运动	杨承芳 著	2
	印度对英国战略上的重要性	杜 德 著 巴 达 译	2
	觉醒中的印度	宜 闲 著	2
	暴风雨间的寂静	羊 枣 著	3
	五年来日本政治的演变	张友渔 著	4
	香港战争的几个教训	爱泼斯坦 著	4
	战略与政治	M. 温纳尔 著 林伦彦 译	5
	西战场的检阅	张铁生 著	6
	论革新政治风气	傅彬然 著	6
经济	古典派政治经济学的评价（下）	德布宁 著 洪 济 译	1
	中国产业劳动之研究	许慎之 著	2
	扩充生产与收缩通货	粟寄沧 著	3
	抗战中土地关系发展的趋向	张西超 著	4
	论当前物价问题	千家驹、沈志远、狄超白、 施之铨、秦柳芳、陈翰生、 张锡昌、冯和法、粟寄沧 著	5
	亚当斯密斯之地租思想（上）	陈洪进 著	5
	租税原则论的发展	粟寄沧 著	5
	亚当斯密斯之地租思想（下）	陈洪进 著	6
	沦陷区的殖民地化的经济（金融篇）	郑克伦 著	6
历史	中国社会发展史纲（续完）	吴 泽 著	1
	与李达先生论中国社会发展迟滞的原因	蒙达坦 著	1
	夏殷时代的中国奴隶社会	邓初民 著	2
	论“亚细亚生产方式”	早川二郎 著 艾 群 译	2
	中印交通史的考察	黄中廑 著	4
	关于奴隶社会的几个问题	柯瓦列夫 著 徐嘉然 译	6
哲学/科学	孔子学派的类比逻辑	纪玄冰 著	1
	遗传理论的新发展	里森科 著 于 卓 译	3
	关于“算术到代数的发展过程”的商榷	欧阳琦 著	5
	“算术到代数的发展过程”的补充说明	廖世谦 著	5
	评冯友兰著的《新世训》	胡 绳 著	6
	“概念”和认识	伍 辛 著	6

续表

类型	篇名	作者	期数
文化	纪念蔡先生	梁漱溟 著	1
	让我们学习蔡先生的“学”与“教”	雷沛鸿 著	1
	论教育与社会变化	康得耳 著 林砺儒 译	1
	现阶段广西文化建设	庞敦志 著	1
	五四时代之反儒家运动	宋云彬 著	2
	思想统一与思想自由	钱实甫 著	2
	新思潮的意义（重刊）	胡 适 著	2
	治学的态度	陈此生 著	3
	推进中国报业刍议	萨空了 著	3
	自立更生的真诠	杨承芳 著	4
	精神剃须论	林砺儒 著	4
	论学者	高尔基 著 白 澄 译	4
	对于当前文化界的若干感想	邵荃麟 著	5
	权力意志的流毒	曹和仁 著	5
	概念的具体性底一个说明	舒 芜 著	6
小说	宿店	邵荃麟 著	2
	旅途中	方 栩 著	3
	血泊中	田 涛 著	4
	鸡鸣与狗吠	骆宾基 著	5
诗歌	炸土桥	SM 著	1
	山民	严杰人 著	1
	雷雨来了	姚 奔 著	2
	我的歌	曾 卓 著	2
	盲者	SM 著	3
	萤	SM 著	3
	从冬到春	王晨牧 著	4
	他们为完成公粮而歌唱	田 间 著	5
	王良	田 间 著	5
	酒场	彭燕郊 著	5
	小牛犊	彭燕郊 著	5
	巴赫契沙莱伊的水泉	普希金 著 穆木天 译	6
	香港战争诗四首	柳亚子 著	6
	致不能发声的痛苦者	麦 青 著	6

续表

类型	篇名	作者	期数
散文/杂文	旷地上	葛　琴　著	1
	歌声	以　群　著	2
	小麻猫的归去来	郭沫若　著	4
	仍是纪念而已	茅　盾　著	2
	增补儒林外史	易　庸　著	6
	更生斋随笔	柳亚子　著	6
文艺研究	评中国画风	丰子恺　著	1
	论浪漫主义的诗歌及其它	密凯维支　著 孟　昌　译	1
	方言的使用和研究	曹伯韩　著	3
	艺术底基本问题（上）	卢那察尔斯基　著 周　行　译	3
	艺术底基本问题（下）	卢那察尔斯基　著 周　行　译	4
	印度文学及佛教对中国文学的影响	何家槐　著	5
其他	通俗化杂谈	操震球　著	1
	谭嗣同书简序	欧阳予倩　著	2
	漫谈世态	周伯棣　著	3
	香港脱险寄宽恕两儿	梁漱溟　著	3
	大藤山猺（瑶）族民类之探讨续篇	唐兆民　著	3
	日本近代化学的开创者宇田川榕庵	吴藻溪　著	4
	一九四一年的苏联电影	卜　八　著	4
	归来记	盛　年　著	4
	监狱风景线	尼赫鲁　著，毕　来　译	5
	风雨·山林·虫鸟	尼赫鲁　著，毕　来　译	6

表 3 《文化杂志》第三卷（1—4 期）目录索引

类型	篇名	作者	期数
国际/政治	英印危机的总检讨	金仲华 著	1
	论德苏战局	张铁生 著	1
	收复东北与建设东北的我见	周鲸文 著	1
	关于解决东北问题的原则	张友渔 著	1
	一年来太平洋战争的总结	杨承芳 著	2
	日寇今后的动向	韩幽桐 著	2
	我国收回法权的经过	居 正 著	2
	一九四三年的世界新形势	李任仁 著	3
	一九四三年的世界战略	金仲华 著	3
	一九四三年的期望	柳亚子 著	3
	当前我国废除不平等条约应取的途径	万仲文 著	3
	当前的世界战局与我们的任务	史太林 著	3
	远东侵略战争与日本人民革命	鹿地亘 著	3
	二十五年来的苏联外交	史坦因 著	3
	北非战争的局势与影响	张铁生 著	4
	南洋资源与日寇	张友渔 著	4
	安多区的社会及其建设问题	徐 旭 著	4
经济	沦陷区的殖民地化的经济（产业论）	邓克伦 著	1
	论物资之争取与管制	陈文川 著	1
	“配给制”的真相（通讯）	穆 欣 著	1
	当前的国营贸易问题	述 而 著	2
	物资与物价管制问题	萧以章 著	3
	在敌寇铁蹄下的上海经济动态	新华日报 载	3
	上海的法币	徐日洪 著	3
	民国三十一年国内经济的总结	萧以章 著	4
	物价统治的新阶段	刘耀燊 著	4
	论当前中国财政经济政策	陈文川 著	4
	政治经济学的法则	王亚南 著	4
历史	辛亥革命外史	柳亚子 著	1

续表

类型	篇名	作者	期数
史料	英美放弃在华治外法权的声明	文化供应社　编	2
	威尔基氏谈话全文	文化供应社　编	2
	罗斯福总统炉边闲话全文	文化供应社　编	2
	劳工政策纲领草案	文化供应社　编	2
	“加强统治物价方案”报告书	文化供应社　编	2
	加强统治物价方案	文化供应社　编	2
	管制平抑物价总决议案	文化供应社　编	2
	十中全会宣言	文化供应社　编	3
	美国共和党新政纲	文化供应社　编	3
哲学/科学	章太炎的宇宙根源论及其唯物论“平议”	纪玄冰　著	1
	理性与宗教之相违	梁漱溟　著	2
	关于生命起源问题的研究	A. N. 粤巴灵　著 孙亚明译	2
	论国防科学化	李四光　著	2
	理性与理智之分别	梁漱溟　著	3
文化	论“正统思想”	钱实甫　著	1
	评黎锦熙的“新著国语文法”（上）	廖庶谦　著	1
	评黎锦熙的“新著国语文法”（中）	廖庶谦　著	2
	论文学上的语言运用	黄楚青　著	2
	谈今日的教授	周伯棣　著	2
	关于古代社会研究答客难	郭沫若　著	3
	略论文学上的方言使用问题	邵荃麟　著	3
	释舅姑	聂绀弩　著	3
	评黎锦熙的“新著国语文法”（下）	廖庶谦　著	3
	教育与政治配合问题	黄中厪　著	3
小说	仇恨	骆宾基　著	1
	仇恨	骆宾基　著	2
	太平凡的故事	茅　盾　著	2
	悼萧红：为她未完的生命和寂寞的死亡	无　垢　著	2
	穿破衣的人和他的亲戚	艾　芜　著	3
	仇恨	骆宾基　著	3
	魔术的医道	韩北屏　著	4
	仇恨	骆宾基　著	4

续表

类型	篇名	作者	期数
诗歌	运输大队	臧克家　著	1
	金钱	臧克家　著	1
	惠特曼诗抄	惠特曼　著 邹　绛　译	1
	夜城	曾　卓　著	2
	街	艾　青　著	3
	皮鞋	厂　民　著	4
散文	寄一位不相识的难友	葛　琴　著	1
文艺研究	彭燕郊的“第一次爱”	聂绀弩　著	1
其他	本刊一周年	文化供应社　编	1
	国内外大事纪要	文化供应社　编	2
	原子中的新境界	E. 劳伦斯　著	3
	全国人民团体单位统计	文化供应社　编	3
	本年全国收成统计	文化供应社　编	3
	全国合作社概况统计	文化供应社　编	3
	国内外大事纪要	文化供应社　编	3
	不平等条约的内容	王宠惠　著	3
	国内外大事纪要	文化供应社　编	4
	陈庄农业调查	张克勤　著	4

参考文献

一、史料部分

[1] 大公报社. 大公报（桂林版）[N]. 桂林：大公报社，1941－03－15—1943－05.

[2] 大公报社. 大公报（重庆版）[N]. 重庆：大公报社，1939－09—1942－10.

[3] 大公报社. 大公报（上海版）[N]. 上海：大公报社，1945－11—1948－10.

[4] 大公报社. 大公报（香港版）[N]. 香港：大公报社，1938－08—1941－12.

[5] 广西日报社. 广西日报（桂林版）[N]. 桂林：广西日报社，1946－01—1947－02.

[6] 广西日报社. 广西日报（南宁版）[N]. 南宁：广西日报社，1937—1945.

[7] 广西日报社. 广西日报（昭平版）[N]. 昭平：广西日报社，1937—1945.

[8] 救亡日报社. 救亡日报 [N]. 桂林：救亡日报社，1939－10—1940－09.

[9] 赵家璧. 忆桂林：战时的“出版城”[N]. 大公报，1947－08－15.

[10] 老舍. 八方风雨 [N]. 新民报，1946－04－04.

[11] 佚名. 论民主和民主风度 [N]. 广西日报（昭平版），1945－01－01.

[12] 李任仁. 学术思想上救国的蔡元培先生 [N]. 救亡日报，1940－03－24.

[13] 佚名. 国民精神总动员纲领 [N]. 新华日报，1939－03－12.

[14] 新中华报社. 为扫除三万文盲而斗争（社论）[N]. 新中华报，1939－04－19.

[15] 王坪. 文化城的文化状况 [N]. 广西日报，1943－09－08.

[16] 司马文森. 文协六年 [N]. 大公晚报，1944－06－14.

[17] 文化供应社. 文化通讯 [J]. 1940－03—1943－12－01.

［18］文化供应社．文化通讯（复刊）［J］．1945－06—1945－11－20．

［19］文化供应社．新道理［J］．1940－07－01—1944－04．

［20］文化供应社．新道理（复刊）［J］．1947－01－01—1944－04－05．

［21］文化供应社．文化杂志［J］．1942—1943．

［22］编者．最近重庆市图书出版概况［J］．出版界（重庆），1943，1（1）：10－13．

［23］编者．三十一年度全国出版图书区域暨分类统计表［J］．出版界（重庆），1943，1（1）：42．

［24］编者．三十二年度一至六月份各省市出版图书分类统计表［J］．出版界（重庆），1943，1（1）：43－44．

［25］编者．桂林市三十二年十一月份十二月份出版图书一览［J］．出版界（重庆），1944，1（2）：55－57．

［26］编者．出版业之发展及均衡分布论［J］．出版界（重庆），1944，1（4）：1－5．

［27］编者．桂林市本年一二月份出版图书一览［J］．出版界（重庆），1944，1（4）：40－41．

［28］编者．商务印书馆出版概况［J］．出版界（重庆），1944，1（5）：4－13．

［29］编者．商务印书馆两年来出版图书目录［J］．出版界（重庆），1944，1（5）：17－27．

［30］编者．当前图书出版事业之检讨［J］．出版界（重庆），1944，1（6）：29－34．

［31］编者．三十二年度全国出版图书分区域分类统计表［J］．出版界（重庆），1944，1（6）：37．

［32］编者．各省市三十、三十一、三十二年度出版图书数量比较表［J］．出版界（重庆），1944，1（6）：38－39．

［33］编者．三十二年度与三十一年度全国出版图书数量分类比较表［J］．出版界（重庆），1944，1（6）：39．

［34］编者．战时成都出版业：在重庆新出版业同人茶话会讲［J］．出版界（重庆），1945，2（1）：1－14．

［35］编者．纠正营业风气［J］．图书印刷月报，1943，1（2）：3．

［36］编者．漫谈目前的出版界：一［J］．图书印刷月报，1943，1（2）：20－21．

［37］编者．出版工作研究：二 附图［J］．图书印刷月报，1943，1（2）：23－25．

［38］允一．短评：保障抗战言论出版的自由［J］．全民周刊，1938，1（21）：

331.

[39] 张健甫. 短评：抗战中出版界的任务 [J]. 文化战线（上海），1937（2）：7.

[40] 编者. 国内消息：抗战建国期中我国出版事业统计 [J]. 中华图书馆协会会报，1940，14（5）：14.

[41] 潘公展. 抗战七年来之出版事业：附表 [J]. 文化先锋，1944，3（23）：13－17.

[42] 谭勤余. 抗战期内我国科学出版物：附表 [J]. 东方杂志，1943，39（1）：80－92.

[43] 克因. 抗战余论：2. 文化出版界中底骗局 [J]. 抗战向导，1938（2）：16.

[44] 编者. 抗战期中言论与出版的自由 [J]. 新华日报社论，1938（5）：81－83.

[45] 老向. 抗战四年来的民众读物 [J]. 文艺月刊，1941，11（7）：33－38.

[46] 编者. 特载：全国出版界要求撤销“战时图书杂志原稿审查及抗战期间图书杂志审查标准”[J]. 全民抗战，1938（18）：215－216.

[47] 编者. 文化教育：抗战期内出版业突飞猛进 [J]. 时事文汇，1940（10）：19.

[48] 白崇禧. 文化教育 [J]. 战地知识，1939（3）：22.

[49] 朱焕尧. 战时军民图书流通计划 [J]. 中华图书馆协会会报，1939，13（6）：1－4.

[50] 谢澄宇. 谈出版 [J]. 出版通讯，1943，2（2）：2－7.

[51] 编者. 各国的出版检阅制度 [J]. 东方杂志，1931，28（13）：121－124.

[52] 蒋烈奇. 文讯：桂林的书市 [J]. 读书与出版，1947，2（7）：51－53.

[53] 读书界：“文化通讯”：桂林出版 [J]. 读书月报，1940，2（4）：29－31.

[54] 编者. 这一期：我们遭遇到目前出版界一般所感受的印刷困难 [J]. 风土什志，1943，1（1）：5.

[55] 韦斐斌. 中国造纸工业概述：附表 [J]. 广西企业季刊，1943，1（4）：22－36.

[56] 洗文. 桂林市的印刷工业 [J]. 中国工业（桂林），1943（19）：14－20，13.

[57] 佚名. 教育文化消息：省党部筹社“大众文化室”[J]. 教育与文化，1939（2）：15.

[58] 编者. 战期中桂林文化的动态：上　战期中桂林的新姿态之一 [J]. 克敌周刊，1938（23）：12－13.

[59] 编者. 论中国战时之通货与物价 [J]. 民族文化，1941（1）：75－78.

[60] 编者. 短评：战时出版检查制度撤销以后 [J]. 女青年（南京），1945，2（4）：4.

[61] 编者. 云集武汉的文化人往何处去？[J]. 全民周刊，1937，1（2）：20－21.

[62] 编者. 战时书业：附图 [J]. 图书季刊，1940，2（3）：202－203.

[63] 娜. 艺文短讯：桂林年来出版界极呈活跃 [J]. 万象，1943，3（2）：140.

[64] 仁之. 报告与通讯：桂林的出版事业 [J]. 文化服务，1940，1（3）：19.

[65] 编者. 短论：论出版检查制度改进后的写作态度 [J]. 文化先锋，1944，3（21）：2.

[66] 赵又清. 最近桂林新文艺出版物速写 [J]. 文坛，1943，2（1）：61－67.

[67] 茅盾. 谈出版文化 [J]. 文艺春秋（上海 1944），1944（2）：10－11.

[68] 编者. 读“忠王李秀成”：欧阳予倩作·桂林文化供应社出版 [J]. 文艺生活（桂林），1941，1（2）：38－40.

[69] 编者. 编后杂记：本刊这一期出版 [J]. 文艺生活（桂林），1941，1（3）：48.

[70] 编者. 岁末话文坛 [J]. 文艺生活（桂林），1942，3（3）：47－49.

[71] 编者. 桂林文化巡礼：蓬渤的书丛 [J]. 文艺新哨，1942，1（4）：25－27.

[72] 编者. 从桂林到重庆 [J]. 西南青年，1941，2（5）：19－21.

[73] 佚名. 介绍“文学手册”：艾芜著，文化供应社发行 [J]. 现代青年（福州），1941，4（6）：228－230.

[74] 明天. 桂林出版界现状的分析（桂林通讯） [J]. 新闻记者（汉口），1938，1（4）：27－28.

[75] 编者. 学习与播音：桂林文化供应社七月内刊行了一种卅二开本的通俗小刊物 [J]. 学习，1940，3（1）：11－13.

[76] 哲非. 文化人何处去 [J]. 杂志，1942，9（5）：9－14.

[77] 编者. 抗战三年来的总检讨 [J]. 战地文化，1940，1（2）：14－15.

[78] 编者. 后方报道：（五）桂林文化供应社协助广西动员工作 [J]. 战地知识，1939，1（11－12）：28.

[79] 编者. 抗战三年的总检讨：附图 [J]. 中学生，1940 (26)：5-7.

[80] 编者. 从桂林到重庆 [J]. 中学生，1944 (81)：84-86.

[81] 编者. 纪事宣传：(一) 改进出版检查制度 [J]. 中央党务公报，1944，6 (14)：21.

[82] 龚仪宣. 战时剧演论 [J]. 戏剧岗位，1939，1 (2)：7.

[83] 艾思奇. 谈谈边区的文化 [J]. 文艺（上海），1938，1 (1)：38.

[84] 郑振铎. 为士兵们做的文艺工作 [J]. 呐喊，1937 (2)：22.

[85] 佚名. 后方报导：五　桂林文化供应社协助广西动员工作 [J]. 战地知识，1939，1 (11)：28.

[86] 胡愈之. 漫谈文化运动 [J]. 风下，1948 (124)：4-5.

[87] 胡愈之. 怎样统一起来　形式的统一与实质的统一 [J]. 国民公论（汉口），1938，1 (1)：4-5.

[88] 胡愈之. 筹设村街文化室刍议 [J]. 建设研究，1939，1 (4)：13-16.

[89] 胡愈之. 怎样展开三民主义的文化运动 [J]. 上海周报（上海 1939），1940，2 (2)：42-44.

[90] 胡愈之. 从中日战争到太平洋战争 [J]. 世界知识、妇女生活、中华公论、国民周刊战时联合旬刊，1937 (2)：42-43.

[91] 胡愈之. 论进步与倒退 [J]. 战旗，1940 (84)：6-7.

[92] 胡愈之. 致宋云彬的信 [J]. 出版史料，2002 (4)：24-25.

[93] 邵荃麟. "英雄"题记 [J]. 野草，1942，4 (1)：64-66.

[94] 邵荃麟. 关于保障作家生活问题 [J]. 半月文萃，1943，2 (1)：32-33.

[95] 邵荃麟. 建立新的美学观点 [J]. 建设研究，1941，5 (5)：57-59.

[96] 飞鸿. 胡愈之等人创办的文化供应社 [J]. 民国春秋，1994 (5)：54-55.

[97] 莫志恒. 入桂访书：记文化供应社 [J]. 出版史料，1986 (6)：54-56.

[98] 千家驹. 在桂林的八年 [J]. 学术论坛，1981 (1)：37-46.

[99] 林山，蒋仲仁，张毕来，等. 悼念曹伯韩同志 [J]. 文字改革，1959 (5)：7-10.

[100] 茅盾. 关于《新水浒》：一部利用旧形式的长篇小说 [J]. 中国文化，1940，1 (4)：38-40.

[101] 杨洪. "新水浒"：谷斯范著 [J]. 现代文艺（永安），1940，1 (5)：221-224.

[102] 谷斯范.《每日译报》忆旧：雨丝风片录（四）[J]. 新文学史料，1992

(2)：140-155.

[103] 程云．书报介绍："新水浒"：谷斯范［J］．皖南人，1940，1（5）：21-22.

[104] 韦昌英，黄今．谈《忠王李秀成》［J］．文艺生活，1941，1（2）：38-40.

[105] 欧阳予倩．《忠王李秀成》自序［J］．文艺生活，1941，1（2）：36-37.

[106] 董健．论陈白尘的话剧《大地回春》［J］．抗战文艺研究，1984（2）：17.

[107] 陈白尘．大地回春·代序：给巴人［J］．戏剧岗位，1941，3（3-4）：17-19.

[108] 彭燕郊．荃麟：共产主义圣徒［J］．新文学史料，1997（2）：83-95.

[109] 赵晓恩．抗战时期的桂林文化供应社［J］．中国出版，1985（4）：52-56；1985（5）：47-53.

[110] 飞鸿．胡愈之等人创办的文化供应社［J］．民国春秋，1994：54.

[111] 先"总统"蒋公全集：第一册［M］．台北：中国文化大学出版部，1984.

[112] 中国第二历史档案馆．中国现代史资料汇编：1919-1945［M］．香港：文化资料供应社，1978.

[113] 中国第二历史档案馆．中华民国史档案资料汇编：第五辑　第一编　文化［M］．南京：江苏古籍出版社，1998.

[114] 中共中央文献研究室，中央档案馆．建党以来重要文献选编：1921—1949　第19册［M］．北京：中央文献出版社，2011.

[115] 中央档案馆．中共中央文件选集［M］．北京：中共中央党校出版社，1991.

[116] 秦孝仪．中华民国重要史料初编：对日抗战时期　四［M］．台北：中国国民党中央委员会党史委员会，1988.

[117] 黄季陆．革命文献：第55辑　抗战前教育概况与检讨［M］．台北：中央文物供应社，1971.

[118] 南方局党史资料征集小组．南方局党史资料：三　统一战线工作［M］．重庆：重庆出版社，1990.

[119] 南方局党史资料征集小组．南方局党史资料：六　文化工作［M］．重庆：重庆出版社，1990.

[120] 周勇，王志昆，章开沅．中国抗战大后方历史文献联合目录：上、中、下［M］．重庆：重庆出版社，2011.

[121] 章开沅. 中国战时首都档案文献：抗战动员 [M]. 重庆：重庆出版社，2014.

[122] 任涛. 中国统一战线全书 [M]. 北京：国际文化出版公司，1993.

[123] 广西军区政治部，八路军桂林办事处纪念馆，桂林市军分区政治部. 八路军桂林办事处 [M]. 南宁：广西人民出版社，1990.

[124] 广西壮族自治区地方志编纂委员会编. 广西通志 [M]. 南宁：广西人民出版社，2006.

[125] 张静庐. 中国现代出版史料（补编）[M]. 北京：中华书局，1957.

[126] 北京图书馆. 民国时期总书目 1911—1949　文化科学·艺术 [M]. 北京：书目文献出版社，1994.

[127] 张弓，牟之先. 国民政府重庆陪都史：1937—1946 [M]. 重庆：西南师范大学出版社，1993.

[128] 中国出版科学研究所科研办公室. 近现代中国出版优良传统研究 [M]. 北京：中国书籍出版社，1994.

[129] 宋原放. 中国出版史料：现代部分　第二卷 [M]. 济南：山东教育出版社，2001.

[130] 宋应离，袁喜生. 20 世纪中国著名编辑出版家研究资料汇辑：第 4 辑 [M]. 郑州：河南大学出版社，2005.

[131] 汪家熔. 中国出版史料补卷　近代部分：上册 [C]. 武汉：湖北教育出版社，2011.

[132] 广西新闻出版局，出版志编辑室. 广西出版史志资料：4—10 辑 [Z]. 1989－2000.

[133] 广西壮族自治区地方志编纂委员会编. 广西通志·出版志 [M]. 南宁：广西人民出版社，1999.

[134]. 广西政协文史资料编辑部. 广西文史资料选辑（第 11 辑、18 辑、19 辑、23 辑、30 辑）[Z]. 南宁：广西政协文史资料编辑部，1981－1990.

[135] 广西社会科学院，广西师范大学. 桂林“文化城”概况 [M]. 南宁：广西人民出版社，1986.

[136] 广西社会科学院. 桂林“文化城”纪事 [M]. 桂林：漓江出版社，1984.

[137] 广西社会科学院. 桂林抗战文艺辞典 [M]. 南宁：广西人民出版社. 1989.

[138] 广西政协文史资料委员会，广西日报新闻史志编辑室，民革广西壮族自治区委员会. 桂系报业史 [Z]. 南宁：广西新闻史志编辑室，1997.

［139］广西日报新闻研究室．救亡日报的风雨岁月［M］．北京：新华出版社，1987.

［140］广西日报文艺宣传处．桂林“文化城”忆旧［Z］．南宁：广西日报文艺宣传处，1982.

［141］桂林市政协文史资料学习委员会．桂林文史资料：1—54 辑［M］．桂林：漓江出版社，1982—2009.

［142］桂林市文化研究中心，桂林图书馆．桂林文化大事记：1937—1949［M］．桂林：漓江出版社，1987.

［143］桂林市政协文史资料委员会．抗战时期文化名人在桂林［M］．桂林：漓江出版社，2000.

［144］新华书店总店．书店工作史料：1—4 辑［Z］．北京：新华书店总店，1982.

［145］龙谦，胡庆嘉．抗战时期桂林出版史料：桂林文史资料　第 38 辑［M］．桂林：漓江出版社，1999.

［146］魏华龄．桂林抗战文化史料［M］．桂林：漓江出版社，1995.

［147］万一知，苏关鑫．抗战时期桂林文艺期刊简介和目录汇编［Z］．桂林：广西师范大学中文现代文学研究室，1984.

［148］万忆，万一知．广西抗战文化史料汇编：第 1 辑　文艺期刊卷［M］．北京：人民日报出版社，2013.

［149］刁萦梦，罗标元，陆汉卿，等．桂林旧事［M］．桂林：漓江出版社，1989.

［150］八路军桂林办事处纪念馆．漓水烽烟：纪念八路军桂林办事处建立五十周年革命回忆录专辑［Z］．桂林：八路军桂林办事处纪念馆，1988.

［151］广西社科院．文艺期刊索引：抗战时期桂林文化运动资料丛书之四［M］．南宁：广西人民出版社，1986 年.

［152］桂林市政协文史资料委员会．抗战时期桂林社会科学资料目录索引［Z］．桂林：桂林市政协文史资料委员会，2002.

［153］雷锐．桂林“文化城”大全：文学卷 1—4 卷［M］．桂林：广西师大出版社，1991.

［154］蔡定国，杨益群，李建平．桂林抗战文学史［M］．南宁：广西教育出版社，1994.

［155］广西师范大学．旅桂作家：上、下［M］．南宁：广西人民出版社，1989.

［156］沈奕巨．广西抗日战争史稿［M］．南宁：广西人民出版社，1995.

［157］八路军桂林办事处纪念馆．丰碑：桂林抗战纪实文物史料图集［M］．桂林：广西师范大学出版社，2008.

［158］万仲文．桂系见闻谈［Z］．桂林：广西师范大学历史系，1983.

［159］莫济杰，陈福霖．新桂系史：第 1 卷［M］．南宁：广西人民出版社，1991.

［160］胡愈之．我的回忆［M］．南京：江苏人民出版社，1990.

［161］胡愈之．胡愈之出版文集［M］．北京：中国书籍出版社，1998.

［162］于友．胡愈之［M］．北京：群言出版社，2008.

［163］朱顺佐，金普森．胡愈之传［M］．杭州：杭州大学出版社，1991.

［164］中国政治协商会议，广西壮族自治区文史资料研究委员会．广西文史资料选辑：第 18 辑　纪念李任仁先生逝世 15 周年［Z］．1983.

［165］中国政治协商会议，广西壮族自治区文史资料研究委员会．广西文史资料选辑：第 23 辑　陈劭先纪念文集［Z］．1986.

［166］万仲文．万仲文文集：上、下［M］．北京：华夏出版社，2009.

［167］宋云彬．红尘冷眼：一个文化名人笔下的中国三十年［M］．太原：山西人民出版社，2002.

［168］赵晓恩．六十年出版风云散记［M］．北京：中国书籍出版社，1994.

［169］邵荃麟．邵荃麟评论集［M］．北京：人民文学出版社，1981.

［170］林山．文艺民族形式［M］．桂林：文化供应社，1940.

［171］谷斯范．新水浒［M］．长沙：湖南人民出版社，1985.

［172］艾青．艾青选集：第 3 卷［M］．成都：四川文艺出版社，1986.

［173］龚明德．昨日书香：新文学考据与版本叙说［M］．台北：秀威资讯，2010.

二、理论部分

［1］马克思，恩格斯．马克思恩格斯选集［M］．北京：人民出版社，1995.

［2］毛泽东．毛泽东选集［M］．北京：人民出版社 1991.

［3］周恩来．周恩来文化文选［M］．北京：中央文献出版社，1998.

［4］梁启超．中国历史研究法［M］．北京：中华书局，2009.

［5］林坚．文化学研究引论［M］．北京：中国文史出版社，2014.

［6］范军．中国出版文化史论稿［M］．武汉：华中师范大学出版社，2011.

［7］范军．出版文化散论［M］．武汉：湖北教育出版社，2004.

［8］王余光，吴永贵．中国出版通史：民国卷［M］．北京：中国书籍出版社，2008.

［9］吴永贵，李明杰．中国出版史：下［M］．长沙：湖南大学出版社，2008．

［10］吴永贵．民国出版史［M］．福州：福建人民出版社，2011．

［11］张泽贤．民国出版标记大观［M］．上海：上海远东出版社，2008．

［12］肖东发，于文．中外出版史［M］．北京：中国人民大学出版社，2010．

［13］肖东发．出版史与出版文化研究60年［M］．北京：北京大学出版社，2009．

［14］肖东发，方厚枢．中国编辑出版史［M］．沈阳：辽海出版社，2006．

［15］李白坚．中国出版文化概观［M］．南宁：广西教育出版社，1999．

［16］赵凌河．国统区文学传播形态［M］．沈阳：辽宁人民出版社，2006．

［17］元青．中国近代出版史稿［M］．天津：南开大学出版社，2011．

［18］刘苏华．延安时期中国共产党出版史研究：1937—1947［M］．长沙：湖南师范大学出版社，2012．

［19］田建平，张金凤．晋察冀抗日根据地书报传播史略：1938—1945［M］．保定：河北大学出版社，2010．

［20］王建辉．出版与近代文明［M］．开封：河南大学出版社，2006．

［21］李家驹．商务印书馆与近代知识文化的传播［M］．北京：商务印书馆，2005．

［22］史春风．商务印书馆与中国近代文化［M］．北京：北京大学出版社，2006．

［23］陈树萍．北新书局与中国现代文学［M］．上海：上海三联书店，2008．

［24］谢明香．出版传媒视角下的《新青年》［M］．成都：巴蜀书社，2010．

［25］刘群．饭局·书局·时局：新月社研究［M］．武汉：武汉出版社，2011．

［26］陈斯华．文学革命与《新青年》传播［M］．北京：中国社会科学出版社，2011．

［27］涂晓华．上海沦陷时期《女声》杂志研究［M］．北京：中国传媒大学出版社，2014．

［28］许正林．欧洲传播思想史［M］．上海：上海三联书店，2004．

［29］庄晓东．传播与文化概论［M］．北京：人民出版社，2008．

［30］吴予敏．传播与文化研究［M］．北京：北京大学出版社，2007．

［31］张昆．大众媒介的政治社会化功能［M］．武汉：武汉大学出版社，2003．

［32］邵培仁．媒介生态学：媒介作为绿色生态的研究［M］．北京：中国传媒大学出版社，2008．

［33］周鸿铎．政治传播学概论［M］．北京：中国纺织出版社，2005．

［34］周鸿铎．媒介经营与管理总论［M］．北京：经济管理出版社，2005．

[35] 红艳. 媒介组织学 [M]. 北京：中国传媒大学出版社，2007.

[36] 姜飞. 传播与文化 [M]. 北京：中国传媒大学出版社，2011.

[37] 金鸣娟. 人类传播与社会发展 [M]. 北京：中国广播电视出版社，2009.

[38] 鲍海波. 媒介文化的阐释与批判 [M]. 北京：中国社会科学出版社，2009.

[39] 李军. 传媒文化史 [M]. 北京：北京大学出版社，2012.

[40] 郑杭生. 社会学概论新修 [M]. 北京：中国人民大学出版社，2003.

[41] 杨孝荣. 传播社会学 [M]. 台北：台湾商务印书馆，1979.

[42] 胡申生，李远行，章友德，等. 传播社会学导论 [M]. 上海：上海大学出版社，2002.

[43] 张宁. 媒介社会学：信息化时代媒介现象的社会学解读 [M]. 广州：中山大学出版社，2010.

[44] 张咏华. 大众传播社会学 [M]. 上海：上海外语教育出版社，1998.

[45] 张三夕. 现代性与当代艺术 [M]. 武汉：华中师范大学出版社，2013.

[46] 高波. 政府传播论：社会核心信息体系与改革开放新路径 [M]. 北京：中国传媒大学出版社，2008.

[47] 刘泓. 广告社会学 [M]. 武汉：武汉大学出版社，2006.

[48] 于友先. 现代出版产业发展论 [M]. 苏州：苏州大学出版社，2003.

[49] 刘彦文，张晓红. 公司治理 [M]. 2 版. 北京：清华大学出版社，2014.

[50] 韦伯. 经济与社会 [M]. 北京：商务印书馆，1997.

[51] 拉斯韦尔. 世界大战中的宣传技巧 [M]. 张洁，田青，译. 北京：中国人民大学出版社，2003.

[52] 拉斯韦尔. 社会传播的结构与功能 [M]. 何道宽，译. 北京：中国传媒大学出版社，2013.

[53] 别尔加耶夫. 历史的意义 [M]. 张雅平，译. 上海：学林出版社，2002.

[54] 布尔迪厄. 艺术的法则：文学场的生成和结构 [M]. 刘晖，译. 北京：中央编译出版社，2001.

[55] 爱尔乌德. 文化进化论 [M]. 钟兆麟，译. 上海：上海文化出版社，1989.

[56] 石田一良. 文化史学：理论与方法 [M]. 王勇，译. 杭州：浙江人民出版社，1989.

[57] 井上进. 中国出版文化史 [M]. 李俄宪，译. 武汉：华中师范大学出版社，2015.

[58] 伽达默尔. 真理与方法 [M]. 王才勇，译. 沈阳：辽宁人民出版社，1988.

［59］埃斯卡皮．文学社会学［M］．杭州：浙江人民出版社，1987．

［60］费尔克拉夫．话语与社会变迁［M］．殷晓蓉，译．北京：华夏出版社，2003．

［61］麦克卢汉．理解媒介：论人的延伸［M］．何道宽，译．南京：译林出版社，2011．

［62］麦克卢汉．古登堡星汉璀璨：印刷文明的诞生［M］．杨晨光，译．北京：北京理工大学出版社，2014．

［63］亨奇．作为武器的图书：二战时期以全球市场为目标的宣传、出版与较量［M］．蓝胤淇，译．北京：商务印书馆，2016．

［64］施拉姆．大众传播媒介与社会发展［M］．金燕宁，译．北京：华夏出版社，1990．

［65］凯瑞．作为文化的传播［M］．丁未，译．北京：华夏出版社，2005．

［66］勒庞．乌合之众：大众心理研究［M］．戴光年，译．南京：译林出版社，2016．

［67］英尼斯．传播的偏向［M］．何道宽，译．北京：中国人民大学出版社，2003．

［68］麦克奈尔．政治传播学引论［M］．殷祺，译．北京：新华出版社，2005．

［69］巴特勒．媒介社会学［M］．赵伯英，孟春，译．北京：社会科学文献出版社，1989．

［70］竹内郁郎．大众传播社会学［M］．张国良，译．上海：复旦大学出版社，2005．

［71］米勒．组织传播［M］．袁军，石丹，周积华，等译．北京：华夏出版社，2000．

［72］李特约翰．人类传播理论［M］．7版．史安斌，译．北京：清华大学出版社，2004．

［73］巴兰，戴维斯．大众传播理论：基础、争鸣与未来［M］．曹书乐，译．北京：清华大学出版社，2004．

［74］罗杰斯．组织传播［M］．林瑞基，译．台北：“国立”编译馆，1983．

［75］里夫，赖斯，菲克．内容分析法：媒介信息量化研究技巧［M］．嵇美云，译．北京：清华大学出版社，2010．

［76］费斯克．关键概念：传播与文化研究辞典［M］．李彬，译．北京：新华出版社，2004．

［77］霍尔，尼兹．文化：社会学的视野［M］．周晓虹，徐彬，译．北京：商

务印书馆，2002.

[78] 哈林，曼奇尼．比较媒介体制：媒介与政治的三种模式［M］．陈娟，展江，译．北京：中国人民大学出版社，2012.

[79] 塔尔德．传播与社会影响［M］．何道宽，译．北京：中国人民大学出版社，2005.

[80] 格罗斯．公民与国家：民族、部族和族属身份［M］．王建娥，魏强，译．北京：新华出版社，2003.

[81] 伯瑞．进步的观念［M］．范祥涛，译．上海：上海三联书店，2005.

[82] 诺思，张五常，等．制度变革的经验研究［C］．罗仲伟，译．北京：经济科学出版社，2003.

[83] 田亮．抗战时期史学研究［M］．北京：人民出版社，2005.

[84] 江苏人民出版社编．抗战八年［M］．南京：江苏人民出版社，1958.

[85] 蓝海．中国抗战文艺史［M］．济南：山东文艺出版社，1984.

[86] 钟树梁．抗战时期西南的文化事业［M］．成都：成都出版社，1990.

[87] 肖效钦，钟兴锦．抗日战争文化史：1937—1945［M］．北京：中共党史出版社，1992.

[88] 熊复，张定华．中国抗日战争时期大后方出版史［M］．重庆：重庆出版社，1999.

[89] 饶良伦，段光达、郑率．烽火文心：抗战时期文化人心路历程［M］．哈尔滨：北方文艺出版社，2000.

[90] 唐正芒．中国西部抗战文化史［M］．北京：中共党史出版社，2004.

[91] 张红．抗战中内迁西南的知识分子［M］．南昌：江西人民出版社，2004.

[92] 岳南．李庄往事：抗战时期中国文化中心纪实［M］．杭州：浙江人民出版社，2005.

[93] 袁小伦．粤港抗战文化史论稿［M］．广州：广东人民出版社，2005.

[94] 民革中央孙中山研究学会重庆分会．重庆抗战文化史［M］．北京：团结出版社，2005.

[95] 涂文学，邓正兵．抗战时期的中国文化［M］．北京：人民出版社，2006.

[96] 朱猷武，王俊芳．国统区的文化与文化人［M］．天津：天津人民出版社，2009.

[97] 周勇．西南抗战史［M］．重庆：重庆出版社，2013.

[98] 周勇．中国抗战大后方出版史［M］．重庆：重庆出版社，2015.

[99] 舒福蓉，郑永明．中国战时首都档案文献：战时社会［M］．重庆：重庆

出版社，2014.

［100］唐润明. 中国战时首都档案文献：战时动员　上、下［M］. 重庆：重庆出版社，2014.

［101］孟国祥. 烽火薪传：抗战时期文化机构大迁移［M］. 北京：商务印书馆，2015.

［102］杨中. 大后方的通俗文艺［M］. 成都：四川教育出版社，1990.

［103］魏华龄. 桂林抗战文化城史话［M］. 桂林：漓江出版社，1987.

［104］魏华龄，丘振声. 桂林抗战文化研究文集：四［M］. 桂林：广西师范大学出版社，1997.

［105］魏华龄，刘寿保. 桂林抗战文化研究文集：五［M］. 桂林：广西师范大学出版社，1997.

［106］魏华龄，李建平. 抗战时期文化名人在桂林［M］. 桂林：漓江出版社，2000.

［107］魏华龄. 抗战时期文化名人在桂林：续集［Z］. 桂林：桂林市政协文史资料委员会，2004.

［108］桂林市政府文化研究中心，桂林抗战文化研究会编. 桂林抗战文化研究文集：三［M］. 桂林：广西师范大学出版社，1995.

［109］魏华龄. 一个独特的历史现象：桂林抗战文化［M］. 桂林：漓江出版社，2008.

［110］魏华龄. 桂林抗战文化史［M］. 桂林：漓江出版社，2011.

［111］魏华龄. 桂林抗战文化综论［M］. 南宁：广西人民出版社，2014.

［112］李建平. 抗战时期桂林文学活动［M］. 桂林：漓江出版社，1996.

［113］李建平. 抗战遗踪：广西抗战文化遗产图集［M］. 南宁：广西人民出版社，2005.

［114］李建平. 广西社会科学专家文集·李建平集：桂林抗战文化研究［M］. 北京：线装书局，2012.

［115］李建平. 桂林抗战文艺论［M］. 台北：台北秀威资讯科技股份有限公司，2013.

［116］李建平，李江，覃国建，等. 桂林抗战艺术史［M］. 南宁：广西人民出版社，2014.

［117］李建平，盘福东. 广西抗战文化史［M］. 南宁：广西人民出版社，2015.

［118］邓群，姚蓝. 湘桂战役与桂林“文化城”的陷落［M］. 北京：中共党史

出版社，2004.

［119］邓群．中国共产党与桂林抗战文化［M］．南宁：广西人民出版社，2005.

［120］刘绍卫．中国共产党与广西抗战［M］．南宁：广西人民出版社，2006.

［121］黄伟林，高蔚．桂林“文化城”文学研究·人文生态研究［M］．北京：中国社会科学出版社，2007.

［122］唐凌，付广华．战时桂林损失调查研究报告［M］．北京：社会科学文献出版社，2009.

［123］文丰义，盘福东，侯德光．血铸的丰碑：中国抗战文化［M］．桂林：广西师范大学出版社，2003.

［124］文丰义，秦彬．桂林抗战文化城奇闻异事［M］．桂林：广西师范大学出版社，2013.

［125］王福琨．抗战救亡的壮丽史诗：桂林抗战文化城［M］．南宁：广西人民出版社，2009.

［126］王福琨．中国共产党在桂林抗战文化形成和发展中的作用［M］．南宁：广西人民出版社，2007.

［127］唐建林．桂林抗战文化遗产［M］．桂林：广西师范大学出版社，2015.

［128］马玉成．抗战旌旗汇桂林［M］．北京：中央文献出版社，2006.

［129］马玉成．桂林抗战文化城纪实：第1—3卷［M］．南宁：接力出版社，2012.

［130］邓群．中国共产党与桂林抗战文化［M］．南宁：广西人民出版社，2005.

［131］何成学．广西在抗日战争中的历史作用与贡献［M］．南宁：广西人民出版社，2015.

［132］刘文俊．桂林抗战文化城的社团［M］．合肥：黄山书社，2008.

［133］高榕．党在广西地方建设干部学校［M］．桂林：漓江出版社，1993.

三、期刊文献

［1］陆地．走向对冲的文化传播生态［J］．当代传播，2015（5）：4－5.

［2］汪家熔．出版史研究二十年印象［J］．编辑之友，2000（3）：61－62.

［3］肖东发，袁逸．二十世纪中国出版史研究鸟瞰［J］．北京大学学报（哲学社会科学版），1999（3）：126－135.

［4］肖东发．中国出版史研究的回顾与展望［J］．出版科学，2002（3）：57－64.

[5] 范军．中国出版史研究综述［J］．出版科学，2010（5）：103－110．

[6] 范军．中国出版史研究综述：2006—2010 的五个维度［J］．2011（3）：20－25．

[7] 范军．抗日民主根据地出版活动研究综述［J］．济南大学学报（社会科学版），2013（3）：7－14．

[8] 范军，宋泉．出版史料：广西出版史料经眼录［J］．出版科学，2016（1）：109－114．

[9] 吴永贵．2000—2005 年中国出版史研究综述［J］．出版科学，2006（6）：72－78．

[10] 吴永贵，王静．抗战时期大后方书刊出版概览［J］．出版发行研究，2007（7）：77－79．

[11] 吴永贵．抗战时期我国出版业的后方大转移［J］．出版科学，2008（2）：76－78．

[12] 徐学林．再次呼吁要重视出版史研究［J］．编辑之友，2001（1）：16－18．

[13] 张文彦，肖东发．2000 年以来中国出版史研究综述及未来趋势［J］．北京联合大学学报（人文社社会科学版），2010（1）：101－107．

[14] 沈旻．抗战时期国统区文化出版及产业发展调查分析［J］．艺术百家，2008（3）：38－43．

[15] 吴月芽．抗战时期文化人西迁对西部地区新闻出版事业的影响［J］．浙江师范大学学报（社会科学版），2007（2）：102－105．

[16] 陈建宁．论抗战时期的文人流徙与文化传播［J］．福建论坛（人文社会科学版），2010（12）：96－100．

[17] 苏光文．论谷斯范《新水浒》的批判意识与更新意识：兼论《新水浒》的文学历史意义［J］．西南民族学院学报（哲社版），1999，20（6）：115－119．

[18] 张丽．编辑选择与社会文化［J］．中国编辑，2009（3）：74－76．

[19] 李白坚．中国出版文化的学术传统［J］．新闻出版交流，1998（2）：6－9．

[20] 张育仁．论抗战文学的大众传播学特征及工具理性样态［J］．文学评论，2010（5）：165－170．

[21] 邓群．桂林抗战文化的地位和作用［J］．广西党史，2005（3）：20－22．

[22] 靖鸣，方邦超，徐健．桂林抗战时期新闻史研究扫描与前瞻［J］．新闻知识，2008（3）：67－69．

[23] 魏华龄．桂林抗战文化研究 20 年［J］．学术论坛，1999（6）：124－125．

[24] 魏华龄. 桂林抗战文化研究 30 年 [J]. 桂林师范高等专科学校学报，2008 (3)：39-42.

[25] 魏华龄. 近十几年来桂林抗战文化研究述评 [J]. 抗日战争研究，1994 (3)：68-74.

[26] 魏华龄. 试论桂林抗战文化运动的分期及其特征：并与李建平等同志商榷 [J]. 社会科学家，1995 (3)：20-26.

[27] 魏华龄. 试析“一个独特的历史现象：桂林‘文化城’” [J]. 桂林师范高等专科学校学报，2001，15 (3)：4-7.

[28] 魏华龄. 抗战时期桂林“文化城”的形成 [J]. 学术论坛，1982 (2)：107-110.

[29] 魏华龄. 论桂林抗战文化活动时间的下限问题 [J]. 桂林师范高等专科学校学报，2007 (4)：67-71.

[30] 章绍嗣. 抗战文艺研究 60 年回眸 [J]. 抗日战争研究，1998 (4)：48-67.

[31] 曾祁. 桂林抗战文化研究述评 [J]. 广西社会科学，1988 (5)：55-59.

[32] 王辉. 抗战时期桂林“文化城”出版业研究现状及思考 [J]. 新闻知识，2013 (6)：58-60.

[33] 龙谦. 抗战时期我党对桂林出版事业的领导 [J]. 广西党史，1994 (4)：16-20.

[34] 刘宗惠，劳玉英. 李任仁与抗战时期的桂林文化 [J]. 文史春秋，2009 (11)：17.

[35] 徐健，杨晓佼. 抗战时期胡愈之在桂林的新闻出版活动 [J]. 新闻与写作，2011 (6)：73-76.

[36] 詹朝东，沈章飞. 建国前李任仁民主思想述评 [J]. 广西地方志，2008 (5)：43-45.

[37] 汪家熔. 谈出版史研究方法：兼论一则“定评” [J]. 济南大学学报（社会科学版），2009 (4)：18-20.

[38] 文丰义. 新桂系在抗战时期广西文化建设中的作用 [J]. 文化与传播，2014 (2)：30-37.

[39] 曹裕文. 论桂林“文化城”的形成 [J]. 社会科学家，1992 (3)：82-88.

[40] 詹永媛. 论桂林抗战文化运动发展的社会政治因素 [J]. 广西社会主义学院学报，2002 (4)：42-45；2002 (4)：50.

［41］李建平．“桂林‘文化城’”期刊简介：上［J］．广西大学学报（哲学社会科学版），1981（1）：113－121.

［42］李建平．“桂林‘文化城’”期刊简介：下［J］．广西大学学报（哲学社会科学版），1981（2）：113－121.

［43］李建平．战时桂林的崛起及其抗战文化繁盛景观［J］．抗战文化研究，2011（1）：177－187.

［44］李江．文化视阈中的抗战时期桂林“文化城”［J］．广西师范大学学报（哲学社会科学版），2006（4）：51－55.

［45］万一知．桂林文化记事（续）（1938年10月—1944年11月）［J］．广西师范大学学报（哲学社会科学版），1980（2）：68－82.

［46］谭肇毅．蒋桂矛盾与桂林抗战文化运动［J］．广西师范大学学报（哲学社会科学版），1996（4）：67－72.

［47］杨晓饺．抗战时期国际新闻社在桂林的新闻活动［J］．新闻与写作，2012（1）：74－76.

［48］靖鸣，张雷．抗战时期《大公报》（桂林版）杨刚的“战地通讯”特色［J］．新闻与写作，2011（9）：69－72.

［49］裴鑫．“封锁”与“反封锁”的较量：抗战时期新闻战线争取新闻自由的斗争［J］．青年记者，2005（7）：14.

四、硕博论文

［1］王永恒．媒体的力量：抗战时期的《新华日报》及其影响［D］．武汉：华中师范大学，2004.

［2］佘爱春．抗战时期桂林“文化城”的文学空间［D］．南京：南京大学，2011.

［3］刘晓慧．抗战时期桂林“文化城”的《救亡日报》及报人研究［D］．南宁：广西大学，2006.

［4］张婷婷．国统区报刊中的一朵奇葩：1939—1941桂林《救亡日报》研究［D］．兰州：兰州大学，2008.

［5］梁萍．抗战时期的桂林《大公报》研究［D］．南宁：广西大学，2011.

［6］唐芬．桂林“文化城”生活、读书、新知三家出版机构研究［D］．南宁：广西大学，2012.

［7］陈艳辉．湖南《力报》（1936—1945）研究：基于文化抗战视角的考察［D］．武汉：华中科技大学，2013.

[8] 韦干鹏. 抗战时期桂林《文化杂志》研究 [D]. 西安：陕西师范大学，2014.

五、外文文献

[1] HENCH. Book as weapons：propaganda，pulishing，and the battle for global markets in the era of World War Ⅱ [M]. New York：Cornell University Press，2010.

[2] HARIDAKIS，HUGENBERG，WEARDEN. War and the media：essays on news reporting，propaganda and popular culture， [M]. North Carolina：McFarland & Company，2009.

[3] ARNOLD. The illusion of victory：fascist propaganda and the Second World War [M]. New York：Peter Lang Gmbh，Internationaler Verlag Der ，1998.

[4] SHORT，K. R. M. Film and radio propaganda in World War II [M]. Knoxville Univ of Tennessee Pr，1983.

[5] BALFOUR. Propaganda in war，1939—1945：organisations，policies，and publics，in Britain and Germany [M]. London ：Faber & Faber；Main，2010.

[6] CARRUTHERS. The media at war：communication and conflict in the twentieth century [M]. Basingstoke：Palgrave Macmillan，2000.

[7] CONNELLY，WELCH. War and the media：reportage and propaganda，1900—2003 [M]. London：I. B. Tauris，2005.

[8] HARIDAKIS. War and the media：essays on news reporting，propaganda and popular Culture [M]. North Carolina：McFarland & Co. ，2009.

[9] MATTELART. Mapping world communication：war，progress，culture [M]. London ：University of Minnesota Press，1994.

后　记

研究桂林文化供应社始于2014年我在华中师范大学博士期间对广西出版史料的梳理。当时，我的导师范军教授安排了一个写作题目：《广西出版史料——区域性出版史料经眼录（九）》。为了完成该文，我将广西历年来的出版史料悉数盘点和阅读，文章完毕之时，也对广西出版业的发展沿革了然于心，并从中获取了研究桂林文化供应社的选题思路。由于我在相关学术领域缺乏积累，理论基础也较为薄弱，初涉历史研究甚为忐忑，不敢懈怠。在广西社会科学院的王建平教授的引荐之下，我参加了广西抗战文化研究会，在纪念抗战胜利七十周年研讨会后，特向与会的专家请教选题的可行性，获得了一致的鼓励，遂开始了研究的步履。抗战时期出版史研究的难点在于一手史料多散逸于战火，但也并非无从考究。为探其史实，我数次赴桂林寻觅文化供应社的史料踪迹，终在广西师范大学图书馆、桂林图书馆的文献室获取了2000余份与文化供应社相关的报刊史料。同时，在CADAL（大学数字图书馆国际合作计划）平台、全国报刊索引数据库、民国图书数据库、大成老旧期刊全文数据库等线上资源也查阅到不少桂林文化供应社的原版书籍、期刊。徜徉于史料的日子，伴随着华中师范大学夏末的栀子花香与秋日的桂花香。此后，我有几篇关于桂林文化供应社研究的小论文陆续见诸学术刊物，逐渐构建起研究文化供应社的论文框架。

冬去春来，2017年岁初，我终于完成了博士论文《抗战时期桂林文化供应社研究（1939—1945）》。该文在地方出版史小而又小的领域深掘，喋喋絮叨竟也有二十六万言，虽获得了当年的华中师范大学优秀博士生毕业论文，但现今细加忖度，依然有诸多肤浅与错讹之处。随后，在广西艺术学院出版经费的资助下，广西人民出版社收纳了拙著。本书的编辑老师曾参编过不少关于广西抗战文化的书籍，在他们的建议和推动之下，近年来我反复推敲并最终确定了章节名和体例，删改了原文中的纰漏，校订了部分史料和数据，还为增强书稿的史料价值添补了不少图片资料。非常感谢相关数据库、出版物保存了丰富的文字及图片史料，这些史料一方面为研究者提供了有益的研究资源，另一方面也为新研究成果的更好呈现提供了可能性。这部书里的文字、图片史料，多来源于相关数据库里保存的关于抗战时期出版物的电子资料，以及曾经出版的相关出版史料集和出版人回忆录、文集等，书中均以脚注的方式，注明了史料的出处或者来源。本书收录与文化供应社相关的书籍、刊物图片史料，来源于全国报刊索引数据库、民国图书数据库平台的，已致电平台方获得许可予以登载；部分报刊图片为本人获得文献室许可自行拍摄获得，在此向供图的平台以及给予帮助的老师们鞠躬致谢！此外，书中还收录了一些与人物相关的史料图片，大多来源于对曾经出版的人物文集、出版通史、史料集等书籍的翻拍，因年代久远无法一一联络原作者并知会史料使用情况，恳请前辈们海涵并致以诚挚的谢意，请版权持有者与出版者联系领取稿酬。

三年光阴学海泛舟，在导师范军教授和众多师友、亲人的一路护航之下才得一段风平浪静。成书之时饮水思源，心怀感激！

首先，要感恩的是导师范军教授。范老师既是华中师范大学文学院的教授，又是时任的华中师范大学出版社的社长，儒商淡定文雅的气度和谦谦君子之风，让曾受出版社熏陶的我倍感亲切。范老师除了负责硕士、博士研究生的专业课程之外，每日还有诸多社内事务需要处理。由于我学力尚浅，研究期间时感焦虑，曾多次叨扰范老师，请其指点迷津。范老师也会在百忙之中予以回应，并将其学术资源毫无保留地推荐给我。每向范老师请教的时间虽短，但都获益匪浅，启发良多。往返图书馆的校道上，时常看到范老师办公室深夜闪烁的灯光，这既是对年轻学者的勉励与鞭策，又是对学术理想最温暖的召唤与回应。

其次，要感谢的是同样可爱可敬的文化传播学专业的师友们。华中师范大学的文化传播学是一个年轻的专业方向，由文学院与新闻传播学院的资深教授指导博士们的研究工作。每一位导师都有其独特的学术光环，在专业上给予了大家诸多的研究建议。特别是张三夕教授与周晓明教授，他们独特的授课风格，直言不讳的学术个性，使我们深受教益，也是我们学术研究上的榜样。文化传播学专业的王光艳师兄、欧阳敏师兄，以及陈兰枝、王雅菲、曾建辉、罗蓉蓉、何国梅等学友，是我学术生活中最为亲密的挚友，学术上我们各有所长，常常互通有无；生活上我们无话不谈，互相关爱。读书会和一年一度的文化传播学术论坛是我们互相交流切磋的阵地。正是这样一群纯粹的学人，使文化传播学专业成为一个有温度的学术大家庭，桃李芳华。

再次，要感谢的是在出版史与抗战文化研究领域给予我极大帮助的专家们，包括武汉大学信息管理学院的吴永贵教授，广西社会科学院的王建平教授、李建平教授等。吴永贵教授与范军教授同为出版史研究领域著作等身的专家，在民国出版史上有丰硕的成果，在抗战出版研究方面也造诣深厚，因而范老师邀请其作为我的“副导师”，指点我研究抗战时期的桂林文化供应社。吴教授同样是执着于学术的性情中人，由于长期在出版史方面的研究积累，对出版史料信手拈来，不仅在史料收集上给我提供了诸多线索，也对我的研究内容提出了修改的建议。王建平教授是我在广西大学文学院攻读本科时期的专业导师，在调动到广西社会科学院之后成为广西抗战文化研究会的副会长（现任会长），在其引荐之下我也顺利地加入抗战文化研究的学术圈，结识各位前辈并开展相关研究。李建平教授是时任广西抗战文化研究会的会长，他不仅百忙之中为我修改选题，为拙著题写序言，还在每年的抗战文化研究论坛上督促我深化研究，不断进步，使我常有文章发表于《抗战文化研究》的辑刊之上。同时，给予我研究支持的还有广西师范大学的黄伟林教授、广西档案馆的覃世进老师、桂林图书馆的彭子龙老师、八路军桂林办事处纪念馆的文丰义副馆长，等等，因篇幅有限不能一一列举，学术路上不胜感激！

最后，还要特别感谢我的家人——我的父亲宋振权和母亲廖桂宣。永远忘不掉，当我手捧博士录取通知书之时，母亲眼里盈盈的泪光和父亲华发之下喜悦的脸庞——母亲是不舍我远行，父亲是第一次为我感到骄傲。为了支持我脱产攻读博士学位，花甲之年的父母节衣缩食，每月除了帮我偿还3000多元的房贷，还支付我生活费，让我完全没有了生活上的后顾之忧。这份理解与支持，是“伟大”二字都不足以概括的血肉深情。还要特别感谢我的丈夫刘文军，以及他的父母刘启生、黄晓玲。刘文军与我同为2014级文化传播学专业的学友，我们从步入博士生活的第一天开始相知相伴，一起上课、看书、吃饭、跑步，直至一起完成博士论文、答辩、毕业。最终于2017年毕业之时我们走进婚姻的殿堂。如今在这本专著修改的微光之下，儿子刘柏江已在牙牙学语。

本书的完稿，是对抗战时期桂林文化供应社的一段小结，但不是句点。近年来看到越来越多的学者开始进入到关于桂林文化供应社出版人、出版物的研究，甚是欣喜。还有诸多可研究的富矿藏于史料，如抗战时期出版人的观念史、生活史，出版物与文艺活动的互动关系等都亟待开掘。学问之大，不断求索！

宋　泉

于2022年12月1日